고전 종교심리학 운동 연구

대우학술총서

630

고전 종교심리학 운동 연구

—종교적 경험을 중심으로

김재영 지음

아카넷

For Eunsuk and Hyesuk

차례

머리말

 종교는 인간 역사에서 대부분의 문명을 창출하면서 삶의 어떤 형식
보다 질적으로나 규모로도 강력하게 영향을 미쳐왔다. 지구상의 어떤
곳이 되었든 종교 없이 문명이 창궐했던 지역은 거의 찾아볼 수 없다.
종교에 대한 심층적 이해 없이 해당 지역 문명을 이해한다는 것은 거
의 불가능하다. 종교는 때로는 아름다운 모습으로 선의 가치를 창출
하면서 새로운 문명을 잉태하여 성장시키기도 하고, 또한 반대로 매
우 일그러진 모습으로 기억으로부터 도저히 지워낼 수 없는 심각한
충격을 남기기도 하였다. 지구상의 모든 종교는 오랜 기간 존속하고
있는 종교든 새롭게 등장한 신종교든 이러한 상충적인 모습으로부터
자유로울 수 없다.
 아브라함을 공통 조상으로 인식하고 있는 유대교, 기독교, 그리고
이슬람교는 역사 속에서 관용, 희생, 평등, 해방, 자유, 그리고 정의를
특정 종교를 넘어 다양하게 보여주기도 하였지만, 반대로 갈등과 폭

력을 드러내기도 하였다. 아브라함 종교의 이러한 모습은 힌두교, 불교, 도교, 그리고 유교와 같이 동양 종교에서도 예외가 아니었다. 굳이 과거의 역사를 검토하지 않더라도 최근 인도, 스리랑카, 태국, 미얀마에서 힌두교와 불교가 소수 종교인 기독교와 이슬람교와 관련해서 보여주고 있는 모습은 지구상의 어떤 종교도 예외일 수 없다는 점을 불행하게도 또다시 기억시켜주고 있을 뿐이다. 앞으로도 종교의 이러한 역설적인 모습은 인간이 존재하는 한 그 규모에 있어 줄어들 수 있을지 모르지만 조건만 된다면 종교 내부의 요인뿐만 아니라 그 밖의 정치경제나 사회문화적 요인으로 인해 사라지지 않고 그 위용을 드러낼 것이다.

　최근 종교의 이러한 이중적인 모습을 막기 위한 노력이 종교 내부뿐만 아니라 외부 연구 기관 등에서 다양하게 이루어지고 있지만 현실은 그렇게 희망적인 것만은 아니다. 이러한 문제를 심층적으로 이해하려면 우선 잊지 말아야 할 것이 있다. 즉 종교의 아름다운 모습이든 추한 모습이든 그 이면에 작동하고 있는 명백한 사실은 인간, 다시 말해 구체적인 '사람'이 매개되어 그러한 모습이 지속적으로 만들어진다는 점이다. 모든 종교는 특정한 '사람'을 매개로 태어났고, 그 사람을 따르는 '사람들'을 매개로 해서 유지되었다. 만약 전자의 사람을 매개로 태어난 종교에서 후자의 사람들이 존재하지 않는다면 잠시 존재한 다음 곧 사라지게 될 운명에 처하게 된다. 이 점은 현재 생존하고 있는 종교보다 이미 사라진 종교의 수가 훨씬 더 많다는 명백한 사실만 보더라도 쉽게 확인할 수 있다. 그러므로 모든 종교는 그 존재의 시간 길이와 지역 범위만 다를 뿐 역사 속에서 사람을 매개로 탄생, 성장, 부흥, 소멸, 쇠퇴, 개혁, 분열, 종말을 맞이하거나 그렇지 않으면 새롭게 탄생하고 개혁되어 새로운 부흥을 맞이하는 과정에 있다. 대부분의 종교는 이러한 과정의 한 부분을 점유하면서 그 존재를 위치시키고 있다.

지금도 생존하고 있는 모든 종교는 단수의 '사람'이든 복수의 '사람들'이든 수많은 사람들을 매개로 그러한 과정의 한 부분을 만들어내고 있다. 그러한 과정을 만들어내는 사람들의 면면을 살펴보면 그들은 해당 종교의 중심적인 사람일 수도 있고, 평범한 사람일 수도 있고, 개혁적인 사람일 수도 있다. 또는 그들은 해당 종교로부터 반기를 들고 전혀 다른 교리나 의례 또는 조직 체계를 세움으로써 모체 종교와 엄청난 갈등과 투쟁을 일으키면서 새로운 종교운동을 일으키는 사람일 수도 있다. 이런 측면에서 보면 종교가 작동하는 핵심은 다른 곳보다는 종교를 매개하고 있는 사람이다. 그러므로 저명한 비교종교학자인 윌프레드 캔트웰 스미스(Wilfred Cantwell Smith, 1916-2000)가 주장했듯이 종교학은 결국 사람(person) 연구라는 점을 다시 확인할 수 있다.[1]

종교심리학은 그 시작부터 관념적으로 추상화된 '종교'나 '심리'를 연구하는 데 초점이 모아지기보다는 종교를 매개하고 있는 사람의 '경험'에 집중하면서 사람을 심층적으로 연구하려고 하였다. 물론 여기에서 경험은 단순히 고정된 어떤 추상명사가 아니라 다양한 흐름과 그 질곡을 다층적으로 보여주는 동사나 형용사적 의미를 풍부하게 담지하고 있다. 그러므로 종교심리학에서 경험을 연구한다는 것은 경

---

1) Wilfred Cantwell Smith, "What is Humane Knowledge?(1981)" in *Wilfred Cantwell Smith: A Reader* edtited by Kenneth Cracknell(Oxford: One World, 2001), 105.

험의 흐름을 처음부터 끝까지 모두 설명하려는 기계적 완결보다는 그 흐름의 일정 부분을 깊이 스케치한다는 열린 의미를 훨씬 많이 내포하고 있다.

종교심리학은 종교를 매개하고 있는 사람이 돌봄, 눈물, 감정, 웃음, 기쁨, 상처, 화해, 용서, 평화, 침묵, 후회, 불안 등과 같이 다양한 경험을 내적으로 지니면서 해당 종교에 참여하기도 하고 그러한 참여를 통해서 그동안 해결하지 못했던 내적 모습을 치유받고 새로운 희망이나 용기와 격려를 받게 된 과정을 집중적으로 파헤치는 데 집중한다. 종교를 매개한 사람의 경험은 어떤 경우에는 오랜 기간 풀리지 않았던 문제가 해소되어 눈물로 용서받거나 용서하게 되는 확신을 보여주기도 하고 반대로 의도했지만 실패와 앙금만을 보여주기도 하고, 또한 그 사이의 밋밋한 수많은 단조로운 경험을 반복적으로 보여주기도 한다. 또한 어떤 경우는 그동안 삶을 유지하는 데 매개 역할을 하였던 해당 종교를 떠나 새로운 종교로 갑작스럽게 또는 오랜 시간의 숙고 끝에 옮겨 가는 개종이나 회심 경험을 갖기도 한다. 반대로 어떤 경우는 그동안 고백하였던 초월적 실재를 떠나기보다는 제도종교의 형식을 떠나 '종교 없음(nones)'으로 나아가기도 하고 반대로 특정 종교의 형식을 받아들이는 종교적인 삶으로 나아가기도 한다.

대조적으로 또한 종교를 매개하고 있는 사람들은 폭력, 갈등, 분노, 비판, 시기, 질투, 경쟁 등과 같이 정반대의 경험을 생성하기도 한다. 그들은 같은 종교를 매개하고 있는 동료들에 대해 분노, 비판, 시기, 질투, 경쟁 등과 같은 경험을 지독히 겪기도 한다. 그들은 극단적으로 특히 타 종교를 매개하고 있는 사람들을 향해선 폭력이나 갈등을 직접 경험하기도 하고 부추기기도 한다. 이러한 경험은 특정 종교의 사람들에게서만 발견되지 않고 모든 종교의 사람들에게서도 역사적으로나 최근에 글로벌한 스케일로 일어나고 있는 여러 사건들을 통해서도 쉽게 발견할 수 있다. 그러므로 종교를 매개하고 있는 사람들의 경험은 긍정적 경험 못지않게 부정적 경험을 동시에 보여주고 있다는 점에서 종교 연구의 열쇠는 사람의 경험, 즉 그 시작, 그 맥락, 그 지향성, 그 범위, 그 깊이, 그 흐름, 그 역동, 그 열매 등등을 얼마나 깊게 읽어낼 수 있느냐에 달려 있다.

종교심리학은 바로 이러한 경험을 비판적으로 읽어내려는 목표로 북미 지역을 중심으로 20세기를 시작하는 시점에 종교심리학 운동을 일으키면서 처음 제기하기 시작하였다. 종교심리학 연구가 확고히 학문적으로 정초하기 위해서는 그 운동에 대한 비판적 연구가 필요하다는 인식이 있어 대우재단 지원으로 이번 연구를 시작할 수 있었다. 당초의 계획은 쉽게 연구가 완성될 수 있을 것으로 판단하여 연구에 착수하였지만 계획하였던 대로 쉽게 완성할 수 없었다. 기존 서구 종교심리학 연구자들 중에서도 종교심리학 운동이 종교심리학의 시작점이고 그 중요성을 대부분 강조하여 언급하면서도 단독 저술로 이 부분을 집중적으로 연구한 경우를 찾을 수 없었기 때문에 전체적으로 참고할 수 있는 준거자료의 부족으로 어려움이 있었다.

외국 학계의 사정이 이렇다 보니 한국의 학계에서도 종교심리학 연구는 제대로 이루어지지 못하여 이름만 난무할 정도이다. 그러므로 원래 종교심리학이 지향했던 종교학적 통찰이 제대로 이어지지 못하고 특정 심리학으로 그 기울기가 기울어져 종교가 내재적으로 지니고 있는 '고유성'이 상실되어버린 결과를 낳고 말았다. 앞으로 이러한 문제는 비판적으로 수정할 필요가 있다. 그 과정의 일환으로 이번 고전 종교심리학 운동 연구가 비판적으로 새롭게 성찰해볼 수 있는 작은 씨앗이 될 수 있기를 기대한다. 물론 이번 연구는 고전 종교심리학 운동을 전체적으로 정리하는 데 있어 각 장 분량의 균형을 견지하다 보니 해당 부분을 충분하게 다루는 데 제약이 있었다는 점을 밝힌다. 앞으로 기회가 되면 후속 연구를 통해서 더 많은 논의가 전개되어야 하는 부분은 다시 보강할 계획을 갖고 있다.

이번 연구는 제3장을 제외하고는 대우재단의 연구지원을 통해서 이루어졌다. 제3장은 2001년에 『인격 확립의 초월성』이라는 책에 기고한 「인격형성의 궁극적 상징으로서의 종교이해」를 대폭 수정해서 이번 연구에 첨가하였음을 밝힌다. 사실 이번 연구는 국내에 소장된 자료들의 부족과 오래전에 절판된 저술들 탓에, 대부분 북미 동부 대학들의 아카이브에 소장된 자료들에 기댈 수밖에 없었다. 따라서 접근하는 데 시간적으로 제약이 있어 예정된 기간에 완성할 수 없었다. 그럼에도 불구하고 이번 연구가 중단되지 않고 지속적으로 진행될 수 있었던 것은 연구를 매듭지을 수 있도록 끝까지 기다려준 대우재단의 격려와 배려 덕분이다. 이 자리를 빌려 감사한 마음을 전한다. 또한 이번 연구가 최종적으로 완수될 수 있도록 정밀하게 읽어준 평가자 분들과 한 권의 책으로 나올 수 있도록 수고해준 대우학술총서 편집위원 분들에게도 감사한 마음을 담는다.

끝으로 시간에 쫓겨 허덕거리는 모습으로 늘 실망을 안겼음에도 불구하고 가슴의 말을 끊임없이 깨닫게 해준 아내와 두 아들에게 많이 고맙고 감사하다는 말을 전한다.

서강대학교 정하상관 연구실에서
2021. 4. 김재영

제1장

서론

　종교학은 현대 학문의 한 분야로 그 태동기부터 종교 참여자들의 종교적 경험을 종교의 다른 어떤 차원보다도 우선적으로 이해하려고 하였다. 종교심리학도 종교적 경험 이해에 그 연구의 목표를 두고 있다는 점에서 그 태동기부터 이미 종교학과 상호 긴밀한 관계를 유지할 수 있었다. 그러므로 종교심리학 초기 연구자들은 태동기부터 이두 학문이 분리된 연구이기보다는 종교 연구라는 하나의 울타리 안에 존재하고 있다는 인식을 강하게 갖고 있어 종교학 연구를 신뢰하였다. 바로 이러한 모습을 가장 잘 보여주고 있는 것이 종교심리학 운동이다. 그럼에도 불구하고 종교학과 종교심리학 연구사를 보면 아직도 종교심리학 운동에 대한 연구가 집중적으로 조명되어 있지 못하다. 이러한 상황이 지속되다 보니 종교학에서는 종교현상학 운동이 일어난 이후 지금까지 논쟁이 되었던 심리환원주의 연구 정도로 종교심리학을 인식하는 경향이 지배하게 되었고, 반대로 심리학에서는 종교심리학이 원래 지향하려고 했던 논의는 거의 생략되어 있거나 거의 대부분 그 운동 이후에 나타난 논의가 중심을 차지해버린 이상한 상황이 벌어지게 되었다.

이번 연구는 이러한 상황을 교정하기 위한 문제의식으로 시작하였다. 그래서 이번 연구는 종교심리학을 초기와 그 이후의 연구로 나눌 필요가 있다는 전제하에 초기 종교심리학을 고전 종교심리학으로, 그 이후의 종교심리학을 현대 종교심리학으로 분류하였다. 물론 종교심리학의 경우도 현대의 다른 학문 분야와 마찬가지로 그 기간을 지적하면 길게 잡아야 통상 130~150년 정도의 짧은 역사를 갖고 있다. 그럼에도 불구하고 그 안에서 변천된 과정을 보면 원래 지향하려고 했던 고전에 해당하는 연구와 그 이후의 현대에 해당하는 연구가 구분된다. 전자의 연구는 주로 19세기 말엽부터 1930년이나 길게 잡아야 1940년대의 기간에 이루어진 종교심리학이고 후자는 주로 그 이후의 연구이다.

한국의 종교심리학의 상황은 종교심리학이 학계에 소개된 이후 대부분 후자인 현대 종교심리학 연구를 중심으로 이루어지다 보니 정신분석학, 분석심리학, 그리고 그 이후의 다양한 심리학의 논의가 그 중심을 차지하고 있는 것이 학문적 현실이 되어 있다. 그러므로 많은 경우 종교심리학은 그러한 심리학들의 논의로 축소되거나 그렇지 않으면 시작점 자체를 아예 그러한 논의에 두고 있기도 하다. 앞으로 이러한 불균형이 수정되어 고전 종교심리학 연구도 함께 이루어질 때 비로소 한국의 종교심리학은 온전하게 균형적으로 발전할 수 있을 것이라고 생각한다. 그래서 이번 연구에서는 현대 종교심리학보다는 우선적으로 고전 종교심리학 연구를 정리하는 것이 급선무라고 판단하여 그 연구에 해당하는 종교심리학 운동(psychology of religion movement)을 집중적으로 조명해보려고 한다.

물론, 종교심리학 운동은 축적된 맥락 없이 갑자기 발생한 북미의 학문 운동이기보다는 그 이면에 그 운동이 나올 수밖에 없었던 역사적 맥락을 지니고 있다. 핵심 맥락으로 몇 가지만 지적하면 그것은 18세기 초엽 북미 동부 지역의 제1차 대각성운동(the Great Awakening), 18세기 말엽부터 19세기 중엽에 활발하게 일어난 제2차 대각성운동, 19세기 중엽 이후 다양하게 일어난 신사고운동과 신종교운동, 그리고 1893년 시카고 만국박람회의 일환으로 열린 세계종교회의 등과 밀접히 연결되어 있다. 종교심리학 운동에 참여했던 연구자들은 이러한 종교적 맥락과 그 맥락을 통해 발생한 다양한 종교적 경험 현상들에 학문적 관심을 기울이면서 종교심리학이라는 새로운 학문을 제시할 수 있었다. 특히, 제1차 대각성운동에서 보여주었던 다양한 회심 현상을 보면서 비판적으로 종교적 경험 논의를 전개하였던 조너선 에드워즈(Jonathan Edwards, 1703-1758)의 종교적 감정으로서의 다양한 정동(affections)에 대한 연구[1]는 이후의 종교심리학 운동이 사변적 종교

---

[1] Jonathan Edwards, *Religious Affections* in *The Works of Jonathan Edwards*, Volume 2 Edited by John E. Smith(New Haven: Yale University Press, 1959). 이 책은 종교적 감정에 대한 연구로 주로 인용되고 있는 프리드리히 슐라이어마허가 1799년에 발표한 『종교론』보다 거의 53년 일찍 1746년 보스턴에 있는 출판사를 통해 *A Treatise Concerning Religious Affections*라는 제목으로 처음 출판되었다. 이 책의 한글판 번역이나 연구서들을 검토해보면 주로 "religious"라는 단어는 "신앙"으로, 그리고 "affections"는 "감정"이나 "정서" 등으로 번역되어 있다. 그러나 본 연구에서 "religious"는 "종교적"으로, 그리고 "affections"는 "정동"으로, 의역보다는 직역하였다. 사실 에드워즈가 이 책을 통해서 밝히려고 했던 것은 제1차 대각성운동을 통해 발생한 무수한 종교적 경험 현상들 이면에 작동했던 감정적 흐

연구보다는 경험적 종교 연구로 나아가도록 많은 통찰을 주는 데 그치지 않고 적극적으로 "종교심리학(religious psychology)"[2]으로 규정되어 지금까지도 그러한 관점으로 꾸준히 논의되고 있다.[3] 그리고 종교심리학 운동이 나오게 된 또 다른 맥락이 있다. 즉 기존 기독교의 전

___

름의 범위가 단일한 모습을 보여주기보다는 매우 복합적으로 복수의 흐름을 보여주고 있기 때문에 그것들의 정확한 분별에 대한 논의에 초점이 모아져 있다. 그러므로 에드워즈가 책 제목으로 "religion"이나 "faith"보다는 "religious"라는 형용사를 선택한 것도 종교적 경험 현상의 복합적 스펙트럼을 보다 중립적으로 모두 보여줄 수 있는 단어를 의도적으로 선택하였기 때문이다. 에드워즈의 이러한 단어 선택 이후 종교심리학 운동 연구자들의 연구에서도 언제나 명사로서의 추상적 "종교"라는 개념보다 형용사나 동사의 의미를 담지하면서 흐름의 일부분을 보여주고 있는 "종교적"이라는 단어를 의도적으로 사용하게 되었다. 종교심리학의 주창자인 윌리엄 제임스도 "종교적"이라는 단어를 신중히 선택하여 사용하였고 또한 경험의 단일성보다는 그 복잡성을 드러내기 위해 의도적으로 단수보다는 복수의 "다양성(varieties)"이라는 단어를 사용하였다. 그러므로 조너선 에드워즈 연구자인 페리 밀러는 제임스의 종교적 경험 연구는 에드워즈의 종교적 정동에 대한 논의를 확장한 것이라고까지 주장하였다: Perry Miller, "Jonathan Edwards on the Sense of the Heart" in *Harvard Theological Review*, Vol. 41/2(April, 1948), 124. 이뿐만 아니라 종교심리학 운동 이후의 종교 연구에서도 언제나 "종교"와 "종교적"이라는 단어들의 정교한 구분이나 그 단어가 경험 자체를 지칭하고 있는 것인지 그렇지 않으면 경험에 대한 이차적으로 붙여진 이름에 불과한 것인지 등등에 대한 논의가 언제나 종교심리학 연구를 비롯해서 북미 종교 연구에 핵심 논의를 이루고 있다. 바로 이런 측면 때문에 종교심리학 연구에서 "종교적"이라는 단어와 "경험"이라는 단어에 대한 심층적 이해는 매우 중요하게 언급되어 있다. 앞으로 이러한 논의는 본 연구가 전개되면서 몇 번 더 언급될 예정이다.

2) James Hoopes, "Jonathan Edwards's Religious Psychology" in *The Journal of American History*, Vol. 69/4(March, 1983), 865.

3) Terrence Erdt, "The Calvinist Psychology of the Heart and the "Sense" of Jonathan Edwards" in *Early American Literature*(Fall, 1978), 177-8. And Wayne Proudfoot, "From Theology to a Science of Religions: Jonathan Edwards and William James on Religious Affections" in *Harvard Theological Review*, Vol. 82/2(April, 1989), 163-4.

통적 맥락과는 차별을 보이고 있는 신사고 및 신종교운동[4]을 비롯하여 세계종교회의에서 대두되기 시작한 힌두교와 불교를 비롯한 다양한 동양 종교들은, 종교심리학 운동이 유대 기독교의 스펙트럼을 넘어 다른 종교들에서 일어난 종교적 경험 논의로까지 확장하는 데 주요 자료들로 자극을 주기도 하였다.[5]

종교심리학 운동은 유럽대학을 배경으로 이루어진 현대 학문 대부분의 연구와 달리 19세기 말엽 북미 뉴잉글랜드 대학들을 중심으로 이루어졌다. 종교심리학 운동은 심리학이 현대 학문으로 확립되기 이전부터 시작되었다. 또한 그 운동을 주도적으로 이끌면서 종교심리학을 새로운 학문 분과로 개창하였던 윌리엄 제임스(William James, 1842-1910), 그랜빌 스탠리 홀(Granville Stanley Hall,1844-1924), 그리고 그들의 제자들은 북미의 심리학을 당시 거의 주도적으로 이끌고 나갔고 북미의 핵심 심리학회와 학회지를 대부분 창간하면서 종교심리학의 핵심 주제들을 개척하였다. 그러므로 북미의 종교심리학 운동은 신생 현대 학문으로 심리학이 확립된 다음 하위 분야로 발전해나간 지엽적 운동이 아니었다. 오히려 종교심리학 운동은 현대 심리학이 발전해나가기 위해 종교적 경험이 중심 연구로 이루어져야 한다는

---

4) John H. Noble, "Psychology on the "New Thought" Movement" in *The Monist*, Vol. 14/3(April, 1904), 409-10. Donald F. Duclow, "William James, Mind-Cure, and the Religion of Healthy-Mindedness" in *Journal of Religion and Health*, Vol. 41/1(Spring, 2005), 45-7.

5) David Scott, "William James and Buddhism: American Pragmatism and the Orient" in *Religion*, Vol. 30/4(October, 2000), 333-4. Norris Frederick, "William James and Swami Vivekananda" in *William James Studies*, Vol. 9(2012), 37-9.

점을 강조하고 있다는 점에서 현대 심리학의 근본 토대로까지 평가해 볼 수 있다.

종교심리학 운동은 최근 현대 심리학의 시작점에 대한 논의가 새롭게 제기되기 시작하였던 배경을 검토해보면 심리학의 하위 연구 분야로 시작되었다는 주제 연구로 인식하는 것과는 거리가 멀다는 점을 확인할 수 있다. 일반적으로 심리학은 독일의 빌헬름 분트(Wilhelm Wundt, 1832-1920)가 라이프치히 대학교에서 1879년 심리 실험실을 세운 것에서 그 시작점을 찾고 있다. 그런데 종교심리학 운동의 주창자인 윌리엄 제임스는 그의 심리 실험실을 라이프치히 심리 실험실보다도 2년 먼저 1877년 하버드 대학교에 설립하였다. 그래서 현대 심리학의 시작은 유럽이 아니라 바로 북미로 규정해야 한다는 논의가 설득력 있게 제기되기도 한다.[6]

종교심리학 운동이 나타나기 시작할 당시 종교심리학 연구 분위기는 현재의 상황과 극명하게 대조를 보여주고 있다. 현재 대학의 심리학과에서는 소수의 대학교를 제외하고 종교심리학적 연구를 적합한 주제로 인식하지 못하는 상황과 정반대로, 당시의 종교심리학 연구 분위기는 매우 활발하게 이루어지고 있었다. 북미 최고의 심리학 연구와 학회를 이끌고 있는 대부분 연구자들은 모두 종교심리학 연구를 주변으로 인식하지 않고 핵심 연구로 인식하고 있었던 종교심리학 연구자들이었다. 그러므로 앞으로 종교심리학과 심리학의 관계가 처음 어떻게 성립되었는지에 대한 정밀한 연구와 그것에 대한 해석을

---

6) Eric Shiraev, *A History Of Psychology: A Global Perspective*(Los Angeles: SAGE, 2015), 102-4.

어떻게 하느냐에 따라 종교심리학의 현재 학문적 위치는 종교학이나 심리학 연구로 해석할 수도 있고, 그렇지 않으면 그 두 학문을 모두 포함하여 제3의 영역인 종교학과 심리학의 접경 연구로 해석할 수도 있을 것이다.

사실 이러한 해석의 가능성은 종교심리학 운동에서 결론적으로 도출하려고 했던 내용을 검토하면 더욱 확인할 수 있다. 종교심리학 운동에서 보여주고 있는 종교적 경험의 연구는 심리학에 방점을 찍는 데 그 끝을 두지 않고 종교적 측면을 온전히 드러내는 데 그 최종 목표를 두고 있었다. 아마도 이러한 측면은 당시 대부분의 연구자들이 유럽에서 일어나고 있었던 종교학의 태동을 통해서 종교의 객관적 연구를 잘 인식하고 있었기 때문에 가능하였다. 대부분의 초기 종교 심리학자들은 막스 뮐러(Max Müller, 1823-1900)의 종교학(science of religion)이나 그 이후의 종교현상학적 연구도 잘 알고 있었다. 더 나아가서 초기의 종교심리학은 북미에서는 크게 보아 종교와 과학의 맥락 안에서 주도적으로 이루어졌기 때문에 단순히 종교에 대한 신학적 입장만을 강조하거나 당시 팽배하였던 '과학'으로서의 진화론 입장만을 무조건적으로 강조한 것도 아니었다. 오히려 그들의 연구는 이러한 한쪽 입장보다는 그 두 입장을 모두 넘어설 수 있는 제3의 위치에서 객관적인 비판적 종교심리학을 연구하고 있었으므로 유럽에서 일어난 신생 학문인 종교학의 입장과 거의 같은 연구 방향을 지니고 있었다.

그러나 종교심리학 운동은 그 이후에 종교학적 관점이 강조된 종교심리학 연구로 발전하지 못하였다. 종교심리학은 초창기 운동 시기를 제외하고 연구 대상으로서의 종교적 경험에 대한 종교학적 관심이 상대적으로 줄거나 아예 없어져버리고 실험심리학적 관심만 강조되어 실증적으로 제한된 심리학적 관점에 종교적 경험을 억지로 꾸겨 넣으려는 경향이 지배적으로 나타났다. 그래서 많은 경우 종교적 경험의 이해의 폭과 깊이가 초기 종교심리학 운동에서 보여주었던 연구 범위와 비교해보면 이론적으로나 내용적으로도 상당히 축소되어 있다. 특별히 종교적 경험을 일상적 차원의 종교적 의식(consciousness)의 논의로만 한정해서 연구하다 보니 종교적 경험의 심층적 차원을 이해하는 데 주저하였다. 이러한 이해의 편협성은 현대 학문의 과학적 엄밀성과 실증성의 강화로 종교심리학이 처음에 보여주었던 역동적 색깔을 훨씬 많이 잃어버리게 되었다. 급기야 종교학이나 종단의 연구 기관을 제외하고 대학의 주류 심리학 안에서는 이전에 갖고 있었던 종교심리학의 위치가 점점 밀려나게 되어 거의 관심을 두지 않거나 관심이 있다고 하더라도 기껏해야 명목상의 하위 분야로 추락하였다.

그러나 다행스럽게도 최근 종교심리학은 종교와 영성에 대한 이해의 필요성이 제기된 것과 더불어 종교로 인한 다양한 갈등과 폭력 이면의 심리적 차원에 대한 이해의 요구로 인해 전환기를 맞이하였다. 미국 심리학회가 시대의 요구에 따라 1976년 공식적으로 종교심리학 분과를 신설함으로써 종교학을 비롯해 주류 심리학 안에서도 종교심리학에 대한 논의를 적극적으로 개진할 수 있는 새로운 토대가 마련되었다. 1980년대 이후 종교심리학은 종교학과 심리학 분야 안에서 다양한 이론과 방법론을 발전시켜 종교적 경험을 다층적으로 이해할 수 있는 근거를 복합적으로 드러내고 있어 새로운 부흥기를 맞이하고 있다. 이를테면 정신분석 종교심리학, 분석심리 또는 심층심리 종교심리학, 실험심리 종교심리학, 사회 종교심리학, 문화 종교심리학, 인본주의 종교심리학, 실존주의 종교심리학, 인지 종교심리학, 진화 종교심리학, 트랜스퍼스널 종교심리학, 영성 종교심리학, 생태 종교심리학 등 다양한 관점에서 종교적 경험에 대한 연구가 풍성하게 이루어지고 있다는 점이다.

단지 아쉽게 생각하는 것은 특정 연구를 제외하고 대부분의 연구들은 종교심리학 운동 주창자들의 주장에서 찾아볼 수 있듯이 종교심리학의 궁극적 목표를 종교나 종교적 경험의 심층적 이해에 두기보다는 심리학 자체에 두고 있다는 점이다. 종교심리학적 연구라고 하지만 대부분의 연구는 종교보다 심리학에 일방적으로 방점이 찍혀 있어 종교에 대한 심층적 의미가 탈각되어 있을 뿐만 아니라 심리학이라고 하더라도 프로이트나 융의 연구를 제외하면 그 이해의 범위가 단조롭게 제한되어 있다. 그러므로 각각의 연구는 특정 심리학의 관점을 보여주는 데에는 어느 정도 성공하였다고 평가할 수 있지만 다른 관점을 포함하여 내용적으로 간과하지 말아야 할 종교나 종교적 경험에 대한 이해를 간과하고 있다. 더욱 문제가 되는 것은 최근 "심리학주의(psychologism)"가 너무 강조된 나머지 각각의 종교전통에서 이루어지고 있는 종교심리학적 연구에서조차도 종교적 차원에 대한 논의가 이차적이거나 주변부로 밀려나는 실정이라는 것이다. 그러므로 종교심리학은 겉에서 보면 새로운 부흥기를 맞이하고 있지만 상당 부분 심리환원주의(psychological reductionism) 연구라는 의심을 여전히 해소하지 못하고 있다.

종교심리학이 심리환원주의라는 오명을 교정하기 위해서는 종교심리학이 태동할 때 사용하였던 핵심 용어들인 '심리학', '종교', 그리고 '종교적 경험'이라는 말이 담보하고 있었던 의미를 다시 비판적으로 검토해야 한다. 종교심리학 주창자들이 사용하고 있는 '심리학'이라는 용어는 지금보다 훨씬 더 풍부한 의미를 지니고 있다. 제임스나 홀 모두 인간의 심리 범위가 의식적 차원을 넘어선 영성적 영역을 포함하고 있어서 철학적이고 종교적인 차원이 이미 '심리학'이라는 용어 안에 전제하고 있음을 알 수 있다. 또한 '종교'와 관련된 용어에 있어서도 단순히 교리적 차원에서 그 의미를 개념적으로 이해하는 것보다도 인간 주체의 본래적인 영성적 의미에 강조점을 두고 있어 설득력을 지닌 풍성한 의미를 보이고 있다. 마지막으로 '종교적 경험'과 관련해서도 종교적 경험을 특정한 제도나 외부적 개념적 틀로 규정을 하고 있지 않고 인간의 내적 경험과 연결하고 있어서 제도적으로 종교적 경험으로 분류할 수 없는 현상도 종교적 경험으로 분류할 수 있는 근거를 마련해주고 있다. 그러므로 '종교적'이라는 말은 '세속적' 또는 '일상적'이라는 말들과 반대되는 의미가 아니라 그 두 의미가 함께 혼합되어 있어서 인간의 경험을 얼마든지 다르게 해석할 수 있는 근거를 또한 제시해주고 있다. 다시 말해서 '종교적 경험' 연구는 단순히 제도적 종교에 한정하지 않고 인간 삶 전체에서 일어날 수 있는 경험으로까지 그 범위를 확장시키고 있다는 점이다. 그러므로 종교심리학 운동의 연구에서 가장 민감하게 이해해야 할 단어를 하나 선택하면 다른 어떤 단어보다도 '종교적'이라는 형용사이다. 사실 이 단어는 종교심리학 운동에서 '종교'라는 명사보다 훨씬 많이 사용하고 있다.

바로 이런 측면 때문에 종교심리학 운동이 시작부터 민감하게 보여주었던 종교적 경험에 대한 논의가 풍부하게 회복할 때 비로소 종교적 경험이 특정한 삶에만 귀속되어 다른 삶과 분리되거나 주변으로 밀리지 않고 모든 삶과 연결된 종교학적 종교심리학의 심층적 의미가 다시 살아날 수 있다고 판단한다. 그래서 이번 연구에서는 종교심리학이 처음 태동한 북미의 뉴잉글랜드 지역 대학을 중심으로 19세기 말엽부터 일어났던 종교심리학 운동에서 제시하고 있는 종교적 경험의 논의를 집중적으로 검토해보려고 한다. 윌리엄 제임스를 중심으로 일어났던 하버드학파(Harvard School)의 종교심리학과 그의 제자였지만 나중에 다른 관점으로 클라크 대학교에서 종교심리학을 발전시켰던 그랜빌 스탠리 홀의 클라크학파(Clark School), 그리고 그러한 두 학파에 속해 있지 않았지만 그동안 간과했던 사회문화적 맥락을 강조한 종교심리학 논의를 중심으로 이번 연구를 비판적으로 전개하려고 한다.

물론 더 많은 종교심리학 운동 연구자들의 연구를 선별할 수 있지만 이번 연구에서는 종교심리학의 학문적 중심 계보를 균형적으로 보여줄 수 있는 여섯 명의 초기 종교심리학 운동 참여자들의 논의들을 선별하였다. 이번 연구에서는 선별된 연구자들의 방대한 연구를 모두 한 권의 저술에 담기에는 한계가 있어 각 연구자들이 공통적으로 지향했지만 그 점을 접근해나가는 데 차이점을 보이고 있는 지점에 초점을 두고 그들의 종교심리학을 정리하려고 하였다. 우선, 그들이 각각 공통적으로 지향했던 종교심리학은 연구 주제가 무엇이 되었든 최종적으로 모아지고 있는 지점은 모두 종교적 경험에 대한 연구였다. 그러므로 이번 저술의 부제목도 "종교적 경험을 중심으로"로 붙였다. 반면 선별된 연구자마다 공통점 못지않게 강조점이나 방법에 있어 정도가 다르긴 하지만 차이점을 보이는 것도 사실이다. 그 점은 이번 저술의 각 장 제목에 나와 있는 '종교심리학'이라는 학명 앞에 따옴표로 연구자가 강조했던 화두를 붙여서 드러내려고 하였다.

이번 연구는 전체적으로 세 부분으로 나누어서 진행하려고 한다. 우선 하버드학파의 종교심리학에서는 대표적으로 제임스의 '경험' 종교심리학을 정리한 다음, 그의 제자인 제임스 비셋 프랫(James Bissett Pratt, 1875-1944)의 '비교' 종교심리학을 살펴보려고 한다. 그런 다음 클라크학파에서는 홀의 '발달' 종교심리학과 그의 제자들인 에드윈 딜러 스타벅(Edwin Diller Starbuck, 1866-1947)의 '회심' 종교심리학과 제임스 헨리 류바(James Henry Leuba, 1867-1946)의 '자연주의' 종교심리학을 검토해보려고 한다. 마지막으로 이 두 학파에서 상대적으로 강조하지 않았던 사회문화적 맥락을 강조하였던 조지 앨버트 코(George Albert Coe, 1862-1951)의 '사회' 종교심리학을 검토해보려고 한다.

그런 다음, 최종 논의에 해당하는 결론 장에서는 이전의 각 장에서 비교 분석한 것을 토대로 종교심리학 운동이 원래 지향하려고 했던 종교적 경험의 연구가 그 이후에 일어났던 다양한 종교심리학 연구들로 계승되지 못하거나 아예 주변으로 밀려나게 된 근본 문제점을 비판적으로 지적하려고 한다. 물론 이번 연구는 주로 고전 종교심리학으로 분류할 수 있는 종교심리학 운동에 초점이 모아져 있어 그 문제점에 대해서 상세히 다룰 수는 없다. 그러나 그 점은 이번 연구를 출판한 다음 후속 연구에 해당하는 "현대 종교심리학 연구"에서 집중적으로 다룰 것이다. 단지 이번에는 고전 종교심리학의 풍부한 역동성이 현대 종교심리학 연구에 확고히 그 뿌리로 이어지지 못한 부분을 비판적으로 지적하면서 연구의 최종 결론을 맺으려고 한다.

제2장

윌리엄 제임스의 '경험' 종교심리학

윌리엄 제임스(William James, 1842-1910)는 일반적으로 미국의 심리학자 내지 프래그머티즘 철학자 정도로만 소개될 뿐 종교심리학 운동을 일으킨 핵심 인물이라는 점은 거의 알려져 있지 않다. 그는 종교학의 일부 연구를 제외하고 대부분의 현대 심리학 연구에서 기능주의 심리학자(functional psychologist) 정도로만 이해하고 있지 종교적 현상을 새롭게 직조하거나 그 현상에 참여하는 다양한 사람들의 '경험'을 중심으로 종교심리학을 개척한 인물로 알려져 있지 않다.[1] 마찬가지로 철학 분야도 예외가 아니어서 그의 프래그머티즘 철학의 시작이 바로 종교적 경험에 관한 종교심리학적 연구에서 비롯되었다는 점은

---

1) Christopher White, "A Measured Faith: Edwin Starbuck, William James and the Scientific Reform of Religious Experience" in *The Harvard Theological Review*(October, 2008), 431-2.

거의 간과되어 있다.[2]

그러나 다행히도 최근 종교에 대한 심리학적 논의의 필요성이 부각
되기 시작하면서 제임스의 종교적 경험 연구는 종교심리학이라는 현
대 학문 분야를 탄생시킨 모체로 다시 인식되기 시작하였다.[3] 그의
연구는 종교 연구의 심리학주의에 매몰되지 않고 종교적 경험의 심층
적 차원을 기술하고 있어 단지 종교심리학에서만 그 중요성이 지속적
으로 유지되고 있는 것이 아니라 심리환원주의에 대한 비판적 성찰과
관련해서 종교학 일반이나 종교철학과 같은 종교 연구에서도 여전히
공감적으로 유지되고 있다.[4] 제임스의 심리학적 종교 연구는 아직도
막강한 영향력을 미치고 있는 지크문트 프로이트의 정신분석적 종교
심리학, 한때 종교학에서도 적극적으로 받아들이기도 하였던 체 · 게
융의 종교심리학, 그리고 그 이후의 다양한 종교심리학 연구들과 달
리 상대적으로 심리환원주의라는 의심을 덜 받고 있다.[5]

아마 여러 원인을 지적할 수 있겠지만 대표적으로 생각해볼 수 있

---

2) Eugene Taylor, "The Spiritual Roots of James's *Varieties of Religious Experience*" in *The Varieties of Religious Experience: A Study in Human Nature*(1902)(New York: Routledge, 2002), xxxii.
3) *Ibid.*, xxxiii.
4) Davide Hay, "Scientists and the Rediscovery of Religious Experience" in *Turning Points in Religious Studies* edited by Ursula King(Edinburgh: T and T. Clark, 1990), 232.
5) 개별 종교전통에서 이루어지는 연구에서만이 아니라 종교학에서도 프로이트의 종교 연구에 대한 평가와 대조적으로 융의 종교 연구는 긍정적으로 받아들였다. 하지만 최근 융의 종교 연구를 긍정적으로 인식하기보다는 오히려 "종교를 심리학으로 대체한" 예라고 비판한 경우도 제시되고 있다: Richard Noll, *Jung Cult*(New York: Free Press, 1994).

는 것은 제임스 자신이 종교심리학과 마찬가지로 새로운 학문 운동
으로 주창되고 있던 종교학의 논의에 관심을 두고 있는 것과도 무관
하지 않다. 처음부터 제임스의 종교적 경험에 대한 심리학적 연구는
종교학과 밀접히 연결되어 있었기 때문에 심리학적 연구가 축소시키
거나 간과하지 말아야 할 부분을 잘 알고 있었다. 또한 제임스는 우
연인지 모르지만 기퍼드 강연(Gifford Lectures)[6]을 하기 전에 종교학의
공식 주창자인 막스 뮐러(Friedrich Max Müller, 1823-1900)가 최초로 기
퍼드 강연[7]을 하였다는 점뿐만 아니라 세계 최초의 종교학과 교수로
공식 임명되었다는 점에서 종교학의 또 다른 창시자라고도 불리는 코
르넬리위스 페트뤼스 틸러(Cornelius Petrus Tiele, 1830-1902)가 세 번째

---

6) 기퍼드 강연은 스코틀랜드 변호사였던 애덤 기퍼드 경(Adam Lord Gifford, 1820-
   1887)이 설립하였다. 이 강연은 매년 신학, 종교, 철학, 과학에 이르는 영역의
   주제를 함께 아우를 수 있는 세계적인 학자들에 의해 발표되고 책으로 출판된
   다. 특히 다음의 책을 검토하면 그 강연의 설립과 존재 이유에 대한 정밀한 논의
   를 알 수 있다: Stanley L. Jaki, *Lord Gifford And His Lectures: A Centenary
   Retrospect*(Mercer University Press, 1987).

7) 막스 뮐러는 최초 기퍼드 강연을 1888-1892년에 걸쳐 연속적으로 하였다. 그는
   1892년 마지막 총결산 강연에서 종교를 발생시키고 지탱하고 유지시키는 핵심적
   요소로 무한자(Infinite)에 대한 마음의 역동적 경험이라는 점을 주장하였다. 그는
   종교학(Science of Religion)이 종교 연구를 위해 집중적으로 관심을 두어야 하는
   부분은 바로 그 '경험'이라는 점을 강조하였다. 그래서 그는 그 강연의 제목까지도
   원래 "심리적 종교(Psychological Religion)"라고 붙이려고 하였지만 책을 출판하
   는 과정에서 '신지학(Theosophy)'이라는 말을 첨가하였다: Max Müller, "Preface"
   in *Theosophy or Psychological Religion*(1893)(Forgotten Books, 1917), xvi. 뮐
   러의 이러한 지적 때문에 종교심리학이라는 학명을 "마음의 종교학"으로 교환해서
   사용할 수 있을 것이다. 사실 본 연구자는 종교심리학의 학명에 대한 변환 가능성
   에 대한 논의를 7년 전에 이미 지적하였다: 김재영, 「신종교 연구 방향에 대한 종
   교학적 성찰: 종교심리학 논의를 중심으로」, 《한국종교》 36(2013), 184.

로 기퍼드 강연을 하였다는 점도 익히 알고 있었다.[8]

이처럼 제임스는 유럽의 현대 신생 학문인 종교학에 대한 논의를 잘 알고 있었기 때문에 하버드학파이든 클라크학파이든 대부분의 고전 종교심리학 운동에 참여했던 연구자들은 모두 종교학의 새로운 통찰을 적극적으로 받아들이는 데 주저하지 않았다. 앞으로 이번 연구를 전개하면서 지적하겠지만 대부분의 종교심리학 운동의 연구자들은 종교적 경험 현상을 객관적으로 이해하는 데 있어서 특정 종교 전통의 교리 또는 형이상학적 관점으로 판단되거나 축소되지 말 것을 공통적으로 강조하고 있었다. 사실, 제임스의 종교심리학 연구는 북미 종교학의 탄생과 그 발전 과정에 국한하지 않고 국제 종교학의 맥락에서도 종교현상을 심층적으로 이해하는 데 종교심리학적 관점의 중요성이 희석되지 않고 유지되는 데 영향을 미치기도 하였다.

본 연구의 첫 번째 부분에 해당하는 이번 장에서는 제임스가 기퍼드 강연회에서 발표한 강연들 중에서 종교심리학의 핵심 주제인 종교 정의와 종교적 경험, 종교적 경험의 장소와 유형, 그리고 종교적 경험과 열매에 대한 논의에 초점을 두면서 그가 구상했던 종교심리학을 전체적으로 조감해보려고 한다. 먼저, 그의 '경험' 종교심리학의 논의를 심층적으로 드러내기 위해 제임스의 생애와 학문 여정을 간단히 검토한 다음 기퍼드 강연 초청 맥락과 그 강연에서 발표하려고 했지만

---

8) 틸러는 1896-1897년에 걸쳐 '종교학의 개요'에 초점을 두고 기퍼드 강연을 진행하였다. 그의 강연은 종교학이 많이 알려져 있지 않은 상황에서 매우 성공적으로 이루어졌을 뿐만 아니라 그 이후의 종교학에 대한 방향을 제시하는 데에도 영향을 미치기도 하였다. 그의 강연은 『종교학의 요소들(Elements in the Science of Religion)』로, "존재론(ontological)" 요소와 "유형론(morphological)" 요소라는 두 개의 부제를 달아 두 권으로 출판되었다.

건강 때문에 준비할 수 없었던 원래의 강연 계획을 살펴보기로 한다.

1. 생애와 학문 여정

윌리엄 제임스의 종교심리학은 그의 삶과 유리된 학문적 관심으로만 이루어지지 않았다. 그것은 그의 생애와 아주 밀접히 연결되어 있다. 특히 제임스의 아버지와 할아버지의 상이한 종교적 삶, 한곳에 머무르지 않고 북미뿐만 아니라 유럽의 다양한 곳에 정착하면서 교육을 받았던 부분, 그리고 대학에서 하나의 전공 분야에 국한하지 않고 자연과학과 의학을 비롯하여 심리학, 종교학, 그리고 철학 등 여러 가지 학문을 접한 과정은 종교심리학 연구를 진행하는 데 결정적으로 한쪽의 관점에 기울지 않고 종합적으로 이해할 수 있는 개방적 태도를 갖도록 하는 데 중요한 계기를 이루었다.

먼저 제임스의 가족 구성원과 할아버지와 아버지의 종교적 삶을 간단히 지적해보기로 한다. 제임스는 미국 뉴욕에서 1842년 1월 11일에 태어났다. 그가 태어났을 때 아버지 헨리 제임스와 어머니 메리 제임스는 31살이었다. 그에게는 네 명의 남동생과 한 명의 여동생이 있었다. 그는 주로 집에서는 윌리(Willy)라는 애칭으로 불리곤 했다. 그가 태어난 지 15개월 만에 소설가인 헨리가, 그다음에는 세 살이 되었을 때 그의 둘째 동생인 가스 월킨슨이, 그다음 해에는 또 다른 남동생인 로버트슨이, 그리고 그가 여섯 살이 되었을 때에는 여동생인 엘리스가 태어났다. 그다음 해에는 남동생이 태중에 있었지만 유산되었다. 마지막 남동생의 유산으로 인해 제임스의 어머니는 더 이상 임신

할 수 없게 되었다.

제임스의 형제들 중에서 제임스와 그의 첫째 동생 헨리는 각각 할아버지와 아버지의 이름을 물려받았다. 제임스가 이름을 물려받은 그의 할아버지는 여러 가지 면에서 엄격하였다. 할아버지는 아일랜드 이민자였고 사업적으로 큰 성공을 이룩하여 뉴욕에서 잘 알려진 백만장자였다. 그는 사업 못지않게 종교적으로도 열심이어서 정통 칼뱅주의를 신봉하는 장로교 교회의 장로로 많은 일을 하였다. 그는 뉴저지에 있는 장로교 계통의 프린스턴 신학교를 세우는 데에도 큰 역할을 담당하였다. 반면, 아버지는 할아버지와 달리 종교적으로 그렇게 열정을 갖고 있지 않았을 뿐만 아니라 사업을 통해서 부를 늘려나가는 데에도 관심을 보이지 않았다. 어쩔 수 없이 할아버지의 기대 때문에 잠시 법률이나 부기와 연관된 직업을 가지려고 했지만 할 수 없었고, 그다음에는 장로교 목사가 되기 위해 프린스턴 신학교에서 신학 공부를 하려고 하였지만 완수하지 못했다. 아버지의 이러한 문제 때문에 할아버지는 제임스의 아버지에 대해서 실망감을 갖고 있었다.

제임스의 아버지가 할아버지의 기대에 부응할 수 없었던 것은 나름대로 이유가 있었다. 사실 제임스의 아버지는 어린 시절의 치명적인 사고로 인해 삶에 대해 회의하게 되었고, 종교적으로나 사업적으로도 할아버지의 방식을 쫓아갈 수 없었다. 제임스의 아버지는 그 사고로 인해 두 번이나 다리를 절단하는 큰 수술을 받아야만 했었다. 그는 그 수술로 인해 심한 고통을 받았고 어떤 것에서도 위로를 받을 수 없었다. 그는 종교적으로도 자신에게 닥친 이러한 문제를 받아들일 수 없어서 더욱더 내향적인 삶으로 나가게 되었다. 특히 제임스 아버지는 자신의 장남인 윌리엄 제임스를 갖게 된 30대 초반 시절 그동안 유지하던 종교적 삶에 대한 회의와 의심 때문에 거의 2년간 지독한 갈등을 겪기도 하였다. 하지만 그는 다행히 그때의 경험을 통해서 익숙하였던 장로교 삶의 방식과는 다른 형식의 종교적 삶을 살면서 그러한 갈등을 극복할 수 있는 계기를 갖기도 하였다.[9]

제임스의 아버지는 그러한 과정을 통해서 아버지의 종교적 삶과는 더욱더 멀어지게 되었다. 그는 이 기간에 가족과 함께 영국에서 살았다. 그는 이때 랠프 월도 에머슨(Ralph Waldo Emerson, 1803-1882)의 소개로 알게 된 토머스 칼라일(Thomas Carlyle, 1795-1881)의 인도로 스웨덴의 과학자이면서 신비가인 에마누엘 스베덴보리(Emmanuel Swedenborg, 1688-1772)의 저술들을 번역하고 그의 사상을 체계적으로 소개하였던 의사인 제임스 존 가스 윌킨슨(James John Garth Wilkinson, 1812-1899)을 알게 되었다.[10] 제임스의 아버지는 스베덴보리 사상에 뿌리를 내리고 있는 그의 의학적 처방을 통해 정신적이고 종교적인 문제를 경험적으로 극복할 수 있어 즉각적으로 스베덴보리 사상을 받아들이게 되었다. 그는 자신의 아버지가 강조했던 종교적 교리보다도 경험의 중요성을 실질적으로 알게 되었다.

제임스의 아버지가 스베덴보리 사상에 빠지게 된 계기는 종교적으로 일종의 회심 사건과 같았다. 그가 영국에서 알게 된 스베덴보리 사상은 평생 자신의 종교적 삶을 이끌어나가는 원천이 되었을 뿐만 아니라 1840년경 에머슨을 비롯해서 미국 지성계에도 영향을 미치기도 하였다. 더 나아가 그 사건은 나중에 제임스가 종교적 경험의 세계를

---

9) Gay Wilson Allen, *William James: A Biography*(New York: Viking Press, 1967), 17-8.
10) Eugene Taylor, *op. cit.*, xvii-xviii.

교리적 차원에 머물지 않고 심리학적 관점에서 새롭게 볼 수 있도록 해주었을 뿐만 아니라 그의 최종 사상인 프래그머티즘이나 근본적 경험론(radical empiricism)으로 나가게 해준 원천이 되었다.[11] 만약 제임스가 직접 만난 적은 없었지만 당시 일반적인 종교적 분위기였던 할아버지의 엄격하고 냉철한 혹은 교리적 차원으로만 종교적 경험을 기술하였다면, 그는 그것과 대조를 이루고 있는 다양한 색깔의 종교적 경험을 복합적으로 스케치할 수 없었을 것이다. 이런 측면에서 제임스의 아버지와 할아버지의 종교적 삶의 대조적인 모습은 종교적 경험의 '냉탕', '온탕' 또는 '열탕' 중 한쪽에만 귀를 기울이는 당시의 신학적 내지 철학적 경향으로부터 벗어나게 해주었고 동시에 경험적인 것이라고 한다면 과학적 논의와 대치된다고 하더라도 종교적 경험의 스펙트럼 안에 모두 포함시켜야 할 자료라는 점을 깊이 각인시켜주었다.

다음으로 제임스가 받았던 교육을 검토해보기로 한다. 제임스는 대학에 들어갈 때까지 한곳에서 교육을 받아본 적이 없다. 그는 어떤 곳에서도 모교라는 인식을 갖게 해줄 정도로 오랜 기간 동안 머물러서 교육을 받지 않았다. 제임스는 자신의 의지라기보다는 아버지의 교육적 열망 때문에 여러 곳에서 교육을 받아야만 했다. 제임스의 아버지가 그렇게 할 수 있었던 것은 백만장자였던 할아버지가 남겨놓은 유산 덕분이었다. 물론 그의 할아버지는 1832년 죽음을 맞이하면서 유언으로 제임스의 아버지가 정식 직업을 얻을 때까지 유산을 관리하지 못하게 했고 단지 매년 일정 배당금만 받도록 하였다. 제임스의 아버지는 거의 14년 정도 물려받은 유산을 사용할 수 없었다. 그래

---

11) *Ibid.*, xvi.

서 제임스의 아버지는 살고 있던 집을 팔아서 그 돈으로 가족을 데리고 영국으로 가기도 하였다. 원래 그는 독일에 가서 독일어를 배우고 유럽의 문화를 익히려고 하였지만 사정 때문에 영국에서 가족과 함께 몇 년을 보내야만 했었다.

다행히도 제임스의 아버지는 영국에서 돌아온 이후 유산을 자유롭게 사용할 수 있게 되어 국제 학술행사나 강연회에 기회가 닿으면 적극적으로 참여할 수 있었다. 그런 과정에서도 그는 우선적으로 자녀들의 교육을 위해서 가족과 많은 시간을 보냈다. 특히 그는 기존의 학교에서 자녀들이 교육받는 것에 만족할 수 없어 자신이 구상한 방식대로 홈스쿨링을 하였다. 그래서 제임스는 10살이 될 때까지 집에서 주로 교육을 받았다. 대부분의 홈스쿨링 교사들은 모두 여성이었다. 그는 10살 이후에는 공식 학교에 다니기도 하였지만 유럽으로 갈 수밖에 없는 사정 때문에 9개의 학교를 옮겨 다니거나 그렇지 않으면 홈스쿨링 교육을 받아야만 했었다. 특히 제임스 아버지는 유럽에 대한 열망과 교육열로 인해 자주 유럽의 여러 나라들, 특히 스위스 제네바와 프랑스 파리로 가서 자녀들을 교육시키는 데 주저하지 않았다.

제임스의 아버지는 1858년 제임스가 16살이 되어서야 비로소 유럽에서 가족과 함께 돌아와 코네티컷주의 뉴포트에 온전히 정착할 수 있었다. 제임스는 이곳에서 22살이 되는 1864년까지 교육을 받았다. 이 기간 동안에 제임스는 두 가지 중요한 경험을 하였다. 하나는 미술가가 되기 위해 윌리엄 모리스 헌트(William Morris Hunt, 1824-1879) 스튜디오에 가서 미술 교육을 받았다. 제임스는 이 시기에 미술에 많은 관심을 기울이고 몰두하였다. 그는 이전에 유럽을 가기 전에도 미술에 관심을 갖고 있었는데 구체적으로 어떤 이유인지 모르지만 아버지의 반대로 미술 교육을 더 이상 받을 수 없었다. 마찬가지로 이번에도 귀국 후에 미술에 관심을 갖게 되어서 아버지의 배려로 유럽에서 귀국하자마자 헌트 스튜디오에서 미술 교육을 받을 수 있었지만 얼마 후 포기하였다. 제임스의 아버지는 제임스가 미술 교육보다는 자연과학을 공부하기를 원하였다. 다른 하나는 남북전쟁이 발발하던 1861년 19살이 되던 해에 전쟁을 방관자로 지켜보고만 있을 수 없어서 남군(the Confederate Army) 민병대에 갑자기 지원을 했던 경험이다. 물론 지원만 하였지 직접 전쟁에 참여하지는 않았다.

이러한 두 가지 사례를 통해서 제임스가 겪은 것은 그림이든 전쟁이든 어떤 경험도 단순히 하나의 색깔로 형성되는 것이 아니라 그 이면의 또 다른 색깔로 형성된다는 점이다. 즉 그림이 그려지기 위해서는 빛과 어둠, 표층과 심층의 배열이 적절히 균형을 이루어야 하는데, 그렇지 않다면 대상에 대한 묘사는 잘 이루어질 수 없을 것이고 또한 그것은 단순히 기계적으로만 배열해서 이루어진 것이 아니라 언제나 상호 밀접히 연결되어 있는 "흐름(flowing)"을 보여주어야 한다는 점이다. 마찬가지로 전쟁이라는 것도 이 부분을 드러내고 있지만 단지 전자와 대조를 이루는 것은 빛보다는 어둠이 일방적으로 드러나서 폭력성을 드러내고 있다는 점이다. 바로 이런 경험 때문에 제임스의 생애 연구자들은 제임스의 그림 교육에 대한 경험이나 전쟁에 대한 인식이 바로 이후의 그의 종교심리학, 프래그머티즘, 그리고 근본적 경험론을 만들어내는 데 중요한 역할을 하였다는 점을 지적하고 있다.[12]

마지막으로 제임스의 생애에서 종교심리학의 논의와 연결될 수 있

---

12) *Ibid.*, xx.

는 부분은 대학교를 시작으로 학제 간의 교육과 인간의 경험에 대한 심층적 관심이다. 제임스는 남북전쟁의 민병대 지원을 했지만 실질적으로 참여하지 않고 대신 1861년 가을 아버지의 권유로 찰스 윌리엄 엘리엇의 지도하에 화학을 공부하기 위해 하버드 대학교의 아가시즈 로렌스 과학학교(Agassiz's scientific school)에 입학하였다. 그다음 해에는 그의 동생인 헨리 제임스(Henry James, 1843-1916)도 입학하였다. 그러나 제임스는 흥미를 잃어 계속 그곳에서 공부하지 않고 집에서 쉬면서 다양한 독서를 하였다. 그는 1863년에는 전공을 바꾸어 비교 해부학과 생리학을 공부하기 위해 하버드 의과대학에 입학하였다. 그러면서도 자연에 대한 관심은 지속적으로 유지되고 있어 의과대학에서 공부하는 중에 휴학을 하고 1865년 9개월 동안 루이스 아가시즈(Louis Agassiz, 1807-1873)의 브라질 자연사 자료 수집 탐험대에 들어가기도 하였다. 그러나 단순히 자연사 자료들을 수집해서 정리하는 것에 별로 흥미를 느끼지 못했다. 제임스는 이때 처음으로 살아 있는 생명체와 죽어 있는 생명체는 차이가 있다는 점을 구체적으로 경험하게 되었다. 그리고 그러한 경험이 나중에 종교를 연구하는 데에도 영향을 끼쳐 마치 종교를 박물관에 박제되어 있는 것처럼 죽어 있는 것으로 연구하는 것은 종교의 생명인 종교적 경험을 간과하고 있다는 점을 비판적으로 지적하였다.

제임스는 또한 의과대학 생활을 하는 동안에 지속적으로 눈병, 소화불량, 불면증, 그리고 우울증 때문에 자살 충동에 시달려 자살을 시도하기도 하였다.[13] 그는 자신의 몸을 추스르기 위해 독일의 목욕

---

13) Gay Wilson Allen, *op. cit.*, 124.

요법이 몸뿐만 아니라 정신 건강에도 도움을 줄 수 있다는 생각으로 독일에 가서 목욕 치료를 받기도 하였다. 제임스가 독일로 갔던 것은 건강상의 이유가 있기도 하였지만 독일어를 더욱 향상시키고 생리학(physiology)을 공부하려는 동기가 더욱 컸다. 그는 베를린 대학교에 거의 18개월 동안 머물면서 여러 가지 과목을 수강할 수 있었다. 건강 때문에 실험실 연구에는 참여하지 않았지만 생리학 외에도 심리학, 철학, 그리고 문학을 비롯해 다양한 과목들을 수강하였다. 제임스는 이 기간 동안 인간을 깊이 이해하기 위해서는 자연과학이나 의학의 차원을 넘어서 인문학에 대한 이해가 반드시 수반되어야 한다는 점을 구체적으로 알게 되었다.[14]

제임스는 1869년에 미국으로 귀국해 의사 자격 고시에 응시해서 자격증을 취득하였지만 의사로서의 일을 하지 않고 인간의 정신을 이해하기 위해 심리학에 대한 관심으로 넘어가게 되었다. 그는 이 기간 동안 육체적으로 아주 쇠약해졌을 뿐만 아니라 정신적으로도 우울증에 지독하게 시달리고 있었다. 마치 그 과정에서 그의 아버지가 스베덴보리 사상을 접하면서 정신적 고통을 극복할 수 있었던 것처럼, 제임스는 프랑스 철학자 샤를 르누비에(Charles Renouvier, 1815-1903)와 영국의 철학자 알렉산더 베인(Alexander Bain, 1818-1903)의 글들을 접하면서 심한 우울증을 어느 정도 극복할 수 있었다.[15]

제임스는 우울증으로부터 벗어난 시점인 1872년에는 하버드 대학교 생리학 교수로 임명되었다. 그는 그 이후 자신뿐만 아니라 동료 인

---

14) *Ibid.*, 151.
15) *Ibid.*, 168-9.

간들이 경험하고 있는 고통스러운 우울증이나 마음의 고통에 대해 실제적으로 많은 성찰을 하게 되었다. 그에게 이 시기는 그의 우울증의 경험과 관련해서 인간의 마음을 깊이 성찰해 들어가는 자기 분석(self-analysis)을 전개한 기간이었다. 물론 아직도 정신분석이 태동되기 이전이지만 이미 제임스는 그것을 실천하고 있었다. 그는 이미 이 시절에 생리학이나 의학이 절대적으로 취하고 있었던 자연과학적 방법만으로는 인간의 마음을 심층적으로 이해해 들어가는 데 한계가 있다는 점을 경험적으로 확인할 수 있었다. 바로 이 문제 때문에 그는 기존의 자연과학 방법인 생리학에 근거한 인간 이해에 의심을 갖기 시작하였다.

제임스는 1878년에 앨리스 기븐스(Alice Howe Gibbens, 1849-1922)와 결혼을 해서 다섯 명의 자식을 두었다. 그는 결혼을 기점으로 기존의 입장과는 다른 차원의 인간을 이해할 수 있는 연구를 제시하기 위해 1878년에는 "심리학 원리"라는 책을 저술하기 위해 계약을 맺었다. 그는 처음에는 짧은 기간 안에 자신의 심리학적 인간 이해를 제시할 수 있으리라고 생각했지만 거의 12년의 연구를 통해서 두 권으로 출판하였다. 그 책을 출판하고 난 이후에도 제임스는 자신의 연구가 인간의 심층적 차원을 이해하는 데 여전히 문제를 드러내고 있다는 판단하에 그 부분을 연구하기 위해서 더 이상 편협한 생리학 연구에 머물지 않고 그것을 넘어서 철학과로 교수직을 옮겨 갔다. 그는 철학과로 옮겨 간 이후에도 인간의 경험에 초점을 두고서 믿음, 평화, 전쟁, 자유의지, 삶의 가치, 그리고 불멸 등과 같은 다양한 주제를 강연하였다.

제임스가 대학 교육 이후 지속적으로 관심을 갖고 발전시킨 가장 중요한 학문적 내용은 자신이 직접 지독하게 경험했던 우울증 경험과 그것에 대한 자기 분석이었다. 사실 그가 당시 절대적으로 받아들이고 있었던 자연과학적 방법에 회의를 갖게 된 것도 바로 자신의 우울증 경험을 담아낼 수 없었기 때문이었다. 바로 이런 측면 때문에 그의 종교심리학이나 그 이후의 프래그머티즘과 근본적 경험론까지도 개인적 경험과 무관하지 않다. 그러므로 1910년에 생을 마감하기까지 종교심리학을 비롯해서 그 이후 제임스의 철학적 논의들은 개인적 경험을 깊이 녹여내고 있어 고정된 사진과 달리 생동감을 끊임없이 풍기는 웅장한 풍경화를 보여준다. 이번 장에서는 이 점을 명심하면서 그의 종교심리학을 전체적으로 스케치해보려고 한다.

먼저 제임스의 삶의 경험이 종교심리학 관점에서 가장 깊게 녹아 있는 기퍼드 강연회의 강연 내용을 분석하기 전에, 우선 그 강연회의 조직위원회로부터 초청을 받게 된 배경과 맥락을 검토해보기로 한다.

2. 기퍼드 강연

제임스의 심리학이 세계적으로 관심을 불러일으키게 된 결정적 계기는 1890년 기능주의적 관점에서 인간의 경험을 연구한 세 권의 『심리학의 원리』라는 책의 출판이었다. 이 책은 영어로 발표된 최초의 심리학 연구서이다. 아직까지도 기능주의적 관점에서 연구한 심리학 서적 중에서 이 책만큼 심층적 연구를 한 연구서는 찾아보기 어렵다. 유럽의 학계는 이 책을 통해서 미국의 학계를 새롭게 보기 시작하였다. 일반적으로 당시 미국의 학계는 지금의 상황과는 대조적으로 독자적 논의를 전개하기보다는 유럽 학계의 논의를 따라가기에 바빴고 유럽 학계에 대한 지적 콤플렉스를 강하게 지니고 있었다. 그러나 제임스의 『심리학의 원리』 출판은 유럽 학계가 미국 학계에 대한 기존 인식을 변화시키는 계기를, 반대로 미국 학계는 유럽 학계에 대한 콤플렉스로부터 벗어날 수 있는 독자적 계기를 마련해주었다.

제임스는 『심리학의 원리』에서 전개된 경험에 대한 독창적 논의 덕분에 당시 종교나 철학 연구에 대해 최고의 영광이 주어지는 기퍼드 강연 조직위원회로부터 정식으로 강연 초대를 받았다. 제임스가 그 준비위원회로부터 종교에 대한 강연을 해달라는 부탁을 처음 받은 것은 1896년 초엽이었다. 그러나 공식적으로 초청장을 받은 것은 제안을 받은 2년 후에 이루어졌다. 미국 사람이 영광스러운 유럽 무대에서 유럽의 지성인들을 대상으로 강연을 하게 된 보기 드문 기회가 되었다. 제임스가 그 강연의 첫 번째 발표에서 언급한 것처럼 당시 미국 사람이 유럽으로 가서 강연을 하기보다는 주로 유럽의 학자들이 미국으로 와서 강연을 하는 것이 관례였다.[16] 그의 강연은 당시의 분위기를 생각해보면 극히 예외적이다. 사실 종교에 대한 연구를 다양하게 심층적으로 연구한 유럽의 지성인들로서는 그의 강연이 자존심 상하는 일이었다. 그 시절의 학문적 분위기로 판단해보면, 다른 학문 분야와 마찬가지로 종교 연구에 관해서도 저명한 기퍼드 강연의 영광이 북미 학자가 아니라 유럽 학자에게 주어지는 것이 당연시되었기 때문이었다.

제임스는 새로운 세기가 시작하는 1900년에 기퍼드 강연을 시작하

---

16) 윌리엄 제임스/김재영 옮김, 『종교적 경험의 다양성: 인간 본성에 대한 이해』(파주: 한길사, 2000), 58-9.

려고 하였다. 그러나 그는 1899년 강연 준비의 과로로 몸이 극도로 약해져 1899년 말이 되어서도 강연 원고를 완성할 수 없었다. 그는 1900년 끝 무렵이 되어서야 비로소 어느 정도 강연을 할 수 있는 글을 완성할 수 있었다. 그 강연의 대부분은 제임스의 건강이 가장 약하게 된 1899년과 1900년에 걸쳐서 쓴 것들이다. 그는 쇠약한 몸을 가눌 수 없어서 하루에 겨우 두세 시간 정도를 책상에 앉아서 강연 원고를 집필하였다. 어떻게 보면 그 강연의 대부분은 침대에 누워 있는 채로 구상되어 하루에 조금씩 써나간 글이다. 건강 상태로 볼 때 강연을 준비할 수 있는 처지가 아니었다. 그럼에도 불구하고 그가 끈질기게 그 강연을 포기하지 않고 준비할 수 있었던 것은 최고의 강연회에서, 그것도 종교와 관련된 강연을 할 수 있는 기회를 잃지 않으려는 생각 때문에 그랬던 것은 아니었다.

제임스는 건강상 이유보다 더 중요한 실존적 이유를 세 가지 차원에서 갖고 있었다. 우선 제일 먼저 지적할 수 있는 이유는 아버지의 종교적 삶과 연결되어 있다. 앞에서도 지적하였듯이 제임스는 할아버지와 아버지 사이에 있었던 종교적 갈등을 직접 목격하였다. 또한 아버지의 종교적 삶에 대한 충분한 이해가 사변적 철학, 교조적 신학, 그리고 유물론적 과학으로는 온전히 이해될 수 없다는 점을 누구보다 잘 알고 있었다. 그는 아버지의 종교적 삶이 관념이나 교리의 나열로 구성되지 않고 경험에 그 뿌리를 두고 있다는 점을 간파하였다. 바로 그 부분이 아버지를 이해하는 데 핵심적이므로 반드시 포함시켜야 한다는 것이다. 그렇지 않고 아버지의 경험을 기존의 논의와 맞지 않는다고 해서 거리를 두거나 제외시킨다는 것은 아버지의 삶의 핵심을 빼놓고 피상적으로 이해하는 부분이어서 온전한 인간 이해를 이룰 수 없다는 것이다. 그래서 그의 아버지가 죽은 해인 1882년 제임스가 아내에게 쓴 편지를 보면 아버지의 종교적 경험을 이해하고 학문적으로 토론하는 것이 아들로서의 책임을 다하는 것이라고 회상하고 있다.[17]

제임스가 기퍼드 강연에 끈질기게 집착한 또 다른 이유는, 제임스 자신이 그 강연을 하기 거의 30년 전인 1870년부터 1872년의 절망감과 병적인 두려움 때문에 목숨을 끊으려는 상황까지 간 경험과 그 상태로부터 벗어난 계기가 일종의 회심과 같은 잊을 수 없는 경험이었기 때문이다. 그는 자유의지와 도덕적 강인함의 사상을 펼친 르누비에의 글을 읽어가면서 자신의 치명적 절망 상태를 극복할 수 있었다. 이러한 계기 때문에 제임스는 인간의 자유의지를 깊게 연구하였고 그것과 관련해서 종교적 믿음의 의미를 다시 생각하게 되었다. 그가 그러한 연구를 발전시키면서 더욱 확신할 수 있었던 것은, 바로 그러한 과정이 마치 종교적 회심의 경우에서 보여주듯이 이전의 혼란이 새롭게 통합되어가는 회심 과정이라는 점이다. 그래서 그는 당시 주류 학계에선 관심을 거의 보이지 않았던 예외적이거나 비정상적이라고 쉽게 분류하였던 역동적 경험 중에서 특히 종교적 경험을 선입견으로 바라보지 않고 공감적으로 이해하려고 하였다. 만약 제임스가 스스로 그러한 경험을 갖고 있지 않았다면 그러한 경험을 쉽게 병리적(pathological) 현상으로만 이해했을 것이고 그 강연도 쉽게 포기했을 것이다.

---

17) William James, *The Letters of William James*, Volume I, edited by His son Henry James(Boston: The Atlantic Monthly Press, 1920), 221-2.

마지막으로 제임스가 기퍼드 강연을 포기할 수 없었던 것은 그의 세 번째 아들인 허먼(Herman)의 죽음으로 인해 갖게 된 종교적 삶의 의미에 대한 물음 때문이었다.[18] 그는 아들의 죽음으로 인해 사별의 아픔과 그것으로부터 벗어나게 하는 데 종교적 삶이 제공해주는 진실성, 그리고 이 세상에서의 삶이 죽음으로 단지 끝나는 것이 아니라 그 이후의 세계의 가능성에 대한 생각을 많이 하게 되었다. 그는 종교적 형식이 무엇이 되었든 그 형식을 받아들이고 있는 주체들이 의미를 갖게 될 수 있다고 한다면 언제나 관심을 기울였다. 바로 이런 측면 때문에 그는 당시에는 주류 종교전통에서는 거의 관심을 두지 않았던 신종교운동(new religious movements)을 비롯해서 신비주의 현상들에도 깊이 관심을 기울였다.[19] 그는 그러한 가능성에 대한 이해를 전개하기 위해 심령 연구(psychical research)에 적극적으로 관심을 갖고 활동하였다. 또한 그는 보스턴의 유명한 영매(spiritual medium)였던 레오나라 파이퍼(Leonara Piper, 1857-1950)의 영적 경험 현상인 죽은 자와의 소통에 대해서도 관심을 갖고 그녀의 강신술(spiritualism) 모임에도 정기적으로 참여하였다.

제임스는 심령 연구를 토대로 영매 현상을 회의적으로만 보지 않고 오히려 종교와 과학 사이의 연결고리를 찾을 수 있는 하나의 가능성을 제시하였다. 그는 그러한 가능성을 당시의 연구에서는 혁명적이었던 심층 무의식으로 이해하였다. 제임스의 이러한 관심은 분석심리

---

18) Donald Capps, "Introduction" in *The Religious Life: The Insights of William James*(Oregon: CASCADE books, 2015), xii.

19) 김재영, 앞의 논문, 133-6. 그리고 김재영, 「신종교 인식과 정신 건강 담론」, 《서강 인문 논총》 43(2015), 271-3.

학자인 융에게 결정적으로 도움을 주기도 하였다. 그는 그러한 영매 경험들을 연구하여 1896년에는 종교와 과학에 대한 로웰 강연(Lowell Lectures)을 시작으로 1897년에는 『믿으려는 의지(*The Will to Believe*)』와 죽음학(thanatology)의 사상적 기초를 놓은 '인간의 불멸' 등과 같은 글들을 발표할 수 있었다.[20] 그러므로 제임스에게 있어 그의 아버지의 종교적 삶, 자신이 경험했던 우울증과 그것으로부터 벗어난 경험, 그리고 아들의 죽음과 심령 연구에 대한 관심은 단지 이전에 일어난 단순한 사건으로 남아 있었던 것이 아니라 그 이후 기퍼드 강연회의 초청을 끝까지 포기하지 않고 지속적으로 준비할 수 있게 해준 하나의 원동력이었다.

제임스는 자신의 의지와 상관없이 여전히 몸이 극도로 쇠약해져 그 강연을 원래 계획대로 새로운 세기가 시작되는 1900년 봄에 할 수 없었다. 또한 그는 두 곳의 대학에서 강연을 해 달라는 부탁을 받았지만 애버딘 대학(Aberdeen University)에서의 강연은 수락할 수 없었고 1년 늦게 1901년 5월 16일부터 스코틀랜드 에든버러 대학(Edinburgh University)에서만 강연을 시작하였다. 그의 강연은 겨울이 시작되기 전까지 계속 이어졌다. 그의 강연은 예상했던 것과는 달리 수적으로도 많은 사람들이 참여하였고 내용적으로도 감동 있게 전달되었다. 그는 이러한 성공에 매우 고무되었고 자신감을 갖게 되었다. 그는 겨

---

20) 현대 죽음학자들 중에서 죽음과 종교, 특히 종교적 경험 문제를 영웅성과 연결한 연구자는 어네스트 베커이다. 그는 제임스의 연구에 통찰을 받아 유한성과 그 한계를 넘어서려는 인간의 죽음 인식의 경험을 심층적으로 분석하려고 하였다: 어네스트 베커/김재영 옮김, 『죽음의 부정: 프로이트의 인간이해를 넘어서』(파주: 인간사랑, 2008).

울 기간 동안 미국으로 돌아와 몸을 회복한 다음 다시 1902년 봄 에든버러로 돌아가 계획하였던 강연을 계속하였다. 1902년 6월 9일에 마지막 강연으로 기퍼드 강연을 모두 마칠 수 있었다.

1901년의 강연과 마찬가지로 제임스의 1902년 강연도 대단한 성공을 이루었다. 그가 1902년 봄 강연을 위해 에든버러로 출발할 때에는 "종교적 경험의 다양성: 인간 본성에 대한 연구"라는 제목으로 강연 원고를 출판하기 위해 출판사에 제출한 상태였다. 그 원고는 강연이 끝날 무렵 이미 미국에서 출판되어 있었다. 강연과 마찬가지로 책 출판에서도 대단한 성공을 이루었다. 다양한 사람들로부터 찬사를 받았다. 물론 비판도 있었지만 크게 보아 모두 공감하는 글들이었다. 당시 서평을 써놓은 글들을 읽어보면 대부분 "만족스럽지 못하지만" 그렇다고 비판적인 측면을 쉽게 찾을 수 없다는 지적을 하고 있다. 서평을 쓴 사람들이 모두 비슷하게 불만족스럽다고 한 것은 제임스가 비판한 과학주의의 잣대로 종교적 경험을 해석하려는 당시의 연구를 비판하고 있었고, 그렇다고 해서 비판을 쉽게 할 수 없는 것은 그의 논의가 나름대로 기존의 논의와 전혀 다른 방식을 취하고 있지만 논리적으로 설득력을 보여주기 때문이었다.

제임스가 기퍼드 강연을 준비하기 위해 만든 메모장에 보면 원래 계획은 전반부에서 생생한 종교적 경험의 자료들을 현상적으로 분류하여 기술한 강연 원고를 계획하고, 후반부에서는 그 자료들을 이론적으로 평가한 강연 원고를 준비하려고 하였다. 그는 원래 그 원고를 한 권의 책에 모두 담기보다는 두 권의 책에 담으려고 하였다. 전반부 강연 원고는 첫 번째 책으로 "종교적 경험의 다양성"이라는 제목으로, 후반부 원고는 두 번째 책으로 "종교철학의 임무"라는 제목으로 각각 출판하려고 계획하였다.[21] 그러나 지속되는 몸의 약화와 강연에 대한 심리적 부담 때문에 이러한 원래의 계획은 완수할 수 없었다. 그는 단지 전반부 원고를 토대로 후반부의 일부 철학적인 평가 작업의 내용을 강연할 수밖에 없었다. 사실 그가 야심차게 계획한 후반부의 내용은 제18강연인 '철학', 제20강연인 결론, 그리고 '후기' 부분에 요약적으로만 기술되어 있다. 그러므로 기퍼드 강연의 최종 출판물인 『종교적 경험의 다양성: 인간본성의 연구』는 후반부에서 집중적으로 다루려고 했던 "종교철학의 임무"라는 계획이 개요 이외에는 전체적으로 전개되어 있지 않았기 때문에 미완성의 책이다.[22] 그럼에도 불구하고 그 책의 '결론'과 '후기'를 읽어보면 제임스가 어떤 생각을 결론적으로 발표하려고 했는지 가늠해볼 수 있다.[23]

---

21) Gerald E. Myers, *William James: His Life and Thought*(New Haven: Yale University Press, 1986), 461-2.
22) 김재영, 「윌리엄 제임스와 『종교적 경험의 다양성: 인간 본성의 연구』」, 《철학과 현실》(철학문화 연구소, 2006), 244-52.
23) 『종교적 경험의 다양성』은 100년 전에 출판된 책이지만 아직까지도 종교를 연구하는 모든 분야에서 반드시 읽고 검토해보아야 할 필독서 중 하나이다. 특히 종교학, 종교철학, 그리고 종교심리학의 분야에서는 아직까지도 계속해서 면밀한 검토 작업이 진행되고 있을 뿐만 아니라 다양한 논문들과 해제들이 쏟아져 나오고 있다. 2002년도에는 다양한 곳에서 제임스의 기퍼드 강연회 100주년 기념 학술행사가 있었다. 특히 2002년도에는 100주년 기념 출판인 『종교적 경험의 다양성』이 제임스의 손자인 미키 제임스(Micky James)의 축하하는 글과 종교 심리학자와 종교학자의 긴 서론들이 첨가되어 영국과 뉴욕에서 동시에 출간되었다. 또한 제임스가 강연을 했던 장소이지만 현재는 에든버러 대학교 법과대학 강연실로 변해 있는 곳을 중심으로 3일 동안 다양한 분야의 제임스 연구자들이 이 책에 대한 국제 학술발표와 토론을 진행하였다. 그때 분석철학자인 힐러리 퍼트넘과 종교심리학자인 유진 테일러가 기조 강연을 하였고 그 밖의 다양한 학자들이 이틀 동안 다양한 주제로 강연을 하였다. 제임스의 모국인 미국에서도 컬럼비아

3. 종교정의와 종교적 경험

제임스는 개별적 인간들이 표현하였던 다양한 경험을 중심으로 종교를 심리학적으로 이해하려고 하였다. 그는 기퍼드 강연의 초반부에 인간 개개인이 실질적으로 갖고 있는 종교적 경험을 포착해서 종교를 다음과 같이 정의하고 있다: "개별적 인간들이 신적인 것을 무엇이라고 생각하든지 간에 그것에 연관해서 그들 자신이 이해하고 있는 한, 종교는 개인적 상태에 있는 그들의 감정, 행위, 그리고 경험을 의미할 것이다."[24] 제임스의 종교정의 중에서 중요한 것은 마지막 부분에 나오는 "감정", "행위", 그리고 "경험"이라는 말들이다. 이 말들은 분리되어 존재하지 않고 상호 밀접히 연결되어 있다. 단지 중요한 것은 그것이 무엇이 되었든 바로 인간 개개인의 삶에서 일어난 경험이라는 점이다.

종교학 역사학자인 에릭 샤프(Eric J. Sharpe, 1933-2000)가 바르게 지적하고 있듯이 제임스는 종교적 경험 현상에 대해서 어떤 것도 배제하지 않고 있는 그대로 직접 관찰하려는 합리적 관점[25]을 유지하려고 하

대학교의 종교와 과학연구 센터의 후원하에 100주년 기념 행사가 있었다. 그 결과물로 『윌리엄 제임스와 종교학: 종교적 경험의 다양성을 다시 경험해보기』라는 제목으로 2004년에 출간되었다. 그때에는 분석철학자인 리처드 로티를 비롯한 철학자들과 종교학자들의 글이 발표되었다. 이 밖에도 개인적으로 출간한 책은 한국에도 다녀간 캐나다 철학자인 찰스 테일러가 2002년 하버드 대학교 출판부에서 『오늘날 종교의 다양성: 다시 방문한 윌리엄 제임스』이다.

24) 윌리엄 제임스/김재영 옮김, 앞의 책, 89-90.

25) Eric J. Sharpe, *Comparative Religion: A History*(New York: Charles Scribner's Sons, 1975), 112. 이 책의 한글 번역은 유요한, 윤원철, 『종교학의 전개』(서울: 시그마프레스, 2017).

였다. 종교는 인간 주체의 경험과 동떨어지게 분리되어서 교리나 관념 체계 안에 존재하는 것이 아니라 바로 인간 개개인의 내면으로부터 밖으로 표출된 행위 또는 행위를 통해서 내사해 들어가는 심리적 과정을 매개로 발생하는 다양한 경험 속에 존재한다. 때로는 그 경험이 감정적 요동을 불러내지 않고 행위의 변화를 급격하게 보여주는 경우도 있지만 어떤 경우에는 상상을 초월할 정도로 엄청난 요동을 불러내면서 이전과는 전혀 다른 행위를 하게 하는 경우도 있다. 그 사이에도 수많은 경험을 제시할 수 있는 경우들이 존재한다. 어떤 경우에는 감정적 요동이 없는 것과 마찬가지로 행위에서도 변화를 많이 불러내지 않은 때도 있을 것이고, 반대로 감정의 변화는 급격하지만 행위에서는 어떤 변화도 일어나지 않는 때도 있을 것이다.

제임스가 처음부터 종교를 인간이 성스러운 것과 연관해서 갖게 되는 다양한 경험에 집중해서 이해하려고 했던 것은 이미 새로운 학문으로 종교심리학의 태동을 예견하게 해준다. 사실 현재 발표되고 있는 종교심리학의 연구도 기술적 차원에서 방법론적으로 차이점을 보여주고 있다고 하더라도 인간 주체가 개별적으로 갖고 있는 감정이나 경험 또는 그것의 외적 표현인 행위에 여전히 집중하고 있다는 점에서 제임스가 규정한 심리학적 차원의 종교정의로부터 멀리 있지 않다.

인간 개개인마다 종교적 경험 양상이 다르게 나타나므로 개념적으로 추상화하거나 일반화할 경우 인간 개개인이 갖고 있는 감정의 흐름이나 행위의 변화에 담겨 있는 독특한 경험을 희석시킬 수 있다. 그래서 제임스는 추상화나 일반화의 논의에서 쉽게 볼 수 있는 개념적이고 완결적 이미지를 보이고 있는 명사보다는 동사적인 형용사를 주로 사용하여 종교의 세계를 기술하였다. 그는 바로 이 부분을 강조하면서 기존 종교 연구에서 종교의 교리, 제도 또는 의례에 초점을 두고 있는 연구와는 차별되게 자신의 연구는 인간 개개인의 경험을 연구한다는 점을 명확하게 드러내기 위해 "개인적 종교(personal religion)" 연구라고 명칭을 붙이기도 하였다.[26] 만약 기퍼드 강연을 할 당시에 종교심리학(psychology of religion)이라는 학문명이 공식적으로 존재하였다면 그는 그 용어보다는 종교심리학이라는 용어를 선호하여 사용할 수 있었을 것이다.

　제임스가 선택한 "개인적 종교"라는 용어는 그의 종교심리학을 이해하는 데 많은 오해를 불러오기도 하였다. 지금까지도 그의 논의는 그 용어 때문에 여러 가지 오해를 받고 있다. 그중에서 두 가지 오해가 대표적이다. 하나는 그의 종교 연구는 심리학적 차원에서 경험을 연구하였기 때문에 종교의 외적 요소들에 대한 이해를 처음부터 그의 연구에서 제외시켰다는 비판이다. 그러나 이러한 비판은 문제가 있다. 그가 강조하였던 것은 개인들의 경험이었지만, 그 경험은 삶의 맥락이 빠져 있는 환경에서 비롯된 것이 아니라 개인마다 갖고 있는 구체적 삶의 맥락 안에서 발생하였기 때문이다. 어떤 인간도 삶의 맥락 없이 경험을 갖는 것은 존재하지 않는다. 다른 하나는 그가 명명한 "개인적"이라는 말 때문에 그의 종교 연구는 근본적으로 개인주의적 종교 연구라는 비판이다. 이러한 지적은 그가 원래 의도했던 부분을 놓치고 있다. 그는 개인주의적 인간 경험에 대한 획일적 일반화를 비판하면서 개별적 인간마다 독특하게 차이점을 보이는 측면을 공감적

---

26)　윌리엄 제임스/김재영 옮김, 앞의 책, 87.

으로 이해하려고 하였기 때문이다.

제임스는 종교 연구를 진행하는 데 경험에 초점을 두고 있으므로 기본적으로 연구자 자신이 갖고 있는 박제된 연구 관점의 문제점을 혹독하게 지적하였다. 그는 당시 종교 연구와 관련해서 중심적 논의를 이끌고 있었던 두 가지 관점을 비판하였다. 하나는 형이상학적 관점이다. 제임스는 종교 연구와 관련해서 형이상학적 논쟁을 가리켜서 지적 유희는 제공해줄 수 있을지는 모르지만, 삶 속의 생생한 경험을 망각하게 하거나 이해할 수 없게 만들어버리는 "괴물"이라고 비유하면서 그 문제의 심각성을 고발하였다.[27] 박제 표본만이 무수히 전시되어 있는 박물관에서는 전시된 동물의 살아 있는 움직임을 전혀 포착할 수 없다. 동물의 역동적 움직임은 동물이 서식하고 있는 곳에 가야만 관찰할 수 있다. 마찬가지로 종교의 역동적 모습을 이해하려면 그 모습이 생생하게 표현되고 있는 종교 현장으로 직접 가야 할 것이다. 그래서 제임스는 추상적이고, 관념적이고, 형이상학적 종교 연구는 "학자연하는 자들이 만들어낸 절대적으로 무용한 발명품"[28]이라고까지 혹독하게 비판하였다.

제임스가 비판하는 또 다른 관점은 의학적 유물론(medical materialism)이다.[29] 의학적 유물론도 종교 연구를 진행하는 데 경험을 공감적으로 이해하기보다는 기본적으로 이미 갖고 있는 진단으로 규정된 대답을 억지로 꾸겨 넣는다는 측면에서 경험의 역동적 흐름을 간과해버리는 앞의 관점과 비슷하다. 물론 제임스도 의사로서의 자격증을

---

27) 같은 책, 533.
28) 같은 곳.
29) 같은 책, 70.

취득하고 있었기 때문에 의학적으로 경험 현상을 인식하는 것은 문제가 될 수 없다는 것을 잘 알고 있었다. 그럼에도 불구하고 의학적 유물론이 앞의 관점과 비교해서 과학적 차원에서 경험에 관심을 갖는 것은 획기적 통찰이지만 몸의 변화가 일으키는 부차적인 것으로만 모든 종교적 경험 현상을 일방적으로 접근해가는 것은 문제가 있다는 것이다. 직접 제임스가 지적하고 있는 부분을 들어보기로 한다.

의학적 유물론은 간질병 환자였던 사도 바울이 다마스커스로 가는 길에서 본 환상을 후두골피질(occipital cortex)의 장애 현상으로 설명해버린다. 또 성 테레사를 히스테리 환자로, 그리고 아시시의 성 프란체스코를 유전성 퇴행성 환자로 설명해버리고, 자기가 살던 시대의 거짓투성이에 불만을 느껴 영적 진리를 갈망했던 조지 폭스를 결장(disordered colon) 질환자로 취급한다. 그리고 비참할 정도로 변화되어버린 칼라일의 목소리를 위-십이지장의 카타르성 증세로 설명한다. 이러한 정신적 과다 긴장의 모든 상태는 그 밑바닥까지 파헤쳐 생리학적으로 연구해보면, 여러 가지 내분비선의 왜곡된 작용 때문에 생겨나는 특이 체질적 문제(아마도 자가중독)라고 주장할 것이다.[30]

제임스는 바로 이러한 두 가지 관점, 즉 관념적 독단주의나 유물론적 심리환원주의의 관점을 벗어나 경험을 희석시키지 않고 끝까지 그곳에 초점을 두었던 연구를 기퍼드 강연에서 제시하려고 하였다. 그는 그러한 연구를 보다 발전시키기 위해 거의 비슷한 시기에 유

---

30) 같은 책, 70-1.

럽에서 종교 연구의 과학적 논의로 새롭게 일어나고 있었던 종교학 (science of religion)을 적극적으로 받아들이기도 하였다.[31] 그 당시 어느 관점에서도 만족할 수 없었던 제임스는 종교학의 논의를 통하여 그가 지향하려고 했던 연구를 발전시킬 수 있는 통찰을 얻었다. 앞에서도 지적하였듯이 제임스는 기퍼드 강연을 하기 전에 이미 그 강연회에서 강연한 종교학의 주창자들인 막스 뮐러나 틸러의 강연을 잘 알고 있었기 때문에 그러한 계기를 마련할 수 있었다. 더 나아가 제임스는 그 강연의 후반부에서는 적극적으로 종교학이라는 용어를 다양하게 사용하면서 그의 연구가 종교학의 발전에 기여할 수 있기를 바란다는 내용을 발표하기도 하였다.[32] 그러므로 제임스의 종교 연구는 전체적으로는 종교학의 맥락 안에서 그 위치를 정하려고 하였기 때문에 심리학 자체에 머물러 있는 '심리학적 종교심리학'이기보다는 근본적으로 '종교학적 종교심리학'이라고 규정할 수 있다.[33] 바로 이 부분은 종교학과 종교심리학 운동이 각각 달리 시작하였지만 종국적으로 같은 방향으로 나아가게 된 접점이다. 제임스가 웅변적으로 주장하고 있는 부분을 직접 들어보기로 한다.

나는 이런 종류의 비판적 종교학이 물리학처럼 궁극적으로 일반적 대중으

31) Ann Taves, "The Fragmentation of Consciousness and *The Varieties of Religious Experience:* William James's Contribution to a Theory of Religion" in *William James and a Science of Religions: Reexperiencing The Varieties of Religious Experience*(New York: Columbia University Press, 2004), 61-2.
32) 윌리엄 제임스/김재영 옮김, 앞의 책, 519.
33) Chae Young Kim, "William James and Bernard Lonergan on Religious Conversion" in *The Heythrop Journal*, Vol. 51/6(2010), 982.

로부터 지지를 받는 학문이 될 것이라고 생각한다. 심지어 개인적으로 비종교적인 사람들조차도, 장님들이 광학적 사실들을 인정하듯이—그렇지 않으면 어리석게 보일 테니까—그 종교학의 결론을 신뢰하게 될 것이다. 그러나 광학은 우선 시력을 가진 사람들에 의해서 경험된 사실들을 통해 유지되어야 하고 계속적으로 그 학문이 확증되어야 하듯이, 종교학도 그 최초의 자료를 얻기 위해서는 개인적 경험의 사실에 의존하게 되고 그것의 비판적 건축을 통해 개인적 경험과 일치시켜나가야 할 것이다. 종교학은 결코 구체적 삶과 동떨어질 수 없을 것이며 개념적 진공상태 속에 빠져들 수도 없을 것이다.[34]

4. 종교적 경험의 장소

제임스의 종교심리학에서 가장 독창적인 부분은 종교적 경험이 유래한 장소, 종교적 경험의 유형, 그리고 그 경험을 담고 있는 개개인들의 성품을 유형화시켰다는 점에 있다. 먼저 제임스가 인간의 심리적 차원을 의식의 영역에 국한하지 않고 그 범위를 넓혀 종교적 경험의 장소로 주장하고 있는 논의를 검토하기로 한다.[35]

제임스는 기퍼드 강연에서 종교적 경험의 장소로 특정하게 고정된

---

34) 윌리엄 제임스/김재영 옮김, 앞의 책, 542.
35) 사실 제임스의 종교적 경험의 "장소"에 대한 논의는 일본 정도학파의 중심인물인 니시다 기타로의 장소의 철학에도 통찰을 주었다: Chae Young Kim, "William James, Nishida Kitaro, Religion" in *Education and the Kyoto School of Philosophy: Pedagogy of Transformation* edited by Paul Standish, Naoko Saito(London: Springer, 2012), 91-2.

의식보다는 그 주위나 그 이면으로까지 복합적으로 위치시키면서 그 범위를 확장시키고 있다.[36] 물론 그가 인간의 심리적 차원을 의식적 범위에 제한하지 않고 그것을 넘어선 영역까지 확장시킨 논의를 처음 시작한 것은 아니다. 그는 기존의 연구에 대해서도 알고 있었지만 만족스럽지 못했다. 그러므로 그가 의식의 복합성에 대한 논의에 지속적으로 관심을 갖게 된 것은 학문적 관심에서 비롯되지 않았다. 오히려 그의 관심은 아버지의 종교적 경험과 그 자신의 경험과 무관하지 않다. 그는 그러한 경험을 이해해 들어갈 수 있는 기존의 심리학적 언어로는 한계가 있다는 점을 분명하게 인식하고 있었다. 그래서 그는 그 문제를 해결하기 위한 새로운 언어의 필요성을 절박하게 갈망하고 있었다.[37]

제임스가 종교적 경험을 심리학적으로 기존의 연구와는 구별되게 해석할 수 있는 이론적 통찰을 갖게 된 결정적 계기는 1882년 영국에서 창립한 심령연구회(Society for Psychical Research) 연구들을 접하면서부터이다. 그는 그 연구회를 통해서 발표된 다양한 글들을 접하면서 종교적 경험을 새롭게 기술할 수 있는 언어를 발견하고 그 의미를 심층적으로 이해하기 위해 직접 그 연구회 모임에 참석하여 토

---

36) Ed Mendelowitz, Kim, Chae Young, "William James and the Spirit of Complexity: A Pluralistic Reverie" in *Journal of Humanistic Psychology*, Vol. 50/4(2010), 459-63. 제임스는 죽음을 맞이하기 직전에 발표하였던 "다원적 우주(A Pluralistic Universe)"라는 글을 통해서 의식의 복합적 차원에 대한 논의를 최종적으로 제시하였다. 이 책은 기퍼드 강연회에서 건강상 다루지 못하고 미루었던 "종교적 경험의 다양성"의 "결론"을 확장한 논의이다.

37) Riccardo Martinelli, "Introduction" in *William James, Carl Stumpf Correspondence(1882-1910)*, edited by Riccardo Martinelli(Boston/Berlin: Walter de Gruyter GmbH, 2020), 40.

론을 나누기도 하였다. 또한 그는 그 연구회의 창립 회장인 헨리 시지윅(Henry Sidgwick, 1838-1900)과 제7대 회장인 프레드릭 마이어스(Frederic W. H. Myers, 1843-1901)의 연구에 대한 리뷰를 학술지에 발표하면서 그러한 계기를 더욱 많이 갖게 되었다.

제임스는 이뿐만 아니라 그 연구회에도 초창기부터 가입하여 미국인 최초로 제5대 회장(1894-1895)으로 선출되기도 하였고 북미에 심령연구회 지부를 최초로 조직하였다. 그는 의식을 넘어선 심리적 현상을 연구하기 위해 뉴잉글랜드 지역에서 활발하게 일어나고 있던 영매 현상을 비롯하여 기존 의학에서는 관심을 두지 않았던 종교적 치유 모임에 참석하기도 하였다. 초창기에 찰스 샌더스 퍼스(Charles Sanders Pierce, 1839-1914), 그랜빌 스탠리 홀(Granville Stanley Hall, 1846-1924), 존 듀이(John Dewey, 1859-1952)를 비롯하여 당시 북미 최고의 지식인들도 그 연구회에 참석하여 실제로 제임스와 함께 의식의 차원을 넘어선 심리 현상을 직접 관찰하기 위해 치유 모임 현장에 참여하기도 하였다. 제임스는 다른 연구자들이 지속적으로 관심을 유지하지 못했던 것과 달리 끝까지 그 연구회에 남아서 의식의 범위를 넘어선 심리 현상을 심층적으로 연구하려고 노력하였다.

바로 이러한 연구는 제임스의 심리학이 단지 실증주의적 심리학으로 남지 않고 그 이상의 논의를 처음부터 전제하고 있다는 점을 확인할 수 있다. 제임스는 1890년에 출간한 『심리학 원리』를 비롯하여 1896년에 정신 병리 현상에 대한 강연 원고인 『예외적 정신현상』, 그리고 1897년 잉거솔 강연회(Ingersoll Lecture)에서 발표한 『인간의 불멸: 두 가지 반대 이론들』에 이러한 심리학적 통찰을 적극적으로 반영하였다. 그는 잉거솔 강연에서는 의식의 차원 주위와 그 이면의 심리적 차원을 명명하기 위해서 비유적으로 그 이름을 "어머니 대양 (mother-sea)"으로 명명하였다.[38] 그는 의식의 차원보다 훨씬 더 광대하고 심연이 깊은 차원이 존재하고 있다는 점을 드러내기 위해 대양에 비유하였다. 그런데 이 비유에서 주의를 기울여야 할 점은 대양이 갖고 있는 두 가지 교접을 이루는 이미지이다. 하나는 대양이 보여주고 있는 수평적으로 끊임없이 확장해가는 이미지와 수직적으로 끊임없이 확장해가는 심층적 이미지이다.

제임스는 바로 이러한 두 가지 이미지를 통해서 종교적 경험의 장소에 대한 논의를 전개하였다. 먼저 수평적 이미지로 그 장소를 기술하고 있는 부분을 검토해보기로 한다. 그는 회심에 대한 강연을 하면서 그 이미지를 구체적으로 드러내고 있다. 그는 회심이 일어나기 이전에 의식의 영역에서 중심을 이루고 있던 일종의 현실적 자아가 더 이상 그곳에 존재하지 않고 주변으로 물러가는 심리적 과정이면서 동시에 이전에 의식의 주위에 있던 "보다 넓은 자아(wider self)"로서의 이상적 자아가 의식의 중심으로 들어오는 심리적 통합 과정을 회심으로 기술하였다. 다시 말해서 회심 이전의 삶은 모든 에너지를 세속적 일에 쏟는 데 궁극적 목표를 둔다면 회심 이후에는 그러한 에너지를 그러한 일에 쏟기보다는 회심을 통해서 갖게 된 궁극적 가치를 지향하면서 그동안 쏟았던 에너지를 새롭게 재편성하여 쏟아내는 경우이다. 에너지의 재분배도 그 과정을 보면 미묘하게 차이점을 보이기도

---

38) William James, *Human Immortality: Two Supposed Objections to the Doctrine*(New York: Dover Publishers, 1956), vi. 제임스의 이러한 논의는 프로이트가 이후에 『문명과 그것의 불편함(*Civilization and its Discontents*)』이라는 저술에서 지적한 "대양적 감정(oceanic feeling)"을 연상하게 해준다.

한다. 어떤 경우에는 세상의 일에 쏟았던 에너지를 전체적으로 거부하여 절교를 선언하는 모습을 취하는 경우도 있고, 어떤 경우에는 어느 정도의 에너지를 그곳에 쏟는 데 그대로 두는 경우도 있다. 전자의 경우는 주로 세상의 일로부터 거의 손을 떼고 성직의 길을 걷는 곳으로 나가는 경우도 있고 그렇지 않을 경우 세상의 일을 보다 가치 있는 방향으로 돌리는 경우도 있다.

회심의 과정이나 그 이후의 과정도 순탄하게 이루어지는 것은 결코 아니다. 회심이 일어나기 전에는 현실적 자아의 강력한 힘 때문에 이상적 자아는 그 힘을 발휘할 수 없지만 회심이 일어나는 시점에는 점점 그 힘이 강력해져서 그동안 절대 권력을 행사하였던 현실적 자아와의 힘겨루기로 심리적 갈등이 강렬하게 드러나기 때문이다. 사실 이상적 자아는 현실적 자아와의 그러한 갈등을 겪으면서 의식의 영역 안으로 통합되어간다. 이러한 통합 과정은 한 번만 일어나는 것이 아니라 지속적으로 일어나면서 더욱더 확장시켜나가기도 한다. 또한 반대로 어떤 경우에는 그 위치 교환이 회심을 통해서 이루어졌다고 하더라도 얼마간의 시간이 경과된 이후에는 다시 그 위치가 원래대로 돌아가는 경우도 있고 전혀 다른 방향으로 나아가는 경우도 있다. 분명한 것은 어떤 경우가 되었건 회심을 통해서 보여주고 있는 종교적 경험의 장소는 바로 의식의 주변에 있던 자아가 그동안 의식의 중심이었던 자아와 역동적으로 만나면서 확장되어가는 의식의 중심과 주변 사이의 경계를 이루는 지점이다.

다음으로 제임스가 수직적 차원에서 종교적 경험의 장소를 지적하고 있는 부분을 검토하기로 한다. 대양은 겉모습보다 그 이면이 훨씬 역동적인 모습을 보이는 것처럼 인간의 의식도 겉모습보다 그 이면의 심층이 훨씬 더 역동적이다. 겉에서는 잔잔한 모습의 해류를 형성하는 것 같지만 이면에는 전혀 다른 방향의 해류를 형성하기도 한다. 의식의 흐름도 마찬가지이다. 많은 경우 의식의 표면은 잔잔하게 흐르는 것 같지만 이면에는 심리적 물결의 또 다른 흐름이 형성되어 의식의 방향과는 정반대로 형성되어 기존의 의식 범위 안으로 역동적으로 솟아오르는 경우도 있다. 기존 의식의 물결이 그 흐름을 방어한다고 할지라도 그 이면의 심리적 물결을 막아낼 수 없다. 바로 이러한 심리적 물결이 기존 의식의 범위 안으로 솟아오를 때 기존 의식의 범위는 더욱더 새로워져 외연적으로뿐만 아니라 심층적으로 더욱더 확장되어간다. 그러므로 의식이 새로워진다는 것은 기존의 의식 흐름으로 이루어지는 것이 아니라 그 이면의 다른 차원의 의식 흐름과의 연합을 통해서만 가능하다. 제임스는 의식 이면의 심리적 차원을 심령 연구를 통해서 더욱더 확증할 수 있었다. 그는 심령 연구가 집중적으로 관심을 갖고 있었던 의식 이면의 연구는 심리학이 더욱더 발전할 수 있는 결정적 계기가 되었다는 점을 강조하였다. 그가 언급하고 있는 구절을 직접 인용해보기로 한다.

내가 심리학을 공부한 이래 심리학 분야에서 생겨난 가장 중요한 첫걸음은 1896년에 처음으로 이루어졌는데, 즉 적어도 어떤 주제들에는 중심과 한계를 지닌 일반적 장의 의식뿐만 아니라, 기억들과 사고들과 감정들의 형태로 존재하는 첨가물이 있다는 것이다. 그것들은 한계 밖에, 그리고 전적으로 일차적 의식의 외부에 있는 것이지만, 일종의 의식적 사실들로부터 분류되어야 하며 명백한 표시들로 그것들의 존재를 밝힐 수 있다. 나는 이것을 가장 중요한 발전이라고 부른다. 왜냐하면 심리학이 이룩한 다른 진보와 달리 이 발견은 인간 본성의 구성에 대하여 전혀 예기치 못했던 특색을 드러내 주었기 때문이다. 심리학이 이룩한 어떤 다른 시도도 그와 같은 주장을 제공할 수 없다.[39)]

제임스는 어떤 연구보다 심령 연구의 이러한 논의가 종교적 경험을 기술하는 데 새로운 통찰을 제공하고 있다는 점을 인식하였다.[40)] 그

---

39) 윌리엄 제임스/김재영 옮김, 앞의 책, 309-10.
40) 제임스는 심령 연구를 통해서 가장 과학적이고 합리적이라는 실증주의적 의식 연구의 한계를 지적하려고 하였다. 그는 다른 어떤 것보다도 바로 실증주의적 한계가 종교적 경험에 대한 이해를 추구해가는 데 가장 큰 문제가 된다는 점을 구체적으로 인식하고 있었다. 그래서 그는 북미 연구자들과 함께 적극적으로 심령 연구를 통해 기존 의식 연구의 지평을 비판적으로 확장하려고 하였다. 그는 초기에 함께 참여했던 북미 연구자들이 심령 연구를 중단했던 것과 달리 끝까지 그 연구를 지속하였다. 사실 그가 그 연구를 진행하면서 다양하게 쓴 글을 전체로 모아놓은 양을 모두 살펴보면 그 연구에 집중적으로 관심이 있었다는 점을 쉽게 알 수 있다. 대표적으로 지적할 수 있는 작품은 다음 두 저술이다. 하나는 William James, *Essays in Psychical Research*(Cambridge: Harvard University Press, 1986)이고 다른 하나는 제임스가 다양하게 쓴 소실되었던 미발표된 글이다. 후에 제임스 사상 연구자인 유진 테일러가 그 글을 발견하고 정리하여 프린스턴 대학교 출판부에서 출판하였다: Eugene Taylor, *William James on Consciousness beyond the Margin*(Princeton: Princeton University Press, 1996). 제임스의 이러한 연구는 의식 연구를 비롯해서 북미의 고전 심리학 운동에 국한하지 않고 그 이후 "인본주의 심리학(Humanistic Psychology)"이나 "트랜스퍼스널 심리학(Transpersonal Psychology)"과 같이 새로운 심리학 연구를 전개하는 데에도 결정적으로 통찰을 주었다. 최근에는 종교적 경험 연구를 제임스의 연구 관점에서 새롭게 전개하려는 종교학, 심리학, 정신의학자들을 중심으로 기존 의식 연구에서 거의 배제되었던 경험 현상을 보다 적극적으로 연구하려는 운동이 새롭게 대학과 대학 밖에서 제기되고 있다. 그 연구를 가장 활발하게 주도하는 곳은 빅서(Big Sur) 해안가에 자리잡고 있는 에살렌 연구소(Esalen Institute)이다. 현재 이 연구소의 이사장은 종교학자인 제프리 크리팔(Jeffrey Kripal) 교수가 맡고 있다. 그는 고대부터 현대에 이르기까지 다양하게 발생한 종

는 의식 이면의 심리적 차원을 구체적으로 "잠재의식적(subconscious/subliminal)"이라는 이름을 붙인 프레드릭 마이어스의 연구에 관심을 갖고 있었다.[41] 물론 마이어스는 제임스와 달리 종교적 경험의 다양한 사례들을 집중적으로 연구한 것은 아니지만 그러한 경험과 심리적 차원에서 유사한 의식 이면의 흐름을 보이고 있는 환각, 환상, 암시, 강박관념, 그리고 자동증 등과 같은 사례들을 통해서 의식 이면의 심리적 차원이 기존 의식의 장에 침입하고 있는 점을 여러 가지 글들을 통해서 발표하였다. 제임스는 마이어스의 연구가 발표된 이후 발표된 비네(Binet), 피에르 자네(P. Janet), 브로이어(Breuer), 프로이트, 메이슨, 프린스(Prince) 등의 정신의학 내지 심리학 연구들도 모두 핵심적으로 의식 이면의 심리적 차원에 대한 연구였다는 점을 지적하였다.[42] 더 나아가 제임스는 의식이 새로워진다는 것은 결과적으로 보면 갑작스럽게 일어난 것이지만 의식 이면의 심리적 차원에서는 이미 기존의 의식으로 침입하기 위한 작용이 이루어지고 있었다는 카펜터 박사의 "무의식적 작용(unconscious cerebration)"[43]에 대한 연구와 더불어 일종의 "잠재의식적 자아(subliminal self)"의 침입으로 종교적 경험을 기술하였던 조지 코(George A. Coe, 1862-1951)의 연구를 언급하기도 하였

교적인 극단적 경험에 집중하여 종교심리학적 연구를 전개하고 있다. 또한 하버드 대학교 세계종교연구소에서도 소장인 찰스 스탱(Charles M. Stang) 교수를 중심으로 2020년부터 사이키델릭(psychidelics)과 종교적 경험의 상관관계에 대한 연구 발표회를 진행하고 있다.

41) 윌리엄 제임스/김재영 옮김, 앞의 책, 310-1.
42) 같은 책, 311.
43) 같은 책, 281.

다.[44] 그러므로 제임스는 심령 연구의 논의와 그 이후 제기된 논의를 결합하여 종교적 경험의 장소를 의식 이면의 잠재의식적 차원으로 규정할 수 있었다.

제임스는 잠재의식적 차원의 중요성을 인정하면서도 두 가지 차원에서 비판이 제기될 수 있다는 점을 지적하였다. 하나는 종교적 경험의 장소로서의 잠재의식적 영역에 대한 해석이다. 잠재의식적 영역은 종교적 경험을 긍정적으로 드러내는 장소로서 이해할 수 있는 측면도 있지만, 반대로 부정적으로 드러날 수도 있기 때문에 언제나 삶의 가치를 제공해주는 긍정적 경험으로만 해석할 수는 없다는 것이다. 제임스는 신비주의를 논의하면서 이러한 부정적 측면을 구체적으로 지적하고 있다. 일반적으로 고전 종교적 신비주의의 글들이 삶의 긍정적 변화를 강조하면서 일방적으로 기술하고 있는 것과 달리 많은 경우 그것과는 전혀 다른 부정적 차원을 보여주는 글들도 소위 신비주의라는 현상 안에서 많이 찾을 수 있다는 비판이다. 그래서 그는 종교적 경험의 예들 중에서 마치 종교적 신비주의를 뒤집어놓은 것과 같은 파괴적 망상을 보여주기도 하는 "악마적 신비주의(diabolical mysticism)"[45]의 경우를 지적하고 있다.

다른 하나는 "잠재의식"이라는 용어가 종교적 경험의 장소를 이해하는 데 적절치 못하다는 비판이다. 이러한 비판은 심리학 연구자들보다는 종교 연구자들에게서 제기되었다. 앞에서도 지적하였듯이 제임스의 종교심리학은 종교적 경험의 논의에서 종교적 차원과 심리적

---

44) 같은 책, 316.
45) 같은 책, 513.

차원을 균형적으로 배열하는 데 민감하게 관심을 기울였다. 제임스는 바로 이러한 문제 때문에 종교적 경험의 장소로서 "잠재의식"이라는 용어를 사용하기는 하지만 그러한 용어가 일반적으로 당시에 풍기고 있었던 편견으로 인해 그 용어를 대체할 수 있는 새로운 용어의 필요성을 제기하였다. 무엇보다도 그 용어는 의식의 자리와는 결합될 수 없어 이상 심리 내지 비정상적 심리 상태라는 의미 때문에 종교적 경험의 의미를 적절히 전달하는 데 한계를 보일 수밖에 없다는 것이다.[46]

제임스는 종교적 경험을 강연할 당시에는 그 용어를 대체할 수 있는 새로운 용어를 마련할 수 없었기 때문에 보다 넓은 의미를 담아낼 수 있는 유연한 용어의 필요성을 제기하였다. 만약 그가 원래 계획대로 그의 강연을 준비할 수 있었다면 잠재의식이라는 용어보다는 다른 용어를 선택하거나 새로운 용어를 만들었으리라는 점을 짐작해볼 수 있다. 그는 강연의 후반부에 이르러서 잠재의식이라는 용어에 불만을 갖고 있으면 굳이 그 용어를 받아들일 필요가 없다는 점을 지적하면서 종교적 경험의 장소를 가리키기 위해 임시 명칭을 두 가지로 붙였다. 하나는 제19강인 '다른 특성들'의 마지막 부분에 이르러 의식의 차원을 "A영역"으로, 잠재의식의 차원을 "B영역"으로 이름을 붙여서 이상정신의 이미지를 탈색시키려고 하였다. 다른 하나는 마지막 강연인 제20강 '결론'에서 좀 더 구체적으로 이상심리의 이미지보다는 종교적 차원의 의미를 드러내기 위해 적극적으로 의식의 이면이라는 논

---

46) 같은 책, 573.

의에서 "이면"을 "보다 광대한 차원(more)"[47]으로 이름 붙이기도 하였다. 그는 단순히 심리적 차원으로만 그 의미를 제한하지 않고 그것을 넘어서 종교적 차원으로까지 확대하려고 하였다. 그는 전자의 의미를 드러내기 위해 의식 이면을 "가까운 쪽"으로, 그리고 후자의 의미를 드러내기 위해 "먼 쪽"으로 이름을 붙이기도 하였다. 그가 웅변적으로 지적하고 있는 부분을 직접 인용해보기로 한다.

> 그러면 나는 그것이 저 먼(father) 쪽에서는 무엇이 되었든, 우리가 종교적 경험에서 스스로 연결되어 있다고 느끼는 그 '동일한 성질 이상의 것'은 하나의 가설로서 이 가까운(hither) 쪽에서는 의식적 삶의 잠재의식적 연속이라고 하겠다. 심리학적 사실을 우리의 바탕으로 인정하고 시작하면, 우리는 보통의 신학이론가들에게는 없는 '과학'과의 접점을 유지하는 것 같다. 동시에 종교인이 어떤 외부의 힘에 움직인다는 신학자의 주장도 입증된다. 왜냐하면 객관적 모습을 띠고 주체에게 외부적 통제를 제한하는 것은 잠재의식의 영역으로부터 침입한 특성들 가운데 하나이기 때문이다. 종교적 삶에서 통제는 '고차적인 것'으로 느껴진다. 그러나 우리의 가설 위에서 그 통제력은 무엇보다도 우리 자신의 숨어 있는 마음의 고차적 능력이기 때문에, 우리 너머에 있는 힘과의 연합 감각은 단지 겉보기가 아니라 문자 그대로 그 어떤 것에 대한 실물감각이다.[48]

그러므로 제임스가 종교적 경험의 장소를 수평적 이미지나 수직적

---

47) 같은 책, 598.
48) 같은 책, 600.

이미지로 논의하면서 결정적으로 드러내려고 했던 점은, 인간에 대한 심층적 이해를 위해 과학으로서의 심리학과 종교가 당시에 일반적으로 인식되어 있었던 것처럼 갈등적 관계에 머물지 말고 그것을 넘어 심리적 차원과 종교적 차원 모두를 균형적으로 스케치할 수 있는 '종교학적 종교심리학'의 태동에 대한 암시였다.

5. 종교적 경험의 유형

제임스는 종교적 경험에 대한 강연을 진행하면서 두 가지 유형론을 제시하였다. 하나는 종교적 경험이 일어나는 시간적 과정을 통해서 드러난 유형이고, 다른 하나는 그 경험을 갖고 있는 주체들이 기질적으로 보여주고 있는 유형이다. 전자의 유형은 "회심" 논의에서 주로 다루어지고 있다. 반면, 후자의 유형은 종교적 경험 주체들의 성품에 대한 강연에서 길게 논의되고 있다. 제임스의 유형론은 종교심리학에서 회심 연구의 기초를 세우는 데 결정적 역할을 하였다. 그의 연구는 아직까지도 다양한 관점으로 종교적 경험 유형을 심층적으로 논의하려면 반드시 참고해야 한다. 그의 유형론은 다른 연구에서와 마찬가지로 융이 1921년에 발표한 『심리 유형』을 비롯해서 성격 심리학의 연구에도 상당히 영향을 미쳤을 뿐만 아니라 종교학의 유형론이나 형태론의 심리학적 연구로 언급되고 있다.[49]

---

49) W. Melo & P. H. C. Resende, "The Impact of James's Varieties of Religions Experience on Jung's Work", in *History of Psychology*, Vol. 23/1(2020), 62-5. Deirdre Bair, *Jung: A Biography*(Back Bay Books, 2004), 286-8.

그러면 제임스가 제시하고 있는 유형론 중에서 먼저 회심 유형을 검토해보기로 한다. 앞에서 지적했듯이 제임스의 논의에 의하면 종교적 경험은 의식 주변이나 그 이면에 있었던 자아가 기존 자아를 밀쳐내면서 중심으로 들어오는 과정이다. 아마도 그러한 과정을 가장 역동적으로 보여주고 있는 경우는 회심 현상이다. 회심 이전에 사로잡고 있었던 삶의 가치, 즉 중심적 자아는 회심이나 개종 이후에는 더이상 그 힘을 발휘하지 못하고 새로운 가치를 담보하고 있는 자아에게 의식의 중심 자리를 양보하게 된다. 제임스는 의식의 중심 자리로부터 밀려나거나 그 자리로 이동하는 자아의 위치 변환 과정에 초점을 두고 회심 유형 논의를 전개하였다.

사실 제임스가 교리나 신학적 논의와 구별되게 심리학적 관점에서 회심의 유형 논의를 시작할 수 있었던 계기는 기퍼드 강연회보다 훨씬 이전에 시작되었다. 그 계기는 그가 종교적 경험에 대한 강연을 시작하기 전 유럽의 연구자들에게 영향력을 미친 『심리학 원리』 제2권 "감정"의 논의이다. 이 책은 그가 강연을 하기 전 거의 11년 전에 책으로 출판되었지만 원래는 1884년 《정신(Mind)》이라는 학술지에 발표한 글이다. 그것은 기퍼드 강연 원고가 발표되기 이전인 거의 15년 전에 발표한 글이다. 제임스는 그 글에서 자아가 새로운 위치로 자리를 옮겨 갈 경우 감정을 동반하고 있다는 점을 핵심적으로 지적하면서 그것의 특징을 "뜨거움"과 "차가움"의 이미지로 분류하였다.[50] 전자의 이미지는 능동적으로 대상과 적극적 관계를 맺으려는 모습을 보이고

---

50) William James, *Principles of Psychology*, Vol. 2(Cambridge: Harvard University Press, 1981), 442-85. 이 책의 한글 번역은 윌리엄 제임스/정양은 옮김, 『심리학의 원리 2』(서울: 아카넷, 2005).

있는 반면, 후자는 대상에 대해 무관심하거나 수동적 모습을 보인다. 그는 감정의 두 가지 이미지에 대한 논의를 개진한 이후 15년이 지난 강연회의 회심 논의에서도 그대로 받아들이고 있다. 그가 전체적으로 그 강연에서 주장하고 있는 핵심 구절을 인용해보기로 한다.

"… 외부의 관찰자나 그 과정을 경험한 주체 가운데 어느 누구도, 어떻게 특정 경험들이 에너지의 중심을 그렇게 결정적으로 변화시킬 수 있었는지를, 또는 왜 이 경험들이 그렇게 변화하는 데에 그들의 때를 기다려야 하는지를 충분히 설명해줄 수는 없다. 우리는 하나의 사고를 지니고 있거나 또는 행동을 반복해서 행한다. 그러나 어떤 날에는 그 사고의 실제 의미가 처음으로 우리에게 다가오기도 한다. 또는 그 행동이 갑자기 도덕적 불가능성으로 변하기도 한다.
우리가 아는 모든 것은 죽은 감정들, 죽은 관념들, 그리고 냉담한 믿음들이 존재한다는 것이다. 또한 격렬하고 살아 있는 것들이 있다는 것이다. 그리고 그것이 우리 안에서 격렬해지고 생기를 띠게 되면, 모든 것은 그것에 대해 다시 구체화되어야 한다는 것이다. 우리는 그 열렬함과 생기 있음이 단지 그 관념의 '원동력'을 의미하는 것이라고, 그리고 그 원동력은 오랫동안 유예되어왔으나 지금은 작동하고 있는 것이라고 말할 수 있을 것이다."[51]

제임스는 종교적 회심에서 보여주고 있는 감정의 변화 과정은 모두 동일한 시간적 흐름보다는 두 가지 다른 흐름을 보여주는 것으로 이

---

51) 윌리엄 제임스/김재영 옮김, 앞의 책, 270.

해하였다. 하나는 차가운 감정에서 따뜻하거나 뜨거운 감정으로 시간적으로 갑작스럽게 변화되는 흐름이고, 다른 하나는 앞의 흐름과 달리 점진적 과정을 거치면서 변화되는 흐름이다. 그는 감정의 각각의 흐름을 제시하기 위해 다양한 회심 사례들을 시간적 흐름에 초점을 두고 분석하였다. 물론 제임스가 회심 연구를 처음 시작한 것은 아니다. 이미 에드윈 스타벅(Edwin Diller Starbuck, 1866-1947)이 종교심리학의 관점에서 회심 연구를 실증적으로 진행하고 있었다. 스타벅은 처음에 제임스의 지도하에 하버드 대학교에서 종교적 회심과 관련한 연구를 시작하였지만 최종적으로 클라크 대학교로 옮겨 홀의 지도로 박사학위를 받았다. 제임스가 주로 특정 회심 사례를 질적으로 깊이 연구해 들어가는 입장을 취하였다면, 스타벅은 질문지법을 통해서 생존 중인 사람들의 회심 경험 내용을 양적으로 다양하게 수집하여 그 내용을 유형별로 분석하는 입장을 취하였다.

제임스가 회심 강연을 준비할 시점에 스타벅은 회심 연구의 고전인 『종교심리학: 종교적 의식 성장에 대한 실증적 연구(*The Psychology of Religion: An Empirical Study of the Growth of Religious Consciousness*)』를 1899년에 출판하였다. 제임스는 스타벅이 주로 청소년기의 회심 사례들을 집중적으로 수집해서 연구한 것을 바탕으로 종교적 회심이 주로 부흥집회에 국한해서 청소년기 현상으로 이해하는 것에 대해서는 동의하지 않았지만 그 회심들을 의지에 의한 유형과 자포자기에 의한 유형으로 분류하고 있다는 점을 참고하였다.[52] 전자의 유형이 주로 주체의 의지가 상당히 수반되는 경우라면 후자의 유형은 주체가 스

---

52) 같은 책, 271-4.

스로 무엇인가를 할 수 있다는 말조차 할 수 없는 자포자기 상태에서 일어난 경우이다. 그는 스타벅의 바로 이러한 두 가지 유형을 감정 변화의 시간성을 첨가해서 갑작스러운 유형과 점진적 유형으로 제시하였다.[53]

제임스가 이처럼 두 가지 유형을 제시하지만 바울의 경우처럼 갑작스러운 유형들만을 대표적으로 다룬다는 인상을 주고 있어서, 회심 유형에 대한 논의는 오해를 받았다. 아직도 그의 논의는 그러한 오해로부터 자유롭지 못하다. 그의 회심 유형에 대한 논의는 어떤 진행 과정 없이 갑자기 일어난 경우로만 종교적 회심을 읽어내려는 것과 같은 인상을 여전히 지우지 못하여 회심의 주체 안에서 이미 오래전부터 회심으로 나아가는 과정이 이미 작동되고 있었다는 점이 거의 간과되어 있다. 이 점은 제임스의 의도와 전혀 맞지 않는 부분이다. 그는 회심의 수많은 사례들을 유형적으로 구분하기 위해 두 가지로 분류할 뿐이지 그 이면을 보면 이미 회심을 향한 준비 과정은 시간과 맥락의 차이가 현상적으로 존재할 뿐 이미 일어나고 있었다는 점을 강조하였다. 그러므로 그의 회심 논의는 어떤 경우가 되었든 '점진적' 유형을 최종적으로 전제하고 있다는 점이다.[54]

제임스의 이러한 전제는 그의 회심 논의를 비롯해서 다른 논의들도 앞에서 지적한 대로 "개인주의적" 심리학의 차원을 넘어서고 있다는 점을 확인시켜주고 있다. 그의 종교심리학은 회심 유형 논의를 비롯해서 다른 논의들도 모두 주체의 의식 범위 안에서 종교적 경험이

---

53) 같은 책, 317-8.
54) Chae Young Kim, *op. cit.*(2010), 997.

발생한다는 개체 인식에 그 뿌리를 두기보다는 언제나 의식과 그것을 둘러싼 다양한 환경, 그 이면의 심리적 차원, 그리고 그것을 넘어선 초월적 차원이 서로 밀접하게 엮여 있는 연결망, 즉 "세상"이라는 보다 넓은 장(field)을 포함시키고 있다.[55] 그러므로 그의 종교심리학은 개인적이면서도 사회적이고 사회적이면서도 그것을 넘어서는 차원을 지향한다는 점에서 현상학적이면서 초월적 차원을 입체적으로 보여주고 있다. 앞으로 제임스의 회심 유형에 대한 이러한 연구는 그의 종교심리학을 더욱더 새롭게 확장해갈 수 있는 계기를 풍부히 제시해줄 것이다.

다음으로 제임스가 강연회에서 주장하고 있는 다른 차원의 두 가지 유형을 검토해보기로 한다. 그는 인간의 성품과 연결해서 그 유형을 각각 "낙관주의적 성품"과 "고뇌하는 영혼"으로 이름을 붙였다. 제임스가 이 두 가지 유형을 기술하면서 주장하는 것은, 종교적 경험이 상당 부분 인간이 지니고 있는 기질적 성품과 연결되어 있어 각각의 유형은 종교적 경험에서도 상당한 차이점을 보인다는 것이다. 제임스의 이러한 주장은 종교인들의 삶에서도 쉽게 확인할 수 있다. 일반적으로 생각하는 것과 달리 같은 종교전통에 참여하는 종교인들이라고 할지라도 성품에 따라서 종교적 경험에 대해서 비슷한 모습보다는 상충되는 모습을 보이기도 한다. 그러므로 어떤 경우에는 같은 종교전통에 참여한다고 하더라도 상호 간의 동질감을 느끼지 않고 이질감을 느끼기도 한다. 반대로 전혀 다른 종교전통에 참여하지만 비슷한 성

---

55) David C. Lamberth, *William James and the Metaphysics of Experience*(Cambridge: Cambridge University Press, 1999), 126.

품으로 인해 기대했던 것과 달리 상호 연대감을 느끼기도 한다.

먼저 낙관주의적 성품이 보이고 있는 종교적 경험에 대한 이해를 살펴보기로 한다. 제임스의 논의에 의하면 낙관주의적 성품은 전반적으로 낙천적 세계관을 갖고 있기 때문에 세상에서 일어나는 모든 일을 부정적으로 바라보지 않고 나름대로 가치와 의미를 지니는 것으로 이해하는 경향을 보인다. 이 성품은 세상에서 보여주고 있는 일들이 부정적이고 전혀 나아질 수 없는 상황이라고 하더라도 그곳에 굴복하여 자포자기의 상태로 빠지지 않는다. 오히려 이 성품이 보여주고 있는 모습은 어떤 경우에라도 부정적 낙담보다는 언젠가는 나아질 수 있다는 긍정적 희망을 지속적으로 유지한다. 더 나아가 이 성품은 인간 삶의 가장 본질적 요소를 선으로 규정하여 세상에서 만나게 되는 질병, 죽음, 폭력, 자연재해 등과 같은 자연적이고 사회적인 악도 극단적으로 부정한다.[56] 그러한 악은 인간의 삶의 태도에 따라서 얼마든지 자연적으로 극복할 수 있는 대상이라는 것이다. 그러므로 낙관주의적 성품은 악의 실재적 모습을 인정하기보다는 삶의 과정에서 존재하지 않는 것처럼 회피하는 경향을 보인다. 제임스가 지적하고 있는 부분을 들어보기로 한다.

낙관주의적 성품에 의하면 악은 신에게 혐오감을 주는 것이며, 조화되지 않은 비실재이며, 벗어 던지거나 부정해야 하는 쓸모없는 요소이다. 가능하다면, 악에 대한 모든 기억조차도 일소하고 잊어야 한다. 모든 실제와 병존하는 것이 불가능한 관념은, 병들어 있고, 열등하고, 오물 같은 물질

---

56) 월리엄 제임스/김재영 옮김, 앞의 책, 153.

과의 모든 접촉으로부터 구출된 흔적이 있는, 실제적인 것으로부터 나온 단순한 추출물이라고 말한다.[57]

그러므로 낙관주의적 성품은 인간의 삶에서 부정할 수 없는 고통이나 죄라는 문제를 종교적으로 심각하게 고려하지 않고 있다. 이 성품은 고통이나 죄의 문제로 끊임없이 상념에 사로잡혀 있기보다는 스스로 행복과 선을 실현시킬 수 있다는 확신을 보인다. 이 성품은 고통이나 죄의 번민으로부터 벗어나기 위해서 반드시 겪게 되는 번민이나 회개를 중요하게 생각하지 않는다.[58] 그러므로 이러한 성품은 인간의 고통이나 죄의 문제가 바로 원죄로부터 생겨났으며 그것으로부터 해결받기 위해서는 초자연적 존재에 대한 믿음을 통해서만 이루어질 수 있다는 설교와 같은 다양한 종교적 주장들을 혹독하게 부정한다. 그것들은 인간의 번민이나 고통을 해결해주기보다는 죄의식만 부추겨서 마음의 병을 더욱 키워낸다는 것이다.

바로 이런 측면 때문에 낙관주의적 성품은 번민이나 고통의 근저에 있는 죄에 대한 회개를 통해서 마음의 병이 해결될 수 있다는 생각 자체를 버리고 인간 스스로 선이나 정의를 실현할 수 있다는 생각으로 나아갈 때 비로소 삶의 문제를 해결할 수 있다는 점을 강조하였다. 이러한 성품에서 고통과 죄는 실질적으로 존재하는 것이 아니다. 인간의 고통이나 번민의 뿌리는 개인적 차원에 있지 않고 사회적 환경이나 구조에 있으므로 그것들을 개선하면 인간의 삶은 증진될 수

---

57) 같은 책, 199.
58) 같은 책, 193-4.

있다는 것이다. 제임스는 이런 성품은 자유주의 기독교 운동, 심리치료운동, 뉴잉글랜드의 초월주의 운동, 미국 대중 시인인 월터 위트먼(Walter Whitman, 1819-1892)의 자연주의 사상, 버클리의 관념론, 낙관주의적 대중과학운동, 그리고 민족적으로는 라틴 계통의 삶에서 상대적으로 많이 찾아볼 수 있다고 지적한다.[59] 폴스키가 잘 지적하듯이 최근 북미를 중심으로 일어나고 있는 긍정 심리학(positive psychology)의 경우도 그 뿌리를 보면 제임스가 지적하였던 낙관주의적 성품이 보여주는 심리 유형에서 찾을 수 있을 것이다.[60]

다음으로 제임스가 분류한 성품의 다른 유형인 고뇌하는 영혼을 검토하기로 한다. 고뇌하는 영혼은 낙관주의적 성품과는 대조적으로 세상을 긍정적 관점보다는 부정적으로 인식하기 때문에 삶에 대하여 근본적으로 비관적 태도를 보인다. 낙관주의적 성품이 세상에 존재하는 악의 모습들에 거의 관심을 기울이지 않는 것과 반대로 고뇌하는 영혼은 근본적으로 그 모습에 관심을 기울인다. 고뇌하는 영혼은 세상의 본질적 모습은 선이 아니라 바로 악이라는 점을 처절하게 깨달으면서 번민에 더욱 빠져드는 경향을 보인다. 고뇌하는 영혼은 낙관주의적 성품과 달리 세상에서 선보다도 악이 더 실재적이고 본질적이어서 어디에서도 결코 만족이나 기쁨을 누리지 못하고 늘 비관적 생각에 휩싸여 삶의 긍정적 가치나 의미를 발견하지 못한다. 그러

59) 같은 책, 149-63.
60) James O. Pawelski, "William James, Positive Psychology, and Healthy-Mindedness" in *The Journal of Speculative Philosophy*, Vol. 17/1(January, 2003), 66-7. James O. Pawelski, "Is Healthy-Mindedness Healthy?" in *Cross Currents*, Vol. 53/3(Fall, 2003), 411.

므로 고뇌하는 영혼은 낙관주의적 성품과 대조적으로 공포와 두려움을 동반하는 극심한 우울증을 앓기도 하여 극단적인 경우 죽음을 생각하기도 한다.[61] 제임스는 이러한 예들을 레오 톨스토이(Leo Tolstoy, 1828-1910)의 고통스러운 방황,[62] 존 버니언(John Bunyan, 1628-1688)의 근원적 삶의 물음,[63] 그리고 다양한 인물들의 고통스러운 참회의 과정을 담고 있는 글들 속에서 찾았다. 그는 또한 그러한 예들 중에 제일 먼저 자신이 지독하게 겪었던 우울증 경험도 프랑스의 요양원에서 보내온 편지로 온 것처럼 편집해서 포함시키고 있다.[64]

고뇌하는 영혼은 고통의 심층을 경험하였고 그것으로부터 벗어나기 위해 많은 노력을 기울였지만 해결받을 수 없어서 무력감을 경험한다. 고뇌하는 영혼은 낙관적 성품이 확신에 차서 보여주는 것과 달리 세상에서 발견하게 되는 악의 문제를 스스로 해결할 수 없다는 점을 지독하게 경험한다. 그러므로 고뇌하는 영혼은 자연적으로 한 번 태어난 상태에서 악의 문제로 인해 갖게 되는 심한 번민과 고통으로부터 해방받을 수 없고 거듭남의 경험인 회심을 필요로 한다. 이런 측면에서 고뇌하는 영혼은 낙관주의적 성품과는 대조적으로 자연적 차원을 넘어선 삶에 관심을 기울이기도 한다.[65] 제임스는 슬픔, 고통, 번민, 그리고 죽음과 같은 삶의 부정적 요소들로부터 해방받을 수 있도록 종교적 삶을 요청하는 유형은 낙관주의적 성품보다는 고뇌하는

---

61) 윌리엄 제임스/김재영 옮김, 앞의 책, 212-4.
62) 같은 책, 218-24.
63) 같은 책, 224-8.
64) 같은 책, 215-6.
65) Roger G. Lopez, "William James and the Religious Character of the Sick Soul" in *Human Studies*, Vol. 37(2014), 98-101.

영혼에서 더 많이 찾아볼 수 있다고 얘기한다.[66] 더 나아가 그는 세계 종교들 중에서 특히 불교[67]와 기독교가 고뇌하는 영혼의 요청에 설득력 있는 응답을 마련해주고 있는 것으로 지적하였다. 그가 직접 고뇌하는 영혼을 기술하면서 결론적으로 말하고 있는 부분을 들어보기로 한다.

… 그러나 잠정적으로, 그리고 단순히 계획이나 방법의 문제로서 악적 요소들은 선의 요소와 마찬가지로 자연의 진짜 부분들이기에, 철학적 명제는 악의 요소들도 합리적인 어떤 의미를 지니고 있다고 말해야 한다. 그리고 슬픔과 고통, 죽음에다가 어쨌든 긍정적이고 적극적인 관심을 모으는데 실패하는 체계적인 낙관주의적 성품은, 그 범위에서 적어도 이런 요소들을 포함시키려는 체계들보다 형식적으로 완전치 못하다.
그러므로 가장 완벽한 종교는 비관적 요소들이 가장 잘 발달된 종교인 것처럼 보인다. 물론 불교와 기독교는 이런 점에서 가장 잘 알려져 있다.[68]

---

66) John Kaag, *Sick Souls, Healthy Minds: How William James Can Save Your Life*(Princeton: Princeton University Press, 2020), 72-7. Glenn C. Altschuler, "William James' "Higher Vision of Inner Significance"" in *Psychology Today*(April, 2020), 1-3.

67) 제임스는 기퍼드 강연을 하기 전인 19세기 말 이미 서구에서 걸출하게 발표된 불교 연구들을 잘 알고 있었다. 특히 그가 불교 연구에 관심을 갖게 된 것은 마음의 변환 문제 때문이었다. 바로 그러한 관심 때문에 그는 스리랑카 승려인 다르마팔라(Dharmapâla)를 하버드 대학교에 초청해 최초로 불교심리학 강연을 하도록 배려하기도 했다: David Scott, "William James and Buddhism: American Pragmatism and the Orient" in *Religion*, Vol. 30/4(October, 2000), 335-6.

68) 윌리엄 제임스/김재영 옮김, 앞의 책, 232-3.

6. 종교적 경험의 열매

제임스의 종교심리학은 종교적 경험의 장소, 감정, 그리고 유형을 다양한 자료들을 중심적으로 기술한 다음, 마지막으로 삶의 맥락 안에서 그 경험이 결과적으로 드러내고 있는 상충되는 모습들까지도 종합적으로 검토하려고 하였다. 그는 종교적 회심에 대한 강연에서 회심을 겪고 난 이후의 삶이 이전보다 긍정적 변화를 보여주고 있는 것도 사실이지만, 반대로 회심이 반드시 긍정적 변화를 불러내기보다는 부작용을 낳는 경우도 있다는 점을 간과하지 않았다. 어떤 경우에는 종교적 회심인지 병리적 변환인지 구분할 수 없을 정도로 그 모습이 드러난 경우도 있고, 또 다른 경우에는 종교적 경험 이후의 삶보다 그런 경험이 없는 자연적 삶이 훨씬 더 가치 있는 모습을 보이는 경우도 존재한다는 것이다. 물론 종교적 경험이 일어나는 과정에 대한 과학적 설명이 상세하게 제시될 수 있다면 그 경험의 옳고 그름을 쉽게 구분할 수 있을 것이다.

그러나 제임스가 글을 발표할 당시뿐만 아니라 그 이후에도 많은 연구가 이루어지고 있지만 아직도 이러한 문제는 해결되었기보다는 쟁점으로 남아 있다. 위에서도 지적하였듯이 제임스는 종교적 경험에 대한 논의가 의식 이면의 심층 영역과의 연결 안에서 일어난다는 점을 지적하는 것 이외에는 더 이상의 설명을 전개할 수 없었으므로 "심리학적 또는 신학적인 신비" 정도로[69] 남겨놓을 수밖에 없었다. 그는 종교적 경험이 일어나는 장소와 그 기능과 관련해서는 나름대로 의미 있

---

69) 같은 책, 348.

는 지적을 했다고 말할 수 있지만 여전히 그 경험의 진위와 관련해서는 대답이 될 수 없다는 점을 알고 있었다. 그래서 그는 회심을 비롯하여 다양한 종교적 경험의 옳고 그름에 대한 기준은 그 경험이 있은 이후 드러나는 삶의 열매에서 찾으려고 하였다.[70] 그의 삶의 열매에 대한 관심은 프래그머티즘 사상으로 나아가게 하는 데 모체가 되었다.[71]

제임스는 기퍼드 강연회에서 "성인다움"과 "성인다움의 가치"라는 제목을 붙여 종교적 경험이 있은 이후 맺게 되는 삶의 열매에 대한 강연을 진행하였다. 그는 그 강연에서 우선 삶의 열매에 대한 집합적 이름을 성인다움(saintliness)으로 규정하여[72] 그것이 보여주고 있는 특성을 검토한 다음, 그 특성의 가치에 대한 문제를 집중적으로 검토하였다. 전자의 강연이 종교적 삶에서 성인다움의 내적 차원과 그것의 외적 결과에 대한 기술적 논의라고 한다면, 후자는 주로 그 특성이 보여주고 있는 현상에 대한 가치 문제를 최종적으로 지적하는 데 목표를 두고 있다. 이 점은 제임스가 원래 계획하였던 종교적 경험을 다양하게 기술한 다음 그것에 대한 평가를 계획했던 점을 다시 확인시켜주고 있는 부분이다. 그러므로 제임스가 이마누엘 칸트(Immanuel Kant, 1724-1804)의 저술을 빗대어 후자의 강연을 "순수 성인다움의 비판"[73]이라고 지적하는 것도 우연이 아니다.

성인다움은 종교적 경험 이후 성장해가는 과정에서 두 가지 과정이 특징적으로 결합되어 나타나는 열매 현상이다. 하나는 종교적 경험

---

70) 같은 책, 314.
71) Eugene Taylor, *op. cit.*(2002), xxxii.
72) 윌리엄 제임스/김재영 옮김, 앞의 책, 350.
73) 같은 책, 411.

이전에는 전혀 관심이 없었던 종교적 에너지가 더욱더 강렬하게 일어나고 있다는 내적 느낌을 갖게 되는 과정이라면, 다른 하나는 새롭게 유입된 에너지를 거름으로 해서 종교적 삶을 성숙시켜 밖으로 표출하는 과정이다.[74] 전자가 주로 내적 대화를 통해서 그 느낌을 깊이 성찰하고 그 느낌이 연결되어 있는 실재에 대한 사색을 할 수 있는 계기를 많이 마련해주는 단계라면, 후자는 사회적 삶의 관계 속에 구체적으로 전자의 차원을 드러내는 단계이다. 그러므로 성인다움은 겉에서 보면 아주 평온한 것 같지만 그 이면을 보면 동서양의 어떤 종교적 삶이든 그것의 차이를 넘어 이러한 두 가지 과정이 연계된 역동적 활동사진과 같다.

먼저, 제임스가 제시하는 성인다움이 담지하고 있는 내적 느낌을 정리하기로 한다. 그가 성인다움이라는 주제를 강연하면서 그것의 특징 중 하나를 내적 느낌으로 규정한 것은, 그 느낌이 단순히 감정적 흐름을 보여주는 것이 아니라 무엇인가를 상징적으로 드러내고 있다는 점 때문이다. 제임스는 성인다움이 드러내고 있는 느낌의 상징성을 네 가지[75]로 요약한다. 첫째, 성인다움은 지성적으로 기존의 세계보다 훨씬 더 큰 세계뿐만 아니라 이 세계보다 높은 차원의 초월적 실재가 확실히 존재한다는 느낌을 드러낸다. 둘째, 성인다움은 초월적 실재가 인간 주체와 멀리 떨어져 있거나 관념적으로만 존재하는 "차가운" 느낌보다는 삶에 개입하여 인간의 복종을 강렬히 일으키고 있다는 느낌을 드러낸다. 셋째, 성인다움은 초월적 실재의 존재에 대한

---

74) 같은 책, 350.
75) 같은 책, 350-2.

확실성으로 인해 이전에 찾을 수 없는 용기와 자유를 갖게 되었다는 느낌을 드러낸다. 넷째, 성인다움은 이전에 갖고 있었던 분열되고 불일치를 이루었던 부정적 삶의 태도에서 조화와 일치를 이루는 긍정적 삶의 태도로 나가게 하는 사랑의 느낌을 드러낸다.

제임스는 성인다움의 이러한 네 가지 내적 느낌이 단순히 주체의 주관적 상태로만 남지 않고 사회나 공동체에서 함께 살아가는 타자들과의 관계 속에서 외적으로 표출되는 것으로 이해하였다. 그러므로 성인다움의 외적 표출은 종교적으로 성숙해지는 과정에서 갖게 되는 내적 느낌이 사회적으로 드러난 결과물이다. 특별히 종교 공동체에서 흔히 발견할 수 있는 성인들의 삶을 분석한 결과 성인다움이 외적으로 표출된 모습도 네 가지 특징을 갖고 있다.[76] 첫째, 성인다움의 외적 모습은 다른 어떤 것보다도 육체의 욕구를 억제하는 금욕주의의 삶이다. 성인들은 육체적 욕구의 억제나 희생을 통해서 삶의 기쁨과 자유를 누린다는 것이다. 둘째, 그 모습은 주체가 중심이 되어서 무엇인가를 마음대로 할 수 있다는 자유방임보다는 초월적 실재의 뜻을 깊게 헤아려 그 뜻을 전적으로 이루려는 영혼의 힘이 드러난 삶이다. 셋째, 그 모습은 모든 관심이 오직 초월적 실재를 향해 있기 때문에 세속적 욕구와 섞이지 않으려는 영혼의 순결을 강렬히 지키려는 삶이다. 넷째, 그 모습은 이전과 비교해서 타자를 이해하고 용서하고 받아들이는 자비의 삶이다. 이전에는 만날 수 없었던 원수를 만나는 데 두려워하지 않고 적극적으로 이전에 갖고 있었던 증오의 에너지를 사랑의 에너지로 변환시키려는 삶이다.

---

76) 같은 책, 352.

성인다움의 이러한 여덟 가지 요소들은 주체의 인격 안에서 형성되어 성장한 종교적 열매이다. 각각의 요소는 종교적으로 어떤 것도 문제가 될 수 없다. 그러나 주체의 인격에 따라 성인다움의 모습은 인류의 삶에 창조적이고 긍정적 가치를 제공할 수도 있지만 반대의 결과를 불러낼 수도 있다.[77] 주체가 지적으로 어떤 발달도 이루지 못한다면 감정의 홍수에 적절히 대처할 수 없게 되고, 정서적으로 적절한 발달을 이루지 못한다면 아무리 성스럽고 아름다운 예술 작품을 대한다고 해도 공감적 느낌을 갖게 될 수 없을 것이고, 그리고 의지적으로도 발달을 이룩하지 못한다면 도덕적 불감증에 빠질 수도 있을 것이다. 이 세 가지는 균형적으로 조화롭게 주체의 인격 안에서 발달을 이루어야 한다. 그렇지 않으면 종교적으로 위대한 성인이라고 할지라도 인격적으로 성장했어야 할 부분이 성장하지 못하여 충실한 열매를 보여주지 못하고 결핍된 경향을 보이기도 한다. 그러므로 성인다움의 열매가 모두 충실한 열매만을 보여주는 것이 아니라 부실한 열매의 단면을 보여주는 것도 많이 있다.

종교사에서 그러한 예들은 쉽게 찾아낼 수 있다. 기독교에서 성녀로 추앙받고 있는 시에나의 캐서린(Catherine of Siena, 1347-1380)이나 아빌라의 테레사(Teresa of Avila, 1515-1582)가 보여주는 성인다움은 성인들에 대한 일반적 이미지와는 대조되는 극단적 모습을 보여주고 있다. 이를테면 캐서린이 "터키인들을 집단 학살하기 위해 십자군을 보내는 것보다 더욱 좋은 방법은 없다."[78]고 말한 부분이나 테레사가 잔

---

77) 같은 책, 423-4.
78) 같은 책, 426.

소리가 너무 심하여 천박성을 일상적으로 자주 드러내는 모습이나 루터파 교회 신자들을 증오심으로 비판한 경우[79]는 예상했던 성인의 이미지와 거리가 멀다. 물론 이러한 것은 중세 기독교 성인들에게서만 발견되는 모습이 아니라 현대 기독교 성인들의 삶에서도 찾을 수 있다. 기독교 이외의 다른 종교전통들이나 상대적으로 최근 출현한 신종교들의 경우도 예외를 결코 보여주지 못할 것이다. 더 나아가서 무신론주의자들이나 제도적으로 어떤 종교에도 속하지 않은 무종교인들의 경우도 예외일 수 없다.

그러므로 성인들의 삶의 열매는 이상적으로만 그려져서는 제대로 그들의 삶이 남겨놓은 모습을 읽어낼 수 없다. 그들의 삶의 열매를 온전하게 읽어내기 위해서는 그들의 부족했던 부분까지도 스케치되어야 한다. 그래야 그들의 모습이 전체적으로 드러나게 되어 누구든 공감할 수 있는 상식적 가치 평가를 내릴 수 있을 것이다. 그렇지 않고 성인들의 삶에 대한 스케치가 극단적으로 미화되거나 우상화에 머물게 되면 결국 그들이 살았던 삶의 열매의 부실한 모습은 가려지게 된다. 사실, 각 종교전통에 속해 있는 종교인들은 그러한 모습을 가리는 것으로 그 역할을 끝내지 않고 성인다움이라는 이름으로 비판적 지적에 대해 감수하기보다는 파괴성을 드러내기도 한다. 때로 종교전통의 지도자들은 그러한 부정적 반응을 위험할 정도로 정당화시켜 성인다움의 열매를 극단적으로 이상화하기도 하였다. 지금도 이러한 이상화는 성인다움이라는 이름으로 지속적으로 제기되고 있다. 그러므로 성인다움의 가치는 그러한 가치를 만들어낸 일차적 주체들뿐만 아

---

79) 같은 책, 430.

니라 그 가치를 따라가는 이차적 주체들의 비판적 성찰 능력과도 연결되어 있다. 제임스가 주장하고 있는 부분을 들어보기로 한다.

성인의 모든 삶 주변에 모여 있는 전설은 경축하고 찬미하고자 하는 충동의 열매들이다. 붓다와 무하마드와 그들의 동료들과 많은 기독교 성인들은 두툼한 보석과 같이 빛나는 일화들로 장식되어 있다. 그 일화들은 경의를 표하기 위해 만들어졌지만 단지 무미건조하고 어리석으며, 찬미하고자 하는 인간의 잘못된 성향을 애처롭게 표출할 뿐이다.

이런 마음 상태의 직접적 결과는 신의 영광을 위한 질투심이다. 어떻게 헌신자가 이와 관련하여 예민하게 반응함으로써 더 나은 충성심을 보여줄 수 있을까? 가장 경미한 모욕 또는 무시도 참회되어야 하고 신의 적들은 창피를 당해야 한다. 극도의 편협한 정신과 능동적 의지에서 이와 같은 관심은 마음을 빼앗기는 중대 관심사가 될 수 있다. 다름 아닌 신에 대한 상상적 모욕을 없애기 위해 십자군 운동이 장려되고 대량 학살이 부추겨진다. 신들의 영광을 잊어버리지 않고 신들을 서술하는 신학들과 제국주의적 정치성을 띠는 교회들은 작당하여 이런 기질을 극에 달하도록 부추긴다. 그래서 종교적 편협과 박해는 성인다운 마음과 떼려야 뗄 수 없이 밀접해 있고 우리들 가운데 몇몇도 연결되어 있는 악행이 되었다. 그것들은 확실히 죄로 둘러싸여 있다.[80]

위에서 살펴보았듯이 종교적 경험의 논의에서 마지막 결과는 바로

---

80) 같은 책, 424-5.

그 경험 이후에 갖게 되는 성인다움의 과정이다. 그 과정은 종교적 경험이 결과적으로 맺은 다양한 결실이다. 그런데 그 과정은 여덟 가지 요소가 결합되어 맺게 되는 것이지만 때로는 주체의 성찰 능력에 따라 다른 요소가 지배적으로 드러나서 특정 개인이나 집단에서는 아름답고 긍정적 가치를 보여주지만 다른 개인들이나 집단과의 관계 안에서는 오히려 파괴적이고 부정적 가치를 보여주기도 한다. 성인다움의 가치는 여덟 가지 요소가 균형적으로 발전할 수 있도록 주체들의 지적, 정서적, 의지적 성찰 능력에 달려 있다는 것이다. 바로 이런 측면에서 제임스의 종교적 경험의 열매에 대한 연구는 성인다움의 현상을 스케치하는 데 그 끝을 두지 않고 그것의 옳고 그름에 대한 가치 판단으로까지 논의를 확장하고 있다는 점에서 소박한 종교현상학적 관점[81]을 넘어서고 있다.

7. 맺음말

지금까지 윌리엄 제임스의 종교심리학을 '경험'과 연결하여 제임스의 생애와 학문 여정, 기퍼드 강연의 초청 맥락, 그리고 그 강연 내용을 중심으로 검토하였다. 결론적으로 크게 네 가지 차원에서 그러한 논의 과정을 정리해볼 수 있을 것이다.

우선 제임스의 종교심리학은 기퍼드 강연 제목에서 드러난 것처럼

---

81) W. T. Johns, *Kant and the Nineteenth Century*(New York: Harcourt Brace Jokanovich, 1971), 229.

종교와 관련된 어떤 논의도 해당 종교를 중심적으로 일으켰던 인물이든, 개혁적 인물이든, 아니면 평범한 인물이든 그들이 구체적으로 경험한 내용들에 토대를 두고 있다는 점이다. 그러므로 제임스의 종교심리학은 종교에 대한 사변적이고 관념적 논의에 그 초점을 두지 않고 실제적 경험에 초점을 두고 있어서 구체적이고 경험적이라는 점이다. 그의 종교심리학은 종교적 경험이라고 하면 어떤 것이 되었든 그것에 등차를 두지 않고 일차적으로 받아들이고 해당 경험자의 입장에서 공감적으로 이해하려는 종교현상학적 입장을 취하고 있었다. 바로 이런 측면 때문에 그의 종교심리학이 다루고 있는 종교적 경험과 관련된 내용은 그 범위가 단조롭지 않고 매우 역동적으로 다양한 차원을 보여준다.

더 나아가서 제임스의 종교심리학은 "종교적"이라는 말을 사용하고 있지만 그 의미가 제도적 차원의 종교전통에 국한하지 않고 인간의 근본적 변환인 회심과 같은 사건을 보여주는 경우 그 형식이 무엇이 되었든 "종교적" 차원으로 해석을 하고 있다는 점에서 기존 종교연구에 대한 이원론적 범주를 넘어서고 있다. 사실 그의 종교심리학이 그러한 논의까지 포괄할 수 있었던 것은 그의 아버지의 종교적 경험 이후 삶의 변화를 직접 목격한 것을 비롯해서 후에 그 자신이 극심한 우울증으로부터 벗어난 변화의 계기와 무관하지 않다. 그러므로 제임스의 종교심리학은 제도적 차원의 다양한 종교적 경험뿐만 아니라 그것의 범위를 벗어난 경험을 모두 포괄하기 때문에 균형적으로 이해하지 않으면 쉽게 제도권 종교에서 일어나는 종교적 경험만을 기술하고 있는 것으로 잘못 이해할 수 있다. 이런 측면에서 그의 종교심리학은 제도권이든 그렇지 않든 특정 장소의 경험에 기울지 않고 인간의 모든 경험을 포괄하여 그의 논의 속에 균형적으로 배치시키고 있다는 점에서 "민주주의적" 특성을 보여준다.

다음으로 제임스의 종교심리학은 연구 주제의 범위와 초월적 역동성을 극명하게 제시한다는 점이다. 특히 그의 종교심리학은 종교적 경험의 열매인 행위의 차원으로까지 그 연구를 확장하고 있다는 점에서 소박한 심리학주의를 넘어선다. 그의 연구는 갑작스런 유형과 점진적 유형과 같은 회심 유형론, 낙관주의적 성품과 고뇌하는 영혼과 같은 성품 기질론, 그리고 삶의 열매와 연결해서 주체의 종교적 경험 이후 전개되는 과정과 그 결과까지도 모두 포함시키고 있다는 점에서 지금 이루어지는 종교심리학적 연구보다 훨씬 더 포괄적이고 역동적이다. 그의 연구는 당시 많이 이루어지고 있었던 교리적이고 형이상학적 관점에서 종교적 경험을 포착하기보다는 주체의 내면이든 밖이든 초월적으로 나가고 있는 흐름이나 움직임의 관점에서 그 경험을 세밀하게 포착하려고 하였다. 바로 이런 측면 때문에 제임스의 종교심리학은 완결적 개념이나 관념을 드러내는 명사보다는 동사, 부사, 형용사를 주로 선택해서 종교적 경험을 생생하게 스케치하려고 하였다.

그다음으로 제임스의 종교심리학은 방법론적으로 당시 처음 북미에서 사용하게 되었던 질문지법이나 실험적 관찰에서 얻어낸 통계 자료 분석을 통한 양적 연구보다는 종교현상학적이고 심층심리학적 차원의 질적 연구를 지향하였다. 물론 그의 종교심리학이 양적 연구를 모두 부정한 것은 아니었다. 그는 제자들이었던 홀이나 스타벅의 양적 연구 결과들을 종교적 경험 연구와 관련해서 참고하기도 하였다. 그럼에도 불구하고 그의 종교심리학이 양적 연구보다는 질적 연구를 강조할 수밖에 없었던 것은 두 가지 문제 때문이었다. 첫째, 양적 연구 방법은 일반인들의 종교적 경험을 이해하는 데에는 도움이 될 수 있을지 모르지만 역사 속에 굵직하게 남겨 있는 종교적 천재들의 회심과 같은 종교적 경험의 역동성을 공감적으로 포착하는 데 한계를 보여주고 있었기 때문이다. 둘째, 양적 연구 방법은 종교적 경험의 의식적 변환에 대한 이해는 잘 보여주지만 그 이면의 심층에 대한 이해를 드러내는 데 한계를 보여주었기 때문이다. 특별히 그는 심령 연구에서 제시하였던 잠재의식적 차원에 대한 논의를 긍정적으로 받아들여 종교적 경험의 "보다 광대한 차원(more)"을 질적으로 깊게 스케치하려고 하였다.

마지막으로 제임스의 종교심리학은 종교와 심리학 사이에서 새로운 관점을 만들어내려고 했다는 점이다. 그의 종교심리학은 특정 종교 혹은 종교 일반의 종교적 관점을 일방적으로 취하거나 종교적 관점을 모두 폐기하고 심리학적 관점만을 일방적으로 취했던 것도 아니었다. 그의 연구는 그 두 관점 사이의 또 다른 관점을 창조적으로 만들어내려고 하였다. 이러한 두 관점 사이의 갈등은 당시 종교와 과학 사이의 또 다른 갈등의 연장이었다. 제임스는 종교 연구와 관련해서 일방적으로 종교적 경험을 의학적 유물론적 시각으로 환원시켜버린 과학주의의 논의뿐만 아니라 일방적으로 그러한 관점을 모두 부정하는 종교적 독단주의의 논의를 누구보다 잘 알고 있었다. 그는 종교학의 통찰에 근거해서 어느 한쪽의 입장만으로는 종교 연구를 적절하게 할 수 없다는 점을 깊이 인식하고 있었다. 그래서 그는 종교적 경험을 연구하는 데 과학으로서의 심리학적 관점을 취하였지만 심리학주의를 경계하였고 동시에 종교적 특성을 무시하지 않으면서도 종교적 독단주의에 매몰되지 않도록 과학적 비판성을 유지하였다. 이런 측면에서 그의 종교심리학은 종교와 심리학 사이를 비판적으로 매개하려고 했던 종교학적 종교심리학으로 규정할 수 있을 것이다.

제3장

그랜빌 스탠리 홀의 '발달' 종교심리학

그랜빌 스탠리 홀(Granville Stanley Hall, 1844-1924)은 앞에서 검토한 윌리엄 제임스와 더불어 종교심리학 운동을 일으킨 중심인물이다. 그의 종교심리학은 발달심리학이 대두되기 훨씬 전부터 몸과 정신의 발달에 연구의 초점을 두고 있어 '발달' 종교심리학으로 분류할 수 있다. 제임스의 경우와 달리 홀의 종교심리학에 대한 평가는 극단적으로 나누어져 있다.[1] 홀과 제임스는 사제지간이었지만 종교심리학에 대한 연구 방법에서 제임스는 종교적 '경험'의 현상학적이고 심층심리학적 차원을 강조하여 해석학적 분석을 강조한 반면에 홀은 그러한 입장에 대해서 비판적이었기 때문에 종교심리학에 대해 서로 다른 의견을 견지하였다. 이와 더불어 제임스의 기퍼드 강연회의 논의가 지

---

1) Hendrika Vande Kemp, "G. Stanley Hall and the Clark School of Religious Psychology" in *American Psychologist*, Vol. 47/2(1992), 3.

속적으로 종교심리학의 핵심 연구에 영향을 미치고 있어 홀의 종교심리학은 상대적으로 종교심리학 연구사에서 주변적으로 밀려나 균형 있게 기술되지 못하거나 의도적으로 무시되어 있는 실정이다.

　이러한 모습은 종교심리학 운동의 초기에만 국한되지 않고 그 이후 종교심리학의 대표 저술들 속에서도 그대로 이어지고 있다. 몇 가지 예를 들면 크론바흐(Cronbach)가 종교심리학의 대표적인 인물들로 "제임스, 스타벅, 코, 에임스, 그리고 프랫"으로[2] 지적하고 있는 것을 보더라도 실제로 홀이 중심 역할을 하였던 클라크 대학교의 종교심리학 연구자들에 대한 인식은 무시되어 있다. 그 이후에도 이러한 모습은 그대로 인식되어 있어 그 이후 출판된 종교심리학의 저술들에는 홀의 종교심리학이 이름조차 생략되거나[3] 제임스의 종교심리학만 전체적으로 강조되어 있는 실정이다. 종교심리학의 대표적 인물로 지적된 스타벅의 경우는 예외이다. 뒤에서 지적하겠지만 스타벅은 홀 밑에서 최종적으로 박사학위를 받았지만 하버드의 제임스 지도를 받았고 또한 지속적으로 영향을 받고 있었기 때문에 순전히 제임스의 하버드학파나 홀의 클라크학파로만 규정할 수 없다.

　종교심리학과 관련된 최근 대표 연구자들의 저술 속에서도 이러한 경향은 비슷하게 발견된다.[4] 그들은, 본문이나 각주에 홀의 논의

2) A. Cronbach, "The Psychology of Religion: A Bibliographic Survey" in *Psychological Bulletin*, Vol. 25(1928), 701.

3) Paul W. Pruyser, *A Dynamic Psychology of Religion*(New York: Harper and Row, 1968), 6.

4) Ralph W. Hood, Jr., Peter C. Hill, Bernard Spilka, *The Psychology of Religion: An Empirical Approach*(New York: The Guilford Press, 2009), 206-7. 그리고 Raymond F. Paloutzian, *Invitation to the Psychology of Religion*(New York:

와 글들을 종교심리학의 시작과 관련하여 간단하게 언급한 것을 제외하면, 거의 다루고 있지 않다. 더욱 심각한 것은 팔로우치안의 경우이다. 그의 책 본문뿐만 아니라 색인이나 참고문헌을 보더라도 홀에 대한 내용은 거의 생략되어 있다. 더 나아가서 홀의 전기를 썼던 로스의 글도 예외가 아니다. 그녀는 홀의 종교심리학의 중요성에 대해 많이 강조하지만 그의 종교심리학의 핵심 저술 중 하나인 1917년에 출판된 『예수, 심리학의 관점에서 본 그리스도』를 언급하지 않았다.[5] 그녀가 이 책을 언급하는 것을 잊었기 때문에 빚어진 단순한 실수라면 이해할 수 있다. 만약 그렇지 않다면 그녀의 홀에 대한 전기는 결정적으로 오점을 남기게 될 것이다.

그러나 홀의 종교심리학이나 심리학 일반에 대한 이러한 소극적 평가와 달리 보다 적극적으로 긍정적인 평가를 하는 예들은 초창기부터 발견된다. 스타벅이 홀이 죽음을 맞이한 이후 객관적으로 종교심리학을 비롯해서 다른 분야에 이르기까지도 그의 역할에 대한 질문지에 대한 응답을 모아서 분석한 것을 보면 반 이상의 자료들이 종교심리학 개척자 중의 한 사람이라는 인식이 강하게 있었다.[6] 또한 종교학자인 앤 테이브스(Ann Taves)가 발표한 글을 보더라도 에드윈 보링(Edwin Boring)과 셀비(W. B. Selbie)는 공통적으로 종교심리학 운동의 최초 주창자로 홀을 지적하기도 하였다.[7] 또 다른 종교학자인 에릭

The Guilford Press, 2017), 40-1.

5) Dorothy Ross, *G. Stanley Hall: The Psychologist as Prophet*(Chicago: The University Press, 1972).

6) Edwin Diller Starbuck, "G. Stanley Hall as a Psychologist", *Psychological Review*, 32(1925), 106.

7) Ann Taves, *Fits, Trances, and Visions*(New Jersey: Princeton University Press,

샤프도 종교학의 역사를 기술하면서 종교심리학의 개척자로 홀을 언급하고 있다.[8] 현대 종교심리학자 중에서 현대와 고전 종교심리학의 다양한 논의를 종합적으로 균형적으로 기술하였던 울프도 그의 책에서 홀을 종교심리학의 개척자라는 점을 적극적으로 부각하려고 하였다.[9]

홀의 종교심리학에 대한 이해가 이처럼 두 가지 상반된 견해를 팽팽하게 보여주고 있기 때문에 그의 논의에 대한 평가는 쉽게 결론을 내리기보다는 신중할 필요가 있다. 더욱더 객관적으로 많은 연구가 이루어져야 그의 종교심리학에 대해 올바른 평가를 내릴 수 있을 것이다. 그럼에도 불구하고 홀의 종교심리학은 앞으로 어떤 평가를 맞이하든 종교심리학의 태동과 그 이후의 발전 과정을 비판적으로 이해하는 데 반드시 검토해야 할 논의라는 점을 쉽게 부정할 수 없다. 그래서 이번 장에서는 그의 종교심리학 논의에 대한 비판적 평가에 강조점을 두기보다는 공감적 관점에서 그의 생애와 학문적 여정, 영혼의 심리학, 영혼과 종교심리학, 종교심리학적 종교교육학, 그리고 그 연구를 토대로 발전시킨 유년기와 청소년기 종교교육과 비기독교의 종교교육을 정리하는 데 일차적인 목표를 둘 것이다. 먼저 홀의 생애를 학문적 여정과 관련해서 간단히 정리하기로 한다.

      1999), 261.
8) Eric Sharp, *Comparative Religion: A History*(London: Duckworth, 1975), 97-100.
9) David M. Wulff, *Psychology of Religion: Classic and Contemporary Views*(New York: John Wiley, 1991), 43.

1. 생애와 학문 여정

홀은 1844년 2월 1일 미국 동부 매사추세츠주 뉴잉글랜드의 자그마한 농촌인 애슈필드에서 첫째 아이로 태어났다. 그 이후에 그의 남동생과 여동생이 각각 태어났다. 그의 부모는 윤리적으로 매우 보수적이었고 성실하였지만 종교적인 삶은 보수적이지 않고 중립적이었다. 아버지는 빗자루 제조업자, 초등학교 교사, 뗏목 사공의 일을 잠시 하기도 했지만 평생 농부로서 여생을 보냈다. 아버지는 급한 성격의 소유자였고 사회적으로 매우 사교적이었지만 아내나 자녀들에게 애정을 표현하는 데 인색하였다. 아버지는 종교적으로 교회의 성가대원으로 봉사하였고 여성 주일학교에서 가르치기도 하였다. 반면에 어머니는 대조적으로 인내심 많은 차분한 성격과 매우 깊은 신앙심을 갖고 있었다. 그녀 역시 주일학교에서 유아와 아동들을 자신이 직접 만든 교안으로 가르치기도 하였고 거의 11년 정도를 하루도 거르지 않고 자신의 삶을 영적으로 반성해보고 비전을 생각해보게 하는 종교적인 일기를 꼬박꼬박 썼다.[10] 그의 부모는 행복한 결혼생활을 누리지 못했지만 자식들을 통해서 이룩하려고 하였다.

홀은 어린 시절을 뉴잉글랜드의 농촌에서 보냈다.[11] 그는 계절의 순환을 통해서 나뭇잎의 변화와 가지각색의 동물들을 관찰하면서 감성적으로 어린 시절 동안 풍족한 삶을 보냈다. 그는 이 시기 동안에 성인이 되어서 겪게 되는 수많은 다양한 경험으로 질투심, 두려움, 동

---

10) Granville Stanley Hall, *Life and Confessions of a Psychologist*(D. Appleton & Co., 1923), 33-6.

11) *Ibid.*, 87-96.

정심, 사랑, 공포, 열등감 등을 자연과 동물들에 대한 세밀한 관찰을 통해서 배우게 되었다. 그는 후에 자신의 경험을 바탕으로 어린 시절에 자연과 동물의 세계를 통해서 느낄 수 있는 경험을 확장시켜주는 것이 어린아이의 교육에 필수적이라고 생각하였다. 사실 그의 대부분의 어린 시절의 심리적 차원이나 그것에 대한 이해를 기초로 하는 교육에 대한 논의가 많은 부분 자연 관찰과 연결되어 있는 것도 그의 경험과 밀접히 연결되어 있다.

홀은 어린 시절의 경험과 대조적으로 사춘기에는 행복한 경험보다는 심리적 갈등을 많이 겪었다. 무엇보다도 그는 소녀들에 대한 강렬한 사랑의 감정으로 인해 종교적으로 심한 갈등을 겪었다. 그가 태어나고 성장하였던 미국 뉴잉글랜드 지역의 종교적 분위기는 엄격하게 보수적이어서 이성에 대해 자연스러운 감정이나 성적으로 잘못된 생각을 갖고 있는 사람들은 죄와 악마를 쫓는 사람들로 규정될 수 있다는 죄의식을 강하게 풍기고 있었다. 홀도 그러한 종교적인 분위기로부터 자유로울 수 없어서 심한 죄의식에 시달리기도 하였다. 그럼에도 불구하고 그의 어린 시절 경험이 어린아이의 심리와 교육적 논의에 깊은 통찰을 제공해주었듯이 홀이 사춘기에 가졌던 성적 감정으로 인한 죄의식의 경험은 나중에 사춘기 연구의 핵심 소재가 되었다.[12]

홀은 어린 시절과 사춘기를 보낸 이후 애슈필드의 농촌 풍경과 대조되는 소도시에 위치한 윌리엄스 대학(Williams College)에 입학하였다. 그는 다른 학생들보다 모든 분야에서 월등히 뛰어났다. 그는 다

---

12) *Ibid.*, 133-5.

양하게 독서를 하면서 대학 생활을 보냈다.[13] 그는 영국의 공리주의자인 존 스튜어트 밀(John Stuart Mill, 1806-1873), 진화론을 생물학적으로 전개하여 충격을 준 찰스 다윈(Charles Darwin, 1809-1882), 다윈의 생물학적 진화론을 사회 분석에 적용해낸 허버트 스펜서(Herbert Spencer, 1820-1903), 신을 인간의 이상적 관념의 투사라고 생각한 루트비히 포이어바흐(Ludwig Feuerbach, 1804-1872), 종교는 궁극적으로 과학의 세계가 도래하면 없어지고 말 것이라고 야심차게 예언한 오귀스트 콩트(Auguste Comte, 1798-1857), 그리고 영국과 미국의 낭만주의 작가들인 새뮤얼 테일러 콜리지(Samuel Taylor Coleridge, 1772-1834), 랠프 월도 에머슨(Ralph Waldo Emerson, 1803-1882), 앨프리드 테니슨(Alfred Tennyson, 1809-1892)의 책들을 읽고 공부하였다. 그가 이렇게 다양한 사상가들을 공부하게 된 것은 그 자신의 지적 성향과 맞아 떨어지기도 하였지만 당시의 분위기로 볼 때 성직자가 되기 위해서 반드시 읽고 검토해야 할 의무 때문이었다.[14]

홀의 부모는 그가 장차 성직자로서 삶을 살기를 원했다. 물론 홀도 성직자의 길에 대한 관심을 갖고 있지 않은 것은 아니었지만 의학에 더 많은 관심이 있었다. 그러던 중 그는 윌리엄스 대학 춘계 학생부흥회에 참석해서 종교적 회심 경험을 갖게 된 것이 결정적인 계기가 되어 대학을 졸업한 이후 뉴욕에 위치한 유니언 신학교(Union Theological Seminary)에 입학하였다.[15] 그는 신학교에서 애슈필드나 윌리엄스 대학에서 갖고 있었던 보수적인 청교도 신앙생활을 비판적

---

13) *Ibid.*, 160-3.
14) D. M. Wulff, *op. cit.*, 45.
15) Granville Stanley Hall, *op. cit.*, 163, 177, and D. G. Ross, 1972, 30.

으로 성찰하기 시작하였다. 특히 그는 신학교의 총장, 교수, 그리고 재학생들이 모여 있는 곳에서 교육 실습설교(trial sermon)를 하였을 때 자신이 이전에 갖고 있던 초월적 기독론까지도 냉철하게 비판하였다. 당시 그의 설교를 들었던 대부분의 참석자들이 충격을 받아 총장은 무릎을 꿇고서 홀의 영혼을 구원해줄 것을 기도할 정도였다. 그의 실습 설교가 문제가 된 이후 그의 생각은 학교에서 동료들뿐만 아니라 교수들이나 다른 사람들에게도 이교적이라고 의심을 받기까지 하였다.[16] 대부분 그를 알고 있었던 주위의 사람들은 염려하여 많은 충고를 해주었지만 그는 그러한 충고에 조금도 흔들리지 않고 다양한 교파나 교단에 가서 비슷한 설교를 하였다.

그럼에도 불구하고 홀은 유니언 신학교에서 공부하는 동안 원래 갖고 있었던 정통 신학이나 목회에 대한 관심이 줄어들고 대신 인간의 마음을 심층적으로 알고 싶은 지적 욕구를 새롭게 갖게 되었다. 물론 그는 신학이나 철학의 관점에서 인간의 마음을 이해할 수 있다는 점을 누구보다도 잘 알고 있었지만 그러한 관점보다는 현대 학문의 한 분야로 독일에서 태동하기 시작한 심리학에 적극적으로 관심을 갖고 인간의 마음을 비판적으로 이해하려고 하였다. 또한 그는 뉴욕 시내의 암흑가, 부흥회, 혁명 조직, 빈민가, 마약 조직, 장애인 협회 등을 직접 방문하거나 그곳 대표자들과의 계속적인 만남을 통해서 인간의 마음을 구체적으로 생생하게 이해하려고 하였다. 그는 그러한 과정을 통해서 원래 품고 있었던 신학자나 목회자로서의 꿈보다는 인간의 마음 자체를 연구할 수 있는 학문과 그것을 자유롭게 강의할 수

---

16)   Granville Stanley Hall, *op. cit.*, 178.

있는 교수가 되고 싶었다.[17]

홀은 새롭게 관심을 갖게 된 인간의 마음을 심층적으로 연구하기 위해서는 미국의 대학에서는 한계를 경험할 수밖에 없다는 판단하에 유럽 대학으로 가서 공부하기로 결심하였다. 그가 공부했던 당시의 미국 학문 수준은 독창적으로 학문을 이끌어가기보다는 유럽 학문을 대부분 따라가는 추세여서 대학원 공부를 위해서는 미국 대학에 남기보다는 유럽 대학으로 유학을 가는 것이 일반적이었다. 대부분 미국 학생들처럼 홀도 예외가 아니었다. 그는 독일 대학을 선호하여 1869년부터 1870년까지 1년 동안 독일 대학에 머물면서 여러 가지 강의들을 청강하였다.[18] 그는 신학, 철학, 비교종교학, 물리학, 인류학, 해부학, 정신 병리학, 형질학 등 인간을 이해할 수 있는 다양한 과목들을 수강하면서 진화론, 유물론, 실증주의, 범신론, 그리고 불가지론의 사상에 학문적으로 깊이 빠져들게 되었다.

홀은 개인적인 삶에서도 뉴잉글랜드의 보수적인 청교도 분위기로 인해 억제하였던 술을 마음껏 마시고 여성들과도 자유롭게 만날 수 있어 미국에서의 우울한 삶과는 대조적으로 즐거운 생활을 보냈다. 그러나 그는 재정적으로 1년 이상을 버틸 수 없어 미국으로 귀국하여 유니언 신학교에 복학하고 학위 과정을 끝마쳤다. 그는 졸업한 이후에는 뉴욕에 있는 은행 갑부 집안의 가정교사 일을 하던 중 1872년 오하이오에 있는 안디옥 대학으로부터 4년 정도 가르칠 수 있는 계약직 강사 초청을 받았다. 그는 그 대학에서 특정 과목을 집중적으

---

17) *Ibid.*, 184.
18) *Ibid.*, 186-7.

로 가르치기보다는 철학, 영어, 문학을 비롯해서 다양한 현대 언어들을 가르쳤다. 또한 도서관 사서, 합창대 지휘자, 오르간 연주자, 그리고 대학 교회 설교자로도 봉사하였다.[19] 그는 우연하게 현대 심리학의 주창자인 빌헬름 분트(Wilhelm Wundt, 1832-1920)의 『형질 심리학(*Physiological Psychology*)』을 읽고 많은 감동을 받았다.[20] 그는 분트의 책을 읽을 때까지도 심리학이 철학으로부터 공식적으로 독립되어 있지 않았으므로 심리학을 여전히 철학의 새로운 분야로만 인식하였다.

  사실 홀이 분트의 책을 읽을 무렵 다양한 과목을 너무 많이 가르치는 일과 잡다한 학교 일로 인해 탈진 상태에 있었다. 또한 그는 4년간의 안디옥 대학 강사직 계약이 끝나가는 시점이었지만 재계약 요청도 받지 못하였고 새로운 일자리를 찾지 못한 상황이어서 분트의 심리학을 직접 배우기 위해 다시 독일로 가려고 하였다. 바로 이때 그는 전혀 예상하지 않았던 하버드 대학 총장으로부터 강사직 초빙을 받았다.[21] 그래서 그는 독일로 가는 것을 미루고 1876년부터 1878년까지 하버드 대학에서 영어 강사로 학생들을 가르쳤다. 동시에 그는 강사 생활을 하면서 하버드 대학 철학과에 윌리엄 제임스의 박사 과정 학생으로 등록하였다. 그가 제임스와 사제지간으로 인연을 맺은 것은 우연이 아니었다. 그는 제임스가 생리학 조교수로 재직하면서 최초로 심리학을 강의하기 시작하였으므로 심리학을 공부하기 위해서는 제임스의 지도를 받아야 한다는 점을 이미 잘 알고 있었다. 그는 2년 정도 하버드 대학에서 가르치고 공부하면서 제임스의 지도를 받았

---

19) *Ibid.*, 198-9.
20) *Ibid.*, 200.
21) *Ibid.*, 203.

다. 결국 홀은 하버드 대학 철학과 개설 이래 최초의 철학박사학위 수여자이면서 동시에 심리학 전공 철학박사가 되었다.

홀은 박사학위를 받고 난 이후 하버드에서 계속 강사로 가르치는 일을 제안받았지만 그 일을 포기하고 그동안 미루었던 계획, 즉 독일의 분트에게로 가서 당시로서는 획기적이었던 실험심리학(experimental psychology)을 직접 배웠다.[22] 그는 2년 정도 독일에 머물면서 최고 심리학자인 헤르만 폰 헬름홀츠(Hermann Ludwig Ferdinand von Helmholtz, 1821-1894), 카를 루트비히(Carl Friedrich Wilhelm Ludwig, 1816-1895), 그리고 분트의 강의들을 직접 청강하면서 심리학의 최근 논의들을 배울 수 있었다. 특히 그는 그곳에서 물리학, 수학, 형질학, 신경 해부학, 신경 병리학 등을 집중적으로 공부하여 인간의 마음을 실험심리학적 관점에서 이해할 수 있는 토대를 튼튼히 쌓을 수 있었다. 그가 독일 대학의 다양한 교수들로부터 받은 이러한 과학적 훈련은 스승인 제임스의 입장을 일방적으로 받아들이거나 학계에서도 계속 두둔할 수 없었고 오히려 그러한 관점에 비판적 입장을 취하여 종교심리학을 연구하게 된 배경이 되었다.

홀은 독일에서 2년의 생활을 보낸 다음 1880년에 미국으로 돌아와서 1881년까지 하버드 대학과 윌리엄스 대학에서 여러 가지 교과목들을 가르쳤다. 그는 이 시기에 또한 자신이 경험한 독일에서의 삶을 회상하면서 기술한 『독일 문화의 양상들(Aspects of German Culture)』(1881)을 출판하였고 1882년에는 존스 홉킨스 대학교로부터 심리학과

---

22) *Ibid.*, 204-5.

교육학 교수직을 초청받아서 공식적으로 교수 생활을 시작하였다.[23] 그는 1888년까지 거의 6년 정도 홉킨스 대학에서 미국 프래그머티즘 사상가인 찰스 샌더스 피어스와 함께 교수로 재직하면서 후에 걸출한 미국 사상가로 성장한 존 듀이(John Dewey, 1859-1952)를 비롯하여 다양한 학생들을 가르치는 일뿐만 아니라 미국 대학의 학문 발전을 위해 개척적인 일을 많이 하였다.[24] 대표적으로 몇 가지를 지적해보면 분트가 1876년 라이프치히 대학에 심리연구실을 세운 것을 모방해서 홉킨스 대학 내에 심리 실험실을 공식적으로 세웠고 최초로《미국 심리학회지(*American Journal of Psychology*)》를 창간하기도 하였다.[25] 그는 이 기간에 실험심리학의 관점에서 종교에 대한 심리학적 관심을 학문적으로 처음 드러내기 시작하였고 또한 당시까지만 해도 "종교심리학"이라는 학명이 없었지만 1882년 "아동들의 도덕적이고 종교적인 훈련"이라는 글에서 "종교심리학"이라는 학명을 처음 만들어 사용하기도 하였다.[26]

홀이 실험심리학과 그것을 토대로 종교심리학의 논의에 관심을 열정적으로 쏟기 시작할 무렵인 1888년에 뉴잉글랜드 매사추세츠의 우스터에 소재한 신생 학교인 클라크 대학교로부터 총장 제의를 받았다.[27] 그는 그 제의를 받아들여서 거의 32년 동안 총장직을 수행하면서 심리학과를 창설하기도 하여 심리학을 미국 전역에 퍼트리는 데

23) *Ibid.*, 225-6.
24) Bruce Kuklick, *Churchmen and Philosophers: From Jonathan Edwards to John Dewey*(New Haven: Yale University Press, 1985), 234-5.
25) Granville Stanley Hall, *op. cit.*, 227.
26) *Ibid.*, 356.
27) *Ibid.*, 258.

산파 역할을 하였고 제임스가 중심이 된 종교심리학 운동의 하버드 학파에 버금가는 클라크학파를 주도적으로 발전시켜나갔다. 사실 북미 심리학의 초기 연구자들은 대부분 홀의 지도하에 박사학위를 받았다. 왓슨의 지적대로 1893년 북미 전역의 심리학으로 박사학위를 받은 14명의 수여자 중 11명이 홀의 제자였고 1898년에는 54명 중 30명이 그의 제자였다.[28] 그가 주도하였던 종교심리학의 논의는 심리학적 논의로만 머물지 않고 유아기, 아동기, 청소년기, 노년기 등에 필요한 생애 발달 교육학과 종교교육학을 발전시키는 데 결정적으로 기여하였다.

홀이 클라크 대학교에 총장으로 부임하면서 그의 근본 관심이 종교심리학으로 더욱 구체화되기 시작하였고 그의 지도하에 모든 제자가 씨름하던 심리학적 중심 주제들은 대부분 종교와 관련되어 있으므로 종교심리학 운동의 세계적인 메카로 성장시킬 수 있었다. 그는 학교 행정뿐만 아니라 개인적 연구를 비롯해서 새로운 학문을 개방적으로 받아들이고 새로운 학회를 설립하고 학회지를 창간하여 학문을 발전시키는 일에도 탁월하였다. 그는 1904년에는 1500쪽 이상 되는 『청소년기(*Adolescence*)』를, 1911년에는 거의 1500쪽 이상 되는 현대 교육의 문제를 해부한 『교육적 문제(*Educational Problems*)』를 각각 두 권씩 출판하였다. 1917년에는 그의 종교심리학의 정점에 달하는 『예수, 심리학의 관점에서 본 그리스도(*Jesus, The Christ in The Light of Psychology*)』를 두 권의 방대한 분량으로 출판하였다. 그는 이

---

28) Robert L. Watson, "G. Stanley Hall" in *International Encyclopedia of the Social Sciences*, Vol. VI(1968), 311-2.

러한 개인 연구와 더불어 1892년에 미국 최초로 "심리학회(American Psychological Association)"를 조직하여 초대 학회장으로 역할을 하였고 그것을 토대로 세 가지 중요한 전문 학술지를 창간하였다. 하나는 1891년의 《교육 세미나리(*Pedagogical Seminary*)》의 창간이다. 이 학회지는 《유전심리학회지(*Journal of Genetic Psychology*)》라는 이름으로 변경되어 지금도 출판되고 있다. 다음으로 1904년에 종교교육을 심리학적으로 주로 다루는 《미국 종교적 심리학과 교육 학회지(*American Journal of Religious Psychology*)》의 창간이다. 마지막으로 1905년의 《응용심리학회지(*Journal of Applied Psychology*)》의 창간이다. 많은 비판도 있었지만 그의 영향력은 대단하여서 미국 심리학회를 설립한 지 30년이 지난 1924년 죽음을 맞이하기 몇 달 전에는 회장으로 다시 선출될 정도였다.

홀은 또한 새로운 연구에 언제나 개방적이어서 1909년에는 미국 최초로 클라크 대학교 20주년 기념 행사로 현대 정신분석학의 창시자인 지크문트 프로이트와 그의 제자 체 · 게 융을 초빙하여 특강을 하도록 하였다.[29] 홀의 클라크 대학교 기념 행사 초청 덕분에 유럽에서 초창기에 제대로 대접받지 못했던 정신분석학이 미국에서 각광을 받게 되었고 그들의 사상이 더욱더 알려지는 계기를 마련하게 되었다. 동시에 프로이트와 융도 그랜빌 스탠리 홀과 윌리엄 제임스와의 만남을 통해서 미국의 두 대학교에서 새롭게 일어나고 있는 심리학과 종교심리학 운동에 감명을 받기도 하였다. 사실 프로이트와 융이 무의식에

---

29) Granville Stanley Hall, *op. cit.*, 332. Ernest Jones, *The Life and Work of Sigmund Freud*, Vol. 2(New York: Basic Books, 1955), 53-4.

대한 논의를 출간하기 이전부터 이미 제임스와 홀은 인간의 의식 이면의 잠재의식 또는 무의식의 영역과 종교심리학적 논의에 대한 상관관계를 경험적으로 연구하는 데 관심을 기울이고 있었다.[30]

홀은 이처럼 학문적으로 첨단의 연구와 개척적인 일을 많이 하였지만 학계와 종교계 안에서 환영만 받은 것은 아니었다. 그의 연구는 워낙 탁월하고 어느 누구도 무시할 수 없었기 때문에 공개적으로 비판을 가하지는 못하였다. 그러나 계몽주의적이고 진화론적 회의적 시각이 강한 시대적 조류로 인해 결국 없어지고 말 종교현상을 홀이 지속적으로 관심을 기울이는 것이 학계에서 비판적으로 문제가 되었다. 그렇다고 해서 그의 종교심리학적 논의가 학계와 달리 종교계로부터 긍정적으로 평가를 받았던 것도 아니었다. 학계와 마찬가지로 종교계도 종교 연구는 전적으로 믿음의 문제이므로 학문적으로 연구하는 것은 의미가 없다는 지배적인 보수적 견해로 인해 성이나 몸의 변화와 회심과의 관련성에 대한 그의 종교심리학적 논의는 처음부터 혹독한 비판의 대상이 되었다. 그러므로 그의 연구는 기존 학계와 종교계로부터 지지를 받지 못한 상황이었으므로 매우 보헤미안적 경계에 놓일 정도로 어려움에 직면해 있었다.

---

30) 앞의 각주에서 언급한 울프는 종교심리학과 무의식의 상관관계에 대한 논의를 프로이트와 융보다도 먼저 종교심리학의 창안자들인 제임스와 홀이 시작했다는 힌켈만(Hinkelman)과 아드만(Ademan)의 지적을 언급하고 있다. David M. Wulff, *op. cit.*, 53. 본 연구자는 이러한 통찰에 착안해서 국제 학술지에 홀과 융의 종교적 경험에 대한 비교를 토대로 홀의 종교심리학이 융의 논의보다 먼저 시작되었다는 점을 밝혔다: Kim, Chae Young, "Carl Gustav Jung and Granville Stanley Hall on Religious Experience" in *Journal of Religion and Health*, Vol. 55/4(2016), 1246-1260.

설상가상으로 그의 개인적인 삶도 행복하지 않았다. 그는 개인적으로 건강 때문에 심하게 고생하였고 두 번이나 아내를 잃는 가족의 비극적 사건들을 통해서 빠져나올 수 없는 고통을 받기도 하였다.[31] 그는 하버드 대학교에서 박사학위를 받은 이듬해에 35살의 나이로 결혼하여 4명의 자녀를 두었다. 그는 클라크 대학교 총장으로 재직한 지 1년이 되는 해에 그의 아내와 한 명의 자녀를 화재 때문에 잃게 되었다. 그는 그 이후 10년 동안 처자식을 잃어버린 충격으로 고통 속에서 살았다. 그는 10년이 지나서 재혼하였지만 얼마 후 정신병으로 두 번째 아내를 또다시 잃게 되었다. 바로 이러한 비극은 생생하게 남아 있던 어릴 때의 죽음 현상에 대한 관심에 더해졌다.[32] 이 사건으로 어느 누구도 연구의 대상으로 삼지 않았던 죽음과 그것으로 인한 슬픈 감정에 초점을 둔 죽음의 심리학 내지 죽음학 연구를 홀이 학문적으로 개척하는 계기가 되기도 하였다.[33]

홀은 학문적으로나 개인적으로 어려운 상황임에도 불구하고 클라크 대학교를 은퇴한 이후에도 지속적으로 그의 연구를 진행하였다. 그는 1920년에 『사기(Morale)』와 『어떤 심리학자의 레크리에이션(Recreations of a Psychologist)』을, 그리고 2년 후인 1922년에는 『노년기: 인생의 후반기(Senescence: The Last Half of Life)』를 출간하였다. 이 책들은 각각 청소년학과 몸과 마음의 상관관계, 그리고 노년학의 연구를 더욱 탄탄하게 하는 토대를 마련해주면서 동시에 종교심리학적 통

---

31) Granville Stanley Hall, *op. cit.*, 293.

32) *Ibid.*, 135-6.

33) 김재영, 『종교심리학의 이해: 죽음 인식의 논의를 중심으로』(파주: 집문당, 2017), 50.

찰을 다시 기억시켜주는 중요한 작품이 되었다. 1923년에는 그의 삶과 학문 여정의 자서전이라고 할 수 있는 『어느 심리학자의 삶과 고백(Life and Confessions of a Psychologist)』 출간을 끝으로 그다음 해인 1924년 4월 24일 죽음을 맞이하였다.

2. 영혼의 심리학

홀이 왕성하게 활동하던 시기인 19세기부터 20세기 초엽에 이르기까지 현대 서양의 인간 이해는 의식이나 이성에 토대를 두고 있으므로 이성적으로 납득할 수 없는 수많은 현상은 심층적 인간 이해의 의미 있는 자료들로 인식되지 못하였다. 오히려 그런 현상들은 인간 이해 속에서 무시되거나 비정상적인 것으로 취급되었다. 이런 식의 편협한 인간 이해는 삶의 두 가지 현상을 결정적으로 잘못 해석하는 결과를 낳았다. 하나는 종교적 삶에 대한 오해이다. 동·서양을 막론하고 인간은 역사적으로 종교 또는 제도적 종교가 아니라고 하더라도 나름대로 삶의 신념 체계를 통해 자신을 인격적으로 성숙시켜왔다. 이것은 부정할 수 없는 역사적 사실이다. 그럼에도 불구하고 이성적 인간 이해는 종교적 삶을 인격의 성숙 과정으로 이해하지 못했을 뿐만 아니라 종교 자체를 급기야는 부정해버리거나 도덕적 차원 정도로 낮게 평가하였다. 다른 하나는 서구 이외의 다른 지역의 인간의 삶을 충분히 이해하지 못한 경우이다. 현대 서구의 이성적 인간 이해는 근대 서구에 한정된 인간관이었지만 모든 사회나 인간을 이해할 수 있는 보편 법칙으로까지 확대되어 그러한 삶 이외에는 표준적이지 못한 것으로 인식되었다. 그러한 인간 이해는 도덕적이고 윤리적인 차원뿐만 아니라 영성적 혹은 종교적 삶의 방식을 여전히 유지하고 있는 비서구인들의 전통적 삶의 방식을 올바르게 이해하지 못하는 한계를 보여주었다.

홀은 기존 종교 연구자들의 인식과 달리 서구 인간 이해의 한계점을 정확히 직시하고 있었다. 그는 이성적 인간 이해가 계속해서 인간 이해의 중심 자리를 차지한다면 궁극적으로 비서양인들의 삶뿐만 아니라 서양인들의 삶까지도 잘못 이해하는 결과를 초래하게 될 것이라는 진단하에 통합적인 새로운 인간 이해가 이루어져야 한다는 점을 주장하였다. 그래서 그는 그동안 인간 이해가 거리를 두거나 무시했던 종교적 욕구와의 관련성 안에서 인간을 심층적으로 이해하려고 하였다. 그의 인간 이해는 지성인들에게는 하나의 충격으로 받아들여졌고 많은 오해를 불러일으키기도 하였다. 그러나 그가 인간 이해를 종교적 욕구와 관계 안에서 새롭게 주장했다고 해서 그의 인간 이해가 기존의 신학적이거나 철학적 인간 이해로 귀결한 것은 결코 아니었다. 그는 제도적 종교전통과의 관련성 안에서 교리적이고 제도적으로 규정된 인간을 이해하기보다는 종교적 욕구와의 관계 안에서 인간을 구체적으로 이해하려고 하였다.

홀은 발생심리학의 관점에서 인간의 심층적 내면에 뿌리를 두고 있는 종교적 욕구를 깊이 파헤치는 데 그의 인간 이해의 토대가 있었으므로 의식 이면에는 의식보다 훨씬 크고 넓은 영역인 무의식 또는 잠재의식의 영역이 존재한다는 점을 주장하였다.[34] 그는 인간을 심층적

---

34) Granville Stanley Hall, *Adolescence: its Psychology and its Relations to*

으로 이해하기 위해서는 이성적 의식의 영역에만 국한되어서는 안 되고 그것을 넘어선 무의식의 영역까지 이해될 필요가 있다는 점을 강조하였다. 그러므로 일반적으로 알려진 것과 달리 앞에서 논의했던 제임스와 더불어 홀의 종교심리학은 종교적 욕구에 대한 프로이트의 정신분석학이나 융의 심층심리학 논의보다 시기적으로 먼저 이루어졌다는 점을 확인할 수 있다.[35] 앞으로 고전 종교심리학 운동과 정신분석 내지 분석심리학의 비교 연구는 기존 종교심리학과 관련한 시작점 논의를 새롭게 해석할 수 있는 근거를 제시할 수 있을 것이라고 판단된다.

홀은 의식의 영역에서 일어나는 이성의 작용, 사유, 그리고 언어 활동은 마음의 심층을 드러내기보다는 표층만을 드러내는 것으로 이해하였다. 그는 무의식의 영역 속에서 다양하게 일어나고 있는 감정, 본능, 그리고 충동이 더 근본적이고 더욱더 마음의 심층을 잘 보여주고 있는 것으로 이해하였다.[36] 의식의 영역이 마음의 심층으로부터 나오는 원초적 특성을 그대로 드러내기보다는 가공되어 표출된 상태라면 무의식의 영역은 마음의 심층적 차원을 그대로 보여주므로 인간의 본래적 모습을 더욱더 잘 드러내주고 있다는 것이다. 이런 측면에서 그는 자신의 심리학을 의식의 영역을 넘어선 무의식의 영역까지 파헤쳐 들어가려는 일종의 "마음의 고고학(the Archeology of Mind)"이라고 이

Physiology, Anthropology, Sociology, Sex, Crime, Religion and Education, Vol. II(New York: D. Appleton and Company, 1907), 342.

35) Kim, Chae Young, op. cit., 15-6.
36) Granville Stanley Hall, op. cit.(1907), Vol. I, 91.

름 붙이기도 하였다.[37] 그러므로 홀이 심리학 연구를 통해서 주장한 것이 무엇이 되었든 그것의 핵심은 종교적 욕구의 발생 영역인 무의식에 대한 이해였다.

홀은 의식이 지역, 학벌, 성별, 환경, 인종, 종교에 따라서 다양한 차이를 보여주는 개인적 영역으로 규정하고 있는 것과 달리, 무의식은 의식이 뿌리를 내리고 있는 마음의 심층적 영역으로 인간 누구에게나 존재하는 인류의 공통 영역으로 규정하였다. 물론 그는 일반적으로 무의식이나 잠재의식이라는 용어를 사용해서 그 영역을 지칭하고 있지만 좀 더 구체적으로 그 영역을 드러내기 위해서 "광활한 자아",[38] "실재 자아", "인간 영혼" 또는 "인류 영혼(racial soul)"이라는 용어들을 다양하게 사용하기도 하였다. 특히 그는 종교심리학적 주제들이나 그것의 응용 분야인 종교교육이나 선교교육에 대한 논의를 전개할 경우에는 다른 용어들보다도 "인류 영혼"이라는 용어를 선호하였다. 그러므로 그의 방대한 저술에서 "영혼"이라는 용어는, 현대 주류 심리학이 발전되면서 종교적이고 관념적이라는 편견으로 인해 더 이상 사용하지 않는 것과 대조적으로, 그의 심리학 논의의 핵심을 구성하고 있는 종교적 욕구를 이해하기 위해 반드시 기억해야 한다.

바로 이런 측면을 고려한다면 홀의 심리학, 현대 심리학이 과학적 논의에 더욱더 무장을 하면서 인간의 심층적 내면에 대한 이해와 멀어진 것과 달리, 처음부터 영혼에 초점을 두고 그것을 심층적으로 파헤친 연구라는 점에서 영혼의 심리학이라고 지칭할 수 있다. 그의

---

37) *IBid.*, Vol. II, 61.
38) *Ibid.*, 342.

심리학에서 영혼은 인간의 개인적 의지와는 상관없이 과거부터 내려온 인간의 경험이 유전적으로 인간 마음의 심층에 뿌리내려 있는 인류 공통의 영역이다. 영혼은 더 이상의 발달이 필요하지 않은 처음부터 완성된 모습으로 인간의 마음에 각인되어 있는 것이 아니라 하나의 씨처럼 끊임없이 발생할 수 있는 존재이다. 어린아이의 몸이 성인이 될 때까지 계속 성장하듯이 영혼도 완전한 형태를 갖출 때까지 지속적으로 발생하여 성장한다. 그러므로 홀의 심리학에서 주장하고 있는 "인간은 변하지 않는 영원한 유형을 갖고 있는 존재가 아니라 보다 완전한 모습을 갖기 위해 진화해나가는 하나의 유기체와 같은 존재"[39]라는 점에서 영혼의 본질적 모습은 더 이상의 성장이 필요 없는 멈춤에 있기보다는 보다 완전해지기 위해 발생하여 성장해가는 생성(becoming) 과정에 있다. 직접 그가 핵심적으로 지적하고 있는 점을 들어보기로 한다.

실재 자아는 우리가 해석해볼 때 자아 발전사의 뚜렷한 사실을 보여주는 의미들로 가득찬 모든 존재의 중심적 원천으로부터 나온 생기이다. 그것의 본질은 생성 과정에 존재한다. 그것은 고정되어 머물러 있는 것이 아니라 원형질이 성숙한 몸과 다르듯이 자아의 현재 모습들과는 다른 상태의 이전 영혼으로부터 성장한 것이다. 그것은 계속 바뀌는 경향이 있고, 현재 상태로부터 무한히 벗어나려는 경향이 있다. 피상적 현상은 변한다. 그러나 영혼의 모든 심층적 뿌리는 역사 이전의 오랜 과거로 돌아간다. 그러므로 영혼은 유전의 결과이다. 영혼 그 자체는 엄격한 노동의 법칙과 현재

---

39) Granville Stanley Hall, 'Preface' in *op. cit.*(1923), vii.

생경한 형태로 발전되어갈 수 있도록 감수한 고통을 통해서 두드려졌고, 형성되었다. 영혼은 아직 치유되지 않은 상처들로 쌓여 있다.[40]

물론 홀은 인간이 세상에 태어나면서 부여받은 영혼은 스스로 보다 완전한 형식으로 발전되어갈 수 있는 가능성을 지닌 존재로만 파악하지 않았다. 그는 인간의 영혼은 그 자체가 그러한 가능성을 스스로 표출하여 긍정적으로만 작동한다고 볼 수 없고 때로는 인간의 삶의 태도에 따라서 자라나지 못하여 퇴화되어 파괴적이고 본능적인 힘을 강렬하게 표출한다는 점도 동시에 지적하였다. 지역이나 시대에 상관없이 여전히 줄지 않고 발생하는 개인의 폭력, 살인, 강간 등은 그 이면에 있는 영혼의 힘이 파괴적으로 드러나는 대표적인 경우들이다. 집단적으로도 이러한 모습은 줄지 않고 지속적으로 발생하고 있다. 오히려 집단의 경우는 개인적인 경우보다도 훨씬 더 그 영향력이 크게 발생한다. 역사 속에 남겨진 전쟁, 마녀사냥, 인종 차별, 노예 제도, 식민지주의 등과 같은 얼룩진 인류의 상처들도 모두 이런 경우에 해당한다.

개인이나 집단의 이러한 모습은 흔히 습관적으로 잘못 언급되고 있듯이 서구의 역사나 종교적 맥락에서만 축적되어 있는 것이 아니다. 비서구권의 역사나 종교적 맥락 안에서도 예외가 될 수 없을 정도로 많이 축적되어 있다. 역사책을 들추지 않더라도 지금도 이러한 모습은 수그러들지 않고 여전히 생생하게 보여주고 있다. 인도에서 일어나고 있는 기독교인들과 이슬람교도들에 대한 과격 힌두교도들의 폭

---

40) Granville Stanley Hall, *op. cit.*(1907), 69.

력, 미얀마에서 벌어지고 있는 극단적 불교도들의 기독교인들과 이슬람교도들의 박해를 보더라도 폭력적인 모습은 특정 사람이나 특정 종교의 전유물이기보다는 인간이 존재하는 곳 어디에서나 피할 수 없는 일그러진 인류 공통의 지울 수 없는 깊은 상처들이다. 그럼에도 불구하고 인간이 그러한 상처들에만 매몰되어 지속적으로 갈등이나 폭력을 증가시킨 것만은 아니다.

인간은 이러한 상처들에 그대로 매몰되어 있지 않고 놀라울 정도로 그것들을 치료하고 창조적으로 나아가게 할 수 있는 영혼의 힘을 개인이나 집단적으로 위기가 있을 때마다 역사적으로 드러내기도 하였다. 인간은 인류의 역사에서 수많은 고난과 고통의 질곡을 치료하기 위해 예술, 철학, 종교, 과학 등을 끊임없이 창조할 수 있는 영혼의 에너지를 분출하기도 하였다. 그러므로 분출하는 에너지는 그 자체가 문제 있는 것이 아니라 인간의 영혼이 어떻게 그 에너지를 사용하느냐에 따라서 폭력적이 될 수도 있고 그 반대가 될 수도 있다. 홀은 그의 종교심리학의 중심 연구라고 할 수 있는『예수, 심리학의 관점에서 본 그리스도』의 서문에서 이 점을 웅변적으로 증언하고 있다.

칼뱅, 르봉, 그리고 프로이트에 이르기까지 많은 사람들이 줄기차게 주장하듯이 인간의 영혼은, 결점 있고 동물성의 흔적들을 갖고 있지만 다른 한편으로 생각해보면 그것은 또한 결점보다는 압도적으로 선하고 창조적인 힘을 지닌다. 후자로부터 모든 언어, 신화, 경전, 교리, 문학, 과학, 제도와 문명이 생성되어 나왔다.[41]

---

41) Granville Stanley Hall, 'Preface' in *Jesus, the Christ, in the Light of*

3. 영혼과 종교심리학

역사 속에서 발생하고 성장한 모든 종교는 그 형식이 무엇이 되었든 모두 다 특정 인물들의 심층적 마음인 영혼을 매개로 처음 등장하였다. 물론 어떤 종교들은 성장하지 못하고 일찍 사라진 것도 있고 다른 지역으로의 확장보다는 발생한 특정 지역에 그대로 머물러 있는 경우도 있다. 기존의 종교들이 계속 유지되든 소멸되고 새롭게 다른 종교들로 채워나가든 모든 종교는 인간을 매개로 그 모습이 만들어진다는 점은 부정할 수 없다. 종교들의 이러한 생존 과정은 인류가 존재하는 한 결코 없어지지 않고 계속 유지될 것이다. 아무리 종교들의 존재와 그 가치를 부정하는 세속주의의 논의가 끊임없이 제기된다고 하더라도 종교들은 인간의 삶에서 없어지기보다는 다양한 인물들을 매개로 생성, 성장, 발전, 소멸, 그리고 또 다른 생성의 과정을 통해서 지속적으로 존재할 것이다.

홀은 역사의 다른 정신적 유산과 비교할 수 없을 정도로 영혼의 욕구에 온전하게 대답할 수 있는 대상으로 종교들을 이해하였다. 그는 종교들이 예술, 문학, 철학 또는 과학이나 기술과 같은 인간의 다른 정신적이거나 문화적인 유산들과 비교할 수 없을 정도로 강렬하게 인간의 삶 속에서 영혼의 근원적 욕구를 채워주고 있는 것으로 인식하였다. 그래서 그는 기존의 교리적이고 신학적인 종교 연구에 방점을 두기보다는 인간의 심층적 마음인 영혼의 욕구에 뿌리를 둔 종교심리학적 연구가 이루어질 필요가 있다는 점을 강력하게 주장하였다. 즉

Psychology(New York: Doubleday, 1917), viii.

모든 종교는 그 모습이 어떻게 되었든 특정 중심인물들의 영혼의 소리를 작곡해놓은 과거의 "죽어 있는" 유물로 남기보다는 다양한 사람들의 영혼의 욕구를 계속 채워주는 살아 있는 악보로 존재하기 때문에 그 악보 소리를 처음 잉태시킨 인간이나 그 이후의 그 소리를 통해서 영혼의 욕구를 충족시켜나간 다양한 인간 주체들을 이해하기 위해서는 종교심리학적 연구가 반드시 이루어져야 한다는 것이다. 그의 이러한 주장은 기존의 종교 연구자들에게 많은 논란을 일으킨 하나의 혁명적 선언과 같았다.

홀은 역사의 지난한 과정을 통해서 모든 종교가 생생하게 들려주고 있는 악보 소리를 두 가지 역할로 정리하였다. 첫째, 종교들은 이기적이고 성숙하지 못한 삶으로부터 이타적이고 성숙한 삶으로 인간이 변화되어 나아갈 수 있도록 회심의 소리를 듣게 해준 악보였다는 것이다.[42] 많은 경우 세계 종교사에 나타난 종교적인 천재들의 삶이 보여주는 공통적인 모습은 이기적 삶으로부터 이타적 삶으로 나가게 해준 극적 회심 경험을 담고 있는 영혼의 악보 소리를 들려주고 있다. 일반 종교인들의 삶의 경우에서도 이러한 악보 소리를 담고 있는 예들은 정도의 차이만 있을 뿐 무수히 찾을 수 있다. 이를테면 어떤 종교에도 속하지 않았던 무종교인이 어느 날 영혼의 악보 소리를 듣고 난 이후 이전에 전혀 관심 없던 특정 종교로 회심하여 그것을 매개로 그동안 누렸던 삶의 가치를 모두 내려놓고 전혀 다른 차원의 가치를 지향하는 삶으로 나아가는 예들을 대표적으로 지적해볼 수 있다.

---

42) Granville Stanley Hall, *Youth: its Education, Regimen, and Hygiene*(New York: D. Appleton & Company, 1909), 314.

정말로 이런 변화는 역사 속에 일치성을 제공하고 충족시켜준다. 왜냐하면 기독교는 이기심이 포기되어 인간의 사랑으로 나타나는 민족의 청년기에서 똑같은 정점을 보여주기 때문이다. 종교는 이런 변화를 완전하게 하는 것 이외의 다른 기능을 갖고 있지 않다. 그리고 도덕의 전제는 인류에 대한 관심으로 잘 정의될 수 있다. 왜냐하면 신의 사랑과 인간의 사랑은 하나이고 분리될 수 없기 때문이다.[43]

둘째, 종교들은 여러 가지로 복잡하게 분열되어 있는 세계를 하나로 묶어낼 수 있는 통합과 화해의 악보 소리를 깊이 듣게 해준다.[44] 인간은 종교들을 매개로 자신의 심층적 내면을 비판적으로 직면하고 있기 때문에 안락한 경험보다는 매우 고통스러운 경험을 갖게 되지만 그러한 고통스러운 경험에 머물지 않고 그러한 과정을 통해 점점 더 내적으로나 외적으로 자신의 삶을 통합하여 화해시켜갈 수 있는 악보 소리를 듣게 된다. 인간은 종교들의 형식이 무엇이 되었든 그것들을 매개로 인간 자신으로부터 자연, 사회, 그리고 더 넓은 세계에서도 울리는 영혼의 소리를 깊고 넓게 들을 수 있는 능력을 배양하여 도저히 용서하거나 받아들일 수 없었던 악의 소리들까지도 통합하여 화해를 이루기도 한다. 더 나아가 홀은 예배의 궁극적 대상으로서의 신적 존재까지도 인간 자신의 영혼의 욕구와 연결하였다. 특히 그는 모든 종교의 궁극적 대상이 형식에서는 차이를 다양하게 보인다고 하더라도 창시자든 신자든 그들 영혼의 심층적 욕구를 발생시켜 새로운 종교를

---

43) Granville Stanley Hall, *op. cit.*(1907), Vol. II, 304.
44) *Ibid.*, 35.

출현시키기도 하고 그 종교를 따르기도 한다는 점을 강조하였다. 그의 주장을 들어보기로 한다.

> 영, 고스트, 조상, 큰 성인, 천사, 제우스, 브라만에 대한 믿음, 전생이나 환생에 대한 모든 개념, 영혼들이 군집되어 있는 사후 존재에 대한 믿음, 다양한 신들과 반신들(demigods)은 모두 다 객관적 실재의 표상들이 아니라 인간 영혼의 욕구 표상들이다. 이것들은 모두 믿음과 시적 상상력의 초월적 요소들 안에서 살고, 움직이고, 존재성을 갖게 된다. 바로 이렇게 될 때만이 그것들은 영원히 실재적인 것이 된다.[45]

그러므로 홀의 논의에서 인간의 영혼은 존재론적으로 이미 신적 차원을 지니고 있다.[46] 서구 신비주의에서도 이러한 주장이 제기된 것은 사실이지만 그래도 인간과 신적 존재 사이의 질적 거리를 유지하고 있는 것이 일반적이다. 그의 주장은 그러한 논의를 훨씬 넘어서고 있어서 서구의 신비주의 논의를 연상하기보다는 '범아일여'와 같은 동양의 논의와 매우 닮아 있다. 이런 측면에서 그의 신적 존재에 대한 종교심리학적 이해는 인간과 신적 존재 사이의 연결될 수 없는 존재론적 차이점을 부각하여 강조를 하기보다는 그 사이의 내적 일치성을 강조하고 있다. 그가 웅변적으로 강조하고 있는 구절을 인용하기로 한다.

---

45) Granville Stanley Hall, *Educational Problems* Vol. I(New York: D. Appleton & Company, 1911), 180.

46) Granville Stanley Hall, *Morale: The Supreme Standard of Life and Conduct*(New York: D. Appleton & Company, 1920), 356.

그러므로 인간은 마음 밑바닥의 본성은 신적 특성을 갖고 있는 것으로 느낀다. 그는 그 점을 잘 알고 있지 못할지라도, 모든 신은 자기 자신의 보다 좋은 지식, 경외, 그리고 통제의 객관화인 그 자신 존재의 투사, 방출이며 모형임을 희미하게 느낀다. 그는 감히 이 모든 것이 그 자신의 개체성에서 나온 것임을 주장하지 못한다. 왜냐하면 그는 너무나도 개인적 한계와 결점을 인식하고 있기 때문이다. 그는 그 자신 속에 전 인류가 태어난 것처럼 광대하고 초월적인 가능성을 희미하게 느낀다.[47]

물론 홀은 모든 종교가 영혼의 욕구에 언제나 건강한 악보의 역할만을 했던 것으로 평가하지 않았다. 오히려 기대했던 것과 달리 종교들이 영혼의 욕구를 채워주기보다는 교리주의에 매몰되어 기존의 형식적 체계들을 그대로 유지하는 데 급급하다면 인간의 삶에 방해물이 될 수 있다는 것이다. 그는 종교들이 영혼의 욕구를 온전히 채워나가는 역할을 이루어내지 못한다면 여러 가지 정신적 병을 일으킬 수 있는 근본 원인이 될 수도 있다는 점을 경고하기도 하였다. 그의 경고는 현대 정신의학이 주장하는 것보다도 훨씬 먼저 종교와 정신의학의 상관관계를 언급하고 있다는 점에서 혁신적이었다. 특히 그는 제자인 모스(Josiah Morse)가 쓴 『종교의 병리적 양상들(*Pathological Aspects of Religions*)』에 종교적 원인으로 생겨난 정신적 병의 대표적인 예들을 우울증, 편집증, 조발치매, 환상, 망상, 무기력, 강직증(cataleptic rigidity), 그리고 판에 박힌 말의 반복이라고 구체적으로 지적하기도

---

47) Granville Stanley Hall, *op. cit.*(1917), 281.

하였다.[48]

홀은 종교들이 여전히 인간의 영혼의 욕구에 건강하게 응답할 수 있는 악보의 역할을 수행하려면 종교심리학의 관점에서 세 가지 혁신적 변화가 전제되어야 한다는 점을 주장하였다.[49] 무엇보다도 먼저 기존의 종교들은 예배 대상에 대한 이해에 있어서 외부적 초월적 실재의 관점에서 내재적 관점으로의 변환이 있어야 한다는 것이다. 종교들이 관심을 기울여야 할 부분은 관념적인 초월적 실재에 대한 이해에 일방적으로 초점을 두기보다는 인간 영혼이 경험하는 내재적 궁극적 실재에 대한 구체적인 이해로의 방향 전환이 일어나야 한다는 것이다.

다음으로 종교들이 관심을 기울여야 할 부분은 가장 핵심적인 도그마라고 하더라도 어떤 질문도 허용하지 않는 닫혀 있는 논의에 머물지 말고 현실적 삶의 문제와 관련해서 다양한 질문까지도 개방적으로 허용해야 한다는 것이다. 이런 측면에서 홀은 기존 도그마에 대한 논의를 그 자체의 논리성에 대한 검증이나 명제적 논의보다는 영혼의 욕구와 관련해서 새롭게 해석하여 진술할 필요가 있다는 점을 강조하였다. 이를테면 그의 종교심리학의 완결판이라고 할 수 있는 저술에서 제시한 것처럼 그리스도의 생애, 죽음, 그리고 부활에 대한 이해를 신학적 관점에서 영혼의 삶, 죽음, 그리고 부활에 대한 종교심리학적 관점으로 새롭게 해석해볼 수 있다. 종교들의 논의가 무엇이든 인간의 영혼의 욕구에 응답하는 논의가 되어야지 단순히 언어들의 조합

---

48) Granville Stanley Hall, *op. cit.*(1920), 346-7.
49) *Ibid.*, 347-8.

인 철학적이거나 형이상학적 신학의 논의에 머물지 말아야 한다는 것이다.[50]

마지막으로 종교들이 비판적으로 관심을 기울여야 할 부분은 종교적 대답이나 본질적 내용을 담아내고 있는 형식들을 시대의 상황에 맞게 변화시켜야 한다는 것이다. 홀은 역사적으로뿐만 아니라 북미의 뉴잉글랜드 지역에서도 논쟁을 불러일으켰던 종교와 과학 또는 신앙과 이성 간의 상호 비판적 갈등에 대한 새로운 이해를 전개할 필요가 있다는 점을 강조하였다. 그는 종교심리학 운동도 종교에 대한 일방적 변호나 일방적 과학주의적 비판이 아니라 둘 사이를 매개하여 인간에 대한 새로운 이해를 이룩하는 데 그 초점이 모여 있다는 점을 강조하였다. 종교들이나 과학도 그 자체로 발생하거나 발전하지 않고 언제 인간을 매개로 해서 이루어진 인간 현상이므로 얼마든지 상호 적대적 분리를 강조하기보다는 연결할 수 있는 매개 지점을 학문적으로 구상해볼 수 있다는 것이다. 종교들은 과학적 비판에 대한 엄밀한 분석을 통해서 영혼의 욕구에 응답하였던 기존의 종교적 대답 자체에 초점을 두기보다는 그것을 담아내었던 형식들을 시대에 맞게 변환시킬 수 있는 해석을 상상해볼 수 있다는 것이다. 직접 홀이 주장하고 있는 부분을 인용해보기로 한다.

그러므로 신앙의 본질은 지속되고 증가된다고 할지라도 신앙의 모든 형태는 언제나 변화되어야 한다. 이 모든 것은 정말로 단지 종교적 발생학(religious embryology)이다. 종교적 발생학은 지금 경건성에 대한 오래되

---

50) Granville Stanley Hall, *op. cit.*(1909), 315.

고 고차적으로 명료화된 유형학 옆에 자리를 차지하고 있다. 우리는 너무나 배타적으로 지금까지 유형학에 몰두해왔다.[51]

4. 종교심리학적 종교교육학

종교교육은 종교를 매개하고 있는 인간 삶의 성장을 이룩하는 데 구체적으로 모든 종교가 나름대로 다양하게 제시하였던 교육적 실천에 대한 논의이다. 그 교육은 어떤 논의보다도 종교들의 성장과 발전을 이룩하는 데 핵심 역할을 차지하고 있어 각각의 종교는 엄청난 양의 논의를 축적하고 있다. 그럼에도 불구하고 과학적 차원에서 종교교육을 현대 학문으로 발전시켜 독립적으로 종교교육학을 형성한 시기는 다른 현대 학문의 경우와 마찬가지로 최근이다.

현대 종교교육학은 이론적 토대로 개별 종교전통의 교리적이거나 철학적 논의보다 과학적이고 비판적인 관점을 강조하는 종교학이나 종교심리학에 그 뿌리를 두고 발전하였다. 이러한 입장은 지금도 종교교육학의 중심논의로 유지되고 있다. 최근 다종교 상황, 세계화와 이민자의 급증, 그리고 종교적 실존과 고백의 정체성 문제가 핵심적으로 대두되기 시작하면서 국제 종교교육학이 이론적 토대로 종교학적 관점을 이전보다 더 적극적으로 받아들이고 있다는 점도 이러한 입장을 다시 확인할 수 있게 해준다.

홀은 누구보다도 종교심리학의 논의가 교육적 공간 안에서 실천적

---

51) Granville Stanley Hall, *op. cit.*(1917), 141.

으로 응용되어야 한다는 점을 깊이 인식하고 있었다. 그는 그러한 인식하에 종교심리학적 이론적 논의를 종교교육학을 비롯해서 다양한 현대 교육학의 논의에 적극적으로 응용하려고 하였으므로 그의 지도하에 종교심리학을 공부하던 대부분의 연구자들은 종교심리학과 종교교육학을 동전의 앞과 뒤처럼 함께 연구하였다. 물론 그 이전에 홀의 가르침을 받았던 제자들의 경우도 예외는 아니다. 이를테면 그가 존스 홉킨스 대학교에서 가르칠 때 학생이었던 존 듀이가 교육철학에 관심을 기울인 것을 비롯해서 1903년 미국 종교교육학 협의회(Religious Education Association)를 설립한 이후 최초의 기조 강연을 한 점, 그리고 그 이후 컬럼비아 대학교로 옮겨서도 종교교육학에 전적으로 기울어져 있지 않다고 하더라도 그것을 부정하지 않고 코와 함께 한 점은 바로 그의 스승인 홀과의 접촉과 무관하지 않다.[52] 그러므로 홀의 종교교육학은 종교심리학을 전제로 한 응용 학문이므로 종교심리학적 종교교육학이라고 부를 수 있다.

홀이 종교심리학적 종교교육학을 주장하게 된 계기를 살펴보면서 그의 중심 논의를 검토해보기로 한다. 무엇보다도 그는 사회 전반에 걸친 삶의 역동성을 회복할 수 있는 근본 원천이 차단되는 구조에 그 원인이 놓여 있다는 점을 직시하였다. 그는 당시 미국 사회의 다양한 구성원들의 삶 속에 신명나게 살아갈 수 있는 생명력을 느낄 수 없었

---

52) Allen J. Moore, "One Hundred years of the Religious Education Association", in *Religious Education*, Vol. 98/4(2003), 426-8. Gabriel Moran, "Still to Come", in *Religious Education*, Vol. 98/4(2003), 495-502. 그리고 보다 상세한 저술은 다음과 같다: Stephen A. Schmidt, *A History of the Religious Education Association*(Birmingham: Religious Education Press, 1983)

던 점을 개탄스럽게 생각하였다. 그는 군인, 청년, 어린아이, 여성, 정치인, 그리고 종교인의 삶과 행동 속에서 자부심, 명예심, 용기, 정직성, 성실성, 책임성 등과 같은 인간의 숭고한 삶의 역동적 모습을 찾을 수 없었다. 대신, 그는 그들의 삶 속에서 한탄, 거짓, 상호 비방, 고집, 무책임성, 혼란 등과 같이 사회를 건강하게 이끌지 못하는 무력감이 깊게 뿌리내려 있다는 것을 인식하였다.

홀은 바로 그러한 사회 전반에 퍼져 있는 부정적인 삶의 모습이 변환되고 보다 긍정적으로 회복되기 위해서는 어떤 교육적 논의보다도 인간의 심층적 욕구를 다시 채워서 무력감에 짓눌린 삶을 변환시킬 수 있는 삶으로 끌어올리는 교육적 논의가 혁명적으로 제기되어야 한다는 점을 강조하였다. 그는 그러한 논의를 제기하는 과정에서 무엇보다도 종교의 역할이 중요하다는 판단하에 일반 계몽주의적 연구자들의 인식과는 대조적으로 종교교육의 필요성을 적극적으로 제기하였다. 특히, 그는 신생 대학교의 총장으로 바쁜 생활을 보내고 있었지만 영혼의 욕구 충족감으로 "사기(morale)"와 관련된 10가지 주제를 준비하여 1918년부터 1919년까지 클라크 대학교에서 매주 공개 강연을 하였다. 동시에 그는 그 공개 강연 논의를 심리학 학술지인 《심리학회 회보(Psychological Bulletin)》에 발표하기도 하였다. 그는 1년 후인 1920년에는 이전에 발표했던 논문들을 대폭 수정하여 사기와 관련된 강연 원고와 합쳐서 20가지 주제를 담고 있는 『사기: 삶과 행동의 최상기준(Morale: The Supreme Standard of Life and Conduct)』을 출판하였다.

홀은 이 책에서 사회 속에 퍼져 있는 무력감의 원인을 교육의 토대 인식에 대한 올바른 이해 부족으로 인해 생겨난 것으로 인식하였다.

그의 논의에 의하면 모든 교육의 근본 뿌리가 종교에 있음에도 불구하고 현대 교육의 정신은 그것과의 거리를 될 수 있으면 멀리 두려 하였고 교과 과목도 종단이나 교단에서 설립한 학교를 제외한 모든 공교육 기관에서는 종교교육을 도외시하게 되었다. 교육이 원래 지향하려고 했던 목적과는 충돌되게 단순히 지식만을 정보적으로 습득시켜 시대가 요구하는 환경에 적응하도록 기술적 교육에 그 강조점이 놓여 있어 영혼의 욕구를 성숙시켜 나아가거나 타자들의 욕구를 돕고 봉사할 수 있는 교육의 본질에 대한 강조점은 약화될 수밖에 없었다는 것이다.[53] 그는 영혼의 욕구에 부응하는 교육보다는 단지 사회적 환경의 변화에만 민감한 교육은 근시안적 시각에서 보면 성공적이라고 판단할 수 있을지 모르지만 긴 안목에서 보면 교육을 둘러싼 모든 주체의 영혼을 파괴시켜 결국 삶의 근본 욕구가 계속 거부되어 역설적으로 무력감을 양산하게 되는 주범이라는 점을 날카롭게 지적하였다. 그는 교육의 근본이 다시 회복되기 위해서는 주변으로 밀려나 있었던 종교에 대한 교육적 회심이 혁명적으로 일어날 때 비로소 가능할 수 있다는 점을 강조하였다. 그가 설득력 있게 지적하고 있는 부분을 인용하기로 한다.

세속화의 효과적인 방법으로 값싸게 이상과 개혁을 다루어왔던 학교는 지금부터는 종교적 정신을 공교육과 사교육 체계 속에 다시 부활시키는 방법을 간구해야 한다.[54]

---

53) Granville Stanley Hall, *op. cit.*(1920), 366.
54) *Ibid.*, 280.

전반적으로 과학적 관점을 강조하는 현대 교육은 종교교육에 대해서는 차가운 반응을 보이고 있지만 도덕이나 윤리교육에 대해서는 그 필요성을 강하게 인식하고 있어 공교육이든 사교육이든 모두 그러한 교육을 시행하고 있었다. 홀은 이러한 상황에 대해 근본적으로 문제가 있다는 점을 제기하였다. 그는 처음부터 현대 교육 과정에 도덕이나 윤리교육이 포함되었다기보다는 종교가 중심이 되는 교육을 배제하거나 거부하는 과정 속에서 어정쩡하게 그 대안으로 대두되었다는 점을 비판하였다. 종교에 대한 편견으로 가득한 비판적 관점이 현대 교육에서 중심 역할을 이루다 보니 교단에서 세운 교육 기관에서는 종교교육을 대신하거나 유지하기 위한 하나의 방편으로 도덕이나 윤리교육이 이루어진 반면, 공교육 기관은 종교교육을 처음부터 배제하는 일환으로 도덕이나 윤리교육을 담당하게 되어 종교교육과 도덕이나 윤리교육은 근본적으로 연결되기보다는 분리되어야 한다는 이원론적 인식이 교육계 안에 일어나게 되었다는 것이다.

홀은 영혼의 욕구가 발전적으로 성장하기 위해서는 종교와 도덕 또는 윤리의 분리를 강조하는 교육보다는 상호 연결하여 통합적으로 수렴할 수 있는 전인적 교육이 되어야 한다는 점을 주장하였다. 종교교육은 근본적으로 도덕이나 윤리적 차원을 이미 전제하고 있어 영혼의 욕구에 부응할 수 있다는 점에서 그렇게 문제가 되지 않지만 종교적 차원을 배제하고 도덕이나 윤리교육만 독립적으로 강조하게 되면 그러한 교육은 마치 그것의 뿌리를 상실한 교육과 같은 상태로 전락할 수 있어 영혼의 욕구를 근본적으로 채워줄 수 없다는 것이다. 그러므로 그의 논의에서 도덕이나 윤리교육은 그 형식이 무엇이 되었든 종교교육을 통해서 비로소 완성되어야 한다. 그는 이러한 관점을 더욱 확장하여 현대 교육의 지평에서 보여주듯이 종교교육이 교육의 하위 분야 혹은 주변 분야가 아니라 핵심을 이루는 교육의 토대라는 점을 반복적으로 강조하였다. 그가 처음으로 "종교심리학"이라는 학명을 사용하였던 "도덕과 종교 훈련"이라는 제목이 붙어 있는 글에서 이 점을 강조하여 다음과 같이 지적하고 있다.

> 도덕 훈련과 종교 훈련은 너무나 밀접하게 연결되어 있어서 하나 없이 다른 것을 논한다면 완전한 논의가 될 수 없다. 한마디로 말해서 종교는 일방적인 모든 체계나 부문과는 반대로 가장 일반적 종류의 문화이다. 모든 교육은 종교에서 절정을 이룬다. 왜냐하면 종교는 인간의 관심 중에서 으뜸이 되고 있고, 마음, 가슴, 그리고 의지에 내적 통일감을 제공해주기 때문이다.[55]

하지만 앞에서도 지적하였듯이 홀이 주장하는 종교교육은 단순히 특정 종교의 교리나 도그마를 주입하는 데 교육적 목표를 둔 것이 아니었다. 오히려 그는 종단이 설립한 학교의 종교교육에 대해서 많은 실망감을 갖고 있어 종교 비판론자들보다 더욱 강하게 종단의 종교교육을 비판하였다. 그는 종교교육의 핵심 자료들인 경전, 교리, 의례, 그리고 믿음 체계를 영혼의 욕구를 채울 수 있는 상징적 매개물로서 인식하지 못하고 교단에서 정해준 형식 그대로 주입시켜야 할 자료들로만 인식된다면 그러한 교육은 영혼을 고양하기보다는 퇴화시

---

55) Granville Stanley Hall, *op. cit.*(1909), 351.

킬 수 있다는 점을 비판적으로 지적하였다.[56] 더 나아가 그는 니체와 러시아의 극작가 레오니트 안드레예프(Leonid Nikolaivich Andreyev, 1871-1919)를 언급하면서[57] 기존의 종교교육이 교리적 대답에만 관심을 기울이다 보니 삶의 구체적인 경험을 의미 있게 받아들이지 못하고 종교교육은 삶의 교육과 무관하다는 이원론적 관점을 유지할 수밖에 없어 교육적으로 공감을 불러내는 데 실패하였다는 점을 간파하였다.[58]

종교교육에 대한 홀의 이러한 비판은 종교교육에만 한정되지 않고 신학이나 철학적 종교 연구에도 이어졌다. 그는 기존의 종교교육이나 종교 연구에 대해 비판으로만 끝내지 않고 그러한 관점과는 다른 대안을 제시하였다. 바로 그러한 대안이 심리학적 관점이었지만 심리학적 관점 중에서도 생물학적 차원을 강조하였던 종교심리학이었다. 그러한 관점은 종교교육에 대한 논의에서도 그대로 이어지고 있다. 종교교육도 고차원적으로 관념적인 정신적 차원에 관심을 두는 것에서 벗어나 보다 생물학적으로 정제되지 않는 본능 혹은 감정적 충동에 일차적으로 관심을 기울이고 그것과 조우하여 승화시켜나갈 수 있는 성품, 즉 영혼의 능력을 성장시켜나가는 데 목표를 두어야 한다는 것이다.[59] 그러므로 인간이라면 반드시 겪게 되어 있는 슬픔, 죽음, 기쁨, 성, 증오, 분노, 두려움, 동정, 연민 등과 같은 구체적 경험에 대

---

56) Granville Stanley Hall, *op. cit.*(1920), 361.
57) *Ibid.*, 355.
58) *Ibid.*, 361-3.
59) Granville Stanley Hall, *op. cit.*(1911), Vol. I, 155.

한 종교심리학적 관심은 그의 종교교육의 근본 원리이다.[60]

물론 홀은, 인간이 갖고 있는 삶의 구체적인 경험은 생물학적 나이에 따라서 차이점을 보이고 있다는 점을 잘 알고 있었다. 그래서 그는 나이에 따라 인생의 주기를 다섯 가지로 분류하였다. 그는 그 주기를 각각 ① 유아 때부터 어린 시절에 이르는 유년기, ② 사춘기부터 결혼 적령기에 해당하는 청년기, ③ 25세 또는 30세부터 40세 또는 45세까지 삶의 절정에 이르는 중년기, ④ 이르면 40세부터 55세까지의 장년기, 그리고 ⑤ 55세 이상의 노년기로 나누었다.[61] 각각의 시기는 생물학적 몸의 상태도 다를 뿐만 아니라 영혼의 욕구도 매우 다르다. 그렇기 때문에, 종교교육도 일방적으로 똑같이 이루어져서는 안 되고 각각의 시기에 맞는 교육을 제공해야 한다.[62] 그는 근본적으로 생물학적 몸의 상태가 영혼의 욕구를 발생시키는 것으로 인식하고 있어 자신의 심리학을 일반적으로 발생심리학으로 명명하였다. 그럼, 다음 절에서는 홀의 유년기와 청년기의 종교교육학 논의를 중심으로 홀의 종교심리학이 그 이면에 이론적 토대로 뿌리내려져 있다는 점을 다시 확인하기로 한다. 그는 인생의 모든 주기에 초점을 두고 종교심리학적 종교교육학의 논의를 지적하지만 이번에는 교육의 핵심 쟁점으로 부각되었던 유년기와 청년기의 종교교육을 중심으로 검토하기로 한다.

---

60) *Ibid.*, 158

61) Granville Stanley Hall, 'Preface' in *Senescence: The Last Half of Life*(New York: D. Appleton & Company, 1922), vii.

62) *Ibid.*, viii.

5. 유년기의 종교교육

홀은 1920년경 거의 1500쪽 이상 되는 『교육적 문제(*Educational Problems*)』라는 책을 두 권으로 출판하였다. 지금도 이 책은 교육의 다양한 문제를 전체적으로 조감해보는 데 하나의 뚜렷한 방향을 보여준다는 점에서 교육적 통찰을 제시하고 있다. 그는 그 책 여러 곳에서 각 장의 핵심 논의를 전개할 때마다 유년 시기 종교교육의 필요성을 반복 후렴구처럼 주장하고 있다. 특히 그는 두 번째 권의 제22장에서 교육의 핵심 문제는 어린아이를 위한 종교교육의 부재에 있다는 점을 비판적으로 지적하였다. 당시 북미에서도 교육에 대한 주된 여론은 유럽의 경우와 마찬가지로 종교란 신화적이고 우화적인 세계이므로 어린아이들에게 반드시 가르치지 않아도 그렇게 문제가 될 수 없다는 것이 일반적이었다. 그러나 그는 여론의 이러한 흐름과 다르게 어린 시절에는 가정과 학교에서 동등하게 종교교육을 반드시 받아야만 전인적 인간으로 성장할 수 있다는 주장을 전개하였다. 사실 현재도 그렇게 변한 것은 아니지만 그의 견해는 그때나 지금이나 혁명적인 교육적 주장이다.

홀이 주장하고 있는 가정에서 시행되어야 할 종교교육의 논의를 먼저 정리해보기로 한다. 그는 종교교육은 학교교육의 일환으로 이루어지기 이전에 가정에서 유아 시절에도 부모, 특히 엄마로부터 그 교육이 이루어져야 한다는 점을 강조하였다.[63] 물론 가정에서부터 일찍 종교교육이 시행되어야 한다는 그의 주장은 단순히 종단의 종교교육에

---

63) Granville Stanley Hall, *op. cit.*(1909), 351.

대한 종교적 동의에서 비롯된 것이기보다는 어린아이의 본성적 욕구에 대한 과학적 논의였던 종교심리학의 연구로부터 비롯되었다.[64] 어린아이의 유년기의 경험이 그 이후 어떻게 종교적 삶에 영향을 미치고 있는지에 대한 발생심리학적 종교심리학의 연구를 통해서 그러한 주장을 하였던 것이다. 그러므로 그의 주장은 단순히 기존 종단의 입장에 머물러 있지 않고 비판적 관점을 유지하고 있다는 점에서 종단의 관점을 넘어서 있다. 이런 차원에서 그의 연구는 신학이나 종교철학의 입장보다도 유럽을 중심으로 태동되었던 종교학의 입장과 깊게 닿아 있다.

홀은 종교심리학 운동을 적극적으로 전개하기 이전에 이미 프랑스를 비롯해서 유럽의 비교종교학의 논의를 깊이 알 수 있는 계기를 갖고 있었다.[65] 그는 1895년에는 비교종교학 강의를 직접 개설하여 대학에서 가르치기도 하였다.[66] 그의 비교종교학 강의는 미국 종교학의 탄생[67]에도 기여를 하였을 뿐만 아니라 기독교를 발생심리학의 관점에서 바라볼 수 있는 틀이 되어 거의 22년간 예수에 대한 종교심리학적 논의를 방대하게 전개할 수 있었다.[68] 그러므로 그의 종교교육학은 종교심리학과 더불어 비교종교학의 입장이 그 바탕에 깔려 있다는 점을 확인할 수 있다.

홀의 유년기의 종교교육과 관련된 논의는 탄생 시점부터 그 교육

---

64) Granville Stanley Hall, *op. cit.*(1911), Vol. II, 620.
65) Granville Stanley Hall, *op. cit.*(1923), 275-8.
66) *Ibid.*, 422.
67) Louis Henry Jordan, *Comparative Religion: its Adjuncts and Allies*(London: Oxford University Press, 1915), 472-3.
68) Granville Stanley Hall, *op. cit.*(1923), 422.

의 중요성을 부각시키고 있다. 그의 논의는 프로이트의 정신분석을 수정한 대상 관계 정신분석학파의 논의를 연상시킬 정도[69]로 어린아이와 엄마와의 관계를 강조하고 있다. 그의 논의에 의하면 인간은 태어나자마자 엄마의 품과 무릎에서 수많은 교감을 하면서 성장한다. 어린아이는 엄마의 충분한 돌봄을 통해서 엄마에 대한 신뢰감을 경험하기도 하지만, 반대로 자신의 욕구와 본능을 충분히 채워주지 못하는 엄마에 대해 공격적이고 파괴적인 모습을 분출하기도 한다. 어린아이가 엄마와의 관계에서 느끼는 이러한 상반되는 경험은 성장해서 안정감, 사랑, 감사, 소망, 믿음, 죄의식, 정의, 심판 등과 같은 인간의 주된 감정의 토대가 된다. 홀은 어린아이의 바로 이러한 상반되는 감정적 경험이 종교적 감정의 원석이 되기도 한다는 점을 주장하였다. 어린아이는 성장해서 어린 시절 엄마와의 관계 속에서 겪게 되었던 감정을 토대로 종교적 감정을 형성해나간다는 것이다. 더 나아가 어린아이는 성장해서도 엄마와의 관계 경험을 신과의 관계 경험으로 확장하기도 하여 엄마가 제공해주었던 다양한 감정을 신과의 관계를 통해서 다시 경험한다는 것이다. 그의 이야기를 직접 인용하기로 한다.

> 유아에게 있어, 신 자신이 아니라면, 엄마는 신의 자리를 차지하고 있다. 엄마에게서 느꼈지만 나중에는 하늘의 부모를 향해 발전될 수 있는 사랑과 의존의 자연스런 감정보다 더 좋은 종교는 존재할 수 없다.[70]

---

69) Donald Winnicott, *Playing and Reality*(London: Routledge, 1971).
70) Granville Stanley Hall, *op. cit.*(1911), Vol. I , 138.

홀은 유아기에 어린아이가 엄마와의 관계를 통해서 갖게 된 다양한 경험은 성장해서도 없어지는 것이 아니라 유년기나 청년기, 장년기, 그리고 노년기의 삶에도 원초적 경험으로 작동하여 모든 삶의 하부구조를 구성하고 있어 어떤 경험보다도 결정적이라는 점을 강조하였다.[71] 특히 어린아이는 엄마의 돌봄에 따라 다른 경험을 갖게 되므로 어린아이 못지않게 엄마에 대한 교육적 이해가 반드시 수반되어야 한다는 점을 주장하였다. 어린아이는 어린 시절에 엄마에게 절대 의존할 수밖에 없는 존재이므로 엄마의 돌봄에 따라서 여러 가지 경험을 하게 되고 그 이후의 다른 삶뿐만 아니라 종교적 삶도 그 경험으로부터 원초적인 영향을 받게 된다는 것이다.[72] 동시에 그는 돌봄이라는 미명하에 엄마의 관점만 강조되어서는 안 된다는 점을 지적하기도 하였다. 돌봄은 엄마와 어린아이 상호 간의 관계 안에서 이루어져야 한다는 것이다. 엄마가 아무리 좋은 돌봄 환경을 마련한다고 하더라도 어린아이의 욕구에 대응되지 못한다면 전혀 다른 경험을 일으킬 수 있다는 점 때문이다. 그러므로 어린아이의 자연적 욕구와 호응할 수 있는 엄마의 돌봄은 그 자체로 어린아이가 자연스럽게 성장해갈 수 있는 종교적 훈련이라고까지 강조하였다.

어린아이는 하나의 식물이므로 적당한 계절에 옥외에서 자라나야 한다. 결코 강압적인 환경 속에서 자라서는 안 된다. 이러한 중요한 시기에 적어도 종교는 순수하고 단순한 자연주의이다. 그러므로 종교적 훈련은 자연

---

71) Granville Stanley Hall, *op. cit.*(1909), 352.

72) *Ibid.*, 352.

의 길을 나타나게 하는 최상의 예술이다. 이런 형성 시기에 있어, 영혼과 몸의 통일성은 너무나 함축적이므로, 몸의 돌봄은 가장 효력 있는 윤리 · 종교적 문화이다.[73]

홀은 어린 시절의 경험을 종교적으로 계발시켜주기 위해 두 가지 자료들을 종교교육에 사용하는 것이 중요하다고 생각하였다. 종교교육의 첫 번째 자료는 자연이다. 그는 누구에게나 주어져 있는 자연환경을 종교교육에 충분히 이용해야 한다고 주장하였다. 어린아이는 자연과의 교감을 통해서 진실함, 경외, 감사, 두려움, 고마움 등을 충분히 느낄 수 있고, 또한 초월적인 공간까지도 가볼 수 있는 상상의 날개를 펼 수 있다. 이를테면 계절의 변화, 달의 나타남과 사라짐, 해가 뜨고 짐과 같은 규칙적 자연 현상을 관찰하면서 어린아이는 변화되지 않는 규칙성, 성실성 또는 진실성을 깨달을 수 있다. 또한 동물들의 애절한 소리들을 듣고서 슬픔을 배울 수도 있고, 뽐내는 아름다운 새소리를 흉내 내어 소리를 질러보기도 하고, 그리고 자신의 소리 때문에 자연과 조화가 깨지는 것을 경험하기도 한다. 이런 소리들을 통해서, 어린아이는 새들과 동물들은 도대체 왜 울까라는 의문을 가지면서 상상의 날개를 펼 수도 있고, 햇빛의 찬란함과 달빛의 은은함을 통해서 밝음과 우울함을 느끼기도 하고, 그리고 어떻게 해서 햇빛은 찬란하고 달빛은 은은할까 하는 의문을 갖기도 한다. 더 나아가 어린아이는 달빛의 은은함의 강도에 따라, 햇빛의 양의 많고 적음에 따라 곡식이 익어가는 과정을 깨닫게 될 뿐만 아니라 해와 달이 바로 모든

---

73) *Ibid.*, 353.

양식을 익게 해주는 근원적 대상이라는 것을 경험하기도 하여 경외감으로 그 대상들을 숭배하기도 한다. 그러므로 자연과의 수많은 관계들을 통해서 이루 헤아릴 수 없는 종교적 상상의 날개를 펼치는 것이 어린아이들에게는 지극히 자연스러운 현상이다. 홀이 웅변적으로 강조하는 부분을 직접 인용하기로 한다.

천둥의 두려움과 장엄함, 봄 아침의 소리와 경치, 고목, 바위, 폐허, 그리고 무엇보다도, 천체와 같은 대상들은 어린아이의 생각을 시간적으로 먼 과거까지, 공간적으로 멀리 떨어져 있는 곳까지 이끌어준다. 종교교사는 유치원에 다니는 어린아이들에게 이런 교육을 통해서 종교적 가르침을 줄 수 있는 가장 중요한 임무를 갖고 있다. 경건치 못한 천문학자보다, 이러한 자연교육을 통해서 종교적 감정을 갖지 못한 어린아이가 더 비정상적이다. 이러한 방향으로 어린아이의 마음은 옛날 선지자처럼 영감적인 영을 향해 새처럼 열려 있고 유연하다. 어린아이는 자연과 초자연의 본질적 차이점을 인정할 수 없으므로 자연 대상들을 얘기해주고, 인류의 가슴속에 그토록 오랫동안 따스함을 안겨주었던 신화적 공상의 산물들이 지금 영혼의 모든 음식물 중 최상품이다.[74]

홀은 생물학적 연령에 따라 영혼의 욕구도 차이점을 보이면서 다르게 나타나지만 어린아이의 종교적 감정은 다른 시기 감정의 토대가 된다는 점을 강조하여 그의 유년기 종교교육을 전개하였다. 어린아이의 감정은 이후 갖게 되는 종교적 경외감, 존경심, 보상과 같은 또 다

---

74) *Ibid*.

른 차원의 종교적 감정으로 나가게 할 수 있는 모체로 작용하고 있다는 점[75]에서 종교적 삶의 토대라는 것이다. 그럼에도 불구하고 종단의 종교교육은 그의 관점과 매우 다른 입장이어서 그러한 감정에 긍정적 평가를 하지 않았다. 대부분 종단의 종교교육은 어린아이의 마음속에서 솟아난 자연에 대한 경외감을 "미신"으로 치부하여 어린아이에게 그런 감정을 갖지 못하게 하거나 죄의식을 조장하였다. 지금도 많은 경우 홀이 경험했던 모습을 개별 종교의 종단 종교교육 안에서도 쉽게 찾아볼 수 있을 것이다.

홀의 논의에 의하면 종교교육은 어린아이들을 종교제도 안에 인위적으로 가두는 데 있지 않고 그들의 욕구에 응답하여 전인적 인간으로 성장하게 하는 데 목적이 있다. 미리 준비된 교리의 내용을 무슨 뜻인지도 모른 채 앵무새처럼 무조건 외우게 하거나 자연스럽게 일어나는 질문까지도 닫아버리게 하는 교조주의 방식의 종교교육은 어린아이들을 전인적으로 성장시키기보다는 역설적으로 퇴화시키는 교육으로 남을 수 있다는 것이다. 이런 측면에서 그는 어린아이들에게 회심이나 개종을 목표로 시행하는 교육을 비판하였다. 어린아이들을 회심하도록 강요하는 교육은 너무나 어린 나이에 종교에 대한 문자적 이미지에만 고정되게 하여 그 이상의 의미를 발견하지 못하여 더 이상 종교에 대한 관심을 갖지 못할 수 있다는 것이다. 더 나아가 이러한 종교교육은 어린아이들이 성장해서 자신들이 받았던 이미지나 의미를 문자적으로 절대화시켜서 그 고정된 의미나 이미지와 부합되지 않는 다른 의미나 이미지에 대해서는 다른 종교에 속한 사람에 대한

75) Granville Stanley Hall, *op. cit.*(1911), Vol. I, 139.

인식뿐만 아니라 같은 종교에 속한 사람이라고 하더라도 관용성이나 아량보다는 매우 부정적인 독선과 편견을 갖게 할 수 있는 주범이 될 수 있다는 것이다.[76]

그래서 홀은 종단의 이러한 교육에 대해 어린아이의 영혼이 계속 종교적으로 성장할 수 있게 해주는 태반을 부수는 행위라고까지 혹평을 가하였다.[77] 그는 종단의 입장과 달리 어린 시절에는 개신교도, 유대교도, 가톨릭교도로 빨리 성장시키기 위해 교육적 에너지를 쏟기보다는 자연에 대한 경험을 바탕으로 참된 "이교도"가 되어보도록 교육적 환경을 고려하는 것도 중요하다는 점을 부각하였다. 그의 이러한 주장은 지금의 관점에서 보더라도 매우 혁명적 종교교육의 발상이었다. 그는 자연을 통한 다양한 감정과 공상을 해보지 못한 어린아이는 어린 시절의 가장 중요한 경험을 할 수 있는 계기를 잃어버려 유년기 영혼의 욕구 충족 결핍으로 인해 발육부전증 상태에 머물러 있어 참된 종교적 감정으로 나갈 수 있는 계기를 잃어버리게 된다는 점을 비판적으로 지적하였다.[78] 그러므로 종교교육에서 간과하지 말아야 할 부분은 유년기에 자연과의 관계 속에서 갖게 된 원초적인 종교적 감정과 그 이후의 종교적 삶의 발달에 대한 심층적 이해이다. 이런 측면에서 그는 이원론적으로 자연종교와 계시종교를 구분해서 이해했던 방식과 달리 인간의 성장 발달과 연계해서 자연종교는 계시종교가 생성할 수 있는 하나의 계기를 마련해주고 그 이후에도 그 이면에 놓여

---

76) *Ibid.*, 162.
77) *Ibid.*, 149.
78) *Ibid.*, 149, 162.

있는 것으로 이해하였다.[79] 마치 어린아이의 원초적 감정이 나중에 갖게 될 종교적 감정의 발생 계기가 되는 것처럼 고대인들의 원초적 감정은 세계 종교전통을 발생시킬 수 있는 하나의 계기로 작동하였다는 것이다.

다음으로 홀이 종교교육에 필요한 두 번째 자료로 제시한 경전을 검토하기로 한다. 그는 자연과 더불어 경전을 종교교육의 핵심 자료로 주장하였다. 물론 그는 경전을 인생 주기의 욕구와 상관없이 종교교육의 자료로 사용할 수 있는 것으로 보지 않고 각각의 시기에 따라 경전의 내용도 구분되어 사용되어야 한다는 점을 지적하였다. 그는 그러한 논의를 전개하는 그의 제자들의 연구 중에서 두 명의 글을 많이 참조하였다. 하나는 세계 종교들의 특성을 감안하여 종교심리학의 관점에서 비교한 글이다. 두바이는 1908년 《종교적 심리학회지(*Journal of Religious Psychology*)》에 40쪽 분량의 논문 「네 가지 유형의 개신교 교도: 종교심리학의 관점에서의 비교 연구(Four Types of Protestants: A Comparative Study in the Psychology of Religion)」를 발표하였다. 두바이는 그 글에서 세계 종교들을 인간의 삶의 주기와 부합할 수 있는 종교를 연결해서 비교 분석하였다. 그는 아동기 혹은 유년기와 가장 잘 부합하는 종교를 유교로, 소년기의 경우는 이슬람으로, 청소년기에는 기독교로, 장년기에는 불교로, 그리고 노년기에는 브라만교로 제시하였다. 홀은 두바이의 비교종교 심리학적 분석을 그의 종교교육을 전개하는 데 참고하였다.

홀이 많이 참고한 또 다른 제자의 글은 구체적으로 기독교의 맥락

---

79) Granville Stanley Hall, *op. cit.*(1909), 354.

에서 성서를 사용하여 종교교육을 제시한 글이다. 특히 그는 하슬렛 (S. B. Haslett)이 1904년에 두바이의 글을 성서교육에 적용시킨 『성서학교 페다고지』를 참고하여 유년기의 종교심리학적 종교교육을 발전시켰다.[80] 그는 두바이가 세계 종교들의 경전을 생애 주기와 연결하였듯이 기독교의 경전인 성서의 내용을 각각의 생애 주기가 요청하는 영혼의 욕구에 따라 종교교육 자료로 분류하였다. 물론 그는 각 종교의 경전 안에 다른 종교의 특성을 담고 있는 내용이 없다는 전제하에 그러한 분류를 받아들인 것이 아니라 각 종교의 일반적인 특징을 고려하여 그러한 분류에 따른 종교교육을 제시하였다. 그는 유년기의 어린아이는 노년기의 주된 관심 중 하나인 죽음에 대한 문제나 청년기의 사랑에 대한 문제보다는 본성상 영웅적인 삶에 더 많은 관심을 보이기 때문에 그러한 이야기를 많이 담고 있는 구약성서가 신약성서보다도 훨씬 더 어린아이의 욕구를 잘 충족시켜주는 자료로 사용될 수 있는 것으로 이해하였다. 그의 이야기를 직접 들어보기로 한다.

구약성서는 우주적 신화와 더불어 시작해서 가인과 아벨의 농경적이고 전원적인 단계를 거쳐서, 아브라함, 이삭, 야곱, 모세와 여호수아와 같은 영웅들의 단계로 넘어간다. 그다음 구약성서는 사울, 다윗, 그리고 솔로몬과 같은 왕들의 이야기에 대해 소년들에게 호소력이 있는 법과 정의의 단계를, 그리고 예언자들의 이야기를 전해준다. 구약성서는 정말로 격렬한 극적 사건들, 전쟁, 그리고 다양한 사람들의 이야기로 충만해 있다. 그 이야기 속에는 두려움, 성냄, 질투, 증오와 같은 내용이 많지만 사랑에 관한 이

---

80) Granville Stanley Hall, *op. cit.*(1907), Vol. II, 361, 각주 1.

야기는 그다지 많지 않다.[81)]

홀은 종교교육의 자료로 경전이 영혼의 욕구와의 관련성 안에서 구분되어 사용되어야 한다는 점을 구체적으로 기술하였다. 종교교육에서 경전은 생애 각 시기에 필요한 영혼의 욕구를 채워 보다 성숙한 모습으로 태어나도록 인도해주는 안내판으로 인식되어야 한다는 것이다. 마치 여행객이 안내판 자체에만 집중하여 그 안내판이 지시하고 있는 내용을 잊으면 길을 찾을 수 없는 것처럼, 경전이 궁극적으로 인간에게 제시해주려는 내용을 잊어버리고 경전 자체에 빠져버리면 영혼의 성숙에 전혀 도움을 주지 못하게 된다. 그러므로 경전교육이 영혼의 욕구를 성찰하도록 인도해주는 상징 역할을 포기하고 문자적으로만 강조하게 되면 경전 자체를 멀리하게 된다는 것이다.[82)] 특히 그가 기독교의 회심과 관련해서 성서에 대해 잘못된 교육이 가지고올 문제점을 비판한 내용을 인용해보기로 한다.

성서를 책들 중에 가장 영감이 있는 책이기보다는 문자 영감의 산물로 보게 하는, 즉 삶에 안내서라기보다는 신학의 교과서로 보도록 하는 도그마 교육은 명분이 무엇이든 종교적 본성과 양육에 치명적 타격을 입히게 된다. 청년들에게 믿음의 정통 또는 형식화된 교리의 관념은 해롭다. 신학은 기껏해야 종교적 경험들, 특별히 감정과 직관을 기술하는 시도일 뿐이다.[83)]

---

81) *Ibid.*, 360.
82) Granville Stanley Hall, *op. cit.*(1911), Vol. I, 153.
83) Granville Stanley Hall, *op. cit.*(1907), Vol. II, 319.

6. 청소년기의 종교교육

다음으로 홀의 종교심리학적 종교교육학에서 유년기와 더불어 강조되어 있는 청소년기의 종교교육에 대한 논의를 기술하기로 한다. 앞에서도 지적하였듯이 홀은 다양한 학문 주제를 개척하였다. 그는 클라크 대학교 총장으로 재직하는 동안 발생 심리학의 관점에서 청소년기에 관한 학문을 처음 개척하였다. 1904년에 그는 청소년기 연구의 고전으로 분류되는 『청소년기』라는 책을 두 권으로 출판하기도 하였다. 이 책은 지금도 청소년기 연구에 대한 역사적 배경을 논의할 때마다 자주 언급된다. 그 책의 부제는 "청소년기의 심리학, 형질학, 인류학, 사회학, 성, 범죄, 종교, 그리고 교육의 과제"이다. 부제가 제시하듯이, 그는 청소년기의 연구를 단순히 하나의 특정 관점에서만 한정시켜 진행한 것이 아니라 인접 학문의 다양한 관점들과 자료들을 적극적으로 수용하여 청소년기에 나타나는 발생심리학적 문제를 중심으로 연구를 진행하였다.

홀은 다른 주제와 마찬가지로 종교교육과 관련해서도 그동안의 다양한 논의를 종합적으로 수용하여 영혼의 욕구에 초점을 둔 청소년기의 종교교육을 주장하였다. 특히 그는 『청소년기』 제2권에서 청소년기의 종교교육에 대한 논의를 심층적으로 기술하였다. 물론 종교나 종교교육에 대한 논의가 제1권에서도 주변으로 밀려나 있거나 생략된 것은 아니지만 제2권에 주로 집중적으로 기술되어 있다. 특히 제2권의 3장에서는 주로 종교이해에 대한 교육적 중요성을 길게 언급하고 있고, 10장, 11장, 14장에서는 "진화와 정상적인 청소년기의 감정과 본능", "청소년기의 사랑", 그리고 "청소년기의 회심심리학"이라는 소제목을 붙여서 청소년기에 필요한 종교교육에 대한 논의를 강조하여 기술하였다.

홀은 청소년기의 특성을 한마디로 제2의 탄생 시기라고 규정하고 그것을 토대로 모든 연구를 진행하였다.[84] 그가 청소년기의 특성을 또 다른 탄생으로 지적하고 있지만 그의 발생심리학 관점에서 보면 탄생보다는 발생이라는 용어가 더 적절하다. 사실 청소년기의 특성은 새롭게 탄생되는 데 존재하는 것이 아니라 이미 태어날 때부터 잠재되어 있던 몸과 영혼의 욕구가 청소년기를 겪으면서 발생한다. 이러한 특성은 유년기나 장년기 또는 노년기에는 발생하지 않고 청소년기에 주로 드러난다. 그는 그러한 특성이 두 가지 변화를 일으키는 것으로 이해하였다. 청소년기에 두드러지게 나타나는 특성은 몸의 변화이다. 청소년기의 몸은 다른 시기의 몸과 구별되게 변화를 겪지만 생식기관이 두드러지게 변화하게 마련이다. 그러므로 이 시기의 몸은 다른 어떤 것보다도 성과 관련된 반응이 민감하게 일어나기도 하고 기회가 닿으면 생명까지 잉태할 수 있다.

청소년기의 또 다른 특성은 유년기의 욕구에 머물지 않고 그것으로부터 벗어나서 새로운 단계로 나가게 하는 정신적 욕구의 변화이다. 이를테면 청소년기에는 유년기의 경우처럼 자연 현상을 감각적 대상으로 느끼는 것에 머물지 않고 그러한 느낌을 언어로 형상화시켜서 은유나 상징으로 읽어낼 수 있는 인식적 능력을 갖추게 된다.[85] 해와 달, 빛, 구름, 바위, 나무 등은 더 이상 감각적으로만 느껴지는 물

---

84) Granville Stanley Hall, *op. cit.*(1909), 359.
85) Granville Stanley Hall, *op. cit.*(1907), Vol. II, 145.

질적 일차원의 대상이 아니라 그 이상의 의미를 발생시키는 상징물이다. 그러므로 유년기에는 자연 대상들을 숭배하는 애니미즘 형태를 띤 종교적인 모습을 발생시키고 있지만, 청소년기에는 자연 대상들보다는 그 대상들 이면에 작동하는 또 다른 대상이나 원인을 인식하여 그 대상을 종교적으로 인식하는 변화를 보이기도 한다.

더 나아가 유년기에는 감각적으로나 신화적으로 의미가 많아서 당연하게 받아들였던 교리가 청소년기에는 더 이상 효력을 발생하지 못하여 강렬했던 의미를 심각하게 의심하기까지 한다. 유년기에는 별 문제가 없었던 문자적인 종교교육은 청소년들의 상상력이나 호기심을 근원적으로 차단시키므로 적절히 필요한 회의의 과정을 갖지 못하게 한다. 많은 경우 문자적인 교육을 더 이상 참아낼 수 없는 청소년들은 종교 자체를 부정하는 단계에까지 이르게 된다. 이런 측면 때문에 흄은 청소년들이 종교교리를 의심하지 않는 것이 문제이지, 회의의 과정을 통해서 종교적 고백을 다시 구성하는 것은 청소년기에 필요한 과정으로 적절한 삶의 몸짓이라고 생각하였다. 이런 의심을 통해서 청소년들은 끊임없이 자신의 내적 욕구에 따라 갈등을 겪으면서 기존의 종교적 관념을 재구성하여 새롭게 태어난다.[86] 그는 이런 측면에서 회심 중에서 갑작스럽게 일어나는 것보다는 내적 갈등을 심층적으로 보여주는 점진적 회심을 보다 중요하게 생각하였다.[87] 청소년기의 이러한 변화는 이 시기에 발생하는 자연적 과정이지 문제가 될 수 있는 것은 아니다. 기존에 받아들였던 교리나 종교에 대하여 심각하

---

86) *Ibid.*, 317.
87) *Ibid.*, 342.

게 의심하거나 성찰해보지 않을 경우 오히려 청소년기의 정신적 성장
이 방해받을 수도 있다.

홀은 이런 특성 때문에 청소년기의 종교교육은 유년기의 종교교육
과 차별성이 있어야 한다는 점을 강조하였다. 특히 청소년기는 어떤
시기보다도 절대적으로 의존했었던 종교적 대답에 대해서 의문과 의
심이 자연적으로 발생하는 시기이므로 단순히 유년기의 종교교육과
는 구별되는 새로운 종교교육이 이루어져야 한다는 것이다. 청소년기
는 유년기와 다른 차원의 영혼의 욕구인 "고차적 본성(higher nature)"
이 잠재적 상태에서 깨어나는 시기이므로[88] 현실적인 자기중심적 세계
로부터 타자에 대한 공감적 인식과 초월적 가치에 대한 새로운 물음과
대답을 지향하는 종교교육에 그 초점이 모아져야 한다는 것이다.[89]

홀은 청소년기의 종교교육은 이전의 종교교육보다도 수준 높은 관
념적 내용을 종교적으로 준비하는 기존의 방식과 달리 경험적 교육으
로 새롭게 바뀌어야 한다는 점을 설득력 있게 주장하였다. 특히 앞에
서 지적한 청소년기의 생물학적 특성 중 하나인 성(sex)에 대한 논의
가 새로운 종교교육으로 전환되기 위해 반영되어야 한다는 것이다.
그는 청소년기에는 다른 기관의 발달보다 성기관의 발달이 정신적 성
장을 이루어내는 데 결정적 역할을 하고 있다는 점에서 성에 대한 논
의는 반드시 종교교육에 포함되어야 한다는 점을 주장하였다.[90] 무엇
보다도 청소년기는 성에 대한 관심을 통해서 비로소 유년기의 자기중
심적 틀로부터 벗어나 생명의 잉태, 사랑, 죽음, 그리고 아직까지 경

---

88) *Ibid.*, 271.
89) *Ibid.*, 72.
90) *Ibid.*, 108.

험하지 못한 불멸인 미지의 세계로까지 확장할 수 있도록 타자의 존재와 초월적 가치를 깊이 인식하기 때문에 그렇다는 것이다. 이런 측면에서 종교교육이 종교의 중심 가치인 사랑, 자비, 돌봄, 불멸 등에 대한 교육을 역동적으로 구현하기 위해서는 추상적인 다른 어떤 종교적 논의보다도 성에 대한 인식이 청소년기 종교교육의 핵심이라는 점을 간과하지 말아야 한다. 그의 얘기를 직접 들어보기로 한다.

성은 가장 근원적 신비인 삶, 죽음, 종교, 그리고 사랑을 알게 해주는 가장 효력이 있는 주술이다. 그러므로 적절한 나이에 성에 대한 건강한 생각을 억압하는 것은 젊은이들에게 짓는 치명적인 죄 중 하나이다. 왜냐하면 성에 대한 생각을 억압함으로써 마음 그 자체가 혼탁해져 그것의 날개가 고차적 직관들을 솟아나게 하지 못하기 때문이다.[91]

홀은 종교교육의 맥락 안에서 죽음 교육과 더불어 성교육을 학교교육의 일환으로 반드시 시행할 필요가 있다는 논의를 방대한 분량으로 전개하였다. 그의 논의는 교육적 관점에서 어느 누구도 생각하지 못했던 최초의 혁명적 주장이었다. 그의 논의는 초기에 매우 많은 비판을 받았지만 시간이 흐를수록 교육적 관심을 받게 되었다. 그 덕분에 최근 성교육은 이미 학교의 맥락을 넘어 사회 전반으로 확산될 수 있게 되었다. 상대적으로 죽음 교육은 학교교육의 맥락 안에서 많이 활성화되어 있지 않지만 기회가 닿을 때마다 중요성이 부각되어 짧은 시간이라도 시행할 수 있는 계기를 마련하게 되었다. 그럼에도 불

---

91) *Ibid.*, 109.

구하고 성이나 죽음 교육 모두 홀의 다른 논의와 마찬가지로 종교와 관련된 그의 연구 맥락 안에서 시발점이 되었지만, 그 부분에 대한 심층적 이해가 지금 시행 중인 교육에서는 대부분 간과되어 있다는 점이 아쉽다. 앞으로 홀의 연구를 심층적으로 이해하기 위해서는 주제가 무엇이 되었든 종교와 밀접히 연관되어 있으므로 종교에 대한 그의 논의가 먼저 전제되어야 한다. 이와 더불어 청소년기의 종교교육은 반드시 성에 대한 논의를 포함해야 한다.

홀은 유년기의 경우처럼 청소년기에도 제자들인 두바이와 하슬렛의 견해를 받아들여 청소년기 영혼의 욕구에 부합할 수 있는 종교를 중심으로 논의를 전개하였다. 그는 청소년기의 종교교육에 밀접히 연결할 수 있는 종교로 기독교를 주장하였지만 노년기에는 "어울리지 않는" 종교라고 생각하였다.[92] 이러한 논의는 앞에서도 지적하였듯이 너무 쉽게 각 종교의 특성을 일반화시켜서 피상적이라는 비판을 받을 수 있지만 각 종교의 일반 이미지를 고려하여 그러한 논의를 강조하였던 것이다. 그가 종교전통 중에서 유독 기독교를 청소년기에 가장 적절한 종교로 생각한 이유는 타자에 대한 관심을 극도로 보여준 사랑의 승화가 기독교 전통의 중심적 메시지와 일치하기 때문이었다. 신이 직접 인간과 같은 몸을 입고 이 땅에 와서 인간을 위해 희생하였다는 사랑 이야기와 그 신의 모습을 따르려는 기독교인들의 희생적인 사랑 이야기는 청소년기의 사랑에 대한 경험을 토대로 유비적으로 재구성하여 이해할 수 있기 때문이다. 바로 이 점이 기독교에 청소년들이 매력을 느낄 수 있는 부분이라는 것이다. 기독교의 중심 메시지가

---

92) Granville Stanley Hall, *op. cit.*(1922), 83.

사랑이 아니라면 청소년들에게 호소력을 강하게 줄 수 없다는 것이다. 그의 주장을 직접 들어보자.

기독교의 우월성은 그것의 초석이 사랑이고, 삶의 가장 비판적 시기의 욕구를 채워주기 때문이다. 기독교는 성숙한 이타주의와 동의어이다. 사랑을 무시하는 종교는 이런 비판적 시기에 별로 도움을 주지 못하고 분명히 사그라지고 말 것이다. 무지해서든 너무 신중해서 그렇든, 이 모든 사실을 무시하거나 부정하는 젊은이를 그대로 내버려 두는 사람은 가장 나쁜 기독교 교사이거나 빈약한 종교심리학자이다.[93]

홀은 종교적 회심과 연령과의 상관관계를 연구하여 자신의 주장을 실증적으로 전개하려고 하였다.[94] 그는 기존의 신학적이거나 철학적 연구와는 대조적으로 질문지를 사용해서 종교적 회심 주체들에게 직접 물어보고 그 대답을 토대로 경험적 연구를 진행하여 종교교육의 토대인 종교심리학의 과학적 근거를 확보하려고 하였다. 다행히도 그의 연구는 예상했듯이 종교적 회심과 성은 결정적으로 밀접히 연결되어 있기 때문에 다른 시기와 달리 유독 청소년기에 종교적 회심이 일어나고 있다는 점을 실증적으로 밝힐 수 있었다.[95] 그는 청소년기에 일어난 회심 중에서 갑작스럽게 일어난 과정보다는 내적 갈등을 심층적으로 보여주는 점진적 회심을 더 강조하였다.[96] 그는 이러한 종교심

---

93) Granville Stanley Hall, *op. cit.*(1907), Vol. I, 464.
94) Granville Stanley Hall, *op. cit.*(1907), Vol. II, 286.
95) *Ibid.*, 292.
96) *Ibid.*, 342.

리학의 연구를 토대로 청소년기의 종교교육에 대한 논의를 더욱더 발전적으로 주장할 수 있었다.

홀은 유년기의 경우처럼 자연에 대한 논의를 강조하지 않았지만 종교교육의 핵심 자료로 청년기에도 경전을 강조하였다. 물론 그는 유년기와 달리 구약성서보다는 신약성서가 사랑의 내용을 많이 담지하고 있으므로 청소년기의 종교교육에 적절하지만 그중에서도 복음서가 청소년기의 사랑에 대한 관심을 유비적으로 이해할 수 있는 계기를 역동적으로 보여주고 있다는 점을 지적하였다.[97] 신약성서의 공관복음에 기술된 인물 중에서 당연히 중심인물은 예수에 모아져 있고 예수 자신도 유년기를 지나 생물학적으로 청년기의 정점에 달해 있었기 때문에 예수의 가르침, 성품, 말씀 등은 청소년기 종교교육의 핵심 자료가 될 수 있다는 것이다. 특히 종교심리학의 관점에서 보면 인류를 위해 십자가에서 고통당하면서 죽음을 맞이한 예수의 사랑은 청소년기에 절실하게 일어나는 사랑의 욕구를 채워줄 수 있는 영혼의 양식이기 때문에 그렇다는 것이다.[98]

7. 비기독교의 종교교육

홀은 종교교육에 대한 논의를 기독교와 관련된 맥락 안에서만 종교심리학의 관점에서 전개하지 않고 그러한 논의를 타 종교와 관련

---

97) Granville Stanley Hall, *op. cit.*(1911), Vol. 1, 164.
98) *Ibid.*

된 연구에서도 그대로 적용하였다. 그의 그러한 연구는 다른 연구와 마찬가지로 파격적인 모습을 보여주고 있다. 앞에서도 그의 제자들의 연구를 근거로 지적하듯이 그는 기독교 이외의 다른 종교들도 종교교육의 자료로 사용할 수 있다는 점을 강조하였고, 더 나아가 그러한 종교들도 그 종교들의 신앙인들에게는 영혼의 욕구를 충족해주는 또 다른 형식의 양식 체계라는 점을 강조하였다. 분명 그의 이러한 시각은 당시의 부정적인 일반 시각과는 구별되게 종교학의 프레임을 갖고 있다는 점을 다시 확인할 수 있다. 그가 기독교 이외의 종교들에 관심을 갖고 종교교육에 대한 논의를 시작한 맥락은 열정적으로 불기 시작한 북미의 신앙부흥운동과 그로 인해 비기독교 문화권에 대한 선교 현상과 연결되어 있다. 그래서 이번에는 당시 급격히 일어났던 회심과 그로 인해 비기독교 문화권 선교를 지망했던 열정을 중심으로 비기독교에 대한 종교교육에 대한 논의를 검토하기로 한다.

미국의 대각성운동인 신앙부흥운동은 18세기 뉴잉글랜드 회중교회를 중심으로 역동적으로 파생되어 1785년경에는 그 지역에 기독교 신정정치 체계를 수립할 정도였다.[99] 그 운동은 19세기에 이르러 북미 동부 지역을 넘어 전 지역으로까지 확대되었다. 그 운동은 현재 세계 최고의 대학들이라고 하는 하버드, 예일, 프린스턴 등을 중심으로 활발하게 전개되면서 수많은 학생들과 교직원들의 회심 경험을 일으켰다. 그 운동은 지금처럼 공적인 영역에서 대화 주제로 적절치 못한 금기로 인식되지 않고 학생이나 교직원 모두에게 흥미로운 주제로 인식되어 다양한 토론을 불러내기도 하였다. 예일 대학교의 경우 학생

---

99) Granville Stanley Hall, *op. cit.*(1907), Vol. II, 282.

중 3분의 1이 신앙부흥운동을 통해 회심 경험을 갖기도 하여 학교 안이나 주변에서 회심과 관련된 얘기를 하는 것이 이질적으로 다가오지 않고 하나의 일상이 되었다.[100]

더 나아가 신앙부흥회에서 회심 경험을 갖고 있는 대부분의 학생들은 자신들의 전공을 계속 연구하는 것보다는 그 전공을 수단으로 성직자나 선교사의 삶으로 나아가는 것이 삶의 목적이었다. 젊은 학생들은 기독교가 전해지지 않는 국외나 국내 지역으로 직접 나가 많은 사람들을 기독교로 인도할 수 있는 선교에 큰 관심을 갖고 있었다. 북미의 많은 선교사들은 그때 일어났던 신앙부흥회의 회심으로 인해 아시아와 아프리카 같은, 기독교가 많이 활성화되지 않은 곳으로 나아갈 수 있었다. 신앙부흥회의 결과로 선교사들을 파송한 교회나 선교회는 여러 가지 차원에서 적극적으로 지원을 하였다. 오지로 파송한 선교사 자녀들을 둔 가정은 해당 교회나 지역 주민들로부터 매우 존경을 받기도 하였다. 또한 국내적으로는 북미의 원주민들을 개종시키는 것이 선교사의 중심 과제였다. 국외든 국내든 많은 선교사들은 개종 과정의 마찰 때문에 죽음을 맞이하기도 하였고 환경적 여건 때문에 병들어 죽기도 했다. 한마디로 신앙부흥회로 인한 선교 열정은 해당 지역의 사람들을 기독교인으로 개종시키는 것이 핵심이었다.

홀은 자신이 젊었을 때 성직자의 꿈을 꾸기도 하였고 또한 도시에서 선교적인 일을 한 경험도 있어서 선교사들의 삶에서 교육적으로 공감할 수 있는 부분을 설득력 있게 지적하였다. 특히 당시 교육 현

---

100) *Ibid.*, 287.

장 속에서 찾아볼 수 없는 교육적 열정이 선교사들의 삶 속에 풍성하게 살아 있다는 점을 매우 중요한 교육적 가치로 인식하였다.[101] 만약 교육자가 현장이 어떤 곳이든 아무런 열정도 없이 해당 지식을 피교육자에게 전달하는 데 모든 에너지가 모아져 있다면 그러한 교육은 어떤 내적 변화도 불러낼 수 없다는 것이다. 그는 교육자들의 열정 결핍과 대조적으로 선교사들의 열정이 대단하여서 개인, 부족 또는 민족 전체까지도 내적으로나 외적으로 변혁을 일으키는 데 교육적 역할을 결정적으로 했다는 점을 깊이 파악하였다. 그래서 그는 "진심으로 성공한 선교사는 이상적 교육자"라고 극찬하기도 하여 모든 대학의 교육학과 프로그램에는 선교사들의 삶을 통해서 배울 수 있는 다양한 과목들을 계발할 것을 파격적으로 주장하기까지 하였다.[102]

그러나 홀은 선교사들의 열정에 대해서는 교육적으로 극찬을 하였지만 일방적으로 개종에만 초점을 두는 선교 방식에 대해서는 비판적이었다. 그는 선교사들이 이러한 생각에 사로잡혀 있었던 것은 종교적인 문제이기도 하지만 선교사의 교육 문제로 인해 발생한 것으로 인식하였다. 선교사들은 선교할 지역의 사람들을 치료받아야 할 "환자"로 인식해서 그들이 살던 지역의 문화나 종교를 연구하는 것은 어떤 도움이나 의미를 줄 수 없는 것으로 인식하였다. 그러므로 선교 현장으로 가기 전 모든 선교지원자는 기독교 이외의 종교나 문화를 연구할 필요가 있다는 제안은 공감적으로 받아들일 수 없었다. 오히려

---

101) Granville Stanley Hall, *op. cit.*(1911), Vol. II, 45.
102) *Ibid.*

될 수 있으면 선교 현장의 종교나 문화와 섞이지 않고 철저하게 거리를 두어야 한다는 견해가 강조되어서 선교 현장에서 많은 부작용이 일어나기도 하였다.

홀은 기존 선교사 교육 프로그램을 획기적으로 변환할 필요가 있다는 점을 비판하였다. 그는 선교사가 선교 현장에서 가르쳐야 할 교육이, 해당 지역의 사람들을 단순히 선교사의 종교로 급박하게 개종시킨다고 해서 완성되는 것으로 보지 않았다. 선교사의 교육을 그들의 삶이 전인적 인간으로 성장할 수 있는 단계까지 나아갈 수 있도록 확장할 필요가 있다는 것이다. 말하자면 선교의 목적은 근시안 관점으로 불자, 무슬림, 힌두교도 등과 같이 다양한 종교인들을 진정한 개종 과정 없이 선교사의 종교로 빨리 옮겨 가게 하는 데 최종 목적이 있는 것이 아니라 불자든 무슬림이든 힌두교도이든 전인적 인간으로 성장해갈 수 있도록 조력자로서의 교육적 도움을 주는 데 최종 목표를 두어야 한다는 것이다.[103] 이런 측면에서 선교사들이 그토록 열정을 갖고서 가르치려는 종교교육도 피교육자들을 특정 종교의 종교인이기 전에 온전한 인간으로 성장시켜나가는 데 어떤 도움도 주지 못한다면 좀 더 긴 안목에서 볼 때 실패하게 된다는 것이다. 그의 주장을 직접 확인하기로 한다.

그러므로 선교사가 첫 번째로 돌보아야 할 일은 모든 옛날의 믿음 체계, 의례 중에서 가장 좋은 부분을 재생시켜서 최상의 상태로 살려내어야 한다. 최상의 가능한 무슬림, 유교도, 그리고 불자들을 만들어야 한다. 이것

---

103) *Ibid.*, 69.

에 근거해서 선교사는 보다 나은 단계로 그들을 발전시켜주어야 한다.[104]

홀은 선교 지역의 사람들을 향하여 선교사들이 일방적으로 자신들의 종교를 전하겠다는 태도를 지양하고 우선적으로 그들의 삶의 방식을 심층적으로 이해할 수 있는 태도로 방향을 전환할 것을 강조하였다.[105] 비록 선교사들의 눈에 선교 지역의 종교적 삶의 방식이 보잘것없다고 할지라도 그것은 그 사람들의 영혼의 욕구를 채워주고 전인적으로 성장시키는 데 상징적 역할을 하였다는 점에서 신중하게 접근해야 한다는 것이다. 앞에서도 지적하였듯이 그의 이러한 혁명적 주장은 추상적 신학이나 철학보다는 그 자신이 개척하고 새로운 학문으로 주창하였던 종교심리학의 논의에 근거하였다. 그는 그러한 논의에 근거해서 모든 종교는 외적으로 다양한 차이점을 보여주지만 인간이 보편적으로 부여받은 영혼의 근원적 욕구로부터 나왔고 동시에 그러한 욕구의 표상들은 각각 나름의 방식대로 그 이후의 다양한 종교인들의 욕구를 채워줄 수 있는 종교적 상징체계로 작용하였다는 점을 깊이 인식하였다. 바로 이런 차원 때문에 그는 종교 연구와 관련해서 헤겔의 절대관념론을 비판했던 프리드리히 슐라이어마허(Friedrich Daniel Ernst Schleiermacher, 1768-1834)의 논의를 적극적으로 받아들였다. 그가 웅변적으로 주장하는 문장을 인용하기로 한다.

모든 현대 종교 사상가 중에서 가장 위대한 사상가인 슐라이어마허보다

---

104) *Ibid.*, 45.
105) Granville Stanley Hall, *op. cit.*(1907), Vol. II, 734.

어느 누구도 종교가 인간의 주관적 상태의 가장 고차적 표상이고, 그 상태의 정당성을 가장 잘 보여주는 특징임을 주창했던 사상가는 없다. 그에게는 신학조차도 구성적이지 않고 규정적이다. 그리고 도그마도 인간의 본능과 감정의 광대한 바다 물결의 조수에 의해 남겨진 오래된 해안선일 뿐이다. … 우주의 중심에 있는 힘을 향한 절대 의존의 감정은 그에게 자연적 종교뿐만 아니라 자연적 기독교를 형성하였던 모든 신화, 의식, 그리고 교리를 표출시키려는 심리적 원리였고, 완전히 광대한 종교적 일치를 만들어낼 수 있는 유일하게 가능한 기초였다. 그는 종교의 사실들을 증명하려고 하지 않았고, 단지 그것들이 표출하였던 심리적 상태의 정당성만을 증명하려고 하였다. 신학들은 경건한 감정들을 해석하는 형식들이고, 종교는 신학이나 윤리가 아니라 개인적이고 실험적인 것이다. … 그의 심층적인 모라비아 형제회의 열정은 플라톤을 넘어서서 스피노자와 더불어 깊이를 알 수 없는 무한자를 숭배하였고, 의식의 전체 우주는 단순한 알레고리임을 생각하게 하였다. 우리들은 단지 가장 보편적 인간의 관심을 따라야 한다. 다양한 종교들은 그것의 무한대를 벗겨내면 단지 하나의 보편적 종교이다. 그리고 그 모든 종교는 영원한 아종(sub specie aeternitatis)이라면 하나이다.[106]

그러므로 홀은 선교 현장에서 모든 종교는 새로운 종교로 대체되어야 할 대상이라기보다는 영혼의 욕구를 새롭게 채워줄 수 있는 또 다른 대상으로 이해하였다.[107] 그의 이러한 주장은 영국의 런던선교협

---

106) *Ibid.*, 326.
107) Granville Stanley Hall, *op. cit.*(1911), Vol. II, 52.

의회 소속 장로교 교육 선교사로 인도로 파송하였던 존 니콜 파쿠하 (John Nicol Farquar, 1861-1929)의 성취 이론(fulfillment theory)을 연상하게 한다. 파쿠하의 이론은 기독교와 타 종교와의 관련성에 대한 선교학의 연구에 새로운 관점을 제시하였다. 파쿠하는 자신의 주저인『힌두교의 왕관(The Crown of Hinduism)』에서 선교 현장에서 부닥치게 되는 모든 종교는 기독교와의 만남을 통해서 최종적으로 완성을 이룰 수 있으므로 선교 지역의 모든 종교는 유비적으로 "구약성서"로 인식할 수 있다는 종교들에 대한 해석을 주장하였다. 이런 차원에서 그의 선교 현장의 힌두교는 "신약성서"인 기독교와 접촉하기 전 "구약성서"라는 것이다. 그의 이러한 해석은 종교포괄주의나 종교다원주의 논의가 활성화되기 전이라 매우 파격적이었다. 많은 부분 파쿠하의 해석은 종교배타주의와는 구별되게 선교 현장의 모든 종교를 인정하고 있다는 점에서 홀의 주장과 같은 맥락에 있지만 밀도에 있어서 모든 종교를 여전히 균등하게 보려는 홀의 관점과는 미묘한 차이를 보이고 있다. 특히 홀의 주장 중에서 그러한 차이를 보여주는 구절을 인용하기로 한다.

비교종교학이 나름대로의 임무를 마치게 될 때, 그리고 우리는 완전히 모든 종교는 보다 넓은 보편적 종교의 부분들이고, 신은 계시로 나타내주지 않은 종족은 이 땅에 남겨놓지 않았음을 깨닫게 될 때, 옛날의 모든 길이 로마로 통하듯이, 예외 없이 모든 신앙 체계는 그 체계들 속에 구원의 약속과 가능성을 갖고 있었음을 고백하게 한다.[108]

---

108) *Ibid.*, 72.

그러므로 홀은 공자, 무함마드, 그리고 붓다와 같은 성현들과 관련된 모든 자료는 무슨 종교에 참여하든 상관없이 인간 영혼의 욕구를 충족시키고 있는 역사적 양식들이라는 점에서 기독교 맥락에서 이루어지는 종교교육에서도 적극적으로 고려할 것을 심각하게 제안하였다.[109] 그가 활동하였던 시점의 대부분 종교교육은 마치 플라톤이 호모의 서사시들을 영혼의 순화와 바른 생각을 길러주지 못한다고 해서 훈련 교과목에서 뺀 것처럼, 외국의 선교 현장이 되었든 국내가 되었든 다른 종교들의 자료들을 교재나 참고 자료들로 사용해서 종교교육을 전개한다는 것은 거의 불가능하였다. 지금도 종교교육의 풍토는 그렇게 변하지 않는 상태로 해당 종교 자료만을 거의 대부분 참고하고 있다는 점을 감안한다면 홀의 제안은 분명 종교교육학의 혁명이었다고 평가할 수 있을 것이다.

8. 맺음말

　　지금까지 종교심리학 주창자 중 한 사람인 그랜빌 스탠리 홀의 '발달' 종교심리학을 그의 생애와 학문, 영혼의 심리학, 영혼과 종교심리학, 종교심리학적 종교교육학, 유년기의 종교교육, 청소년기의 종교교육, 그리고 비기독교의 종교교육으로 구분하여 기술하였다. 이러한 논의들을 전개하면서 확인하게 된 것은, 그의 종교심리학은 일부 종교심리학 연구자들의 평가에서처럼 간단하게 언급하는 것으로 끝

---

109)　Granville Stanley Hall, *op. cit.*(1907), Vol. II, 362.

내거나 무지나 오해로 탈락시킬 수 있는 논의가 아니라 종교심리학의 태동이나 그 이후의 발전 과정을 전체적으로 조감하는 데 반드시 언급해야 할 논의라는 점이다. 사실 그의 종교심리학은 이번에 정리한 것보다 훨씬 더 많은 논의를 필요로 하지만 다른 장과의 균형을 위해 축소하여 다룰 수밖에 없었다. 그럼에도 불구하고 그의 논의는 이번에 다루지 않았던 부분을 포함해서 핵심적으로 세 가지 차원이 농축되어 있다는 점을 결론적으로 지적해볼 수 있을 것이다.

우선 지적할 수 있는 부분으로, 홀의 종교심리학은 심리학적 연구의 하부 분야가 아니라 처음부터 그 연구를 중심적으로 이끌고 나아갔다는 점이다. 현재 종교심리학은 종교학이나 특정 종교전통 맥락 안에서 심성이나 마음 연구의 일환으로 주로 활성화되어 있는 것과 달리 최근에는 좀 나아졌다고 하지만 심리학에서는 여전히 활발하지 못한 실정이다. 이런 측면에서 그의 종교심리학은 종교심리학이 더욱 발전할 수 있는 두 가지 방향을 보여준다. 하나는 마음의 심연을 "영혼"으로 규정하고 그것의 근본 욕구를 종교적 차원으로 연결해서 이해하려고 하였다는 점에서 종교심리학의 방향을 심층적으로 더욱 확장하고 있다는 점이다. 그러므로 그의 논의는 일반적으로 알려진 것과 달리 실험심리학적 차원에서 종교적 의식에 국한된 연구라는 잘못된 평가를 수정할 수 있다. 다른 하나는 그의 연구가 그러한 심층적 영혼의 욕구 과정을 독특하게 몸의 변화와 연결해서 생물학적 발달의 관점에 초점을 두고 있다는 점에서 현대 발달심리학이나 생물심리학 논의보다도 시점에서 먼저 이루어졌다는 점이다. 앞으로 이러한 방향에 대한 이해가 더욱 보강된다면 기존의 종교심리학이라는 학명까지도 새롭게 수정하여 마음의 종교적 차원을 더욱 드러낼 수 있는 "마음의 종교학"으로까지 발전해갈 수 있을 것이다.

다음으로 지적할 수 있는 부분으로, 홀의 종교심리학은 제임스의 경우와 마찬가지로 북미 뉴잉글랜드 기독교 맥락에서 시작된 연구라고 하지만 단순히 기독교의 관점만을 유지하지 않고 근본적으로 비교종교학의 맥락을 태동 시점부터 유지하고 있었다는 점이다. 사실 종교심리학 운동과 종교학의 태동은 시기적으로 차이가 나지 않게 유럽과 북미에서 각각 독자적으로 일어났다. 종교심리학 운동은 저명한 기퍼드 강연회와 다른 계기를 통해 종교 연구와 관련해서 기존의 관점을 벗어나게 해줄 수 있는 비교종교학의 논의를 적극적으로 받아들였다. 오히려 지금처럼 종교심리학 연구가 종교에 대한 일반적 이해 외에는 거의 대부분 심리학의 논의에 일방적으로 그 초점이 편향되어 있는 것과 달리 종교현상에 대한 비교종교학 시각과 결합하여 종교적 경험의 다양한 자료들에 대한 분석을 토대로 "종교학적 종교심리학" 연구를 지향하였다는 점이다. 앞으로 이 점은 종교학과 종교심리학의 발전을 위해서 더욱더 비판적으로 연구할 필요가 있다.

마지막으로 지적할 수 있는 부분으로, 홀의 종교심리학은 독특하게 종교교육의 논의를 발전시키는 데 결정적 역할을 하였다는 점이다. 많은 경우 교육학 일반과 마찬가지로 종교교육학의 이론적 토대로 습관적으로 제시하고 있는 것은 신학이나 교의학 또는 철학이었다. 다행히도 최근에는 종교현상의 글로벌화가 더욱더 현실화되면서 기존의 이론적 틀에 대한 비판적 성찰과 더불어 종교학의 논의가 결정적으로 현대 종교교육학의 이론적 틀로 인식되기 시작하였다. 그러나 이러한 인식과 함께 새롭게 제기되기 시작한 문제는 종교교육에 대한 논의를 종교학의 틀을 통해서 새롭게 구성하는 것은 필요하지만 그렇게 함으로써 전통적으로 종교교육의 신앙적 양육 기능이 상대적으로 많이 약화되었다는 점이다. 그러므로 기존의 종교교육은 지식교육 내지 정보교육으로 흘러 인간의 내적 성장에 대한 신앙 양육 차원의 교육은 갈수록 그 자리를 잃어버리게 되는 실정이고 동시에 종교교육을 해야 하는 학교의 창립 정신은 힘을 잃어버리게 되었다. 이러한 상황에서 그러한 차원을 잃지 않기 위해 나름대로 종단이나 종립학교에서 고백적 차원의 신앙 양육교육을 강화하려고 하는 것은 당연하다. 그런데 문제는 양육 차원에서의 종교교육은 특정 종교교육을 위해서는 성공할 수 있지만 싫든 좋든 글로벌한 세계에서 다른 사람들과 공존하면서 성장해야 하는 현실에 대한 논의가 생략되어 있다는 점이다. 이 점에서 홀의 논의는 종교교육에 대한 새로운 이론적 토대로 양육의 차원을 잃어버리지 않으면서도 글로벌 세계 인식으로까지 확대해갈 수 있는 통찰을 제공할 것으로 판단된다.

제4장

제임스 프랫의 '비교' 종교심리학

앞에서 검토했듯이 윌리엄 제임스가 종교적 경험에 대한 종교심리학적 논의를 전개하였던 기퍼드 강연은 종교심리학 운동의 정점을 이루었고 종교 연구에 관심을 갖고 있었던 북미와 유럽 연구자들에게 상당히 큰 영향을 미쳤다. 그래서 미국뿐만 아니라 다른 지역, 특히 유럽에서부터 종교심리학 관련 대학원 석사와 박사 과정을 공부하려면 하버드 대학교에 재직 중이던 제임스에게 오는 것이 일반적이었다. 그 당시 북미와 유럽에서 종교적 경험에 다양하게 초점을 두고 비판적으로 연구하는 종교심리학은 학계에 많이 알려져 있지 않은 미개척 분야였다. 따라서 대학원 학위 과정으로 공부할 수 있는 곳은 유럽 대학에서 거의 없었고 미국 대학에서도 제한적으로만 개설되어 있었다. 종교심리학이라는 논의를 박사학위 과정으로 공부할 수 있는 곳은 하버드 대학교와 홀이 초대 총장으로 부임하면서 종교심리학 운동을 적극적으로 전개하였던 우스터의 클라크 대학교가 유일하였다.

그래서 종교심리학 운동 초기 대부분의 연구자들은 제임스 아니면 홀의 제자들이 중심을 이루고 있었다. 엄밀하게 말하면 홀도 원래 제임스의 첫 제자였기 때문에 모두 그의 제자들이라고 말할 수 있겠지만 홀이 후에 제임스의 종교심리학 논의에 동의할 수 없어서 새로운 운동으로 나가게 되었다. 설상가상으로 제임스의 종교심리학 관심사도 이 시기에 프래그머티즘 사상으로 옮겨 가고 있었기 때문에 클라크학파가 더 적극적으로 종교심리학 운동을 전개하였다. 박사 과정 대학원생들도 상대적으로 그 학파로 몰리게 되었다. 북미와 유럽에서만 그 학파로 온 것이 아니라 중국과 일본에서 홀의 제자가 되기 위해 온 경우도 있었다. 사실 일본이나 중국에서 심리학이나 종교심리학 또는 종교학을 처음 소개한 연구자들은 대부분 홀의 제자들이었다.[1] 그런 과정에서 하버드학파의 박사 과정 출신 중에서 제임스의 종교심리학 운동을 지지하면서 끝까지 그의 관점으로 종교심리학을 정초시킨 연구자는 이번 장에서 다루려고 하는 제임스 비셋 프랫(James Bissett Pratt, 1875-1944)이다.

프랫의 종교심리학 연구는 원래 제임스가 계획하였던 논의를 담지

---

1) 일본 최초의 현대 심리학자로 알려진 유지로 모토라(Yujiro Motora, 1858-1912)는 홀이 보스턴 대학과 존스 홉킨스 대학교에서 재직할 때 박사학위 논문 지도를 받았다: Hiroki Kato, "The Relationship between the Psychology of Religion and Buddhist Psychology" in *The Japanese Psychological Association*, Vol. 58/1(2016), 75. 유지로 모토라는 학위 과정을 끝낸 이후 동경대학교에서 심리학과를 창설하여 1895년 심리 실험실을 최초로 개설한 이후 후학들을 양성하였을 뿐만 아니라 자신의 선(zen) 경험을 과학적으로 연구하여 불교심리학 논의를 발전시키려고 하였다. 이런 측면에서 일본의 현대 심리학은 종교심리학과 분리할 수 없을 정도로 밀접히 연결되어 있다: Hiroki Kato, "Zen and Psychology" in *Japanese Psychological Research*, Vol. 47/2(2005), 126.

하고 있어 종교심리학 운동 이후 거의 잃어버린 비교종교학적 통찰을 여전히 그대로 보여주고 있다. 그의 종교심리학은 어떤 연구자보다 비교종교학적 차원이 강조되고 있어 '비교' 종교심리학이라는 이름을 보다 구별되게 붙일 수 있다. 더 나아가 그의 종교심리학은 제임스의 경우처럼 종교, 철학, 심리학이 분리되어 있지 않고 밀접히 연결되어 어떤 주제를 연구한다고 하더라도 그 세 분야를 학문의 정체성이라는 이름으로 분리하기보다는 모두 종교심리학 연구에 포함할 필요가 있다는 점을 강조하였다. 그러므로 그의 종교심리학 연구는 지금의 관점과는 대조적으로 사회과학적 차원과 인문학적 차원을 상호 분리시키기보다는 전자를 강조하는 곳에서는 후자의 차원을 확장할 필요가 있었고, 후자를 강조하는 곳에서는 전자의 차원을 확장할 필요가 있다는 점을 설득력 있게 보여주고 있다.

프랫의 종교 연구 중에서 종교심리학 운동과 그 이후의 연구에 영향을 미친 저술들은 그의 종교심리학의 방향을 담고 있는 최초의 저술인『종교적 믿음의 심리학』, 그의 전체 학문의 완숙기에 저술한『종교적 의식: 심리학적 연구』, 그리고 사후에 출판한 유고 저술인『종교의 영원한 가치들』이다. 그래서 이번 장에서는 이 세 권의 저술들을 중심으로 그의 종교심리학 전체 윤곽을 기술하기로 한다. 먼저 그의 종교심리학을 검토하기 전에 생애와 학문 여정을 간단히 정리하기로 한다.

1. 생애와 학문 여정

제임스 프랫은 1875년 6월 22일 뉴욕의 엘미라(Elmira)에서 태어나서 1944년 1월 15일에 죽었다. 그는 아버지 대니얼 랜슨 프랫(Daniel Ranson Pratt)과 어머니 캐서린 그레이엄 머독(Katharine Graham Murdoch) 사이에 유일한 자녀로 태어났다. 그는 어린 시절에 어머니로부터 많은 영향을 받았다. 어머니는 종교적이었고 지성적으로 뛰어났기 때문에 어린 시절부터 프랫의 종교적인 삶에 영향을 미쳤을 뿐만 아니라 종교적 삶이 드러나 있는 현상들을 살펴보게 하는 데 지적인 영향을 미치기도 하였다. 어머니는 어린 프랫에게 랠프 월도 에머슨(Ralph Waldo Emerson)의 글을 많이 읽어주었다. 후에 에머슨의 자연주의적인 글은 프랫의 사상에 깊게 뿌리를 내렸다. 그가 초등학교에 들어갔을 때 그의 선생님이었던 영(Young)과 중고등학교 시절에 Y.M.C.A.의 총무였던 루퍼스 스탠리(Rufus Stanley) 덕분에 에머슨이 강조한 자연적 삶과 더욱 친하게 되었다. 그는 대학교 입학 전까지 시간이 나면 가족, 친구들과 함께 동산에 올라가서 자연과 더불어 자유로운 시간을 보내었다.

프랫은 고등학교(Elmira Free Academy)에 다니면서 어머니의 영향에 따라 프린스턴 대학교로 진학하려고 했지만 아버지의 간섭으로 1893년 윌리엄스 대학(Williams College)에 입학하였다. 그러나 그는 몸이 아파 1년이 지난 1894년에 입학하여 4년간의 대학 생활을 끝마치고 1898년에 졸업하였다. 그는 대학 생활을 하면서 철학과 문학에 많은 관심을 갖게 되었다. 당시 윌리엄스 대학에서 도덕철학, 앵글로 색슨과 제프리 초서의 문학, 독일사상, 그리고 신학과 관련된 과목을 교수들로부터 배우면서 많은 영향을 받았다. 또한 그는 학교 생활하는 동안 철학 동아리를 조직하기도 하였고 문학과 시를 읽는 모임을 조직하기도 하였다.

프랫은 대학을 졸업하고 나서 철학을 공부하기 위해 하버드 대학교 대학원 철학과에 입학하였다. 그는 윌리엄 제임스의 지도하에 1899년에 석사 과정을 졸업하였다. 그는 계속해서 박사 과정을 공부하고 싶었지만 아버지의 권유로 철학 공부를 포기하고 법조인이 되기 위해 컬럼비아 대학교 법학 대학원에 입학하였다. 그러나 그는 입학한 지 6주 만에 컬럼비아 대학교를 자퇴하고 철학을 공부하기 위해 독일로의 유학을 결심하였다. 그는 경제적으로 풍요하지 못했기 때문에 즉시 유학을 갈 수 없었다. 대신 자신이 졸업한 고등학교에서 교사로 라틴어와 심리학을 가르치는 것으로 유학 경비를 마련하여 1902년 독일 베를린 대학교로 유학을 갔다. 하지만 그의 독일 유학 생활은 컬럼비아 대학교에서처럼 학문적으로 만족스럽지 못하였다. 종교와 관련된 종교철학 수업을 제외하고 거의 대부분의 수업은 예상 밖으로 창의적이지 못했고 전통적으로 내려온 논의를 단순히 반복적으로 따라가는 방식으로 이루어지고 있어 매우 실망하였다.

프랫은 그러한 실망으로 인해 원래 계획했던 것과 달리 종교 연구와 관련된 논의에 관심을 갖고, 대학에서 이루어지는 철학 수업보다는 독일의 다양한 종교 현장을 직접 방문하였다. 또한 그는 유학 기간인 1902년에는 독일 지역의 종교 현장을 벗어나서 유럽의 다른 지역과 중동의 다양한 종교 현장을 직접 방문하기도 하였다. 그는 이때부터 온전한 종교 연구를 하려면 종교 현장에 직접 방문하여 관찰하는 방법이 상아탑에서 이루어지는 이론적 연구 못지않게 필수 과정이

라는 점을 깊이 깨닫게 되었다. 유학 기간 동안 종교 현장 방문의 중
요성을 깨닫게 된 계기는 윌리엄스 대학에서 교수로 학자 생활을 하
면서도 그대로 이어져, 시간이 될 때마다 지역 종교 현장을 늘 방문
하여 협력할 수 있는 네트워크를 구축하였다. 또한 그는 안식년의 경
우에는 다른 나라의 종교 현장을 방문하여 종교적인 삶을 직접 경험
해보기도 하고 그 지역 연구자들과의 토론, 강연을 통해서 국제 네트
워크를 구축하기도 하였다. 그는 한국에도 방문하여 한국의 불교 현
장을 직접 둘러보면서 동아시아 불교의 차이점을 직접 경험하기도 하
였다.

프랫은 독일을 시작으로 다른 유럽 지역과 중동의 종교 현장을 직
접 방문하고 난 이후 종교 연구에 대한 학문적 열정을 갖고 미국으로
귀국하였다. 그는 독일에서 종교 연구 수업에 흥미를 느꼈지만 독일
보다 미국의 대학이 자신이 생각했던 종교 연구를 하는 데 더 적절하
다는 판단으로 하버드 대학교에서 공부하기로 결정하였다. 그는 하
버드 대학교 대학원에 입학하여 1903년부터 1905년까지 제임스의 지
도하에 종교심리학 박사학위 공부를 하였다.[2] 그는 종교 현장 방문을
통해 직접 경험했던 통찰을 비롯해서 제임스와 만난 이후 종교 연구
의 핵심 논의 중 하나가 바로 종교적 경험의 문제라는 것을 인식하고
그 점을 자신의 연구에 집중적으로 발전시키려고 하였다. 그는 종교
심리학과 관련하여 박사학위 논문을 쓰고 졸업을 하고 난 이후에도
제임스의 연구 프레임 안에서 종교심리학 논의를 지속적으로 발전시

---

2) Gerald E. Myers, "James Bissett Pratt: A Biographical Sketch" in *Self, Religion, and Metaphysics: Essays in Memory of James Bissett Pratt*(New York: Macmillan, 1961), 222.

키려고 하였다. 더 나아가 그는 홀이 주도하는 클라크학파와 심각하게 갈등 관계에 있었던 제임스의 종교심리학을 변호하는 역할을 적극적으로 담당하기도 하였다.

프랫은 하버드 대학교에서 박사학위를 받은 이후 곧장 자신의 모교인 윌리엄스 대학 학부에 강사로 임용되어 심리학, 종교사, 철학사 등 여러 가지 일반 과목들을 가르쳤다. 1905년에 정식으로 조교수로 임용된 다음에는 하버드 대학교에서 배웠던 종교심리학과 관련한 그의 종교 연구에 대한 논의를 새롭게 시작하려고 하였다. 이를테면 그는 학과 교과목에 포함되지 않았던 "종교심리학"과 "관념론의 역사"를 새롭게 추가하였다. 그는 이 과목들을 강의하면서 집필 작업도 함께 수행하여 1907년에는 처녀작 『종교적 믿음의 심리학(*The Psychology of Religious Belief*)』을, 1909년에는 『프래그머티즘이란 무엇인가?(*What is Pragmatism?*)』를 출판하였다. 이들 작품을 볼 때 그가 교수 생활 초기에 스승인 제임스가 갖고 있었던 종교심리학의 문제의식과 그 이후의 연구 방향까지도 그대로 공유하고 있었음을 알 수 있다. 이번 연구의 제2장에서도 지적했듯이 제임스는 기퍼드 강연 원고인 『종교적 경험의 다양성: 인간 본성의 연구』를 발표한 이후 종교적 경험이 밖으로 표출된 "열매들(fruits)"에 대한 관심이 종교심리학의 논의에 추가되어야 한다는 점을 알고 있었다. 제임스의 이러한 관심은 프래그머티즘 사상을 발전시키게 한 계기를 이루었다.

프랫은 1910년에 아버지를 잃게 되었고 얼마 후 이탈리아 여성인 카세린 마리오티(Catherine Mariotti)를 시카고에서 만나 1911년 이탈리아에서 결혼하였다. 카세린은 남편이 교수로서 최선을 다할 수 있도록 많은 배려를 해주었다. 그녀는 일요일 오후에는 언제나 학생들이 자유롭게 집을 방문할 수 있도록 개방하였을 뿐만 아니라 평일에는 프랫이 학생들과 함께 점심을, 공휴일에는 저녁식사를 하도록 세심히 배려를 하였다. 이와 더불어 그녀는 1년에 몇 번씩 많은 사람들이 공유할 수 있는 시 낭송회를 개최하기도 하였다. 프랫은 카세린의 이러한 개방적 성품 덕분에 학생이나 교직원들을 비롯하여 다양한 사람들과 대화할 수 있는 시간을 많이 가질 수 있었다.[3] 그는 자연스럽게 대화하는 계기를 갖기 시작하면서 독일에서 종교 현장 경험의 중요성을 깨달았듯이 이번에도 대화가 종교 연구를 해나가는 데 중요하다는 점을 우연히 깨닫게 되었다. 사실 그의 이러한 깨달음은 종교 연구에서 대화의 중요성이 부각되기 훨씬 이전의 일이기 때문에 종교학사의 서술에서도 언급되어야 할 부분이다. 그는 대화가 종교 연구에서 외면적 차원뿐 아니라 그 이면의 종교적 의식을 이해하는 데 결정적으로 작동하고 있다는 점을 인식하게 되었다. 그래서 대부분 그의 연구는 모두 종교적 의식에 초점이 모아져 있었다.

프랫은 1917년에 종교 연구의 탁월성을 인정받아 윌리엄스 대학 학부 시절에 영향을 많이 받은 존 러셀 교수의 도덕 철학 주임 교수직을 공식적으로 물려받았다. 그는 정교수가 된 이후 종교심리학에 대한 연구를 더욱더 집중적으로 진행하여 3년 후인 1920년에는 종교심리학의 고전으로 분류되어 지금까지도 언급되고 있는 거의 500쪽에 해당하는 『종교적 의식(The Religious Consciousness)』[4]과 그다음 2년 후

---

3) *Ibid.*, 226.

4) 프랫이 책 제목을 "종교적 의식"이라고 붙인 유래를 보면 박사 과정 중 스승 제임스로부터 받은 영향과도 무관치 않다. 마이어스는 프랫이 제임스의 집에 저녁을 초대받을 때마다 제임스가 강조하면서 많은 얘기를 했던 것이 "종교적 의식"이라

인 1922년에는 종교 연구의 이론적 프레임을 개괄적으로 전개한 『물질과 정신(*Matter and Spirit*)』을 출판하였다. 후자의 저술은 기본적으로 물질과 정신 또는 몸과 정신의 상관관계에 대한 철학적인 관념론적 연구의 한계를 지적하면서 종교적 또는 영적인 삶에 대한 학문적 연구의 필요성을 비판적으로 지적하고 있다. 특히 그가 쓴 서문을 비롯해서[5] "정신과 몸의 연구와 영적인 삶과의 관계성(A Study of Mind and Body in their Relation to the Spiritual Life)"이라는 부제, 그리고 윌리엄 제임스로부터 학문적 은혜를 엄청나게 입었음을 기억한다는 짧은 헌사 문구를 보면 그의 주장을 쉽게 읽어낼 수 있다. 이 두 권의 저술은 출판되자마자 종교심리학을 비롯해서 일반 종교 연구 분야에서도 상당한 영향력을 미치기도 하였다.

프랫은 이 책들을 출판한 이후 거의 탈진 상태에 빠져 1923년부터 1924년까지 첫 안식년을 가졌다. 그는 이 기간 동안 학교에서 가르칠 때처럼 개인 서재나 도서관을 이용하면서 시간을 보내는 대신 주로 저술을 준비하면서 인용하였던 다른 나라의 종교들을 경험하기 위해 현장을 직접 방문하는 일로 많은 시간을 보냈다. 그는 중국, 한국, 일본의 불교 현장을 방문하여 의례에 참여할 뿐만 아니라 승려, 신자들과 직접 대화를 나누기도 하고 해당 불교를 연구한 다양한 종교 연구자들과 대화를 나누면서 그들의 견해를 깊이 경청하기도 하였다. 북경의 한 기독교 대학교에서는 직접 가르치기도 하면서 중국 불교학자

는 말이었다는 점을 지적하고 있다: Gerald E. Myers, *op. cit.*, 222.

5)　James Pratt, 'Preface' in *Matter and Spirit: A Study of Mind and Body in their Relation to their Spiritual Life*(New York: The Macmillan Company, 1922), vii-viii.

들과 불교에 관한 토론을 나눌 수 있었다.

프랫은 안식년 기간에 수집한 자료와 연구를 토대로 1928년에는 종교심리학 관점에서 쓴, "서문"을 포함하면 거의 800쪽이 되는 방대한 분량의『불교의 순례와 어느 불자의 순례(The Pilgrimage of Buddhism and a Buddhist Pilgrimage)』를 출판하였다. 이 책이 보여주고 있는 흥미로운 사실은 20세기 초엽 동아시아 불교 연구에서 한국 불교에 대한 연구가 중국이나 일본 불교와 달리 거의 이루어지지 않는 상황에서 제21장에 "한국 불교(Korean Buddhism)"라는 제목을 독립적으로 달아 기술하였다는 점이다.[6] 더 나아가 이 책은 종교심리학 관점에서 불교에 참여하는 신앙인들의 종교적 의식(consciousness)을 연구한 최초의 저술이어서 불교학 연구에서도 이전 연구에서 찾아볼 수 없는 새로운 관점을 보여주는 중요한 저술로 평가되고 있다. 그러므로 이 책은 거의 100년 전의 저술이지만 지속적으로 언급되어야 할 중요한 고전으로 분류할 수 있을 것이다.

프랫은 안식년을 기점으로 1930년대에는 종교 연구가 더욱더 보편적으로 설득력을 보이려면 서구적이고 기독교적인 입장에만 안주하지 말고 동양적이고 비기독교적인 입장을 적극적으로 수용하여 비교종교학 관점을 더욱 갖출 필요가 있다는 점을 깊이 인식하고 있었다. 앞에서도 지적했듯이 그는 동아시아에서 안식년을 보내기 이전부터 이 점을 알고 있어서 그의 대부분의 종교 연구에서는 기독교 이외의 자료들도 균형적으로 배치하면서 비교종교학 관점을 유지하려고 하

---

6) James Bissett Pratt, *The Pilgrimage of Buddhism and a Buddhist Pilgrimage*(New York: Macmillan, 1928), 417-26.

였다. 그는 첫 번째 안식년을 보내고 난 이후 불교와 관련해서는 어느 정도 보강이 되었다는 점에서 만족하였지만 아시아의 또 다른 큰 종교인 힌두교를 비롯해서 다른 종교들에 대한 이해가 부족하다는 판단을 하게 되었다. 결국 두 번째 안식년에는 힌두교를 좀 더 연구할 수 있는 계획을 세워 1931년부터 1932년 기간 중에 몇 달을 인도 캘커타의 샨티니케탄(Shantiniketan)에서 보내기도 하였다. 그는 그곳에서 윤리학 강의를 한 과목 담당하여 직접 가르치기도 하였고 종교심리학 관점에서 힌두교와 다른 종교들을 비교하는 연속 공개 강연을 하기도 하였다. 물론 그가 인도를 방문한 것이 두 번째 안식년에 처음 이루어진 것은 아니었다. 그는 두 번째 안식년을 갖기 이전에 인도를 방문했었고 또한 그 경험을 바탕으로 인도 종교인들의 삶에 대한 견문록을 출판하였다.[7] 그 책 출판 이후 '비교' 종교심리학의 맥락으로 인도 종교들의 종교적 의식에 대한 비교 연구에 대한 열망을 오랜 시간이 지난 이후 두 번째 안식년 기간을 통해서 이룰 수 있었다.

프랫은 두 번째 안식년을 보내고 1년 정도 지난 1934년에는 미국 종교학회 전신 중 하나인 미국 신지학협의회(American Theological Society) 회장, 그리고 1935년에는 미국 동부 지역 철학협의회 회장으로 선출되기도 하였다. 그는 1937년과 1939년에는 그의 종교와 철학 연구의 최종 결과물로 분류되는 『인격적 실재론(*Personal Realism*)』과 『자연주의(*Naturalism*)』를 각각 출판하였다. 그는 이처럼 1930년대에 학회 회장 직무 수행을 비롯해 외국 학술 대회에 참석하는 한편 최고

---

7) James Bissett Pratt, *India and its Faiths: a Traveler's Record*(New York: Houghton Mifflin Company, 1915).

의 저술들을 출판하는 등 왕성하게 활동하였지만 그의 건강은 쇠약해 있었다. 생의 후반기인 1939년에는 왼쪽 다리에 혈전증(thrombosis)으로 심한 고통을 받아야만 했었다. 그는 이 시기에 불멸과 관련해서 제임스가 강연하였던 잉거솔 강연 초청을 받고 죽음과 불멸에 대한 공개 강연을 하였고 후에 그 강연을 『우리가 신앙을 지킬 수 있을까(Can We Keep the Faith?)』라는 책으로 출판하였다. 그는 잉거솔 강연 이후 건강이 지속적으로 악화되어갔기 때문에 1943년에 은퇴를 할 수밖에 없었고 은퇴 후 1년이 지난 1943년 1월 15일에 죽음을 맞이하였다. 그의 유고 자료들은 아내 카세린을 통해서 1949년과 1950년에 『삶이라는 예술에서의 이성(Reason in the Arts of Life)』과 『종교의 영원한 가치들(Eternal Values of Religion)』로 출판되었다.

2. 종교정의와 종교적 의식

종교는 인간의 삶 속에서 때로는 개인적이든 집단적이든 간에 긍정적이고 창조적 역할을 담당하기도 했고, 반대로 부정적이고 파괴적인 역할을 담당하기도 했다. 종교는 과거보다 더 강력하게 전 지구적으로 그 존재감을 과감할 정도로 다양하게 연출하고 있다. 국내외에서 어떤 삶의 모습과도 비교할 수 없는 감동적인 신앙인들의 헌신과 희생, 오랜 기간 동안 재현된 창조론과 진화론의 대결 논쟁, 이슬람의 유럽 현상, 종교와 테러리즘, 종교와 미디어, 종교와 교육, 종교와 법, 종교와 정치, 종교와 이민, 종교와 폭력, 종교와 NGO, 종교와 환경, 종교와 신 영성 운동, 종교와 과학, 종교와 예술, 종교와 경제,

종교와 경영, 종교와 의학, 종교와 국제 외교, 그리고 종교와 세계화 등등 셀 수 없을 정도로 종교와 관련된 현상은 최근에 심각한 문제로 부각되고 있다. 그러므로 현재 세계적으로 보여주고 있는 종교의 모습은 '종교는 결국 없어지고 말 것'이라는 뻔뻔스러운 예언을 단번에 '새빨간 거짓말'로 치부하며 제압하고 있는 듯하다.

종교는 이처럼 인간이 존재하는 한 한 번도 위축되지 않고 그 존재감을 역동적으로 분출하고 있음에도 불구하고 막상 종교를 정의하려고 하면 마치 신기루 잡는 것처럼 쉽게 규정할 수 없다. 종교정의에 대한 문제는 종교학에서 지금도 여전히 정착되지 않고 많은 질문과 토론을 요청하고 있다.[8] 유대교, 기독교, 이슬람의 경우처럼 예배 대

---

8) 현대의 다양한 종교학 연구자들이 종교정의의 문제점을 날카롭게 지적하였다. 이를테면 우선적으로 종교의 내부에서 일어나고 있는 종교적 경험이나 의식을 충분히 담아내지 못한다고 해서 종교에 대한 기존 정의의 불가능성과 그 용어의 폐기를 주장한 경우도 있었다. 대표적으로 지적할 수 있는 연구는 윌프레드 캔트웰 스미스(Wilfred Cantwell Smith)의 『종교의 의미와 목적(*The Meaning and End of Religion*)』이다. 그는 종교라는 말 대신에 외적 차원을 보여주는 "축적적 전통(cumulative tradition)"과 내적 차원을 보여주는 "신앙(faith)"이라는 용어를 사용할 것을 주장하였다. 다음으로 종교라는 용어가 서구의 문화적 패권주의 맥락 안에서 사용된 관계로 비서구권, 특히 이슬람 문화권에서 사용되기에 어려운 점을 인류학적 계보학의 관점에서 비판적으로 지적한 연구이다. 가장 잘 알려진 연구는 탈랄 아사드의 『종교의 계보들(*Genealogies of Religion*)』이다. 마지막으로 앞의 경우들과 달리 종교의 내적 차원을 강조하기보다는 학자들이 연구를 위해 종교라는 말을 인위적으로 사용했다는 점을 비판적으로 지적한 경우를 비롯해서 용어 자체가 갖고 있는 이데올로기적 특성으로 인해 용어뿐만 아니라 용어를 둘러싼 '종교학'이라는 학문 명까지도 폐기할 것을 극단적으로 주장한 경우도 있다. 전자의 경우에 해당하는 대표적인 연구는 조너선 스미스(Jonathan Z. Smith)의 『지도는 영토가 아니다(*Map is not Territory*)』이다. 후자에 해당하는 연구는 티모시 피츠제럴드(Timothy Fitzgerald)의 『종교학의 이데올로기(*The Ideology of Religious Studies*)』를 들 수 있다.

상으로서 궁극적 실재가 분명히 인격적으로 규정되어 있는 종교들이 있는가 하면, 그 실재가 그러한 형식과는 겹치는 부분도 있지만 차이점을 보여주고 있는 불교, 도교, 유교, 힌두교 등과 같은 종교들도 존재한다. 더불어 어떤 종교들은 궁극적 실재가 단수로 규정되어 있는 반면, 어떤 종교들은 복수로 규정되어 있는 것도 부정할 수 없는 사실이다. 또한 어떤 종교들은 궁극적 실재의 모습을 단수와 복수뿐만 아니라 맥락에 따라서 비인격적 모습과 인격적 모습을 복합적으로 갖추고 있는 반면, 같은 종교라고 하더라도 강조점에 따라서 이러한 모습이 다르게 나타나기도 한다. 그러므로 다른 종교들이라고 하더라도 공통적으로 연결할 수 있는 모습이 존재하는 경우도 있고 같은 종교라고 하더라도 시대, 맥락, 분파 공동체에 따라서 훨씬 많은 차이점이 존재하는 경우도 있다.

종교의 이러한 복합적 특성 때문에 모든 종교를 포괄하여 사용할 수 있을 정도로 보편적 정의를 내린다는 것은 쉬운 일이 아니다. 그것은 거의 불가능해 보인다. 종교학에서 이러한 부분에 가장 빨리 민감하게 반응을 보였던 분야는 종교심리학이었다. 대부분의 고전 종교심리학 연구자들과 그 이후 연구자들의 경우도 거의 대부분 보편적 종교정의보다는 연구를 수행하기 위해 설정한 "가설적" 종교정의를 제안하였다. 특히 이번 연구의 제7장에서 다룰 앙리 류바는 그의 책 『종교심리학』 부록에서 기존 종교 연구자들의 종교정의를 48개나 열거하였지만 모든 연구자가 자신들의 정의 이외에는 다른 연구자들의 정의를 연구 맥락의 차이로 거의 무시하고 있다는 점을 비판적으로 지적하는 것도 이 점을 증명하고 있다.[9] 대부분의 연구자들은 어디에서건 모두 적용 가능한 보편 종교정의 대신에, 종교 연구를 해나가기 위한 구체적인 맥락을 설정한 다음 그 연구를 진행하기 위한 방편으로 가설적 정의를 주장하고 있다는 것이다.

프랫의 경우도 예외가 아니었다. 그는 종교 현장의 다양한 경험을 통해 종교정의를 보편적으로 확고하게 내린다는 것은 불가능하므로 그러한 정의에 너무 집착하는 것은 시간낭비이고 무모한 짓이라고 혹평을 가하기도 하였다.[10] 그는 확고한 보편적 종교정의는 불가능하지만 종교심리학 연구를 위해 가설적 정의는 처음부터 분명히 밝힐 필요가 있다는 점을 주장하였다. 그가 주장하는 가설적 종교정의는 다른 경우에서 볼 수 있듯이 인간 주체나 그가 속해 있는 공동체와 궁극적 실재 사이의 관계를 함축하고 있다는 점에서 크게 다르지 않다. 단지 그의 종교정의가 보여주는 특징은 그러한 관계를 단일한 기계적 고착 형식으로 보지 않고 인간 주체와 궁극적 실재와의 관계를 통해서 경험된 힘으로 인해 개인적으로나 집단적으로 취하게 되는 삶의 변화와 태도까지를 모두 포함하고 있다는 점이다. 그러므로 그의 종교정의는 인간 주체와 궁극적 실재 사이의 형식적 관계가 아니라 인간 주체와 그 주체가 궁극적 실재를 경험하면서 갖게 되었던 힘, 그리고 그러한 경험으로 인한 삶의 태도 변화를 모두 포함하고 있다는 점에서 다층적 관계를 나타낸다. 그가 이 점을 강조하여 규정한 종교정의를 인용해보기로 한다.

---

9) James Henry Leuba, 'Appendix' in *A Psychological Study of Religion*(New York: Macmillan, 1912).

10) James Bissett Pratt, *The Religious Consciousness: A Psychological Study*(New York: The Macmillan Company, 1920), 1.

내가 제안하려는 정의는 다음과 같다. 종교는 개인들이나 공동체들이 자신들의 관심사나 운명들을 궁극적으로 통제할 수 있다고 생각하는 힘(power)이나 힘들에 대한 엄숙하고(serious) 사회적인 태도이다. 내가 가치 있다고 제안한 이 정의가 여러 가지로 문제가 있다는 지적을 받아도 놀라지 않을 것이고 그러한 문제에 그렇게 많이 신경 쓰지 않을 것이다.[11]

프랫이 위의 인용구에서 종교정의를 규정하기 위해 중요하게 선택한 용어들은 "힘"과 "태도"이다. 그의 종교정의는 힘에 대한 경험을 시작점으로 해서 그 이후 인간 주체의 삶의 태도까지를 모두 포함시키고 있다는 점에서 그의 스승인 제임스의 종교정의에 대한 기본적인 논의와 거의 같은 맥락에 있다. 그러므로 그가 제임스의 경우와 마찬가지로 프래그머티즘과 관련해서 종교심리학 연구를 개인적 경험의 차원을 넘어 그것의 열매인 실제적 삶의 차원으로까지 확장한 것도 그의 종교정의 안에 이미 함축하고 있다는 점을 예견할 수 있다.[12] 그가 종교정의를 내리기 위해 선택한 두 가지 용어들은 특정 종교적 의식에만 해당되어 다른 종교들에서 발생하는 종교적 의식을 배제시키기보다는 모두 포용할 수 있는 의미를 담고 있다. 이 용어들은 궁극적 대상을 인격적이든 비인격적이든, 외재적이든 내재적이든, 남성적이든 여성적이든, 무엇이라고 규정하든 간에 그 모든 대상은 힘의 경험과 밀접히 관련성이 있다는 점을 드러내고 있다. 그러므로 그의 종교정의를 따라가면 종교의 핵심은 힘의 경험인 반면, 그것의 표출이 바로 삶의 태도를 변화시키는 것으로 이해를 해도 그렇게 무리가 아

---

11) *Ibid.*, 2.

닐 것이다.

프랫의 종교심리학이 지향했던 방향성은 종교현상학의 논의와 거의 일치하고 있다. 앞에서도 지적했듯이 종교심리학 운동은 그 시작부터 현상학적 관점이 강조되었다는 점에서 상호 비교 연구를 통해서 종교심리학과 종교현상학이 더욱 심화시켜갈 수 있는 논의가 설득력 있게 제시될 수 있을 것이다. 특별히, 네덜란드 종교현상학자인 헤라르뒤스 반 델 레이우(G. Van Der Leeuw, 1890-1950)가 종교를 인간과 대상인 힘과 연결해서 주체로서의 인간과 힘, 대상으로서의 인간과 힘, 그리고 주체와 대상 사이의 힘을 포착해서 종교의 역동적 복합 차원을 드러내려고 한 논의와 친밀성을 보인다.[13] 반 델 레이우의 경우처럼 프랫이 의미하는 힘도 사회적 혹은 정치적 이데올로기나 권력이기보다는 인간의 운명을 근원적으로 결정한다는 점에서 우주적 차원을 담지하고 있다. 그는 사후 저술인 『종교에서 영원한 가치』에서 이 점을 명확히 지적하고 있다. 종교는 단순히 동료 인간의 사회적 힘에 대한 열망에 존재하지 않고 그 차원을 훨씬 넘어서 있는 "궁극적 우주적 힘" 또는 "운명의 결정자"에 대한 경험과 삶의 태도에 근본적으로 존재한다는 것이다.[14]

인간이 관계를 맺고 있는 대상이 "궁극적 우주적 힘" 또는 "운명의

---

12) James Bissett Pratt, *What is Pragmatism?*(New York: The Macmillan Company, 1909), 185-6.

13) G. Van Der Leeuw, *Religion in Essence and Manifestation* Translated by J. E. Turner(New Jersey, Princeton University Press, 1986), 23-8.

14) James Bissett Pratt, *Eternal Values in Religion*(New York: The Macmillan Company, 1950), 62.

결정자"로 경험되거나 인식된다는 것은 인간 주체의 전인격적 태도[15]가 전제되어야 한다. 프랫이 날카롭게 지적한 대로 그러한 태도가 전제되지 않는다면 그 대상을 장황한 말로 기술한다고 하더라도 절대적 관념론의 형이상학적 대상일 뿐[16]이지 삶의 현장에서 전인격적으로 경험된 "궁극적 우주적 힘"은 아닐 것이다. 프랫은 인간 주체의 이러한 전인격적 태도는 근본적으로 타자를 지향하는 의식 상태이므로 개인적이든 집단적이든 친밀한 공동체성을 지닌 것으로 이해하였다.[17] 그러한 태도는 주체의 범위를 넘어 수평적으로 동료 인간이나 자연을 지향하기도 하지만 그곳에 최종적으로 끝이 있지 않고 그 이면의 초월적인 우주적 힘을 지향하고 있다는 점을 보여주고 있다. 그러므로 그가 '종교'라는 명사보다는 '종교적'이라는 형용사를 사용해서 그의 종교심리학의 핵심 저술 제목을 "종교적 의식(The Religious Consciousness)"으로 명명한 것도 의식의 초월적 연결성을 보여주려는 의도가 담겨 있다. 그는 이 점에서 제임스의 경우와 닮아 있다. 제임스의 경우도 '종교'와 '종교적'이라는 단어를 구분해서 '종교'라는 말보다는 '종교적'이라는 말을 사용하여 경험의 초월적 지향성을 동적으로 보여주려고 하였다.

종교적 의식은 우주적 힘의 경험과 그것으로 인해 발생하게 되는 태도의 변환으로 각인되어 있지만 단순히 감정이나 사유의 상태로만 머물러 있지 않다. 그것은 객관적인 밖의 세계를 근본적으로 지향하고 있어 주관적 마음 상태가 아니다. 그것은 구체적으로 종교적이거

---

15) James Bissett Pratt, *op. cit.*(1909), 184.
16) James Bissett Pratt, *op. cit.*(1922), 213.
17) James Bissett Pratt, *op. cit.*(1920), 3.

나 사회적인 현실의 문제를 담지하고 있어 기존의 종교나 사회적 환경을 변혁할 수 있는 실천적 힘을 지니고 있다.[18] 그러한 의식이 존재하지 않는다면 삶의 어떤 형식도 유지될 수 없을 것이다. 그러므로 프랫은 종교의 맥박은 종교를 외부적으로 구성하고 있는 교리나 도그마 또는 다양한 제도적 조직보다는 일차적으로 종교를 발생시키거나 유지시켜주는 종교적 의식에 존재한다는 점을 강조하였다.[19]

물론 프랫이 종교적 의식을 강조했다고 해서 인간 모두에게 그 의식이 본능처럼 자연적으로 발생하는 것으로 주장하지 않았다. 그가 강조했던 것은 인간은 누구든 종교적 의식을 배태할 수 있는 가능성의 존재라는 점에 모아져 있다. 인간은 맥락에 따라서 종교적 의식을 발전시켜나갈 수 있는 "본능과 이성의 능력을 부여받은 피조물"이라는 것이다.[20] 더 나아가 그는 종교적 의식의 가능성이 선험적으로 누구에게나 보편적으로 주어졌기 때문에 반드시 출현할 것으로 초자연적이면서도 결정론적 해석을 유지하기보다는 삶의 과정에서 여러 가지 조건의 결합에 따라 다층적 모습으로 발생할 수 있다는 점에서 자연적이면서도 우연적인 것으로 유연하게 해석하려고 하였다.[21] 그는 이러한 유연성 때문에 경험적 관점을 강조하는 자연주의자와 정직한 종교인들은 적대적이기보다는 얼마든지 종교적 의식 연구를 진행하는 데 있어 보완할 수 있다는 점을 자연주의 연구의 결론에서 강조하

---

18) *Ibid.*, 6.
19) *Ibid.*, 7.
20) James Bissett Pratt, *op. cit.*(1950), 65.
21) James Bissett Pratt, *Naturalism*(Westport: Greenwood Press, 1939), 143-5.

기도 하였다.[22] 그러므로 그는 종교적 의식은 누구에게나 반드시 일어나야 할 절대적으로 결정된 의식이거나 일어났다고 해도 지속적으로 단절 없이 일정하게 끝까지 유지될 수 있는 그러한 고착된 의식은 결코 아니라는 점을 강조하였다. 그 의식은 상당히 역동적으로 다층적 흐름을 멈추지 않고 지속된다는 것이다. 그의 논의를 직접 인용해보기로 한다.

그러므로 모든 인간은 적어도 가능적으로 종교적이다. 의심할 것 없이 모든 인간은 실제로 때때로 종교적이다. 그러나 종교가 실제로 정신을 지배하고 색깔을 칠하는 정도는 개인들마다 다양하게 차이가 있을 것이다. 그러므로 우리는 "종교적인 사람들"이라는 공통의 구절을 개인들의 의식적인 삶 안에서 운명의 결정자에 대한 사유와 감정이 아주 중요한 역할을 담당하고 있는 의미를 나타내주는 것으로 사용한다면 그 구절은 정당화된다. 지금 우리가 정신에 미친 종교의 효력을 발견하기를 바란다면 이러한 사람들의 삶에서 가장 지배적인 효력이 무엇인지를 연구함으로써—다시 말해서 그들에게 종교가 어떤 방식으로 효력을 미치는지, 그리고 존재한다면 그들의 경우들은 다른 사람들의 경우와는 어떠한 차이점을 보이는지를 지적함으로써 가장 잘 이해할 수 있다.[23]

22) *Ibid.*, 178.
23) James Bissett Pratt, *op. cit.*(1950), 66.

3. 종교적 의식의 연구 방법과 범위

프랫은 현대 학문의 장에서 과학적 방법을 무시하고 종교적 의식 연구를 수행한다는 것은 시대착오적이라고 판단하여 기존 방법과는 차별성을 보여줄 수 있는 연구 방법을 추구하였다. 물론 그가 과학적 방법을 주장한다고 해서 단순히 자연과학 실험실에서 흔히 볼 수 있는 엄밀한 자연과학의 실험실이나 실증주의 방법을 추구하였던 것은 아니다. 그가 추구하였던 것은 종교 연구자가 연구 대상인 종교적 의식을 연구하기 위해 흔히 습관적으로 그래 왔듯이 연구자의 관점보다는 연구자가 편견 없이 관찰해야 하는 대상으로서의 종교적 의식에 대한 정직한 관찰이었다. 그러므로 그도 제임스와 마찬가지로 종교적 의식 연구를 위해서는 연구자가 미리 준비하여 일방적으로 꾸겨 넣는 교리적이거나 형이상학적 방법보다는 그 현상을 구체적으로 상세히 관찰해서 숨김이나 더함 없이 있는 그대로 포착하려는 현상학적인 경험적 방법이 요청되어야 한다는 점을 강조하였다. 그는 이 점을『종교적 의식』 서문에서 다음과 같이 강조하였다.

나의 목적은 쉽게 표현되었다. 나의 목적은 종교적 의식을 기술하는 것, 즉 어떠한 관점 없이 기술하는 것이다. 달리 말해서 증명할 테제를 갖고 있지 않은 편견 없는 관찰자의 관점을 제외하고는 어떠한 관점도 갖지 않는 것이다. 간단히 말해서 나의 목표는 순전히 기술적이고 나의 방법은 순전히 실증적이다. 다른 사람들처럼 나도 종교철학에 대한 나 자신의 이론들을 지니고 있다. 그러나 나는 나의 철학적 이론들로부터 적절치 못한 영향으로부터 벗어나서 종교적 의식을 기술하려는 끊임없는 노력(그리고 나는 어느 정도 성공했다고 기대한다), 단지 경험 안으로 다가가서 내가 발견한 것을 적어놓으려고 하였다.[24]

프랫이 추구하였던 종교적 의식 연구의 경험적 방법은 구체적으로 세 가지 특징을 보인다. 우선 그의 경험적 방법은 실제적으로 경험적 자료들에 근거한 질적 연구를 지향하고 있다는 점이다. 그는 종교적 의식이 단순히 종교의 외적 차원인 교리, 의례, 믿음 체계 또는 제도 조직에 일차적으로 존재하기보다는 그러한 차원을 만든 주체들이나 그 차원을 따르고 있는 또 다른 주체들의 일기, 간증, 자서전, 편지, 기도, 찬송, 그리고 회고록 등에 훨씬 생동감 있게 경험적으로 녹아 있기 때문에 전자보다는 후자의 자료에 더 많은 가치를 두고 많은 자료들을 수집하였다.[25] 더 나아가 그는 후자의 자료들과 더불어 실질적으로 종교 현장을 방문하여 그 현장에 참여하는 다양한 종교인들의 살아 있는 종교적 의식의 역동을 직접 관찰하여 기술한 자료들과 대화와 토론을 통해 얻게 된 자료들도 수집하려고 하였다. 그러므로 그의 주된 연구 저술들은 거의 대부분 경험 사례들이나 현장 관찰과 대화 경험 자료들을 토대로 이루어졌다는 점을 확인할 수 있다.[26] 특별히 그가 후자의 자료들을 수집하고 분석하는 것을 보면 1960년대를 기점으로 북미 종교학 연구에서 강력하게 제기된 대화적 방법론

---

24) James Bissett Pratt, 'Preface' in *Religious Consciousness*, vii.

25) *Ibid.*, 32, 90.

26) James Bissett Pratt, *Adventures in Philosophy and Religion*(New York: The Macmillan Company, 1931), 288. 프랫은 이 책에서 현대 철학의 이원론적 대립, 특히 유물론과 관념론의 갈등을 비판적으로 지적하고 있다. 그가 논의를 전개하기 위해 주로 사용한 방식은 "대화"의 방법이었다.

을 이미 실천하고 있었다.[27]

물론 프랫은 사회학이나 인류학에서 통용되던 양적 방법인 통계 분석이나 집단 현장 조사 방법을 통해서 사회적 차원의 중요성뿐만 아니라 클라크학파에서 주로 사용하였던 질문지법을 통한 종교적 의식에 대한 연구 방법도 잘 알고 있었다. 그러나 그는 많은 경우 이러한 연구 방법들이 연구자의 의도에 따라 미리 만들어진 질문이나 관찰 방법으로 인해 단순히 기계적이거나 고정된 대답만을 강요하고 있어 종교적 의식이 주체마다 다양성을 보이면서 담지하고 있는 복합적이고 역동적인 의식이나 감정의 흐름을 충분히 담아내는 데 한계를 보여주고 있어 적극적으로 수용할 수 없었다. 그의 연구 방법은 제임스의 경우처럼 종교현상 이면의 종교적 의식 이해에 최종 목표를 두었기 때문에 반 델 레이우의 종교 연구가 보여주듯이 종교현상학 방법과 비슷한 모습을 보여주고 있다. 바로 이 점이 제임스와 그의 연구가 종교현상학적 종교심리학이라고 주장할 수 있는 근거이다.

다음으로 프랫의 경험적 방법은 근본적으로 비교 연구를 지향하고 있다는 점이다. 그의 연구 방법은 19세기 말이나 20세기 초엽 유럽을 비롯한 대부분 서구의 연구와는 차별되게 기독교나 조금 더 확장해서 기독교의 배경을 포함시킨 유대 기독교만을 비교 대상으로 삼지 않았다. 더 나아가 그의 방법은 일방적으로 유대 기독교의 관점에서 다른 종교를 연구하는 기존 연구 프레임 안에 갇혀 있지도 않다는 점에서

---

27) Wilfred Cantwell Smith, "Comparative Religions: Whither—and Why" in *The History of Religions: Essays in Methodology* edited by Mircea Eliade and Joseph M. Kitagawa(Chicago: University of Chicago Press, 1959), 55-8.

종교학의 기본 정신인 비교의 관점을 혁신적으로 유지하고 있었다.[28] 앞에서도 지적하였듯이 종교심리학 운동의 주창자들과 그들의 제자들의 경우처럼 프랫도 뉴잉글랜드 지역에서는 주변적이었던 가톨릭의 자료들을 비롯하여 북미 초기의 동부를 중심으로 발생했던 신종교 운동의 자료들, 힌두교, 불교, 유교, 도교, 이슬람교의 자료들을 그의 연구의 지평 안에 모두 포함하여 비교 연구를 통해서 그 이면의 종교적 의식을 깊이 탐구하려고 하였다.[29]

프랫의 종교적 의식에 대한 비교 연구는 이런 점에서 종교심리학 운동의 다른 주체들과 마찬가지로 종교심리학 영역에만 제한되어 있지 않고 그 범위를 넘어 북미 종교학의 발전에도 상당한 공헌을 하였다.[30] 그의 연구는 종교심리학 운동의 다른 연구자들과 비교하면 두 가지 차이점을 보이고 있다. 첫 번째로 지적할 수 있는 것은 클라크학파의 다른 연구자들의 경우처럼 질문지법을 강조하면서 종교 연구 방법의 정당성을 확보하려고 하지 않았다는 점이다. 오히려 그가 확보하려고 했던 것은 실제적으로 종교적 경험이 배태되고 있는 현장성 자료들과 그 자료들에 대한 심층적 관찰과 분석이었다. 그러므로 그는 미국과 다른 지역의 많은 종교 현장을 직접 방문하여 수집한 자료들을 토대로 종교적 의식을 연구하였다는 점에서 클라크학파 연구자들의 방법과 자료 범위, 그리고 그 내용에서도 극명한 차이를 보여주

---

28) Paul Roscoe, 'The Comparative Method' in *The Blackwell Companion to the Study of Religion* edited by Robert A. Segal(Oxford: Black Publishing, 2006), 25.

29) Willard L. Sperry, 'Foreword' in *Eternal Values in Religion*, vi.

30) Louis Henry Jordan, *Comparative Religion: Its Genesis and Growth*(Georgia: Scholar's Press, 1986), 472-5.

고 있다.

두 번째로 지적할 수 있는 것은 앞에서도 지적했듯이 종교현상을 매우 다양하게 비교의 관점에서 수집하고 분석하고 있다는 점이다. 프랫은 종교심리학 운동의 연구자들 중 가장 월등하게 비교종교의 관점에서 다양한 종교현상 자료들을 분석하여 그 이면의 종교적 의식, 즉 신앙을 탐구하려고 하였다.[31] 다른 연구자들도 비교종교 자료들의 중요성을 언급하였지만 그의 연구만큼 그러한 자료들을 많이 사용한 경우는 흔하지 않았다. 그가 속해 있던 하버드학파의 제임스도 다양한 비교종교의 자료들을 많이 수집하여 비교하였지만 기독교 관련 자료들이 다른 종교들의 자료들보다 비율 면에서 많이 차지하고 있다. 이런 측면에서 프랫의 종교심리학 연구는 비교종교 자료들 면에서 그 범위가 넓다. 특별히 그는 불교와 힌두교 현장에서 발생하는 종교적 의식의 다양한 사례들을 직접 수집하고 분석하고 있다는 점에서 연구자의 관점을 일방적으로 투영하려는 시도보다는 종교 현장의 생동감을 있는 그대로 기술하려고 노력하였다.[32] 이 부분은 앞으로 종교심리학 연구뿐만 아니라 종교학 일반에서도 반드시 고려해야 할 측면이다. 그가 자신의 연구에 대해서 가장 잘 요약하여 평가하고 있는 구절을 인용해보기로 한다.

내가 실수한 것이 무엇이 있든지 간에 나는 지리적으로나 지성적인 편협

---

31) James Bissett Pratt, *Can We Keep the Faith?*(New Haven: Yale University Press, 1941), 204.

32) James Bissett Pratt, "Preface" in *The Pilgrimage of Buddhism and a Buddhist Pilgrimage*(New York: Macmillan, 1928), vii-viii.

성을 벗어나기를 희망하고 있다. 미국 프로테스탄트 관점에 제한되지 않기 위해 나는 유럽의 로만 가톨릭과 인도, 버마, 그리고 스리랑카의 힌두교와 불교에 대해 내가 볼 수 있는 것을 보려고 하였다. 더욱더 위험한 정신의 편협성에 대해서 우리들 중의 어느 누구도 어느 정도 그가 그러한 편협성을 피하는 데 성공할 수 있는지 알지 못한다. 나의 심리학적 훈련이 나의 판단과 나의 평가능력을 어느 정도 협소하게 하고 있는지 독자만이 결정할 수 있을 것이다.[33]

마지막으로 프랫의 경험적 연구 방법은 기능주의적이고 현상학적 관점이다. 그는 종교적 의식의 기능과 현상을 연구자의 입장보다는 연구 대상인 주체들의 종교적 의식의 역동적 흐름에 집중하고 있다는 점에서 종교현상학의 관점을 보이고 있다. 그는 그러한 흐름이 지니고 있는 가치나 의미를 판단하는 데 관심을 기울이기보다는 그 흐름을 있는 그대로 기술하는 데 집중하였다. 그는 그러한 흐름 현상이 자연적으로 드러내려는 모습을 생생하게 기술하려고 하였다. 그는 바로 이러한 관점 때문에 종교심리학 연구 초기부터 두 가지 종류의 일반화를 비판적으로 지적하였다. 하나는 종교적 의식의 역동적 흐름을 일방적으로 비정상적인 병리적 심리 현상으로만 파악하려는 일반화이다. 그것은 신비주의적 경험과 같이 역동성을 깊이 보여주는 종교적 의식 흐름을 일방적으로 심리 환원주의 혹은 생리적 몸의 병리적 상태로만 파악하려는 설명 방식이다. 그는 이러한 설명 방식보다는 그 현상을 집중적으로 관찰한 다음 그러한 관찰을 다른 맥락에서

---

33) James Bissett Pratt, 'Preface' in *The Religious Consciousness*, viii.

일어난 경험과 비교 과정을 통해서 이해하려는 현상학적 방식을 주장하였다. 다른 하나는 '신학적' 혹은 '종교적' 일반화이다. 그것은 종교적 의식 흐름이 초월적 역동성을 지향한다고 해서 그 내용이 곧 신 존재를 보여주는 현상으로 규정한다거나 그 현상을 모두 정상적 경험으로만 종교적으로 설명하려는 방식이다.[34]

프랫은 이러한 두 가지 일반화 중에서 앞의 것은 과학주의 경향으로, 뒤의 것은 어떤 신학적 또는 종교적 "주의"의 경향에 그 원인이 존재하는 것으로 파악하였다. 말하자면 이 두 가지 일반화는 그 이면을 보면 핵심적으로 과학과 종교에 대한 인식의 문제였다는 것이다. 전자가 극단적으로 일반화될 경우 과학주의로 왜곡될 수 있다. 반면 후자가 극단적이 된다면 특정 신학주의 내지 종교주의로 나타날 수 있다. 그는 심리환원주의나 병리주의의 관점에서 종교적 의식을 설명하려는 시도들을 전자에 속하는 것으로 보았고 마녀사냥, 인종 차별주의나 노예 제도의 정당화와 같은 종교의 역기능 현상들을 후자에 속하는 전형적인 예들로 규정하였다. 그는 종교심리학의 다른 연구자들과 마찬가지로 이 두 가지 극단적 일반화 경향으로부터 벗어나서 종교와 과학이 함께 연결된 현상학적 종교심리학의 관점으로 종교적 의식을 연구하려고 하였다. 또한 종교적 의식의 연구 범위를 확장해서 그것을 단순히 주관적 상태로만 국한시키지 않고 그것이 표현되어 있는 객관적인 열매로서의 삶의 세계에 대한 이해로까지 나아가려고 하였다.[35]

---

34) *Ibid.*, 42.
35) *Ibid.*, 458-9.

프랫은 세 가지 경험적 연구 방법으로 집중 관찰했던 종교적 의식이 특정 의식으로 독립되어 존재하기보다는 다른 의식과 밀접하게 복합적으로 연결되어 있어 균질성보다는 역동적 굴곡의 흐름을 다층적으로 보여주고 있다는 점을 강조하였다. 종교적 의식이 보여주는 흐름은 특정 믿음의 표현과 의례의 참여로 인해 발생하는 일상적 또는 단선적인 종교적 의식을 비롯해서 신비주의 경험이나 종교적 회심과 같이 역동성을 동반하는 종교적 의식, 그리고 그것들 사이의 무수한 의식을 모두 포함하고 있다는 것이다. 그러므로 그는 종교적 의식의 흐름을 심층적으로 연구하려면 기존의 의식 연구 방법으로는 한계가 있다는 점을 인식하였다. 바로 이러한 한계 때문에 그는 제임스와 마찬가지로 종교적 의식 연구를 위해 잠재의식 혹은 무의식의 영역에 대한 논의를 비판적으로 수용하였다. 특별히 그는 잠재의식 또는 무의식이라는 개념을 처음 사용한 고트프리트 라이프니츠(Gottfried Wilhelm Leibniz, 1646-1716)와 에두아르트 폰 하르트만(Eduard von Hartman, 1842-1906)의 철학적 논의, 프레드릭 마이어스의 심령 연구, 제임스의 종교적 경험 논의, 프랑스의 신경 병리학 연구소에서 발표된 논의, 그리고 프로이트의 정신분석학 논의 등을 종합적으로 검토하였다.

　　프랫은 종교적 의식을 깊이 연구하기 위해서는 이처럼 다양한 연구자들이 주장하는 잠재의식이나 무의식 논의를 상세하게 검토할 필요가 있었다. 그는 그러한 논의들이 밝히고 있는 잠재의식이나 무의식 논의를 네 가지 유형으로 정리하였다.[36] 즉 의식의 가장자리나 배경으

---

36)　*Ibid.*, 50-4.

로서의 잠재의식, 인간의 뇌와 연결시키는 생리학적 잠재의식, 공재
의식(co-consciousness)으로서의 잠재의식, 그리고 의식의 영역으로 들
어오지 않은 억압된 잠재의식이다. 그는 이러한 네 가지 잠재의식 유
형들 중에서 생리학적 유형이나 억압된 유형만으로는 종교적 의식 논
의를 전개하는 데 한계를 보일 수밖에 없다는 점을 잘 인식하고 있었
다. 종교적 의식이 단순히 뇌와 연결될 경우 유물론적 설명으로 끝날
수밖에 없는 반면, 억압된 잠재의식과 연결될 경우에는 병리적 설명
으로 끝날 수밖에 없다는 점 때문이라는 것이다.

물론 프랫은 생리학적 유형이나 억압된 잠재의식 유형으로 설명할
수밖에 없는 종교적 의식 현상도 분명 존재한다는 점을 무시하지 않
았다. 그럼에도 불구하고 그가 심각히 우려했던 것은 종교적 의식을
모두 그러한 유형으로만 해석하려는 일종의 일반화의 문제였다. 생리
학적이고 억압된 잠재의식 유형은 고착화된 의미만을 집착하는 경향
을 강하게 보여 특정 의미와 다르거나 충돌되는 의미를 유연하게 포
용하여 새롭게 해석할 수 있는 데 한계를 보이고 있다는 것이다. 그
는 이러한 문제로 인해 생리학적으로 제한되거나 억압된 잠재의식 유
형보다는 제임스와 마이어스가 주장했던 잠재의식 논의가 종교적 의
식의 심층을 기술하는 데 효과적이라고 판단하였다. 그는 강조점에서
약간의 차이를 보이지만 그들의 주장과 마찬가지로 잠재의식 논의가
종교적 의식을 생성해내는 원천을 기술하는 데 통찰을 제공하는 것은
분명하지만, 그렇다고 해서 인간은 잠재의식으로 인해 모두 "치료할
수 없을 정도로 종교적"일 수밖에 없다는 일반화의 주장으로까지 나
아가려고 하지 않았다.[37]

프랫은 잠재의식은 종교적 의식의 기원이나 원천으로 확증할 수 있

는 영역으로 규정하기보다는 주변이든 심층이든 종교적 의식의 매개 내지 연결 "장소"라는 점을 강조하였다. 그의 주장은 제임스의 논의를 그대로 수용하는 경향을 보이는 것과 달리 클라크학파의 홀이 잠재의식을 궁극적 실재로까지 주장한 내용과는 정면으로 충돌하고 있다. 그는 종교적 의식 장소로서의 잠재의식을 더욱 명료화하기 위해 수직적 차원의 심층에 대한 강조뿐 아니라 다른 의식과의 수평적 차원의 연결을 또한 강조하였다. 그는 후자의 차원을 더욱 발전시키기 위해 공재의식으로서의 잠재의식의 논의를 받아들이기도 하였다. 종교적 의식은 수직적 차원을 매개로 일어나기도 하지만 동시에 의식 주체가 관계를 맺고 있는 또 다른 의식 주체들과의 관계를 통해서도 일어나므로 단순히 개인적 차원에만 머물러 있지 않고 그것을 넘어서 집단적 차원과도 밀접히 연결되어 있다는 것이다.[38] 그러므로 그의 종교적 의식은 개인적 의식과 더불어 사회적 의식을 모두 포괄하고 있어 기존의 종교를 유지하거나 개혁하기도 하고, 그렇지 않으면 기존 종교를 탈퇴하여 새로운 집단적 의식을 토대로 신종교를 출현시킨 것으로 확장할 수 있다.

프랫은 이 점을 더욱 확인하기 위해 역사적으로 전해 내려온 종교들을 비롯하여 잠시 존재했다가 사라진 '죽은' 종교들, 그리고 새롭게 나타난 신종교들을 연구하였다. 그가 그러한 연구를 통해서 분명히 알 수 있었던 것은 종교사는 개인이든 집단이든 종교적 의식이 다양하게 축적되어 있는 거대한 "장소"라는 점이다. 종교사 안에서 기술된

---

37) *Ibid.*, 61.
38) *Ibid.*

종교들은 무엇이 되었든 차이가 없이 공통적으로 종교적 의식이 형성되는 모습을 생생하게 보여준다는 것이다. 그러므로 그는 종교 연구에서 종교적 의식으로까지 그 연구가 진행되지 않았다면 종교의 밖의 모습만을 보는 것이지 그 이면의 역동적이고 다층적인 모습이 생략되어 종교 연구의 핵심이 부재한 결과가 도출될 수밖에 없다는 점을 경고하였다. 그는 종교심리학에서 바로 이 점을 핵심적으로 부각하여 파헤치려고 하였다.

프랫은 종교사가 보여주고 있는 종교적 의식이 네 가지 특징을 보이면서 구성되는 것으로 이해하였다.[39] 하나씩 지적하기로 한다. 첫째, 종교적 의식은 개인적이든 집단적이든 참여하는 종교와의 친밀한 관계를 통해 주로 형성된다는 것이다. 그것은 관계를 맺은 종교에 대해서 비판적이기보다는 협동적인 특징을 보인다. 대부분 그것은 신앙적 종교교육을 매개로 이루어진다. 그러므로 종교적 의식은 그것이 무엇이 되었든 종교교육이 그것의 토대로서의 역할을 하였다는 것이다.

둘째, 종교적 의식은 첫째 특징과 달리 특정 종교에 친밀한 참여로 형성되기보다는 비판적 시각이 일어나면서 기존 흐름과는 다른 흐름이 형성된다는 것이다. 종교사는 첫째 특징 못지않게 둘째 특징도 구체적으로 많이 보여주고 있다. 둘째 특징은 첫째 특징을 보이는 개인이나 집단과의 긴장과 갈등을 보이기도 하지만 잘못된 부분을 혁신하거나 개혁하는 데 결정적 역할을 하기도 한다. 또한 많은 경우 특정 종교로부터 과감히 탈퇴하여 개인적으로나 집단적으로 다른 종교로 옮

39) *Ibid.*, 14-9.

겨 가기도 하고 그것도 여의치 않으면 새로운 종교를 만들기도 한다.

셋째, 종교적 의식은 일종의 강렬한 신비주의 경험을 통해 기존 의식의 한계를 돌파한다는 것이다. 이 경우는 기존의 교리나 믿음 체계 등을 혁신적으로 해석하는 데 하나의 결정적 통찰을 주기도 하지만 때로는 극단적 비합리성으로 인해 의심과 비판을 받기도 해서 소위 "이단" 논쟁에 많이 휘말리게 하기도 한다. 그럼에도 불구하고 종교사에서는 이러한 의식이 처음에는 비판을 받기도 해서 "이단" 심문에 휘말리기도 하였지만 얼마 지난 후에 해소되어 성인이나 새로운 교리를 형성하는 데 중추적인 역할에 참여하기도 한다.

넷째, 종교적 의식은 믿음과 감정과 더불어 실천적 참여를 할 수 있도록 도덕적이고 윤리적 모습으로 형성되기도 한다는 것이다. 사실 프랫은 그의 후기 저술에서 형이상학적 실재나 관념을 토대로 도덕이나 윤리를 종교적 의식의 요소로 규정하기보다는 오히려 반대로 그러한 토대가 바로 그러한 요소에 뿌리를 두고 있다는 점을 설득력 있게 주장하였다.[40] 다시 말해서 형이상학적 실재나 관념이 일차적이라는 주장보다 더욱 우선되어야 하는 것은 그러한 논의가 가능할 수 있는 삶의 보다 전인적 차원으로서의 종교적 의식에 대한 논의가 전제되어야 한다는 주장이다. 그의 주장은 종교적 의식이란 전인적 삶의 태도와 연결되어 있기 때문에 결코 이성적 관념으로 그 의식을 논의하는 것은 한계를 보일 수밖에 없다는 비판적 지적이다. 더 나아가 그러한 의식은 단순히 개인의 주관적 차원에만 머물러 있지 않고 그 상태

---

40) James Bissett Pratt, *Reason in the Art of Living*(New York: The Macmillan Company, 1949), 245-6.

를 변화시켜 보다 넓은 차원의 객관적 세계로 이끌어간다는 것이다. 그는 종교적 의식이 담지하고 있는 바로 그러한 변화의 힘이 윤리적이고 도덕적인 요소와 분리할 수 없을 정도로 일체화되어 있는 것으로 해석하였다.[41] 이를테면 이러한 의식은 가깝게는 가족이나 동료에게 다가가기도 하고 전혀 안면이 없는 개인이나 집단으로까지 확장되어 희생하면서 나아가기도 한다. 이러한 모습은 선교사들이나 신앙인들이 종교의 차이에 상관없이 재난 지역이나 돌봄 지역으로 나아가는 의식이다.

프랫은 위의 네 가지 종교적 의식이 모든 종교에서 분리되어 있기보다는 상호 밀접히 복합적 연결망을 구축하면서 형성되는 것으로 이해하였다. 종교에서 특정 종교적 의식이 지배적으로 나타날 경우 다른 특징들을 보이는 종교적 의식이 없어지는 것이 아니라 언제나 특정 의식 주변에 머물거나, 아니면 다른 특징들과 결합되면서 새로운 모습으로 나타난다는 것이다. 이를테면 사회적으로 급진적, 종교적 의식은 전통을 고수하려는 종교적 의식보다 훨씬 더 설득력 있게 전통을 강조하는 모습으로 나타나기도 하고 반대로 종교전통을 강력하게 고수하려는 종교적 의식은 사회적 이슈에 따라 어떤 참여자보다 더욱 급진적으로 개혁하는 데 동참하는 경우를 찾아볼 수도 있다. 물론 혁신적 차원의 종교적 의식이 반대로 더욱더 종교와 관련해서 더 보수적으로 나타날 수도 있고 또한 신비주의적 의식으로 나타날 수도 있다. 그 반대의 경우도 마찬가지이다.

그러므로 각 종교에서 보여주는 종교적 의식의 특징은 하나로 일

---

41) *Ibid.*, 251.

반화할 수 없고 개인이나 집단의 맥락과 시대에 따라 매우 다양한 모습을 보일 수 있을 것이다. 어떤 경우에는 종교적 의식은 같은 종교에 속해 있다고 하더라도 개인과 공동체의 기질에 따라 다르게 형성될 수 있어 같은 종교에 참여하는 구성원이 아니지만 같은 종교에 참여하는 구성원보다 훨씬 비슷한 종교적 의식을 형성하기도 한다. 종교 구성원의 개인의 성장과 관련해서도 나이와 환경에 따라서 유년기에는 전통적 종교적 의식, 청소년기에는 이성적이고 신비주의적 의식, 장년기에는 도덕적이고 실천적인 의식, 그리고 노년기에는 장년기의 의식 연장이나 유년기 의식으로 되돌아가는 성향을 보이기도 한다.[42] 더 나아가서 종교적 의식은 하나의 종교에서든 복수의 종교들 안에서든 그것의 특징적 차이로 인해 다른 의식과 예상하지 못했던 긴장과 갈등을 일으키기도 하였다. 그러므로 그는 종교적 의식이 개인적으로나 집단적으로 건강하게 성장해나가기 위해서는 기존 종교적 의식의 특징만을 극단적으로 강조하기보다는 다른 특징들과의 균형의 필요성을 종교사가 증언하고 있다는 점을 강조하였다.

4. 종교적 감정과 회심

프랫은 종교적 의식의 구성 요소들 중에서 어떤 요소보다도 역동적으로 작동하는 것은 감정이라는 점을 주장하였다. 그는 현대 심리학의 주창자들로 분류되는 제임스나 분트의 논의를 참고하여 종교적 의

---

42) James Bissett Pratt, *op. cit.*(1920), 14.

식의 감정적 차원에 대한 논의를 집중적으로 파헤쳤다. 그는, 제임스의 논의에서는 주로 믿음 혹은 신앙도 그 이면을 파헤치면 단순히 지적 논리나 인지의 문제이기보다는 그 이전의 더 깊은 차원인 감정에 그 뿌리를 두고 있다는 연구를 참고하였다.[43] 반면 그는, 분트의 논의에서는 종교적 감정이 단순히 심리 내적인 주관적 감정이 아니라 그것을 넘어서는 무엇인가를 지시하고 있다는 종교적 상징 연구를 결정적으로 참고하였다.[44]

프랫은 제임스와 분트의 연구를 종합하여 종교적 의식의 대부분의 연구는 그 의식에서 일어나는 감정적 흐름과 그것이 지시하는 무엇인가에 대한 상징 분석에 그 초점이 집중적으로 모아져 있다는 점을 주장하였다. 종교사를 통해서 알려진 대부분의 종교들은 그 형식이 무엇이 되었든 근본적으로 종교적 감정, 그것의 지향적 흐름, 그리고 그것이 지시하고 있는 대상이 복합적으로 결합되어 압축된 축적물이라는 것이다. 이런 측면에서 그의 종교심리학은 이러한 축적물이 역사적으로 어떤 모습으로 이어져 내려왔고 또한 그것이 지금도 삶의 현장에서 작동하면서 종교적 감정을 끊임없이 일으키면서 유지해나가는 모습을 생생하게 담고 있는 경험적 자료들의 종교적 의식 분석에 집중하려고 하였다.

프랫은 다양한 경험적 자료들의 종교적 의식을 비교 분석한 내용을 토대로 종교적 의식은 두 종류의 감정이 용해되어 있다는 점을 강조하였다.[45] 하나는 기쁨의 감정이다. 그것은 생물학적 욕망이나 일

---

43) James Bissett Pratt, *op. cit.*(1950), 8.
44) James Bissett Pratt, *op. cit.*(1920), 287.
45) James Bissett Pratt, *op. cit.*(1950), 72-3.

시적 결핍이 해소되는 쾌락적 감정이기보다는 용서, 화해, 평화, 안정감, 위로 등과 같은 심연으로부터 솟아난 감정이라는 것이다. 그는 종교들이 공통적으로 담고 있는 감정은 맥락마다 정도의 차이가 존재한다는 것은 부정할 수 없지만 대부분 기쁨과 연관되어 있다는 점을 지적하였다. 예외가 없는 것은 아니지만 일반적으로 종교인들이 그렇지 않은 사람들보다도 삶의 위기상황에서 흔들리지 않는 것도 바로 이러한 감정과 무관하지 않다는 것이다. 이를테면 종교들에서 발견할 수 있는 순교자들이나 도저히 용납할 수 없는 원수까지도 용서하는 신앙인들을 기억한다면 이러한 모습은 쉽게 이해할 수 있을 것이다.

다른 하나는 두려움과 고통의 감정이다. 프랫은 기쁨이 주체의 자아를 확장해주는 감정인 반면, 두려움과 고통은 자아를 축소시키는 감정으로 이해하였다. 주체의 삶이 아무리 어려운 상황에 처해 있다고 하더라도 거기에 머물지 않고 다시 일어날 수 있는 희망을 갖게 하는 감정이 기쁨이라면, 두려움과 고통의 감정은 주체의 유한성이나 한계성을 끊임없이 기억시키면서 확대되었던 자아를 축소시키는 역할을 한다는 것이다. 그러므로 그는 종교적 의식이 건강하게 성장하려면 이 두 종류의 감정 흐름이 극단적으로 분리되기보다는 균형적으로 결합되어 있어야 한다는 점을 강조하였다. 종교적 의식의 주체는 우주적 힘이나 궁극적 실재에 의존하면서 자아의 무한한 확장감인 기쁨의 감정을 경험하기도 하지만 동시에 그러한 압도적인 힘이나 실재 앞에서 어디에서도 경험할 수 없는 두려움과 왜소함을 경험하기도 한다. 그러므로 종교적 감정은 자아의 확장감과 왜소함이 함께 결합되어 있는 상태라고 할 수 있을 것이다.

프랫의 종교적 감정 논의는 종교학과 종교철학 또는 아브라함 종교들의 신학이나 불교, 유교, 도교, 신종교 등의 교학에서 연구하는 감정론과도 충분히 연결 가능한 통찰을 제시하고 있다. 특별히 종교학에서 종교적 감정 논의는 지엽적인 문제가 아니라 핵심 쟁점으로 연구되고 있다. 대표적으로 조너선 에드워즈(Jonathan Edwards, 1703-1758)의『종교적 정동』,[46] 프리드리히 슐라이어마허의『종교론』, 윌리엄 제임스의『종교적 경험의 다양성』, 루돌프 오토(Rudolf Otto, 1869-1937)의『성스러움의 의미』에서 언급된 논의들을 비롯하여 최근의 종교학에서 활발히 진행되는 종교적 감정 연구를 지적할 수 있을 것이다.[47]

프랫은 씨앗이 뿌려져서 성장하여 열매를 맺는 것처럼 종교적 감정도 인간의 생애에서 하나의 씨앗으로 발화 성장하여 열매를 맺는 것으로 이해하였다. 물론 어떤 경우에는 건강하게 성장하여 열매를 맺는 경우도 있는 반면, 자라나지 못하고 발육부전증에 걸리거나 일찍 사라지는 경우도 있다. 그럼에도 불구하고 지금까지 생존해 있는 대부분의 종교들에 참여하고 있는 경험 주체들의 종교적 감정은 그들의 성장 과정에서 발화, 성장, 그리고 열매를 맺는 다양한 과정을 건강하게 보여주고 있다. 그렇지 못한 경우라면 대부분의 종교들은 병들어 일찍 사라졌을 것이다. 엄밀히 말해서 종교들이 더 이상 성장하

---

46) Jonathan Edwards, *Religious Affections* edited by John E. Smith in *The Works of Jonathan Edwards*(New Haven: Yale University Press, 1959). 이 책은 종교적 감정이나 종교적 경험 연구와 관련해서 "가장 중요하고 정확한 분석"이라는 평을 받고 있다: Sam Storms, *Signs of the Spirit: An Interpretation of Jonathan Edward's Religious Affections*(Wheaton: Crossway, 2007), 21.

47) 특히 다음 두 가지 저술들을 주목할 필요가 있다: John Corrigan (ed.), *Religion and Emotion: Approaches and Interpretations*(Oxford: Oxford University Press, 2004) and John Corrigan (ed.), *The Oxford Handbook of Religion and Emotion*(Oxford: Oxford University Press, 2007).

지 못하고 빨리 사라지거나 병들게 하는 근본 원인은 종교들 자체에 존재하기보다는 그 종교들에 참여하고 있는 경험 주체들의 감정 문제이다.

프랫은 경험 주체들의 생애 시기 중에서 유년기와 청소년기의 회심 현상에 주목한 것과 더불어 기도, 예배, 그리고 신비주의 경험에 초점을 두고 종교적 감정에 대한 논의를 전개하였다. 먼저 유년기의 종교적 감정을 살펴보기로 한다. 일반적으로 유년기의 어린아이들에게 가장 친밀한 관계를 맺고 있는 대상은 엄마이다. 어린아이는 엄마와의 관계를 통해서 기쁨, 서운함, 분함, 미안함, 죄의식 등과 같이 미묘한 여러 가지 감정을 직접 표출하거나 경험하면서 성장한다. 특별히 그는 유년기의 종교적 감정은, 대부분 엄마가 어린아이와의 관계를 어떻게 맺고 있는지에 따라 여러 가지 모습으로 형성된다는 점에서 엄마가 보여준 종교적 몸짓이 어린아이가 성장한 이후의 제도적 틀 안에서 받게 되는 종교교육보다 훨씬 중요하게 영향을 미치게 된다는 점을 주장하였다. 그러므로 그는 유년기에 엄마와의 관계를 통해서 형성된 종교적 감정은 청소년기, 성년기, 그리고 그 이후의 삶에서도 없어지지 않고 지속적으로 종교적 삶을 유지할 수 있는 모체라는 점을 강조하였다.

유년기 시절에 엄마의 존재는 절대적 위치를 차지하므로 엄마의 역할에 따라 어린아이의 종교적 감정도 여러 가지 모습을 나타내면서 형성된다. 때로는 위에서 지적하였듯이 유년기에 형성되었던 종교적 감정이 지속적으로 건강하게 유지될 수도 있지만 정반대로 나타나는 경우도 많이 존재한다. 후자의 경우 엄마의 잘못된 역할로 인해 유년기의 종교적 감정이 더 이상 성장하지 못하고 고착되거나 사라지는 경우도 있다. 극단적인 경우에는 종교적 감정이 왜곡되거나 변형되어 나타나기도 한다. 그러한 상태가 극복되지 못하여 정신적인 어려움을 심각히 겪거나 그것으로부터 벗어나기 위한 몸짓으로 예상할 수 없었던 폭력적인 일이 일어나는 경우도 있다.

특별히 프랫은 어린아이의 종교적 감정을 성장시키는 데 방해하는 역할 중에서 죄의식에 주목하였다. 이를테면 어린아이가 자라나면서 이전에 갖고 있었던 엄마에 대한 환상이 깨지면서 엄마가 더 이상 절대적 존재가 아니라는 점을 깨닫고 엄마라는 대상보다 더 큰 대상을 향해 건강하게 나아가는 경우가 있고, 그렇지 않으면 그러한 깨달음으로 인해 엄마라는 절대적 대상을 의심한 것에 대한 죄의식을 심리적으로 불러내기도 한다는 것이다.[48] 단순히 어느 정도의 기간으로 그 죄의식이 끝나지 않고 그 이후의 삶에서도 지속적으로 유지될 경우 잘못된 방향으로 종교적 감정이 나아갈 수 있다는 것이다.

프랫의 종교적 감정에 대한 유년기의 논의는 내용에서 차이를 보인다고 하더라도 어린 시절의 경험을 중시하고 있다는 맥락을 고려하면 정신분석적 유년기 이해와 거의 비슷하게 과거의 경험을 중시하고 있다. 어린 시절에 밀접히 관계를 맺고 있는 엄마와의 관계를 통해서 구축한 엄마에 대한 신뢰감, 사랑, 돌봄 등이 종교적 감정으로 발화할 수 있는 하나의 종교적 씨앗 역할을 하고 있다는 프랫의 이론은 정신분석의 기본 논의와 큰 차이를 보이고 있지 않다.[49] 더 나아가서 그의 논의는 아버지보다는 엄마와의 관계를 강조하고 있다는 점에서 프로

---

48) James Bissett Pratt, *op. cit.*(1920), 98-103.

49) *Ibid.*, 95.

이트의 정통 정신분석학보다도 영국에서 주로 발전한 수정 정신분석학파인 대상 관계론의 "중간 대상(transitional objects)" 논의와 매우 유사하다.[50]

다음으로 프랫이 기술하였던 청소년기의 종교적 감정을 검토하기로 한다. 청소년기 삶은 유년기와 비교하면 그 범위에 있어 그동안 친숙했던 가족의 테두리 밖으로 확장되어 있고 생물학적 성기관도 거의 완성되어 성에 대하여 이전보다 더 많은 관심을 드러내기도 한다. 청소년기는 유년기와 달리 부모나 사회의 권위 체계와 충돌로 인해 갈등과 고민을 경험하면서 죄의식을 강하게 갖는 시기이다. 그는 그러한 갈등 이면에 성과 관련한 죄의식이 깊이 연결되어 있다는 점을 지적하였다. 그는 성과 죄의식의 상관관계 논의를 억압하거나 의도적으로 회피하지 않고 종교심리학 연구에 적극적으로 반영하였다. 그러므로 그는 유럽 지성계가 보여준 방식과 달리 죄의식의 심층에는 성의 문제가 관련되어 있다는 프로이트의 정신분석을 참고하는 데 주저하지 않았다. 그럼에도 불구하고 그는 융의 경우처럼 죄의식의 원인을 모두 성과 연결시키려는 프로이트의 일반화의 논의와는 거리를 두었다.[51]

프랫의 경우와 마찬가지로 종교심리학 운동은 전반적으로 성과 죄의식의 문제를 가볍게 다루지 않았다. 종교심리학 운동에서 제기되었던 죄의식 논의를 정리해보면 그것은 대충 두 가지 접근 방식을 보여주고 있다. 하나는 몸의 변화와 관련해서 죄의식의 문제에 접근하는

---

50) Donald. W. Winnicott, *Playing and Reality*(London: Routledge, 1971), 1-2.
51) James Bissett Pratt, *op. cit.*(1920), 112.

방식이고, 다른 하나는 유년기와 달리 청소년기에 자아가 성장하면서 겪게 되는 지적 갈등으로 접근하는 방식이다. 후자의 접근 방식은 프로이트의 주장과 달리 죄의식이 반드시 성의 문제로 인해 발생하기보다는 기존에 당연하게 받아들였던 종교적 믿음이나 교리에 대한 의심으로부터도 파생한다는 것이다. 프랫은 죄의식의 이러한 두 가지 특징 때문에 종교교육은 신중하게 이루어질 필요가 있다는 점을 강조하였다. 그 교육이 잘못 이루어진다면 성이나 지적 갈등으로부터 해방보다는 그러한 문제에 대해 선입관과 죄의식을 더욱 발생시켜 두려움의 감정을 증대시킨다는 것이다.[52]

프랫은 이러한 문제가 심각할 정도로 종교교육 안에서 이루어지고 있다는 점을 비판하였다. 그는 이 문제를 실증적으로 보여주기 위해 힌두교, 가톨릭, 그리고 개신교 청소년들이 겪고 있는 성의 문제로 죄의식에 휩싸이면서 갖게 되는 두려움의 감정을 실제로 비교하였다. 연구 결과는 유독 개신교 청소년들의 죄의식과 그것으로 인한 두려움의 감정이 힌두교나 가톨릭의 청소년들보다 발생 빈도가 높고 강렬하게 나타났다. 그는 이러한 비교 연구를 바탕으로 개신교 청소년들의 그러한 감정이 형성된 주된 원인이 힌두교나 가톨릭의 종교교육보다도 성의 문제로 인한 죄의식에 대한 선입관을 강조하는 종교교육과 밀접히 연결되어 있다는 점을 지적하였다. 미국의 동부의 청교도적 삶의 강조로 인해 청소년들이 상대적으로 죄의식으로부터 어려움을 겪는다는 것이다.

프랫은 종교적 의식이 가장 강렬하게 함축적으로 모아져 있는 것

---

52) *Ibid.*, 113.

이 죄의식이나 두려움의 감정으로부터 벗어나는 과정이라는 점을 강조하였다. 종교심리학은 바로 그 과정을 집중적으로 포착해서 분석해야 한다는 것이다. 사실 대부분의 종교심리학 운동의 연구자들이 학파나 개인마다 차이를 보이는 것은 사실이지만 모두 청소년기 두려움의 감정과 그것을 극복해가는 과정을 종교적 감정 변환의 핵심 요소라는 점을 간과하지 않았다. 홀을 중심으로 이루어진 클라크학파에서는 이 점을 더욱 강조하여 상당한 연구의 방향과 초점이 청소년기 종교적 감정의 변환에 모아져 있었다. 반면 제임스를 중심으로 발전한 하버드학파도 이 점을 부정한 것은 아니지만 그러한 감정의 변환이 청소년기와 같은 특정 시기에만 집중적으로 일어난다는 주장에 대해서는 의견을 달리하였다. 하버드학파는 오히려 그러한 감정의 변환은 생애의 특정 시기와 상관없이 다양하게 일어난다는 점을 주장하였다.

종교심리학 운동의 연구자들은 다양한 차이점을 보여주고 있음에도 불구하고 양쪽 학파에 상관없이 그러한 감정의 변환을 지칭하는 명칭에서 모두 "회심"이라는 용어를 공통적으로 사용하였다. 종교학을 비롯하여 종교 연구와 관련하여 인접 학문 영역에서도 학명으로 "회심"을 사용하고 있지만, 그 용어를 학명으로 자리잡게 한 기초 작업은 종교심리학 운동에서 시작되었다는 점을 부정할 수 없다. 하버드학파이든 클라크학파이든 대부분의 연구자들은 어떤 현상보다 회심 현상에 주목하여 종교적 경험 논의를 전개하려고 하였다.

프랫의 경우도 예외가 아니다. 그는 종교심리학 운동의 다른 연구자들과 마찬가지로 종교적 감정으로의 결정적 변환을 일종의 회심 사건으로 규정하였다. 위에서 지적했듯이 그는 청소년기의 경험적 회심 자료들을 수집하여 분석한 경우도 존재하지만 대부분의 자료들은 제임스의 경우와 마찬가지로 그러한 자료들보다도 훨씬 다양하게 종교사 안에서 이미 잘 알려진 종교 인물들의 전기나 자서전 자료들을 수집하여 주로 분석하였다. 그는 일차적으로 그러한 자료들을 유형적으로 분류한 다음 그러한 자료들 이면에 농축되어 있는 종교적 감정의 변환을 파헤치려고 하였다. 이를테면 그는 라마크리슈나(Ramakrishna, 1836-1886), 마하리시 데벤드라나스 타고르(Maharasi Devendranath Tagore, 1817-1905, 인도 노벨문학상 수상자인 타고르의 아버지), 존 버니언, 데이비드 브레이너드(David Brainerd, 1718-1747, 아메리카 원주민의 미국인 선교사), 그리고 레오 톨스토이의 자서전들이 풍부히 담아내고 있는 다양한 회심들을 비교 분석하였다.

프랫은 이러한 '비교' 분석을 근거로 회심은 죄의식, 고통, 번민 또는 두려움과 같은 감정에서 기쁨, 평안, 위로 또는 해소와 같은 감정으로의 변환으로 일차적으로 이해하였다. 그러나 그는 그 생성 과정을 보면 다른 종류의 감정 흐름이 존재한다는 점을 강조하였다. 회심 연구에 있어 그 감정도 포착이 되어야 비로소 회심으로 감정의 전체 흐름을 파악할 수 있다는 것이다. 그는 그 감정을 "무의식적 중립의 감정(unconscious neutral feeling)"으로 규정하였다.[53] 어떤 회심도 의식적으로 인식하지 못한다고 하더라도 그 이면의 영역인 잠재의식이나 무의식에서 회심이 이미 진행된 것으로 이해하고 있어[54] 신앙부흥집회의 회심도 집회에 참석하기 훨씬 전부터 이미 그 과정이 시작

---

53) *Ibid.*, 147.

54) *Ibid.*, 161.

되었다는 것이다. 사실 신앙부흥집회에서 회심을 자극하기 위해 사용한 다양한 음악이나 강렬한 리듬 등과 같은 다양한 요인들은 이전부터 시작된 회심 과정을 극적으로 일어나게 하는 촉매 수단이라는 것이다. 더 나아가 그는 모든 회심은 종교적 환경에만 국한되지 않고 어떤 환경에서도 적절한 자극이 이루어질 경우 얼마든지 발생할 수 있다고 판단하였다.

프랫이 주장하는 회심은 존재론적으로 이전과 이후가 단절되어 있기보다는 단지 의식하지 못했지만 발단이 되어 죄의식이나 두려움과 같은 감정을 생성하게 되고 그 감정이 결국 해소되면서 종결되어가는 연결 흐름이다. 회심은 세 가지 감정, 즉 무의식적 중립의 감정, 두려움과 고통, 그리고 기쁨이 상호 변환해가는 교차 과정이라는 것이다.[55] 그러나 그는 그러한 교차 과정이 언제나 같은 방향으로만 나아가는 것으로 이해하지 않았다. 회심은 무의식적 중립의 감정이 그 중간을 지나 최종적으로 종결짓는 방향으로만 흐르지 않는다는 것이다. 대표적으로 일종의 역회심과 같은 현상은 반대의 경로를 보여주고 있다는 것이다. 이를테면 무의식적 중립의 감정은 두려움과 고통의 감정을 지나 기쁨의 감정으로 변환할 수도 있지만 다시 기쁨의 감정은 처음의 상태를 잃어버리고 무의식적 중립의 감정으로 변화하기도 하여 그 중간 감정으로 흘러 회심 이전의 상태로 떨어질 수도 있다는 것이다. 따라서 그는 회심은 한 번만 일어나서 최종적으로 종결을 이루기보다는 이 세 가지 감정이 지속적으로 교환되어가는 과정 현상이라는 점을 강조하였다. 그러므로 그는 제임스와 스타벅의 주장과 달리

---

55) *Ibid.*, 147.

회심을 갑작스런 회심과 점진적 회심 유형으로 분류하지 않고 모든 회심이 근본적으로 과정 중에 있다는 점에서 점진적 유형으로만 분류하였다.[56]

5. 종교의례와 신비주의 경험

일반적으로 의례는 그것이 무엇이 되었든 사회의 어떤 형식과도 쉽게 비교할 수 없을 정도로 깊은 차원의 도덕, 평화, 기쁨, 그리고 희망 등과 같은 긍정의 감정을 갖도록 이끌어준다.[57] 그것은 개인에게는 어떤 것과도 비교할 수 없을 정도로 안정과 위로를 제공하는 반면, 집단에게는 연대와 공동체 의식을 제공하기도 한다. 개인이든 집단이든 의례의 이러한 특성을 강렬하게 증거하고 있는 곳은 종교의례이다. 종교인들은 사회의 다른 의례들과 구별될 수 있을 정도로 종교의례를 통해 삶의 심층적 차원을 보여주기도 할 뿐만 아니라 타자들과의 관계를 가족의 차원으로까지 확장하여 같은 가족 공동체에 속해 있는 형제 혹은 자매로까지 묶어낼 수 있는 힘을 지니기도 한다.

종교의례는 개인이든 집단이든 종교적 의식을 보존하면서 그것이 지향하고 있는 궁극적 가치를 끊임없이 기억시켜준다.[58] 그것은 인지적이든 지적이든 감정적이든 간에, 삶의 물음에 대한 일종의 확고한

56) *Ibid.*, 152-3.
57) Catherine Bell, 'Ritual' in *The Blackwell Companion to the Study of Religion* edited by Robert A. Segal(Oxford: Blackwell Publishing, 2006), 409.
58) James Bissett Pratt, *op. cit.*(1920), 271.

대답 체계로 작동하여 그 체계에 참여하고 있는 종교인들은 전인적으로 삶의 의미를 부여받을 수 있도록 인도하는 상징적 매개물이다. 물론 어떤 경우에는 형식적 습관으로 참여하여 그러한 의미와 상관없는 경우도 있지만 많은 경우 그러한 의미를 종교의례를 통하여 부여받는다는 점은 부정할 수 없을 것이다. 교회나 사찰에서 신앙인들이 눈물을 적시는 모습이나 끊임없이 그러한 의례에 참여할 수 있는 에너지도 바로 그러한 의미의 생성과 무관하지 않다. 그러므로 모든 종교의례는 개인이나 집단마다 종교적 의식 흐름의 진폭에 대한 섬세한 차이에도 불구하고 지금까지 생존한 종교들의 경우에는 그러한 흐름이 끊기지 않고 다양성의 모습을 보이면서 흐르고 있다는 점에서는 차이가 존재할 수 없다. 그러한 흐름이 멈추는 경우에는 아무리 겉모습이 화려하고 프로그램화되어 있는 종교의례라고 하더라도 종교들을 유지시키는 데 더 이상 기능하지 못하고 결국 사라지고 말 것이다.

프랫은 종교의례에 참여하는 종교인들이 의례를 통해서 갖게 되는 종교적 의식의 두 가지 유형을 제시하였다. 하나는 종교인들 개개인의 종교적 의식을 강화해가는 의례 유형이고, 다른 하나는 개인의 종교적 의식보다는 궁극적 실재에 초점을 맞추는 의례 유형이다. 그는 종교인들 개개인의 의식을 강조한다는 점에서 전자를 "주관적 예배(subjective worship)"로 지칭하였다. 반면에 후자는 종교인들의 개인적 감정이나 의식을 자제하고 그 대신에 의례의 대상인 궁극적 실재만이 온전히 드러날 수 있도록 초점이 모아져 있다는 점에서 "객관적 예배(objective worship)"라고 지칭하였다.[59]

---

59) *Ibid.*, 290.

프랫은 모든 종교에 이 두 가지 의례 유형들이 역사적으로 공존해 왔다는 점을 개별 종교들의 예들을 통해서 다양하게 제시하였다. 물론 그는 종교와 종교 간의 맥락이나 전통뿐만 아니라 같은 종교에서도 미묘한 차이를 보인다는 점을 인식하고 있었다. 그럼에도 불구하고 그는 일반적으로 그 두 유형이 함께 개별 종교 안에 존재하고 있다는 점을 지적하였다. 그가 대표적으로 지적했던 전자 유형은 기독교의 신앙부흥회나 힌두교의 19세기 개혁 힌두교의 하반(Havan) 의례 또는 대중 불교와 자이나교 의례의 경우이다. 반면에 후자의 유형은 종교인들의 감정을 불러내거나 자유롭게 표출하는 데 초점이 모아져 있기보다는 오히려 그러한 예배를 통해서 궁극적 실재에 집중되어 매우 고요한 침묵이 강조된다. 이를테면 중국에서 왕이 집전하는 국가 의례, 불교의 명상, 힌두교의 성전에서 성직자가 집전하는 푸자(puja), 가톨릭의 공적 미사 등이 이 유형에 속하는 대표적인 예들이다.

프랫은 모든 종교가 종교적 의식을 온전히 양육하려면 이 두 가지 의례 유형들 중에서 한쪽만 강조해서는 안 되고 양쪽이 균형적으로 강조되어야 한다는 점을 지적하였다. 종교인들이 어떤 의례에 참여하느냐에 따라 종교적 의식이 양육되기 때문에 한쪽만 너무 강화한다면 그 쪽 의식으로만 성장되어 균형적 의식을 상실한다는 것이다. 그럼에도 불구하고 일반적으로 많은 경우 개별 종교마다 그 특징을 보면 종교의례들이 하나의 유형으로만 발달되어 있어 그 종교에 참여하는 신앙인들의 종교적 의식도 그러한 방향으로만 발전된다는 것이다. 그는 뉴잉글랜드 기독교 맥락에서 종교적 의식이 온전한 성장을 이루기 위해서는 앞에서 제시한 전자와 달리 후자의 의례 유형이 발전되어 있지 못했으므로 그 유형을 발전시킬 필요가 있다는 점을 강조하였다. 이를테면 뉴잉글랜드의 기독교 의례가 상대적으로 강조하지 않았던 관상 또는 명상과 같은 의례에 다시 집중하여 객관적 의례가 새롭게 보강되어야 한다는 것이다.[60] 반면 그리스 정교회나 가톨릭의 경우 후자의 유형은 발전되었지만 전자는 상대적으로 약화되어 있어 그 부분이 보강될 필요가 있다는 것이다.

마지막으로 프랫이 지적하는 신비주의 경험과 감정과의 관계를 검토하기로 한다. 종교사를 보면 신비주의 경험은 일반적으로 알려진 것과 달리 특정 종교에만 국한되어 발생한 현상이기보다는 모든 종교에서 쉽게 발견할 수 있는 보편적 종교현상이다. 또한 그것은 역동적인 강렬한 감정만 동반하는 것이 아니라 그 경험과 대조를 이루는 침묵과 같은 아주 고요하고 정제된 감정의 흐름도 함께 동반하고 있다. 이처럼 신비주의 경험은 보편적이고 극명하게 대조되는 측면을 보여주고 있어 종교심리학뿐만 아니라 종교 연구 일반에서도 흥미로운 주제로 여러 관점에서 연구가 진행되기도 하였다. 프랫도 비슷하게 그의 종교심리학의 주된 분야인 종교적 의식을 깊이 분석하려면 반드시 이해할 필요가 있는 주된 현상으로 신비주의 경험을 인식하고 있었다. 특별히 그는 그 경험을 감정의 다양한 모습이 심층적으로 축적되어 있는 종교적 의식으로 규정하였다. 그런데 그는 그 경험을 연구하는 데 있어 주된 특징이 감정이라는 점에서 단순히 이성적 추론으로 접근하기보다는 그것을 넘어서는 일종의 직접 경험 내지 직관적 통찰의 필요성을 제기하였다. 그가 주장하는 얘기를 들어보기로 한다.

---

60) *Ibid.*, 307.

우리의 목적들을 위해서 신비주의는 일반적인 인식 과정이나 이성보다는 다른 수단을 통한 존재나 실재의 현존감으로서 정의될 수 있다는 것을 제안한다. 그것은 그 현존에 대한 믿음이 아니라 그 현존에 대한 감각이나 감정이다. 그러므로 그것은 시각, 청각 또는 촉각의 결과도 그렇다고 해서 사유를 통해서 도달할 수 있는 결론도 아니다. 그것은 그런 것들 대신에 직접적이고 직관적인 경험이다.[61]

프랫은 신비주의 경험이 동반하는 감정의 현상적 특징을 세 가지로 지적하였다. 하나는 초월적 실재의 현존에 대한 감정 밀도이다.[62] 그는 신비주의 경험의 밀도에 따라 유순한 감정을 동반하는 경우와 반대로 극단적 감정을 동반하는 경우로 분류하였다. 그는 전자의 감정이 지극히 평범한 사람들에게서 많이 발생하고 있다는 점을 지적하였다. 그럼에도 불구하고 그는 일반적으로 신비주의 경험과 유순한 감정의 상관관계에 대한 논의가 많이 이루어지지 않고 있다는 점을 지적하였다. 반면 후자의 감정은 전자와 달리 그 밀도가 너무 강해 주체와 초월적 실재의 분리보다는 강력한 합일을 보여준다. 바로 이런 측면 때문에 많은 신비주의 경험 주체들은 성적 결합이나 결혼과 같은 은유로 그들의 경험과 감정을 세밀하게 묘사하기도 한다. 때로는 그 경험에 대한 묘사가 너무 격정적이어서 정상적인 종교적 경험으로 이해할 것인지, 그렇지 않으면 비정상적인 병리적 경험으로 분류할 것인지에 대한 논의가 제기될 정도로 많은 논쟁이 있었다.[63] 이 논쟁은

---

61) *Ibid.*, 337.
62) *Ibid.*, 339.
63) Maurice Lipsedge, "Religion and Madness in History" in *Psychiatry*

시원하게 해소되었기보다는 여전히 지금도 진행형이다. 이를테면 신비주의 논의에서 흔히 접하게 되는 환상이나 엑스타시, 그리고 환청과 같은 경험이 대표적이다.

다른 하나는 신비주의 경험이 담고 있는 감정의 지향성이다. 프랫은 그러한 감정은 마음대로 흐르기보다는 하나의 상징처럼 나름대로의 맥락 안에서 무엇인가를 향해 있다는 점을 지적하였다. 신비주의 경험은 위에서 보았듯이 감정을 불러내기도 하지만 동시에 그것을 토대로 인지적 관념을 작동하도록 이끌어간다는 것이다.[64] 신비주의 경험은 감정과 인지적 관념의 작동을 토대로 초월적 실재를 형상적으로 드러내고 있다는 것이다.

프랫은 초월적 실재의 형상화를 두 가지 유형으로 분류하였다. 그는 종교사 안에서 그것의 예들을 핵심적으로 지적하였다. 그가 첫 번째로 지적한 유형은 인격적인 초월적 실재의 모습이다. 기독교에서는 중세 신비가인 아빌라의 테레사(Teresa de vila, 1515-1582)나 십자가의 성 요한(Saint John of the Cross, 1542-1691)의 진술에서 그 점과 관련하여 주목한 반면, 동양에서는 힌두교 경전인 『바가바드 기타(*Bhagavad Gita*)』에 기술되어 있는 인격적인 초월적 실재에 주목하였다. 두 번째로 그가 지적한 유형은 인격적 차원을 넘어선 초월적 실재의 모습이다. 그는 기독교에서도 이러한 모습이 존재했다는 점을 강조하면서 대표적으로 독일의 신비가인 마이스터 에크하르트(Meister Eckhart, 1260-1327)의 진술을 강조하였다. 힌두교의 경우는 주로 샹카라 철학,

---

and Religion: Context, Consensus and Controversies edited by Dinesh Bhugra(London: Routledge, 1996), 30-2.

64) James Bissett Pratt, *op. cit.*(1920), 348-9.

불교의 경우에는 원시불교의 종교적인 무신론에 특별히 주목하였다.

마지막으로 신비주의 경험이 동반하는 감정은 현상적으로 양가적인 특징을 보이고 있다. 프랫은 그러한 감정이 두드러지게 보이는 특징을 대체로 두 가지 범주로 규정하여 그것을 각각 기쁨과 고통으로 분류하였다.[65] 이 두 가지 감정은 신비주의 경험에서는 그것이 무엇이 되었든 언제나 함께 나타난다는 것이다. 그러므로 양가적 감정은 신비주의의 극단적 경험에서만 발견되는 것이 아니라 유순한 경험의 경우에도 동일하게 발견된다. 특별히 신비주의 경험의 순간에는 기쁨으로 나타나지만 바로 그 직전의 극단적 고통이 존재하기도 하고, 아니면 잠시 동안의 기쁨의 순간이 지나가면 또 다른 차원의 고통으로 다시 되돌아간다. 그러한 고통을 또다시 겪어내면서 기쁨을 다시 접하는 경우도 있다. 신비주의 경험 이전이나 이후, 그리고 그 중간에서 어떤 경우라도 고통이 없는 그러한 순수한 기쁨이나 정반대로 잠시 동안이라도 기쁨의 순간이 없는 경우는 존재하지 않는다는 것이다. 그 경험은 동전의 양면처럼 때로는 고통의 감정을 동반할 경우도 있고 때로는 그러한 감정이 전혀 다른 차원으로 대체되는 기쁨의 감정을 동반하는 경우도 있다. 그것은 특정 감정이 고정되어 다른 감정으로 대체 불가능하기보다는 끊임없이 상호 교차되어가는 일종의 과정 현상이다.

시간적으로 보면 고통이 기쁨의 감정보다도 훨씬 오래 지속된다. 기쁨은 그렇게 오래 지속되지 않는다. 그럼에도 불구하고 후자의 감정은 오랜 기간 갖고 있었던 고통의 시간을 단번에 제압하여 어려움

---

65) *Ibid.*, 352-3.

으로부터 구원해줄 수 있는 일종의 치유적인 힘을 발휘하기도 한다. 바로 이러한 힘 때문에 한번 그러한 기쁨을 경험했던 주체는 그 경험을 다시 갖기 위해서 고통스러운 과정이 지속되어도 끊임없이 기쁨의 순간을 다시 쟁취하려는 노력을 기울이기도 한다. 이러한 노력이 극단적으로 나아갈 경우 일상의 삶을 포기하는 경우도 존재한다. 물론 어떤 경우에는 그러한 상태가 좀 더 깊은 차원의 종교적 감정의 상태로 나가기 위한 발판이 되어서 고통스럽기도 하지만 여전히 하나의 훈련 과정으로서 긍정적인 역할을 한다. 반면에 어떤 경우에는 참을 수 없을 정도로 고통을 겪기도 한다.

프랫은 신비주의 경험자들이 처음 경험했던 기쁨의 감정이 지속되지 못하고 그것을 갈구하지만 더 이상 그 감정을 갖지 못할 경우 삭막함의 과정을 지독하게 경험하는 것으로 이해하였다.[66] 그들은 죄의식이나 무가치함의 감정에 휩싸이기도 하여 초월적 실재로부터 버림받았다는 감정까지도 갖는다. 그들은 종종 그러한 감정을 다시 경험하기 위해서 종교집회나 기도원 또는 수도원 등을 찾아다니는 경우도 있다. 어떤 경우에는 끊임없이 반복적으로 종교를 옮겨 다니는 경우도 있다. 극단적인 경우 일상의 관점에서 보면 거의 세상을 등지게 되고 결국 폐인 상태로 남게 되거나 신비주의 경험을 갖기 이전의 상태로 완전히 되돌아가면서도 종교 자체를 부정하는 경우도 있다. 그러므로 그는 신비주의 경험 연구에서 간과하지 말아야 할 것은 이러한 두 가지 감정의 교차에 집중해서 전체적으로 그 경험을 이해할 필요가 있다는 점을 강조하였다. 신비주의 경험 연구에서 기쁨의 감정만 지속

---

66) *Ibid.*, 352.

적으로 강조될 경우 고통의 과정의 중요성을 간과하게 되어 그 경험이 보여주는 전체적 의미를 상실하게 되어 고통의 과정을 무가치한 것으로 인식하는 결과까지 낳을 수 있다는 것이다.

6. 종교적 리듬

종교적 의식은 독자적으로 다른 의식과 단절된 상태로 고정되어 있기보다는 매우 밀접히 연결되어 있다. 그러한 상태를 가장 잘 표현해주는 단어는 "흐름"이다. 그러한 의식은 흐름을 넘어서 독자적으로 존재하는 그러한 상태가 아니라 다른 의식과의 수많은 연결망 안에서 존재한다. 이런 측면에서 특정 종교에 참여하는 주체의 종교적 의식을 이해하려면 그 주체를 둘러싸고 있는 여러 가지 흐름인 종교적 의식 이전의 의식이나 그 이후의 의식 또는 그 사이의 의식을 전체적으로 검토해야 한다. 그러한 의식의 흐름이 종합적으로 모두 모아져 있는 장소는 삶이다.

프랫은 종교적 의식 연구를 위해 그 의식이 모아져 있는 삶의 소리에 집중할 것을 강조하였다. 그는 그 소리는 무색이기보다는 매우 다층적 음색을 담고 있는 리듬이 존재한다는 점을 지적하였다. 그는 인간 이해에 있어 그러한 리듬을 정확히 읽어낼 수 있는 것을 핵심으로 규정하여 의식의 흐름을 삶의 리듬으로까지 규정하였다.[67] 그의 주장대로 인간의 삶은 수많은 리듬으로 가득 차 있다. 일반적으로 삶은

---

67) *Ibid.*, 430.

긍정적으로 높은 음이 있는가 하면 그 반대로 낮은 음도 존재하고 그 두 가지 음들이 상호 교차하면서 무수한 변이의 음을 만들어내면서 리듬을 만들어내기도 한다. 이를테면 기쁨과 슬픔, 절망과 소망, 불신과 신뢰, 신념과 불신 등과 같은 충돌적인 의식이 상호 교차하면서 하나의 리듬을 형성하기도 한다. 단지 그것들 사이의 시간의 차이일 뿐이지 리듬은 계속 유지된다. 종교적 의식의 흐름도 예외가 아니어서 다른 의식의 흐름 못지않게 때로는 침묵과 같이 고요한 리듬으로 흐르기도 하고 때로는 그 반대로 강렬하게 정열적인 모습으로 리듬을 생생하게 들려주기도 한다.

프랫은 종교적 의식의 다양한 스펙트럼에서 리듬을 가장 잘 보여주는 범위를 위에서 다루었던 신비주의 의식으로 이해하였다. 그는 신비주의 의식 이면의 리듬을 두 가지 유형으로 분류하였다.[68]

첫 번째 유형은 고양된 음색과 우울증적인 음색이 함께 어우러져 생성된 리듬이다. 기쁨으로 가득 찬 역동적 흐름만 집중하면 전체적인 리듬을 읽어낼 수 없으므로 신비주의의 리듬을 깊이 이해하려면 그 경험과 대조되는 무미건조함이나 고통까지도 함께 읽어낼 수 있어야 한다. 그러한 리듬을 읽어내는 데 가장 중요한 관점은 대조되는 리듬의 극단적 색깔을 구분하여 분리하지 않고 상호 연결시켜 대비할 수 있는 비교이다. 그는 바로 이런 측면 때문에 클라크학파의 류바의 신비주의 의식 연구에 전적으로 동의할 수 없었다. 류바는 신비주의 의식에 내재해 있는 종교적 리듬보다는 일방적으로 실험실의 맥락 안에서 그 의식의 병리적 리듬만 강조하고 있다는 것이다.[69] 물론 프랫

---

68) *Ibid.*, 433.

은 신비주의 의식의 흐름이 류바의 논의와 반대로 언제나 건강한 밝은 리듬만을 보여준다는 점에 대해서도 경계하였다. 그는 첫 번째 유형의 신비주의 의식의 리듬은 합리적으로 쉽게 이해할 수 없는 병리적 리듬을 보이는 것도 부정할 수 없어 균형적으로 신중히 이해할 필요가 있다는 점을 강조하였다. 한마디로 신비주의 의식의 첫 번째 유형의 흐름은 극단적인 기쁨과 고통이 분리할 수 없을 정도로 혼재되어 있는 리듬이라는 것이다.

반면, 프랫은 두 번째 유형의 신비주의 의식의 흐름은 첫 번째 유형의 경우처럼 양극단이 함께 섞여 있는 리듬이기보다는 극단적 대립적 음색이 훈련과 절제로 누그러져 평정의 흐름으로 조화를 이루는 리듬이라고 정의하였다. 대표적으로 이러한 리듬은 신비주의 의식의 관상(contemplation) 활동에서 찾아볼 수 있다. 프랫은 위대한 신비주의 경험자들이 처음부터 후자의 리듬으로 나아가지 않고 전자의 리듬에 대한 끊임없는 훈련을 통해 서서히 후자의 리듬으로 나아갔다는 점을 지적하였다.[70] 그러므로 신비주의 의식이 건강하게 성장한다는 것은 첫 번째 리듬에서 멈추지 않고 그것을 끊임없이 훈련하여 두 번째 리듬으로 옮겨 가는 것과 반대로 두 번째 리듬으로부터 첫 번째 리듬으로 다시 되돌아가는 끊임없는 순환 과정에 놓여 있다. 전자의 리듬은 잠재의식이 기존의 의식을 밀어내면서 형성되므로 원초적이고 비이성적인 흐름을 보여주지만 후자의 리듬이 나오게 하는 모체와 같다. 반면 후자의 리듬은 전자의 리듬을 지독히 훈련한 결과로 형성된다는

---

69) James Bissett Pratt, *op. cit.*(1941), 122.
70) James Bissett Pratt, *op. cit.*(1920), 433.

점에서 이성적일 뿐만 아니라 목적적이고 도덕적인 경향을 보이기도 한다. 후자의 리듬은 전자와 달리 원초적으로 다듬어지지 않는 리듬이기보다는 봉사나 돌봄과 같은 사회적 활동을 통해 끊임없이 훈련된 의식이 그 이면의 잠재의식으로까지 확장되면서 형성된다. 이런 측면에서 그는 후자의 리듬에 "훈련된 잠재의식(trained subconsciousness)"이라는 이름을 붙이기도 하였다.[71]

프랫은 전자와 후자의 리듬이 서로 분리되기보다는 언제나 상호 결합해서 그 리듬을 확장할 것을 강조하였다. 후자의 리듬은 전자의 리듬을 통해서 언제나 새롭게 재충전할 필요가 있고, 전자의 리듬은 후자의 리듬을 통해서 다듬어질 필요가 있다는 것이다. 만약 전자의 리듬으로부터 에너지를 부여받지 않고 지속적으로 의식만 훈련시켜나간다면 그 뿌리 자체가 메말라 황폐하게 될 것이다. 그런 측면에서 활동의 차원을 늘 신선하게 유지시켜주기 위해서는 관상과 같은 기법으로 전자의 리듬으로 다시 되돌아갈 수 있어야 할 것이다. 그는 이러한 두 가지 리듬의 순환 과정을 바로 신비주의 의식의 맥박으로 이해하였다. 그러므로 종교심리학이 인간을 심층적으로 연구하려면 신비주의 의식의 어떤 측면보다도 바로 이러한 순환 과정을 포착할 수 있어야 한다.

현대 인간 연구는 의식의 심층적 리듬을 읽어내는 데 실패했다는 점을 프랫은 정확히 고발하고 있다. 일반적으로 신비주의 의식은 정상적인 삶과는 무관한 것으로 여겨지거나 병리적으로 잘못 인식되었다는 것이다. 그는 이러한 오해가 생기게 된 근본 원인이 의식의 영역

---

71) *Ibid.*, 440.

과 그 이면의 영역이 상호 순환하지 못하고 단절된 결과에 있다는 점을 비판적으로 지적하였다. 그렇다 보니 현대의 삶은 이성적 의식과 그것을 기초로 한 사회적 활동의 극대화로 끊임없이 나아가게 되었지만 의식과 그 활동이 새롭게 충전받을 수 있는 영적 원천을 결국 상실하고 말았다는 것이다. 그는 삶의 리듬을 다시 회복하기 위해서는 의식의 활동도 중요하지만 그것이 언제나 그 이면의 원천에 닿으면서 새로워지게 되는 순환 연결이 회복되어야 한다는 점을 강하게 주장하였다. 만약 이러한 연결이 회복되지 않는다면 인간 의식 활동의 집합체인 삶은 결국 황폐화되고 만다는 것이다. 직접 그의 비판을 들어보기로 한다.

> 사실상 내가 볼 때 위험은 주로 다른 측면에 존재하는 것처럼 보인다. 행동, 사회적 도덕성, 계급 평등, 위생 상태, 국제 정치, 그리고 눈에 보이는 결과들에 너무 열광한 나머지 우리들은 인간의 삶의 리듬에서 외부적으로 나아가려는 충동 못지않게 중요한 영혼의 내면적 삶, 즉 영(spirit) 자체를 조용히 되돌아보는 삶을 잊어버리기 시작하고 있다. 감정주의와 센티멘털리즘의 안정적이고 분별 있는 두려움 때문에 우리는 우리 인간의 유산의 일부분인 영적인 본성과 단절하고 있다.[72]

위의 인용구가 보여주듯이 프랫은 의식 활동이 개인적으로나 집단적으로 건강하게 활동하기 위해서는 어떤 것보다도 우선적으로 그것의 뿌리인 "영적 본성"이 다시 회복되어야 한다는 점을 주장하였다.

---

72) *Ibid.*, 478-9.

이 점에서 그의 주장을 신중히 이해할 필요가 있다. 그는 현대 의식 활동의 문제점을 지적하기 위해 종교적 의식의 예로 신비주의 의식을 전개하는 것뿐이지 종교적 의식의 본질로 주장하는 것은 아니었다.[73] 사실 신비주의 의식 연구와 관련해서 많은 오해는 그 의식이 종교적 의식의 최종적으로 완성된 의식이라는 평가도 있고 또한 다른 어떤 의식보다도 근원적이라는 평가도 있었다. 그는 이러한 일반적 평가에 대해서 동의하지 않았다. 그는 신비주의 의식 못지않게 일상적인 종교적 의식도 삶을 영적으로 유지하는 데 많은 역할을 했다는 점을 지적하였다. 오히려 신비주의 의식보다도 그 규모에서 후자의 종교적 의식이 종교사를 보면 종교를 유지시키고 개혁하는 데 큰 역할을 하였다. 이를테면 충실한 종교의례의 규칙적 참여, 경전 공부, 기도 생활, 그리고 봉사활동과 같은 경우들이 대표적이다. 대부분 어떤 강렬한 종교적 경험은 없지만 지속적으로 일상적인 종교적 의식으로 삶을 늘 새롭게 유지시켜 나아간다는 것이다.

프랫이 신비주의 의식을 예로 들면서 최종적으로 주장하려고 했던 것은 종교적 의식 안에는 심층적 리듬의 순환이 이루어질 수 있도록 의식과 그 이면의 뿌리로서의 영적 본성이 분리되지 않고 언제나 연결될 수 있어야 한다는 점이다. 그는 신비주의나 일상의 종교적 의식이든 외적 의식과 그 이면의 영적 원천이 언제나 시계추의 작동처럼 순환적 리듬 운동을 유지할 것을 강조하고 있다. 너무 극단적으로 사회적 의식 활동이 개인이나 집단의 삶을 지배하게 되어 그 활동을 비판적으로 성찰할 수 있는 영적 원천과의 교류가 단절된다면 개인이나

---

73) *Ibid.*, 477.

집단의 삶은 지극히 정신적으로 피폐해질 수밖에 없다는 것이다.

7. 맺음말

지금까지 윌리엄 제임스의 제자로 하버드학파에서 주된 역할을 하였던 제임스 프랫의 '비교' 종교심리학을 그의 생애와 학문 여정, 종교정의와 종교적 의식, 종교적 의식의 연구 방법과 범위, 종교적 감정과 회심, 종교의례와 신비주의 경험, 그리고 종교적 리듬으로 각각 나누어서 검토하였다. 그런 검토 과정을 전개하면서 그의 종교심리학에서 세 가지 측면을 확인할 수 있었다.

무엇보다도 먼저 지적해볼 수 있는 것은 프랫의 종교심리학은 비교종교학의 토대로 전개하였지만 종교의 외부적 차원에 해당하는 교리, 제도, 구조, 윤리 체계 등에 그 연구의 초점을 두고 진행하지 않았다는 점이다. 그는 종교의 외적 체계를 그의 연구의 일차적 주제로 생각하지 않았다. 그가 다른 어떤 주제보다도 우선적으로 관심을 두었던 주제는 특정 종교에 직접 참여하고 있는 종교인들이나 소위 어떤 종교에도 참여하지 않지만 종교적 경험을 부정하지 않는 주체들의 종교적 의식이었다. 그러므로 그는 주체들과 분리된 밖에 존재하는 대상화된 고정 사물로서의 종교보다는 그것을 생성하고 유지하고 변혁해가는 수없는 주체들의 종교적 의식과 그것이 일어나게 된 맥락에 특별히 주목하였다.

다음으로 프랫의 종교심리학은 특정 신학이나 철학의 관념적 연구 또는 그것을 반대하면서 실험심리학의 경험적 연구를 지향하지 않았다. 종교심리학 운동의 다른 연구자들과 마찬가지로 프랫은 전자의 연구에 대해서는 비판적이었다. 그러나 그가 후자의 연구에 대해서 모든 것을 비판한 것은 아니지만 그 연구를 경험적 관점이라고 해서 모두 수용하지는 않았다. 특별히 그는 후자의 학파에서 주로 사용하였던 의도적인 실험적 질문지 방법을 통해서 수집한 자료 분석에 기초한 종교심리학 논의를 비판하였다. 그는 그러한 계획된 자료들에 의존하기보다 구체적으로 종교적 의식이 자연스럽게 기술되어 있는 자서전이나 기도나 회심이나 신비주의 경험 자료들을 비롯해서 종교 현장에 직접 방문하여 발표와 토론, 그리고 대화를 통해 수집하고 기록하였던 자료들이 제시하는 의미를 정확히 읽어내려고 하였다. 그는 그의 관점을 강조하기보다는 많은 경우 일단 먼저 자료들 이면의 종교적 의식의 소리를 깊이 들으려고 하였다. 이런 측면에서 그의 종교심리학의 관점은 '비교' 현상학적 차원을 깊이 지니고 있다는 것을 알 수 있다. 그러므로 그의 종교심리학을 현상학적 종교심리학이라고 규정하여도 무리가 되지 않을 것이다.

프랫은 자료들의 소리에 깊이 귀를 기울임에도 불구하고 이성적으로 접근하기 거의 불가능한 내용들을 이해할 수 있는 통찰을 제시해 주었던 잠재의식 또는 무의식의 연구를 받아들이기도 하였다. 그는 이 부분에서 스승인 제임스의 견해를 따르고 있다. 그는 그 연구를 검증된 확고한 사실이기보다는 하나의 심리학적 가설로서 받아들이고 있었다. 그가 그렇게 심리학적 가설로서 받아들이고 있는 이유는 종교적 의식을 연구하는 데 주로 받아들였던 두 가지 설명을 거부하기 위해서였다. 하나는 초월적 실재에 대한 특정 종교나 철학의 전제를 통해서 종교적 의식은 초월적 실재의 개입으로 인해 생성한 존재의 근거라는 설명이고, 다른 하나는 단순히 병리적인 현상이나 뇌의 현상이라는 극단적인 자연주의 설명이다. 그는 이러한 설명이 하나의 주장을 얘기하는 것이지 경험적으로 검증된 것은 아니라는 점을 비판적으로 지적하였다. 한마디로 그는 종교적 의식에 대한 이러한 두 가지 극단적 설명을 넘어설 수 있는 대안으로 무의식이나 잠재의식을 받아들여 종교적 의식에 대한 기존 관점을 넘어서려고 하였다.

마지막으로 프랫의 종교심리학은 종교심리학 운동의 다른 연구자들보다 규모와 깊이에서 파격적으로 비교종교학의 관점을 분명하게 갖고 있다는 점이다. 종교심리학을 논의하는 거의 대부분의 장을 살펴보면 그의 그러한 관점을 명확히 알게 된다. 이를테면 그는 기독교의 맥락에서 생성된 종교적 의식을 연구할 경우 그것을 담고 있는 기독교 자료들만을 다루는 것이 아니라 그 자료들의 비율과 거의 균등하게 다른 종교 자료들을 다루었다. 그는 연구 자료들의 균등한 배치로 비교할 수 있는 토대를 마련하였고 또한 그러한 과정을 통해서 상호 연결할 수 있는 공통점과 그렇지 못한 차이점을 제시하면서 그의 종교적 의식 연구의 타당성을 확보하려고 하였다. 바로 이러한 문제의식 때문에 그는 단순히 역사적 자료들에 국한하지 않고 현장에서 직접 대화를 통해서 종교적 의식을 심층적으로 이해하려고 노력을 기울였다. 그러므로 그의 종교심리학은 연구 초기부터 종교적 의식의 비교에 근거한 종교학적 종교심리학이라고 규정할 수 있다.

프랫의 종교심리학은 거의 80년 전에 이루어진 것이지만 지금의 관점에서 보더라도 종교심리학이 새롭게 나갈 수 있는 방향을 제공해주고 있으므로 아주 신선하게 다가온다. 특별히 그의 종교심리학이 암시하고 있는 비교종교의 맥락은 종교학적 종교심리학으로 나아가게 하는 하나의 가능성을 제공해줄 수 있다고 생각한다. 그의 종교심리학은 최근 실증주의 사회과학적 차원이 너무 강한 나머지 자연주의적인 생물학적 실험심리학적 설명이 그 대부분을 이루고 있는 시점에서 종교심리학의 새로운 통찰을 보여줄 수 있다고 평가한다. 앞으로 종교심리학이 초창기에 보여주었던 생명력을 다시 회복하여 활성화하기 위해서는 사회과학의 실증적 경험 연구를 넘어설 수 있는 종교학적 통찰이 절실히 요청된다. 그럴 때에 비로소 종교심리학은 고질병으로 지금도 문제가 되는 심리 환원주의 시각을 극복할 뿐만 아니라 다양한 종교들이 함께 어우러져 있는 글로벌 현실에 울림을 주는 종교학적 종교심리학을 설득력 있게 보여줄 것이다.

제5장

에드윈 딜러 스타벅의 '회심' 종교심리학

앞에서 살펴보았듯이 북미 종교심리학 운동을 이끌었던 거의 대부분의 연구자들은 종교심리학과 관련해서 각자 연구 분야를 새롭게 개척했다는 점에서 공통점을 보인다. 우리가 지금 살펴보고자 하는 에드윈 딜러 스타벅(Edwin Diller Starbuck, 1866-1947)의 경우도 예외가 아니다. 스타벅은 북미의 종교심리학 운동에 있어 종교적 의식 성장에 대한 연구를 중심으로 독창적으로 '회심' 종교심리학을 구축하였다. 또한 그는 그러한 연구의 최종 목표를 교육 현장으로 확산하여 종교교육과 인격교육(character education)을 새롭게 구축했다는 점에서도 개척적인 연구를 전개하였다.

스타벅의 논의가 있은 이후 종교심리학과 종교교육이나 인격교육의 논의가 이론적으로나 실천적으로 다양한 관점에서 제시되기 시작하였다. 그러나 스타벅이 원래 연구의 초점을 두려던 종교심리학과 종교교육, 그리고 인격교육은 그 이후에 제기된 연구와 비교해보면 상당한 차이점을 보이고 있다. 그가 지향하려고 했던 종교적 의식의 성장에 토대를 둔 연구는 그 이후 연구에서는 거의 실종되었다. 그러므로 그가 지향했던 연구는 범위나 내용뿐만 아니라 방법에서도 협소하게 축소되어 종교적 의식에 대한 연구는 거의 생략되어 있다. 앞으로 그가 의도했던 논의를 회복하려면 이 부분에 대한 비판적 성찰이 반드시 따라야 할 것이다.

그러므로 이번 장에서는 스타벅의 의식 성장 연구에서 종교적 의식에 대한 연구가 핵심을 이루고 있는 종교심리학 논의를 검토하기로한다. 특히 스타벅이 종교적 회심을 통한 의식 성장과 종교적 회심을거치지 않은 자연적 의식의 성장에 대한 비교 연구를 토대로 구축하였던 종교심리학의 내용을 검토하려고 한다. 종교심리학의 내용을 검토하기 전에 우선 스타벅의 생애와 종교심리학 연구의 방법론적 관점을 개략적으로 스케치해보기로 한다.[1]

1. 생애와 학문 여정

스타벅은 선조인 스타벅 집안의 18대 자손이다. 그는 미국 인디애나주의 인디애나 폴리스에서 열 명의 형제와 자매들 중에서 막내로태어났다. 그의 집안 분위기는 종교적으로 퀘이커 전통(Quakerism)을 고수하고 있었다. 그는 어릴 때부터 퀘이커 전통의 가치에 많은 훈련을

---

1) Vergilisu Ferm, "Edwin Diller Starbuck" in *Religion in Transition* edited by
    Vergilisu Ferm(New York, 1937), 201-56.

받아서 경건과 책임감을 강조하는 종교적이고 도덕적인 삶에 대해 강한 의식을 지니고 자라났다. 어린 시절의 종교와 도덕적 삶에 대한 훈련은 그가 성장해서도 지속적으로 그의 개인적 삶의 문제일 뿐만 아니라 학문적 관심도 바로 그러한 문제에 초점을 두고 있었다. 특히 스타벅은 고등학교를 졸업할 무렵 제2차 대각성운동의 영향이 일어날 때 지역 부흥집회에서 회심 경험을 갖기도 하였다.[2] 그는 자신의 회심 경험과 회심으로 인해 사람들이 변화되는 모습을 보면서 회심 연구에 관심을 갖기 시작하였다.

스타벅은 미국의 "신사고(New Thinking)" 운동의 모체였던 인디애나 대학교 철학과에 입학해서 자신이 어렸을 때부터 관심을 갖고 있던 종교적이고 도덕적인 문제에 관심을 기울이면서 공부하였다. 그는 대학 마지막 학기에 클라크의 『열 개의 위대한 종교들』이라는 책을 읽고 종교에 대한 과학적 연구를 접하게 되면서 회심에 대한 논의를 과학적 관점으로 연구할 수 있다는 생각을 처음으로 갖기도 하였다.[3] 그는 졸업 후에 잠시 스피셀런 아카데미(Spicelan Academy)와 빈센(Vincennes) 대학교에서 가르치면서도 종교적 회심을 과학적으로 공부해보고 싶은 열망을 포기할 수 없었다. 특히 그는 이 시기에 종교학의 주창자인 막스 뮐러의 "종교학 강연"을 읽기 시작하면서 종교적 회심 연구를 하려는 학업 계획을 결정적으로 세우게 되었다.[4]

---

2) Edwin Diller Starbuck, "Religion's Use of Me" in *Religion in Transition* edited by Vergilius Ferm(London: George Allen & Unwin LTD., 1937), 212.

3) *Ibid.*, 219-20.

4) Howard J. Booth, *Edwin Diller Starbuck: Pioneer in the Psychology of Religion*(Washington D.C.: University Press of America, 1981), 79-81.

그러나 그는 좀 더 종교적이고 도덕적인 삶의 문제에 몰두하기 위해 대학교에서 가르치는 일을 더 이상 수행할 수 없었다. 그는 대학교에서 사임을 하고 난 이후 1893년에 하버드 대학교 대학원에 입학해서 윌리엄 제임스의 지도하에 종교적이고 도덕적인 삶의 문제에 관심을 갖고 연구를 진행하였다. 제임스는 철학과에서 가르치고 있었지만 그의 관점은 기본적으로 철학, 종교, 그리고 심리학이 함께 어우러져 있었기 때문에 포괄적으로 학제적 관점을 보이고 있었다. 그래서 제임스는 과학주의나 독단적 종교적 교리주의의 맥락에 젖어 있는 일반 교수들의 분위기와 달리 스타벅의 종교적 의식에 대한 관심을 학문적으로 연구하는 것을 적극적으로 격려하였다.[5]

제임스의 격려 덕분에 스타벅은 이전에 어느 누구도 시도한 적이 없었던 종교적 경험 연구의 핵심인 회심 연구에 열정적으로 집중할 수 있었다. 그는 당시 종교적 경험 연구와 관련하여 어느 누구도 시도하지 않았던 연구 방법으로 질문지법을 사용하여 수집한 자료를 근거로 연구를 수행하였다. 스타벅의 회심 연구는 종교심리학 운동을 일으켰던 대부분의 연구자들에게 다양하게 수집한 실증적 자료를 제공해주기도 하였다. 특히, 그의 스승인 윌리엄 제임스가 기퍼드 강연을 준비하는 데에도 그의 회심 연구 자료들을 많이 사용하였다. 제임스가 기퍼드 강연에서 회심에 대한 논의를 그렇게 핵심적으로 설득력 있게 전개할 수 있었던 것도 스타벅의 연구 덕분이었다. 그래서 루돌프 우렌은 기퍼드 강연을 제임스가 풍성한 자료들로 전개할 수 있었

---

5) Howard J. Booth, "Edwin Diller Starbuck" in *Biographical Dictionary of Iowa*(University of Iowa Press, 2009), Web. 참조.

던 것은 바로 스타벅이 제공해준 질문지법을 통해 수집한 자료들 때문에 가능했다는 지적을 하였다.[6]

스타벅은 인디애나 대학교에 재학할 때 두 명의 여학생 중 하나인 애너 마리아 딜러(Anna Maria Diller)를 알게 되었고 대학을 졸업한 이후에도 지속적으로 관계를 이어갔다. 마침내 그는 제임스의 지도하에 하버드 대학교 대학원을 졸업한 이후 1896년에 그동안 알고 지냈던 애너 마리아 딜러와 결혼하였다. 그는 결혼 이후에도 제임스 지도하에 지속적으로 박사 과정을 추진하려고 했지만 '종교심리학'이라는 주제로 박사학위를 받기에는 당시 하버드 대학교의 학풍이 관용적이지 않아서 하버드를 떠날 수밖에 없었다.[7] 그래서 그는 제임스의 지도하에 미국인으로는 첫 국내 미국 박사학위자인 그랜빌 스탠리 홀이 총장으로 재직 중인 미국 동부 우스터의 클라크 대학교로 옮겨 가서 종교심리학 전공으로 박사학위 과정을 공부하였다. 그는 1897년 홀의 지도하에서 그동안 꾸준히 연구하였던 회심 연구를 더욱 발전시켜 박사학위를 받았다. 또한 그는 박사학위 과정 중에 종교심리학의 핵심 주제로서 종교적 경험과 그 연구 방법인 질문지법을 확장하는 데 있어 새로운 관점으로 클라크학파에 많은 통찰을 주었을 뿐만 아니라[8] 홀의 주도하에 준비하였던 미국 최초의《미국 종교심리학과 종교

---

6) A. Rudolf Uren, *Recent Religious Psychology*(New York: Charles Scribner's Sons, 1928), 51.

7) Howard J. Booth, *Edwin Diller Starbuck: Pioneer in the Psychology of Religion*(Washington D.C.: University Press of America, 1981), 71.

8) 스타벅의 질문지법은 제임스 밑에서 대학원 공부를 하기 전부터 시작되었으므로 클라크 대학교의 종교심리학의 방법론적 관점에 결정적으로 영향을 미쳤다는 점을 지적할 수 있다: David Arnold, "Starbuck, Edwin Diller" in *American*

교육 학술지(*American Journal of Religious Psychology and Education*)》
를 창안하는 데에도 결정적 역할을 담당하였다.[9]

스타벅은 박사학위를 받고 난 이후 지금의 스탠퍼드 대학교(Leland Stanford Junior College)의 교육학과에 조교수로 임명되어 1897년부터 1903년까지 가르쳤다. 그는 이 기간 동안 교육학과 커리큘럼에 포함되지 않았던 종교심리학, 교육심리학, 그리고 인격교육학이라는 새로운 과목들을 개설하여 학문적 파장을 일으키기도 하였다. 그는 1903년에 조직된 북미 "종교교육 협의회(Religious Education Association)" 창립 멤버로 참여하였다.[10] 이 협의회는 개신교 교육 기관 관계자들이 주도했지만 가톨릭과 유대교의 영향력 있는 종교와 교육의 지도자들도 관심을 갖고 참여하였다. 스타벅은 제1차 시카고 학술 대회에서는 '회심' 종교심리학 관점에서 종교교육에 대한 핵심 강연을 통해 종교교육의 전체 프레임 방향을 설정하는 데 상당히 영향을 미치기도 하였다. 이 협의회는 1906년부터는 《종교교육》학술지를 발간하면서 종교와 교육의 상호 관련성에 대한 논의에 대한 관심을 학문적으로 전개하였다.

스타벅은 또한 종교와 교육이 공통적으로 관심을 보이고 있는 인

National Biography(New York: Oxford University Press, 2020), 1. 하버드학파의 프랫은 종교심리학 운동의 전체 맥락을 기술하면서 클라크학파의 종교심리학은 스타벅의 질문지법이 적극적으로 고려되지 않았다면 발전할 수 없었다는 점을 지적하기도 했다: James Bissett Pratt, "The Psychology of Religion" in *Harvard Theological Review*, Vol. 1/4(October 1908), 435-8.

9) Karl R. Stoltz, *The Psychology of Religious Living*(Nashville: Abingdon Press, 1937), 125.

10) Howard J. Booth, *op. cit.*(1981), 30.

격의 변환에 대한 관심 때문에 1903년 스위스 취리히 대학으로 떠났다. 그는 교육심리학의 관점으로 인격교육학의 개척자인 에른스터 뮤만(Ernst Friedrich Wilhelm Meumann, 1862-1915) 교수의 지도를 받으면서 인격교육학에 대한 논의를 더욱 심화시킬 수 있었다.[11] 그는 인격교육학을 더욱 전파하기 위해 재직하였던 스탠퍼드 대학을 떠나 교육과 관련된 연구에만 몰두할 수 있다는 조건하에 1904년 얼햄(Earlham) 대학교로 옮겼다. 그는 얼햄 대학에 부임한 이후 교육학과 신교육학의 연구소 소장 직을 수행하면서 인격교육학의 논의를 광범위하게 전개하려고 하였다.

스타벅은 얼햄 대학교에서 약 2년 정도 가르친 다음 오랜 기간 머물기로 결정하였던 아이오와 대학교 철학과로 옮겼다. 그는 1906년부터 1930년까지 아이오와 대학교에 재직하면서 주로 종교교육과 인격교육에 방점을 두고 연구하였다. 그의 명성은 종교심리학자보다도 그 관점을 바탕으로 이루어진 종교교육과 인격교육학자로 더 많이 알려지게 되었다. 사실 그는 대학 안에서 이론적 연구뿐만 아니라 행정기관을 비롯하여 교육과 관련된 공공 연구소에서도 여러 가지 교육정책 활동을 실천적으로 전개하였다.

스타벅이 아이오와 대학교에서 재직할 때 종교교육 및 인격교육과 관련해서 두드러진 업적을 남기게 된 계기는 두 가지이다. 첫 번째로 그는 1921년에는 아이오와주 교육위원회의 책임자로 임명되어 공교육에서의 인격교육에 대한 전체 방향과 계획을 수립하였다. 그가 교육위원회에서 수립하였던 인격교육에 대한 계획과 비전은 아이오와

---

11) David Arnold, *op. cit.*, 2.

주를 넘어서 미국 교육계에 상당할 정도로 신선한 영향을 끼치기도 하였다. 그가 처음 시도했던 인격교육에 대한 논의는 미국 교육학에서 교육철학이나 성격교육 또는 사회교육의 일환으로 아직도 지속적으로 언급되고 있다.

두 번째로 스타벅은 미국 유니테리언 협의회의 부탁을 받고 유니테리언 교회의 종교교육 교과 과정을 혁신적으로 새롭게 계발하면서 기존 종교교육 프로그램에도 많은 영향을 미쳤다. 종교교육 연구사를 보면 그의 연구는 코의 종교교육과 더불어 종교심리학의 관점에서 개척자로 평가되기도 하였다.[12] 그는 기본적으로 종교교육이나 인격교육학의 목표가 종교적 심성에 대한 심층적 이해를 토대로 인격의 성장에 그 초점이 모아져 있다는 점을 강조하였다. 유니테리언 협의회의 교과 과정을 계발하는 계기를 기점으로 그는 평생 관심을 갖고 있었던 종교적 회심에 대한 연구를 교육 현장에서도 적극적으로 활용하려는 노력을 더욱 기울이게 되었다. 그러므로 스타벅의 인격교육과 종교교육은 철학이나 신학보다는 근본적으로 종교심리학에 그 토대를 두고 있음을 확인할 수 있다.

더 나아가 스타벅은 회심 연구를 바탕으로 인격의 변환 연구에 대한 교육 프로그램을 더욱 구체화하려는 목적으로 1927년에 아이오와 대학교에 인격교육학 연구소(Institute in Character Education)를 설립하였다. 그는 이 연구소를 통해서 인격교육학 교재 및 연구 자료들(University of Iowa Studies in Character Education)을 출판하였다. 그

---

12) Vergilius Ferm, "Introduction" in *Religion in Transition* edited by Vergilius Ferm(London: George Allen and Unwin, 1937), 9.

는 주로 문학 작품이나 자서전 자료들을 기반으로 해서 인격교육학에 대한 교재들을 다양하게 출판하였다. (이를테면 그는 1928년에는 『인격 훈련 문헌자료 안내: 전래동화, 신화, 그리고 전설(*A Guide to Literature for Character Training: Fairy Tales, Myth and Legend*)』, 1930년에는 『인격 성장을 위한 도서 안내: 소설(*A Guide to Books for Character: Fiction*)』과 『원더 로드(*The Wonder Road*)』, 그리고 1936년에는 『전기에 나타난 삶의 경험(*Living through Biography*)』을 출간하였다.) 그의 연구는 자서전을 많이 연구하여 활용하고 있다는 점에서 자서전학에서도 연구 모델을 획기적으로 제시한 것으로 평가할 수 있다.

다음으로 그가 종교심리학 연구를 위해 갖고 있었던 종교의 정의와 연구 방법론을 살펴보기로 한다.

2. 종교정의와 연구 방법

앞의 장들에서 검토한 종교심리학 운동의 중심 참여자들과 마찬가지로 스타벅도 종교를 철학적 혹은 신학적 관점에서 특정 개념이나 교리 체계 또는 제도나 의례에 초점을 두고 종교에 대한 정의를 내리려고 하지 않았다. 그는 종교정의와 관련해서 그러한 논의들은 거의 대부분 이차적으로 파생된 것으로 규정하여 보다 근본적인 종교적 경험이나 의식을 충분히 담아낼 수 없다는 점을 분명히 인식하고 있었다. 오히려 그가 종교정의를 위해 전적으로 관심을 기울였던 곳은 개념, 교리 또는 제도나 의례 등을 창출하고 매개하였던 인간의 자연적 욕구에 있었다.

스타벅은 인간이 생물학적으로 배고프면 음식을 섭취하는 것처럼, 종교적으로도 배고픔을 갖고 있으면 그러한 배고픔을 종교적으로 채워야만 하는 자연적 존재로 이해하였다. 바로 인간의 본성적 존재 방식 때문에 종교적 욕구는 인간의 삶 속에 후천적으로 부과된 어떤 특별한 욕구가 아니라 인간이라면 누구에게나 선천적으로 부여된 자연적 욕구라는 것이다. 그러므로 그의 논의에 있어 인간은 생존을 위해 규칙적으로 음식을 섭취하듯 규칙적으로 종교적 욕구를 채우면서 살아가는 존재이다. 물론 인간마다 배고픔의 느낌이나 인식의 차이를 보이는 것은 부인할 수 없는 사실이지만 그렇다고 해서 그러한 배고픔이 존재하지 않는다고 부정할 수 없다. 단지 강도의 차이만 존재할 뿐이다. 어떤 경우에는 그러한 욕구를 의식적으로 적극적으로 받아들여 제도종교나 아니면 다른 형식으로 종교적 배고픔을 달래기도 하지만 다른 경우에는 그러한 욕구를 감지하지 못하거나 다른 곳으로 방향을 돌려 지속적으로 배고픈 상태로 남아 있게 되기도 한다.

스타벅은 바로 이런 존재 방식 때문에 인간은 생물학적 존재이기도 하지만 동시에 제도적인 종교에 참여하든 그렇지 않든 생물학적 한계를 넘어서려는 또 다른 차원의 자연적 욕구 달래기를 다양한 모습으로 열망하는 종교적 존재로 이해하였다. 이러한 자연적인 종교적 배고픔을 부정하게 되는 것은 오히려 인간 존재 자체를 전면적으로 부정하는 결과를 낳게 된다. 그러므로 스타벅은 보다 적극적으로 종교적 욕구를 단순히 이원론적으로 몸의 욕구와 대조되는 정신적 욕구 정도로 이해하지 않고 몸과 정신적 욕구가 통합되어 표출되는 자연적 본능으로 해석하고 있다. 그가 자연적 본능의 맥락과 연결해서 종교에 대한 정의를 내리고 있는 부분을 직접 확인해보기로 한다.

종교는 삶, 즉 깊게 뿌리내려 있는 본능이다. 그것은 우리가 연구를 하든 그렇지 않든 상관없이 존재할 것이고 계속해서 그것 자체를 표출할 것이다. 마치 배고픔이나 운동을 하려는 욕구가 여전히 우리가 그 이면에 있는 조건들을 알든 모르든 상관없이 그것을 표출하고 있듯이, 우리의 영적인 자연적 본성은 그렇게 기능할 것이고 또한 우리가 완전히 지성적으로 그것의 본성에 대해서 무지하다고 할지라도 그것의 표현을 위해서 그것의 대상들을 추구할 것이다.[13]

스타벅은 인간이라면 누구에게나 차별 없이 부여된 종교적 본능에 대해 관념적으로 연구를 진행하지 않고 그러한 본능을 담아내고 있는 많은 경험적 자료들을 수집하여 분석한 내용들을 토대로 과학적 관점에서 체계적으로 연구하려고 하였다. 그가 주력했던 자료들은 일상의 삶 속에서 여러 가지 모습을 띠고 분출되는 종교적 본능의 사례들을 수집하여 어떻게 그러한 본능이 구체적으로 전개되고 표출되는지를 심층적으로 살펴보려고 하였다.

스타벅은 종교적 본능에 대한 논의를 진척시키기 위해 방법론적으로 세 가지 절차를 따랐다. 우선적으로 그는 연구의 관심에 따라 생애 시기를 주로 청소년기와 중년기로 분류하였다. 그런 다음 그는 수집한 많은 자료들을 해당하는 시기별로 배열하였다. 마지막으로 그는 관심을 기울였던 생애 시기의 분류와 수집한 자료들의 배열 과정을 통해서 두 가지를 체계적으로 분석하였다. 하나는 특정 시기에 해

---

13) Edwin Diller Starbuck, *The Psychology of Religion: An Empirical Study of the Growth of Religious Consciousness*(New York: The Walter Scott Publishing Company, 1898), 7.

당하는 사례들이 구체적으로 보이고 있는 현상적 특성에 대한 체계적 분석이고, 다른 하나는 종교적 본능이 특정 시기에 어떠한 분출 과정을 거쳤는지에 대한 체계적 분석이었다. 결론적으로 그는 이러한 두 가지 분석을 통해서 생애 시기에 해당하는 사례들의 차이점과 공통점을 비교의 관점에서 실증적으로 제시하면서 종교심리학을 구축하려고 하였다.[14]

제3장인 홀의 '발달' 종교심리학을 다루면서 지적했듯이 스타벅이 자료들을 생애별로 구분한 것은 전반적으로 지도교수였던 홀의 생애 시기 분류와 무관하지 않다. 하지만 스타벅은 홀의 생애 시기 분류를 모두 수용하지 않았다. 그가 홀의 분류를 모두 수용하지 않은 이유는 생애 시기의 분류에서 유아기, 유년기, 장년기, 노년기에도 지속되는 종교적 본능의 거부에 근거하기보다는 주로 그가 수집한 대부분의 자료들이 유아기, 유년기, 장년기, 노년기에 해당하는 자료들과는 거리가 있었기 때문이었다. 바로 이런 측면 때문에 스타벅은 홀의 종교심리학의 경우와는 구별되게 유년기 혹은 장년기나 노년기의 종교적 본능이 경험적으로 표출된 사례는 거의 제시하지 않고 주로 청소년기에 해당하는 사례들을 집중적으로 수집하여 종교심리학 연구를 전개하였다. 그러므로 스타벅의 종교심리학은 청소년기의 종교적 본능이 표출된 경험을 주로 분석한 내용이므로 엄밀히 말해서 "종교심리학"이라는 학명 앞에 "청소년기"를 붙여야 그 의미를 정확히 이해할 수 있다.

앞 장들에서 다룬 경우와 마찬가지로 스타벅도 종교심리학을 구축하는 데 특정 종교의 맥락에서 종교적으로 접근하기보다는 신생 학문

---

14)　Howard J. Booth, *op. cit.*(1981), 209.

인 심리학의 맥락에서 과학적으로 접근하였다. 그러나 그는 종교심리학의 필요성을 설득력 있게 기존의 학계에 제시하려면 자신의 연구를 잘 요약하고 있는 종교적 본능이라는 구절의 의미가 의식과 분리된 것이 아니라 밀접히 연결되어 있다는 점을 명확하게 밝힐 필요가 있음을 알고 있었다. 그래서 그는 종교적 본능의 분출을 정신과 분리된 몸의 현상으로 파악하지 않고 정신과 밀접히 연결된 종교적 의식의 분화 과정으로 파악하였다. 그는 이처럼 종교적 본능과 종교적 의식이 상호 교환 가능한 표현이라는 점을 지적하였지만 '본능'이라는 단어가 풍기는 뉘앙스 때문에 종교적 의식이라는 표현을 주로 사용하여 종교심리학 연구를 전개하였다. 그러므로 그의 종교심리학은 종교적 의식에 대한 실증적 연구라고 규정할 수 있다. 사실 그의 대표 저술인 『종교심리학』의 부제인 "종교적 의식의 성장에 대한 실증 연구(*An Empirical Study of the Growth of Religious Consciousness*)"는 그가 핵심적으로 강조하려고 했던 부분을 분명하게 보여주고 있다. 그가 종교심리학 연구를 통해서 근본적으로 밝히려고 했던 내용을 읽어보면 이러한 주장을 더욱 확인할 수 있다.

과학은 지금 가장 복잡하고 가장 접근할 수 없고 무엇보다도 가장 성스러운 영역인 종교의 영역을 다룰 때까지 각각의 연구 영역을 정복했다. "종교심리학"은 잘 확립된 과학의 방법들을 동원해서 종교적 의식의 사실들을 분석하고 조직해서 그것의 성장과 특성을 결정하는 법칙들을 확증하는 것을 목표로 한다.[15]

---

15) Edwin Diller Starbuck, *op. cit.*(1898), 1.

위에서 언급한 부제에서 또 다른 핵심 단어는 바로 '성장'이다. 스타벅이 이 단어를 그의 저술에 부제로 사용한 것은 중요한 함의를 지닌다. 그는 근본적으로 종교적 의식 자체를 밝히는 데 종교심리학의 목표를 두지 않고 그러한 의식의 흐름이나 분화를 보여주는 '성장'의 특성을 체계적으로 밝혀내는 데 최종 목표를 두고 있었기 때문이다. 그러므로 그의 종교심리학은 고정된 상태의 종교적 의식에 대한 연구라기보다는 역동적 흐름과 분화를 보여주는 의식의 역동적 변환에 대한 연구였다. 그는 이러한 변환에 대한 연구를 통해서 종교적 의식 성장에는 어떤 사례들이 되었든 그 이면에는 공통의 법칙이 작동하고 있다는 점을 밝혀내려고 하였다.[16] 자연의 세계에서 일어나고 있는 모든 현상이 생성과 변화를 끊임없이 겪으면서 존재하는 것처럼, 종교적 의식도 고정된 실체이기보다는 태어나서 성장하고 다시 사라지고 또다시 태어나 생성과 변화를 겪으면서 존재하는 경험적 자료라는 것이다.

스타벅이 종교심리학을 연구하기 위해 다른 어떤 자료보다도 우선적으로 고려한 일차 자료는 이러한 경험적 자료였다. 그는 부제에서 사용한 단어들 중에 "실증적"이라는 형용사가 암시해주듯이 철학적으로나 종교적으로 우선 고려하였던 교리 체계에 근거한 종교 연구와는 거리를 두었다. 그는 당시 종교 연구 분위기에서는 혁명과 같았던 실험심리학을 토대로 종교적 의식 자료들을 분석하고 체계화하여 하나의 법칙을 찾아내려고 하였다.[17] 그가 실험심리학을 적극적으로 활

---

16) *Ibid.*, 2-3.
17) *Ibid.*, 5.

용한 것은 클라크 대학교에서 박사학위 공부를 하면서 홀이 강조한 실험심리학의 맥락에서 생애 주기를 구분하여 경험적으로 자료를 다루는 방식과 연계되어 있다. 바로 이 부분이 스타벅이 하버드 대학교에서 제임스의 지도하에 있을 때보다 클라크 대학교에서 종교심리학 연구를 하면서 홀의 지도로부터 훨씬 많은 영향을 받은 경우이다.

스타벅은 우선 실험심리학의 관점에서 자료들을 모을 수 있는 하나의 실험실을 고안하였다. 그의 종교적 의식을 연구하기 위한 실험실은 특정 집단을 선별하고 많은 변수들을 취사선택하여 질문들을 만들고 그 질문들에 대한 대답을 수집하는 연구 공간이었다. 마치 실험실에서 자극을 주어 반응을 관찰해서 자료들을 수집하듯이, 그는 종교적 의식 자료들을 수집하기 위해 질문지를 특정 집단에 배포한 다음 대답을 얻어내는 방법을 독창적으로 사용한 것이었다. 사실, 그가 이러한 방법을 배운 것은 실험심리학을 배우기 훨씬 이전부터였다. 그는 하버드 대학교에서 제임스의 지도를 받을 때에도 이 방법을 적용해서 많은 자료들을 수집하고 있었기 때문이다. 또한 그는 이 방법으로는 개별 종교전통에서 찾아볼 수 있는 극적인 역동성을 보이는 종교적 천재들의 의식 자료들을 수집하는 데에는 한계가 있다는 비판을 알고 있었다. 이 점은 제임스의 관점과 차별을 보이는 부분이기도 하다. 그러한 문제 때문에 스타벅은 질문지법의 한계를 보충하기 위해 종교적 의식이 역동적으로 기술되어 있는 자서전 자료들도 배제하지 않고 적극적으로 참고하였다.

스타벅은 실증적으로 얻게 된 종교적 의식 자료들을 수집한 다음 분류를 통해 자료들 간의 유형 비교를 진행하였다. 그는 이 과정에서도 실험실 방법과 더불어 제임스가 기퍼드 강연에서 강조하였던 현상학적 유형론을 적극적으로 활용하였다. 제임스는 이 부분을 높이 평가하여 1899년 기퍼드 강연 준비로 육체적으로나 정신적으로 매우 힘든 상황이었지만 스타벅의 『종교심리학: 종교적 의식의 성장에 대한 실증 연구』를 상세히 읽고 그 책의 "서문"을 격려와 비판의 관점에서 솔직히 작성해주기도 하였다. 우선 제임스는 종교적 의식을 종교심리학의 경험적 연구 자료로 다루었다는 점을 적극적으로 격려하였다. 그는 제임스 류바(James Henry Leuba, 1867-1946)가 종교심리학의 경험적 자료로 종교적 의식을 제시하였지만 그 이상 연구를 진행시키지 못한 부분을 스타벅이 개척하여 종교심리학의 새로운 관점을 보여주었다는 점을 긍정적으로 지적하였다.[18]

하지만 제임스는 격려 못지않게 비판도 가하였다. 그는 스타벅의 『종교심리학』과 관련해서 두 가지 문제를 그 책 "서문"에서 비판적으로 지적하였다. 하나는 수집한 자료들에 대한 지적이다.[19] 스타벅이 질문지법을 통해서 수집하여 분석한 자료들은 모두 경험적 자료들이라는 점에서 문제가 없지만 거의 대부분 기독교, 특히 개신교의 복음주의 운동에서 드러난 자료들이기 때문에 비교하는 데 균형성의 문제가 있다는 것이다. 그가 주장한 대로 최종적으로 자료들 간의 비교를 위해서는 가톨릭교, 유대교, 이슬람교, 불교, 힌두교 등의 자료들도 어느 정도 제시되어야 하지만 그러한 자료들이 거의 제시되지 않았기 때문에 종교적 의식의 법칙을 일반화하기에는 무리가 따른다는 지적이다.

---

18) William James, 'Preface' in *The Psychology of Religion* by Edwin Diller Starbuck, x.
19) *Ibid.*, viii.

다른 하나는 질문지법이 갖고 있는 한계에 대한 지적이다.[20] 앞에서 잠시 언급했듯이 질문지법은 일반 종교적 의식 자료들을 수집하는 데 유용할 수 있지만 너무나 그 역동이 강렬해서 쉽게 얻어낼 수 없는 종교적 의식 자료들을 수집하기에는 한계가 있다는 것이다. 제임스는 스타벅의 종교적 의식 자료들은 대부분 일상의 삶에서 질문지를 통해 쉽게 수집할 수 있는 자료들이어서 종교적 천재들의 경우처럼 강렬한 경험을 이해하는 데 한계가 있다는 점을 솔직히 비판하였다.[21] 제임스는 스타벅이 제시한 자료들과 대조적으로 종교적 경험의 대부분의 자료들은 단순히 평탄한 경험적 자료들보다는 다층성과 역동성을 매우 복합적으로 담지하고 있는 자료들을 종교심리학에서 우선시하였다. 제임스의 이러한 경향 때문에 홀을 중심으로 클라크학파는 제임스의 논의가 너무 극단적이라는 평가를 하였다. 지금도 제임스의 종교적 경험 연구에 대한 비판이 제기되는 이유가 수집 자료들 문제 때문이다.

제임스가 스타벅의 대표 저술에 대한 비판을 솔직히 드러낸 것은 종교심리학 운동에서 하버드학파와 클라크학파 사이의 연구 방법론의 충돌을 간접적으로 보여주고 있다. 제임스를 중심으로 형성된 하버드학파는 현상학적이고 심층심리학적 종교심리학을 지향하고 있었기 때문에 회심이나 신비주의의 역동적 경험을 깊이 담고 있는 자서전, 전기, 편지, 일기, 설교, 문학 작품, 간증문 등을 주로 사용하였다. 반면 홀을 중심으로 형성된 클라크학파는 질문지법을 통해서 얻은 종교적 의식 자료들로 제안하였다. 바로 이러한 연구 방법과 자료

---

20) *Ibid.*, vii.
21) *Ibid.*, ix.

들의 차이 때문에 클라크학파는 하버드학파의 자료는 종교적 경험이라고 하지만 병리적 경험과 구분되지 않는 극단적 사례들이라는 점을 비판하였다. 또한, 클라크학파는 하버드학파의 연구가 역동적 경험자료들을 심층적 분석을 하고 있다고 주장하지만 실험적인 실증적 분석을 보여주는 데 한계가 있다는 점을 지적하였다. 반대로 하버드학파는 클라크학파의 연구가 정량적으로 많은 자료들을 보여주는 것은 사실이지만 대부분 종교적 의식의 피상성만을 소개해주어 그것의 역동적 깊이를 입증하지 못했다는 점을 비판적으로 지적하였다.

스타벅은 종교심리학 운동의 다른 참여자들과 달리 하버드학파와 클라크학파의 종교심리학 분위기를 모두 경험하였기 때문에 두 학파의 갈등이 쉽게 해소될 수 있을 것이라고 판단하지 않았다. 그는 개인적으로 두 학파의 관점을 필요할 때마다 수용하는 데 인색하지 않았다. 물론 스타벅이 최종적으로 지향했던 연구 방법은 실험심리학에 있다는 점만은 부정할 수 없다. 특히 스타벅이 『종교심리학』에서 직접 쓴 저자의 "서문"을 읽어보면 그 점을 확인할 수 있다. 그는 저자의 "서문"에서 종교심리학의 첫 번째 지도교수였던 제임스에 대한 언급은 생략하고 단지 박사학위 지도교수였던 홀의 격려로 종교심리학 연구를 할 수 있었다는 점과 스탠퍼드 대학교의 정규 교과목에 종교를 과학적으로 연구할 수 있도록 배려한 데이비드 조던(David Starr Jordan)에 대한 감사의 말만을 언급하면서 끝을 맺고 있기 때문이다.[22]

마지막으로 스타벅은 종교심리학의 연구 방법을 종교교육으로까

---

22) Edwin Diller Starbuck, 'Preface' in *The Psychology of Religion*, xii.

지 확장하였다. 그가 종교심리학 연구를 통해 최종적으로 실현하려고 했던 것은 종교심리학 이론의 발전과 더불어 그 이론의 타당성을 실험해볼 수 있는 교육 공간이었다. 바로 이러한 이유 때문에 앞에서도 지적하였듯이 종교심리학에 대한 열정을 인격교육이나 종교교육에 균등하게 쏟기도 하였다. 그러므로 그의 종교심리학은 인격교육의 정점인 종교교육의 토대를 확립하는 데 결정적 역할을 할 수 있었다.[23] 스타벅은 『종교심리학』을 출판한 이후 관심이 모두 교육에 모아져 있었기 때문에 교육학과에도 재직할 수 있었고 인격교육 내지 종교교육과 관련된 프로젝트에도 참여할 수 있었다. 그가 그렇게 종교심리학에서 교육으로 이동한 계기는 단순히 종교심리학과의 결별에서 시작되었기보다는 인격교육이나 종교교육의 토대로 종교심리학 이론이나 방법론의 적용에 대한 관심으로부터 비롯되었다. 특히, 그는 인격교육이나 종교교육이 종교적인 차원을 근본적으로 포함해야만 온전해질 수 있다는 점을 종교심리학 연구를 통해 구체적으로 확증할 수 있었다는 점에서 자연스럽게 인격교육이나 종교교육으로 이동할 수 있었다.[24]

다음 절에서는 스타벅이 종교적 의식에 대한 논의를 구체적으로 전개하기 위해 집중하였던 종교적 회심 논의를 검토해보기로 한다.

---

23) *Ibid.*, 8.
24) *Ibid.*, 9.

3. 종교적 회심: 의식의 변화와 성장

먼저 이번 절에서는 스타벅의『종교심리학: 종교적 의식 성장의 실증적 연구』가 나오게 된 배경을 간단히 정리한 다음 그 책에서 중점적으로 다루고 있는 의식 성장을 역동적으로 극명히 보여주는 종교적 회심 논의를 정리해보기로 한다. 스타벅은 1890년에 인디애나 대학 협의회(Indiana College Association)에서 종교를 교리적 관점의 틀을 벗어나 과학적으로도 연구할 수 있다는 가능성을 종교적 회심 연구 강연회에서 처음 발표하였다. 그는 이 강연회 이후 회심 연구를 지속하여 1894년과 1895년 하버드 종교 연합회(Harvard Religious Union) 초청 강연회에서 종교적 회심에 대한 종교심리학 연구를 또다시 발표하였다. 그는 이처럼 두 번의 초청 강연 이후 1897년《미국 심리학회지 (*American Journal of Psychology*)》에「회심 연구」와「종교적 성장의 몇 가지 양상들」이라는 제목의 글을 정교하게 다듬어 두 개의 연구 논문을 발표하였다.[25]

앞에서도 지적했듯이《미국 심리학회지》는 북미 종교심리학 운동의 핵심 참여자들이 창간하였고 또한 상당 부분 종교심리학과 관련된 논문들이 이 학술지를 통해서 발표되었다. 이 학술지에 발표된 글들의 주제나 내용과 비교해보더라도 이 학술지 창간 이후 초창기 글들이 훨씬 풍부하게 종교심리학 주제를 다루고 있어 양적으로도 많은 부분을 차지하고 있었다. 또한 대부분의 핵심 연구자들은 모두 종교심리학 운동을 이끌었던 인물들이어서 지금의 상황과 대조적으로 종

---

25) Edwin Diller Starbuck, 'Preface' in *The Psychology of Religion*, xi.

교심리학이 핵심 연구 분야 중 하나였다는 점을 짐작해볼 수 있다. 특히, 종교적 회심과 관련해서 스타벅의 두 편의 글들은 종교심리학 연구를 더욱 확장할 수 있는 계기를 학계에 보여주었다. 얼마 후에 그는 이 두 편의 글들을 근간으로, 발표된 다른 글들과 미발표의 글들을 종합하여 기념비적인 『종교심리학』이라는 책을 출판할 수 있었다. 이 책은 기존의 글들을 중심으로 종합하다 보니 스타벅도 잘 알고 있었지만 미진한 연구를 보충하기에는 어려움이 있었다. 앞에서 기술한 대로 제임스가 그 책 서문에서 비판했듯이 기독교 자료들 이외의 다른 종교들의 맥락에서 이루어진 연구들을 보충할 수 없었다. 하지만 그가 처음부터 출판 계획을 갖고 있었다면 기독교 사례들과 비교할 수 있는 다른 사례들을 충분히 확보하여 보충할 수 있었을 것이다.

스타벅의 『종교심리학』은 세 부분으로 구성되어 있다. 하나는 의식의 역동적 변환과 성장을 극명히 보여주는 종교적 회심 현상에 대해 치밀한 분석을 다루는 부분이다. 다른 하나는 연구사례들 중에서 종교적 회심 과정을 거치지 않고 의식의 변환과 성장을 담고 있는 현상을 분석한 부분이다. 마지막은 앞에서 다룬 종교적 의식의 두 가지 부분을 유형으로 분류하여 상호 비교한 다음, 종교적 회심은 일상의 삶과는 분리된 예외 현상이라기보다는 지극히 자연적이고 정상적인 삶 어느 곳에서나 계기가 되면 일어날 수 있는 의식의 변환과 성장 현상임을 강조하면서 결론을 맺고 있다. 다음 절에서는 이 책의 세 부분을 각각 정리하면서 스타벅의 종교심리학이 최종적으로 지향했던 논의는 결론적으로 종교적 회심 현상에 대한 이해에 그 초점이 모아져 있다는 점을 확인해보기로 한다.

1) 연구 자료와 회심 과정

먼저, 스타벅이 사용한 회심 사례들의 범위와 내용을 검토한 다음 회심 과정을 정리하기로 한다. 제임스의 지적처럼 그가 종교적 회심을 연구하기 위해 수집한 자료들은 대부분 기독교 자료들이다. 정확히 말하면 기독교 중에서 개신교 자료들이고, 그리고 그중에서도 자유주의 계열보다는 복음주의 계열의 부흥집회 맥락과 연관된 자료들이 대부분이다.[26] 그러므로 그가 수집한 자료들은 부흥집회에 참석했던 참가자들이 직접 기술한 회심 경험에 대한 기록물들이다. 그는 부흥집회 참석자들의 회심 경험 자료들을 상당한 분량으로 수집할 수 있었지만 그의 연구에 모두 사용할 수 있었던 것은 아니다. 그가 그러한 방대한 자료들 중에서 주로 사용하고 있는 자료들은 192개이다. 그는 192개의 회심 사례들에 첨가해서 감리교 교단 학교인 드류 신학교(현재의 드류 대학교) 남학생들의 회심 사례들을 776개 수집하여 감리교 사례들을 분석할 때 보충해서 사용하였다.[27]

스타벅이 수집한 자료들을 분석하면 비율 면에서 자료들 간의 차이를 보이는 것은 사실이지만 성비, 교파, 인종, 나이별로 자료들을 유형화해서 나름대로 다양성을 유지하려고 하였다. 우선 그가 수집한 192개 자료들 중 72개의 자료들은 남성의 경우이고 나머지 120개는 여성 참가자들의 회심 경험 사례들이다. 교파별로 분류하면 감리교의 사례들이 많지만 회중교회, 침례교회, 장로교회, 그리스도교 교회,

---

26) *Ibid.*, 24-5.
27) *Ibid.*, 27.

퀘이커 교회, 그리고 성공회의 사례들도 일정 부분 차지하였다. 또한 그는 인종적으로 대부분의 사례들을 미국 백인들에게서 수집하였지만 영국, 캐나다, 독일의 백인들을 포함해서 흑인, 일본인, 하와이 원주민들의 사례들도 수집하였다는 점에서 인종 간의 다양성을 유지하려고 하였다. 마지막으로 앞에서도 지적했듯이 나이와 관련해서 그가 수집한 거의 대부분 사례들은 청소년기 회심 경험 자료들이었다. 나이와 관련해서는 192개 자료들 이외의 다른 자료들을 포함하여 모두 1265개를 다루었는데, 그중 남성의 사례가 1101개이고 여성의 경우는 254개였다.

스타벅은 이러한 자료들을 심층적으로 분석을 하지 않더라도 자료들의 분류 자체가 일차적으로 세 가지 특성을 보이는 것으로 이해하였다.

첫째, 종교적 회심은 나이와 깊이 관련되어 있다는 점이다. 사실 그가 수집하였던 대부분의 종교적 회심 자료들은 놀랍게도 거의 비슷한 연령대에 속한 사례들이었다.[28] 현대 심리학의 논의에서도 지속적으로 회심과 나이의 상관관계에 대한 과학적 연구를 진행하고 있다.[29] 그 사례들을 보면 종교적 회심은 유년기나 중장년기 혹은 노년기의 경우와는 대조적으로 10세부터 25세 사이의 청소년기에 주로 발생하였다. 특히 청소년기의 연령대에서 사춘기에 접어든 시점에 많은 회심이 일어났다. 그러므로 그는 종교적 회심은 인생의 다른 연령대 현상이기보다는 청소년기 혹은 사춘기 현상으로 새롭게 주장하였다. 그

---

28) *Ibid.*, 28.
29) Ralph W. Hood, Jr., Peter C. Hill, Bernard Spilka, *The Psychology of Religion: An Empirical Approach*(New York: Guilford Press, 2009), 38.

의 주장은 종교적 회심이 나이보다는 성별의 차이가 주된 변수라는 학계의 기존 관념을 교정할 수 있는 계기가 되었다.[30] 만약 성별이 주요 변수라면 청소년기 여성들의 비율이 남성들 비율보다 높아야 하지만 뚜렷한 차이를 보여주지 못했다.

둘째, 종교적 회심은 청소년기 심리 상태와 밀접히 연관되어 있다는 점이다. 스타벅은 청소년기는 유아기나 유년기의 경우와 달리 사물을 인식하고 판단할 때 감각과 인상에 그 근거를 일방적으로 두고 있지 않다는 점을 독특한 특성으로 제시하였다. 청소년기는 그러한 근거가 상대적으로 많이 줄어든 상태로 진입한 시기이므로 당연하게 받아들였던 삶의 문제들에 대해 이전에 제기하지 않았던 질문과 회의를 끊임없이 제기한다는 것이다. 그는 다른 현상보다도 종교적 회심이 이러한 특성을 강렬하게 보여주고 있는 것으로 지적하였다. 그는 종교적 회심이 갑자기 발생한 것이기보다는 회심이 일어나기 이전에 질문과 회의의 기간을 거치면서 형성된 "합리적 통찰(rational insight)" 단계에 접어든 상태에서 발생하는 것으로 이해하였다.[31] 청소년기는 상대적으로 이전의 시기보다 더 자주, 더 많이 인간 자신의 내면을 합리적으로 성찰하면서 종교적 혹은 영적인 차원에 대해 눈을 뜨게 되는 시기라는 것이다. 바로 이러한 심리적 상태가 종교적 회심이 다른 시기보다 청소년기에 많이 일어나게 되는 계기를 만든다는 것이다.

셋째, 종교적 회심은 심리적 상태의 변화만큼 신체적인 변화도 종교적 회심과 밀접히 관련되어 있다는 점이다. 청소년기는 어떤 시기

---

30) Howard J. Booth, *op. cit.*(1981), 210.
31) Edwin Diller Starbuck, *op. cit.*(1898), 37.

보다도 몸의 변화를 가장 강하게 경험한다. 이 시기에 목소리를 비롯해서 얼굴의 윤곽, 키, 발, 손 등과 같이 몸의 다양한 지체들이 변화를 겪는다. 그러나 이러한 변화와 비교가 안 될 정도로 강렬한 경험을 일으키는 변화는 생식기관의 발달이다. 스타벅은 청소년기 몸의 변화 중에서 생식기 발달이 종교적 회심을 일으키는 중요한 변수가 된다는 점에 주목하였다.[32] 생식기관의 발달은 몸의 움직임이 타자의 몸과 결합하려는 특성을 보이는 것과 마찬가지로 심리적 상태도 타자와 하나가 되려는 특성을 보인다는 것이다. 그는 바로 이러한 청소년기의 특성이 개인적 차원을 넘어 궁극적 타자로 나아가게 하는 종교적 에너지라는 점을 강조하였다. 그러므로 그는 청소년기, 특히 사춘기 사례들은 모든 경우가 다 그런 것은 아니더라도 대체로 종교적 회심이 몸의 변화 중에서 특히 생식기관의 발달과 밀접하다는 점을 주장할 수 있었다.[33] 그가 이러한 상관관계를 주장할 수 있었던 것은 앞에서도 지적하였듯이 박사학위 지도교수였던 홀의 발달심리학의 관점으로부터 영향을 받았기 때문이다.

스타벅은 종교적 회심의 세 가지 특성을 개략적으로 기술한 다음 신앙 부흥회 회심 자료들과 다른 자료들을 근간으로 해서 그 특성들을 구체적으로 제시하였다. 특히 그는 종교적 회심이 발생할 수 있는 다양한 동기와 영향, 회심 이전의 경험, 그리고 회심 이전과 이후의 상태가 뚜렷이 구별되지 않는 경계기 혹은 중간기의 특성을 제시하였다.

---

32) *Ibid.*, 38.
33) *Ibid.*, 45.

먼저 스타벅이 다루었던 종교적 회심의 동기와 그것이 일어나도록 작동한 영향을 검토하기로 한다. 그는 종교적 회심 동기와 그것을 일으킨 영향을 여덟 가지로 분류하였다. 그가 분류한 내용을 보면 다음과 같다: "1. 죽음과 지옥의 두려움, 2. 이기적 동기, 3. 이타적 동기, 4. 도덕적 이상, 5. 회한과 죄의 확신, 6. 종교적 가르침, 7. 모범과 모방, 8. 사회적 압력과 촉구" 등이다.[34] 그는 동기와 영향을 내용적으로 분류하고 나서, 그 분류에 따라 남성과 여성의 경우를 다시 분류한 다음, 최종적으로 부흥회의 경우와 그렇지 않은 경우를 구분하였다.

스타벅이 이러한 분류를 통해 현상적으로 드러난 특징을 네 가지로 지적하였다. 첫째, 1과 2의 내용은 회심 주체가 실질적으로 겪었던 삶의 문제와 연결되어 있는 반면, 3과 4는 주로 주체가 지향하고 있는 이상적 가치에 대한 열망이 회심으로 나가게 하는 동기이고 영향이었다는 점이다. 둘째, 1-5까지의 내용은 회심 주체의 개인적인 주관적 동기나 영향과 연결되어 있는 반면, 6-8까지의 내용은 회심 주체 밖으로부터 기인한 동기나 영향과 연결되어 있다는 점이다. 셋째, 1-5의 동기와 영향이 회심을 일으키게 하는 원인으로 6-8의 경우보다 훨씬 강력하게 작동하고 있다는 점이다. 회심 주체가 겪고 있는 개인적 삶의 문제가 주체 밖으로부터 부여된 내용보다 회심을 일으키는 데 동기를 부여해주고 영향을 미친다는 것이다. 넷째, 남성이 개인적 삶의 문제로부터 그 동기와 영향을 많이 받는 반면, 여성은 개인적 문제보다는 종교적 가르침, 삶의 규범이 되는 모델이나 또래 동료들의 권유와 같은 외부적 요인으로부터 그 동기와 영향을 훨씬 많이 받는다는

---

34) *Ibid.*, 52.

점이다.[35]

다음으로 스타벅이 다루었던 종교적 회심이 일어나기 전에 보여주는 심리적 과정을 검토하기로 한다. 그는 회심 이전의 과정을 보면 대부분의 경우 쉽게 간파할 수 있는 심리적 신호의 존재를 지적하였다. 특히 그가 자료들 중에서 주목한 신호는 회심 주체가 대부분 지독히 겪고 있는 자기 자신에 대한 무가치이다. 그는 회심 주체의 무가치 경험을 수집한 자료들을 근거로 15개의 내용을 다음과 같이 분류하였다: "1. 죄의식, 2. 신으로부터 소외, 3. 지금보다 나은 삶에 대한 열망, 4. 우울증, 슬픔, 번민, 5. 자기 포기 혹은 겸손, 6. 절박함 혹은 심각함, 7. 기도 혹은 신을 부름, 8. 확신에 대한 저항, 9. 의심 혹은 질문, 10. 불면, 11. 신경쇠약, 12. 울음, 13. 환시, 14. 환청, 15. 만져짐"이다.

스타벅은 이처럼 무가치에 대한 내용을 분류한 다음 그 이면의 함축적 의미를 분석하였다. 그는 그러한 분석을 위해 남성과 여성, 그리고 부흥회 자료와 그 밖의 자료들에 대한 비교 분석을 통해 그 점을 집중적으로 파헤치려고 하였다. 남녀의 비교를 보면 남성의 경우는 회심 직전의 심리적 신호로 7-8의 의지적이고 지성적 갈등 내용이 많이 작동한 반면, 여성의 경우에는 4-5의 감정적 갈등이 더 많이 작동하였다는 것이다. 회심 직전의 갈등 기간을 비교해보면 남성은 69주 정도이고 여성은 24주 정도여서 차이점을 보이고 있었다. 그는 이러한 차이점과 더불어 그 이면에 뿌리내리고 있는 토대를 공통적으로 지적하였다. 그는 그것을 죄의식이라고 간파하였다. 그러므로 위의

---

35) *Ibid.*, 52-3.

15가지 내용은 첫 번째를 제외하고 내용적으로 각각 차이를 보이지만 모두 죄의식의 변형이라는 것이다.[36] 그러므로 회심 이전 과정을 극적으로 보여주는 신호가 죄의식과 그것의 변형이라는 점에서 그 과정은 근본적으로 죄의식과의 격렬한 싸움이지 의를 쟁취하기 위한 싸움이 아니라는 점이다.[37]

마지막으로 스타벅이 다루었던 회심 이전과 이후의 경계 지점이 모호한 중간기 상태를 검토하기로 한다. 그는 중간기가 보여주는 특징을 세 가지로 제시하였다. 첫 번째 특징은 성별 간의 비율 차이이다. 여성이 남성보다 중간기 경험을 비율적으로 많이 겪고 있다는 것이다. 그는 여성이 종교적 회심이 즉각적으로 일어날 수 있도록 감정을 자극하는 부흥회와 같은 분위기로부터 영향을 많이 받는 것으로 해석하였다.[38] 두 번째 특징으로 중간기는 어떤 기간보다도 훨씬 더 두 종류의 대립적 감정이 교차되어 있어 그 기복이 일정하지 않고 다양하게 나타난다. 중간기는 슬픔과 낙담의 감정을 동반하기도 하지만, 때로는 대조적으로 그러한 감정과는 전혀 다른 기쁨과 평화의 감정을 동반하기도 한다. 또한 그 기간은 두 감정의 경계선에 걸쳐 있어 분명히 말로 표명할 수 없는 감정을 동반하기도 한다.[39]

스타벅은 중간기에 감정이 규칙적으로 흐르지 않고 불규칙적으로 흐르는 이유는 이전 시기보다 강렬하게 슬픔이나 낙담과 같은 회한의 감정과 함께 기쁨과 평화의 감정이 교차하는 데 원인이 있는 것으로

---

36) *Ibid.*, 58.
37) *Ibid.*, 64.
38) *Ibid.*, 81-3.
39) *Ibid.*, 85.

파악하였다. 하지만 그는 이러한 감정의 불규칙적 흐름이 죄의식에만 국한된 것으로 이해하지 않았다. 그는 죄의식과 더불어 주체 자신의 불완전성에 대한 인식으로부터도 감정의 불규칙적 흐름이 발생하는 것으로 파악하였다. 이를테면 식음을 전폐하면서 주체 자신의 불완전성에 대한 대답을 얻기 위해 모든 노력을 기울이는 과정에서 두 가지 감정이 발생하기도 한다. 다시 말해 문제에 대한 대답을 얻지 못할 경우에는 슬픈 번민과 낙담에 빠지기도 하지만 대답의 통찰을 조금이라도 발견할 경우 기쁨을 갖기도 한다. 물론 이 경우는 죄의식의 경우처럼 그 의식의 속박으로부터 벗어나려는 분투의 과정을 치열하게 보여주고 있는 것은 아니다. 오히려 이 경우는 청소년기 성장 과정에서 자연스럽게 생겨난 "영적 조명(spiritual illumination)"으로 주체의 불완전성을 극복하려는 분투의 과정을 보여준다는 것이다.[40] 그러나 전자의 경우와 달리 이 경우는 과정이 그렇게 극적으로 표명되어 있지 않다. 그는 청소년기에는 전자의 경우보다 후자의 경우가 훨씬 많이 발견된다는 점을 지적하였다.[41]

2) 회심 이후 그 내용과 감정의 변화

스타벅은 중간기 이후 주체의 경험 진술을 토대로 회심 내용을 일곱 가지로 분류해서 정리하였다. 그 내용은 다음과 같다.[42] 1. 주체는 무엇보다도 그동안 지니고 있던 자신의 자존감이나 의지적으로 거부

---

40) Howard J. Booth, op. cit.(1981), 210-1.
41) Edwin Diller Starbuck, op. cit.(1898), 87-8.
42) Ibid., 90-3.

했던 것을 더 이상 유지할 수 없어 철저하게 자신의 모든 것을 내려놓게 되는 자기 포기의 상태를 경험하였다. 2. 주체는 스스로 자신의 의지로 신에게 나아가는 결단력을 보여주었다. 3. 주체는 그동안 억눌렸던 죄의식이나 두려움으로부터 용서받았다는 느낌을 갖게 되었다. 4. 주체는 자신이 갖게 된 경험은 자신 밖의 신적 존재의 도움이나 힘을 통해서 가능할 수 있었다는 점을 고백하였다. 5. 주체는 회심이 있기 전에는 밖에 나서는 것을 두려워했지만 이후에는 그 경험을 공개적으로 말할 수 있었다. 6. 주체는 회심이 일어날 수 있었던 원인을 설명하기보다는 그 경험에 대한 자발적 깨우침(spontaneous awakening)을 더욱 강조하였다. 7. 주체는 소원한 관계였던 친구들이나 신적 존재와 하나 되었다는 일체감을 강렬히 갖게 되었다.

스타벅은 회심 이후 진술 내용을 7가지로 분류한 다음 그중에서도 가장 두드러진 특징을 세 가지로 지적하였다. 우선, 회심이 일어난 장소나 때, 혹은 성별에 상관없이 주체가 가장 많이 진술하는 내용은 주체 자신의 의지로 회심을 할 수 있었기보다는 뜻하지 않게 자발적으로 발생하여 깨우침을 갖게 되었다는 점이다.[43] 다음으로 많은 진술을 보여주는 내용은 주체가 용서받았다는 느낌을 강하게 받고 있었다는 점이다. 스타벅은 이 점을 언급하면서 주된 설명 요인을 첨가하고 있다. 그 내용은 의지와 관련된 부분이다. 주체의 진술 내용이 대부분 자신의 의지와 상관없이 자발적 발생을 통한 깨우침을 강조하고 있지만 그 이면을 파헤치면 자신의 의지를 포기하게 하는 또 다른 의지가 작동하고 있다는 점을 보여준다는 것이다. 이런 측면에서 스

---

43) *Ibid.*, 94-6.

타벅은 주체의 개인적 의지를 포기하게 하는 또 다른 의지의 작동이 회심 발생의 주된 요인이라는 점을 강조하였다.[44] 마지막으로 지적할 수 있는 내용은 남성이나 여성 모두 7가지 내용에 골고루 포함되어 있다는 점에서 차이가 없지만 회심의 긴박성이나 강도 면에서 차이점을 보인다는 것이다. 그 이유는 남성은 강렬하고 긴박한 회심을 보여주는 반면 여성은 그러한 경우가 낮게 나타났기 때문이다.[45]

스타벅은 위에서 핵심적으로 기술한 "또 다른 의지"의 작동을 설명하기 위해 그의 첫 번째 지도교수였던 제임스의 경우처럼 잠재의식에 대한 논의를 수용하였다.[46] 그는 수집한 회심 자료들 중에 순전히 개인적 의지로서 의식에 국한해서 진술한 예는 거의 찾을 수 없었다. 대부분의 자료들은 의식 이면의 심층이나 그 주위를 자주 언급하면서 회심은 무엇인가 전혀 다른 차원의 의지가 강렬하게 작동하고 있다는 점을 반복적으로 보여주고 있었다는 것이다.[47] 그러므로 그는 회심에 대해 개인적 의지가 작동하는 의식의 영역과 그 이면의 또 다른 차원의 의지가 작동하는 잠재의식의 영역 간의 긴장과 갈등 관계에서 발생하는 것으로 이해하였다.[48] 이를테면 잠재의식은 의식 영역에 중심적으로 존재했던 요소를 주변으로 물러가게 하고 그 자리를 기존 의식 영역에 존재하지 않았던 새로운 요소로 채우도록 의식의 영역에 영향을 끼치는 역할을 한다는 것이다.

---

44) *Ibid.*, 99.
45) *Ibid.*, 95.
46) *Ibid.*, 105.
47) *Ibid.*, 104.
48) *Ibid.*, 109.

잠재의식의 영향이 강화되면 될수록 의식 영역의 요소들은 기존의 작동 방식과 다른 조합으로 새롭게 재편되어 회심을 일으키는 데 방해 요소들을 제거하려는 모습을 보여준다. 이 모습은 의식의 영역이 더 이상 주체로서의 역할을 하지 못하고 오히려 그러한 역할에 항복을 절대적으로 선언한 자기 포기 상태와 같다. 자기 포기는 회심 이전에 지배하였던 중심적 가치가 이후에는 전혀 가치를 느낄 수 없는 요소로 전락하는 과정에서 나타나는 수동적 심리 상태이기도 하지만 이전에는 전혀 가치를 느낄 수 없었던 요소가 중심 가치로 새롭게 세워지게 되면서 갖게 되는 개인적 의지의 무용성을 적극적으로 인정하게 되는 상태이기도 하다. 마치 바울이 회심 이전에 자신의 의식 영역에서 '예수'는 주변적 존재로 머물러 있었지만 그 이후에는 기존의 가치를 모두 배설물로 간주하여 적극적으로 포기하는 것과 달리 '예수'의 위치를 의식 영역 주변에서 중심으로 이동시켰던 것과 마찬가지이다. 이 점에서 스타벅도 제임스가 주장했듯이 의식 영역 요소들의 자리가 주변에서 중심으로 또는 중심에서 주변으로의 이동을 회심으로 규정하였다는 점을 확인할 수 있다. 그가 주장하고 있는 내용을 직접 읽어보기로 한다.

가슴의 변환이 있기 전에 의식적 의지는 새로운 시작이라기보다 삶이 오래된 배출구를 통해서 여전히 보이게 될 것이라는 의지적 확신이다. 이것은 신과 죄인이 서로를 대항하고 있다는 것이다. 교착상태가 부수어져서 인간이 새로운 세계 안으로 들어가게 되는 것은 바로 자기 포기의 시점에서이다. 이러한 관점에서 보면, 자기 포기 행위는 자기 자신을 새로운 삶으로 인도해서 인격의 새로운 중심을 만드는 것이고 또한 내면에 이전에

객관적으로 인지되었던 그것의 진리를 살아가는 것이다.[49]

스타벅은 회심 이후 나타난 심리적 내용을 의식과 잠재의식 또는 의식의 주변과 중심 영역으로 연계하여 기술한 다음, 두 가지 자아에 대한 논의를 통해 회심에 대한 종교심리학의 관점을 더욱 확장하였다.[50] 그는 기존 자아와 그 자아를 비판적으로 인식하는 또 다른 자아와의 대결이 바로 회심으로 나아가게 하는 과정이고 그 과정의 해소가 바로 회심이라는 점을 강조하였다. 종교적 회심으로 나아가게 하는 첫 시발점은 바로 기존 자아의 모순을 냉혹할 정도로 고발하는 또 다른 자아, 즉 이상적 자아에 대한 인식이라는 것이다.[51] 그는 회심 진술 자료들을 근거로 또 다른 자아에 대한 인식은 부흥회나 다른 외부적 환경, 죄의식, 그리고 고차원의 이상적 가치가 상호 복합적으로 연결되어 갈등을 겪으면서 그 계기가 이루어지는 것으로 이해하였다.[52] 이러한 계기는 전혀 관심을 불러내지 못하여 의식하지 못했던 이상적 자아를 새롭게 인식하기 시작하면서 기존의 현실적 자아를 냉혹하게 고발하는 시점에서 촉발된다는 것이다. 또한 이러한 계기가 형성되면 두 자아 간의 긴장이 극단적일 경우에는 "병"으로까지 오해를 받기도 해서 병리적 현상으로 잘못 인식되기도 하지만, 대부분의 경우 그러한 긴장은 기존의 현실적 자아를 포기하고 이상적 자아를 받아들이면서 해소된다.

---

49) *Ibid.*, 116-7.
50) *Ibid.*, 119.
51) Howard J. Booth, *op. cit.*(1981), 213.
52) Edwin Diller Starbuck, *op. cit.*(1898), 153.

종교심리학의 관점에서 스타벅의 두 가지 자아는 인간과 궁극적 실재 관계에 대한 다른 표현으로 이해할 수 있다. 인간은 늘 현실적 자아를 중심으로 삶을 유지하는 반면, 때로는 그동안 잊고 있었던 보다 높은 차원의 가치 모델을 통해 잘못됨과 연약함을 깨닫게 되기도 한다. 그러한 모델이 바로 모든 종교의 근원적 가치 대상인 초월적 실재라고 해석할 수 있다. 그러므로 앞에서도 지적했듯이 종교적 회심은 한편으로 기존의 현실적 자아가 중심에서 주변으로 자리를 이동하는 모습이기도 하지만, 다른 한편으로 주변에 머물거나 억눌렸던 이상적 자아가 의식 중심으로 자리를 이동하여 침입해 들어오는 중심 가치의 위치 지점이 반대로 되는 모습임을 그의 논의에서 한 번 더 확인해볼 수 있다.[53]

스타벅은 두 자아가 뒤바뀌어가는 과정이 단순히 인지적이고 의지적 변환에 머물러 있지 않고 그것보다 훨씬 격동적으로 감정의 변환을 동반하는 것으로 이해하였다. 부흥회에서 많이 볼 수 있는 것처럼 회심 환경의 분위기는 기존 감정을 자극하거나 씻어내어 새로운 감정을 불러내는 데 결정적 역할을 한다. 그는 새로운 자아가 탄생하면서 동반하는 감정을 11가지로 분류하였다: "1. 기쁘다는 느낌, 2. 몸이 가볍다는 느낌, 3. 울면서 소리 지르고 싶은 느낌, 4. 평안하다는 느낌, 5. 행복하다는 느낌, 6. 구조되었다는 느낌, 7. 몸이 들려져 있다는 느낌, 8. 신 혹은 그리스도와 하나 되었다는 느낌, 9. 고요하지만 압도되었다는 느낌, 10. 고통스럽지만 책임져야 한다는 느낌, 11. 약간의 잃어버린 느낌."[54]

---

53) *Ibid.*, 159.

스타벅은 11개의 감정 중에서 세 가지를 특징적으로 지적하였다. 부흥회에서든 다른 곳에서 수집했던 사례들이든 감정의 내용을 보면 세 가지 특징이 동일하게 나타났다는 것이다.[55] 가장 두드러지게 나타난 특징은 기쁨의 감정이었다. 그것은 나머지 10개의 다른 감정과 비교해보면 밀도나 질적 차원에서 훨씬 강렬함을 보여주었다. 그것은 기존에 갖고 있었던 기쁨의 감정과는 비교가 되지 않을 정도로 질적으로 큰 차이를 보여주고 있어 아무리 언어를 사용해서 표현한다고 하더라도 그 표현이 부족했다는 것이다. 다음으로 두드러지게 드러나는 특징은 기쁨의 감정과 관련해서 성별 간의 차이가 크다는 점이다. 일반적으로 기쁨의 감정은 주로 남성보다 여성에게서 훨씬 많이 발견할 것으로 예상할 수 있다. 그러나 대부분의 경우 여성보다 남성에게서 그 특징이 두드러지게 나타났다는 것이다.

마지막으로 스타벅이 지적하고 있는 감정의 특징은 11개 중 어떤 감정이 되었든 개인적 차원에 주관적으로 머물지 않고 타자를 향해 그 감정을 나누고 싶은 열망을 표출한다는 것이다. 바로 이런 특징 때문에 회심 주체는 그전의 자기중심적 삶의 방식과는 전혀 차원이 다른 타자 중심적 삶의 방식으로 전환한다. 타자의 범주도 그 범위가 다양하다. 타자는 가깝게는 가족이나 친구 또는 지인들이지만 멀게는 전혀 만나본 적이 없는 타자이거나 여러 가지 이유로 만남을 소홀히 하거나 아예 거부했던 '원수'까지도 나타나 있다. 또한 그 범위에는 달, 해, 별, 계절과 같은 자연의 변화, 세상의 다양한 사건들 같

---

54) *Ibid.*, 121.

55) *Ibid.*, 121-2.

은 비인격적 대상까지도 포함되어 있다. 더 나아가 회심 주체는 이러한 다양한 타자들에 대한 종교적 감정을 갖기 시작하면서 주로 관념적으로만 알고 있었던 초월적 타자인 신 혹은 그리스도를 감정적으로 친밀하게 느끼기도 한다.[56] 그러므로 회심 주체가 보여주는 감정은 개인적 차원에 머물지 않고 그것의 주위나 그 범위를 훨씬 넘어 초월적 타자를 향해 나가기 위한 기존 "자아를 버리는 과정(the process of unselfing)"이다.[57]

3) 회심의 평가

종교심리학이 태동한 이후 종교적 회심 연구는 정상적 경험 현상으로 회심을 다룰 것인지 그렇지 않으면 다른 것으로 분류해서 다룰 것인지에 대한 판단과 관련해서 여러 가지 논의가 제기되었다. 정신의학이나 실험심리학 일반에서 다루어진 초기의 많은 연구는 회심을 긍정적으로 인식하여 정상적 경험으로 이해하려는 연구가 있기도 하였지만 동시에 그것과는 반대의 입장을 강하게 드러내면서 부정적으로 이해하려는 경우도 있었다. 양적으로 보면 종교적 회심에 대한 논의를 정상적 인간의 경험으로 인식하는 것보다는 오히려 비정상적이고 정상적인 인간의 경험과는 충돌되는 현상으로 파악하려는 경향이 많았다. 아직도 그러한 경향은 말끔히 씻어지지 못하고 여전히 문제로 남아 있다. 이런 상황이다 보니 주류 정신의학이나 심리학의 논의는

---

56) *Ibid.*, 128.
57) *Ibid.*, 130, 134.

회심 현상을 넘어 일반적으로 종교의 가치를 적극적으로 평가하는 데 인색함을 보여주고 있다.

이번 절에서는 이러한 문제를 좀 더 확인하기 위해 스타벅이 제시하는 회심의 평가에 대한 논의를 검토하기로 한다. 그는 자신이 다양하게 수집한 자료들의 분석을 토대로 회심을 네 가지로 평가하였다.[58]

첫째, 회심은 비정상적인 것이 아니라 지극히 정상적 현상이라는 평가이다. 거의 대부분의 자료들은 회심 이전의 우울증적 상태와 대조되는 기쁨의 상태를 두드러지게 보여주고 있다는 점에서 비정상적 현상으로 회심을 평가할 근거는 거의 찾아볼 수 없었다는 것이다.

둘째, 회심 자료들은 특정 개인이나 그룹에만 해당되는 것이 아니라 누구에게나 일어날 수 있는 가능성을 보여주고 있다는 점에서 일방적으로 초자연적 현상으로 이해하기보다는 자연적 현상으로도 파악할 수 있다는 평가이다. 그의 이러한 평가는 종교심리학 운동 전체의 에토스와도 연결되어 있다. 앞에서 지적했듯이 종교심리학 운동이 새로운 학문 분야로 확립되기 위해서는 무엇보다도 당시 학문 풍토의 주된 기준이었던 실증적 근거를 확보해야만 했기 때문에 "자연적" 논의가 강조될 수밖에 없었다.[59]

셋째, 분석한 자료들 중에서 점진적 과정을 보여주는 회심 자료들이 없었던 것은 아니지만 그 양에 있어 대부분의 회심은 주체의 의지와 상관없이 갑작스럽게 폭발적으로 발생한다는 점에서 급진적 현상

58) *Ibid.*, 136-142.
59) Edwin Diller Starbuck, "Psychology of Religion" in *Encyclopedia of Educational Research* edited by Walter S. Monroe(New York: Macmillan Co., 1941), 866-7.

이라는 평가이다.

넷째, 회심은 이전 경험과 동일한 경험이기보다는 그 경험과는 질적으로 전혀 다른 차원의 경험을 불러낸다는 점에서 비연속적 현상이라는 평가이다. 회심은 이전의 감정과 다른 차원의 감정을 불러내고 있다는 점에서 비연속적 감정 현상이다. 그러나 단지 감정적으로만 비연속적인 것이 아니다. 그것은 구체적으로 그동안 지배하였던 삶의 습관까지 쉽게 끊어버리기 때문에 기존의 습관, 이를테면 도박, 음주, 흡연 등은 더 이상 지속될 수 없다. 또한 회심은 삶을 지탱해주었던 직업이나 사랑까지도 포기하고 전혀 다른 차원의 삶으로 나아가게 한다.

그러므로 스타벅은 회심에 대한 이러한 네 가지 평가에 근거해서 감정, 습관 또는 다른 어떤 것이 되었든 회심은 기존의 삶의 방식에 새로운 차원의 삶이 시작된다는 점에서 "제2의 탄생"으로 규정하였다.[60]

다음으로 스타벅의 위의 네 가지 평가와 구별되게 부정적 평가를 살펴보기로 한다. 그는 기존 삶의 모습을 회심이 언제나 치유해준다고 해서 항구적으로 지속되지 않고 다시 회심 이전의 상태로 가는 경우도 존재한다는 점을 정확하게 인식하고 있었을 뿐만 아니라 모든 회심이 정상적으로 분류될 수 있는지에 대한 비판적 인식도 잘 알고 있었다.[61] 그는 의학이나 정신의학 학술지에 부정적 관점에서 다양하게 발표된 학술 논문을 여러 가지 자료들을 통해서 익히 알고 있었다.

---

60) Edwin Diller Starbuck, *op. cit.*(1898), 144.

61) Edwin Diller Starbuck, "Backsliding" in *Encyclopedia of Religion and Ethics*, Vol. II(1910), 319-21.

몇 가지 예를 들어보면, 그는 『암시의 심리학(*Psychology of Suggestion*)』을 저술한 보리스 시디스(Boris Sidis)의 회심에 대한 부정적 평가나 《필라델피아 의료학술지(*Philadelphia Medical Journal*)》가 종교적 회심 현상을 일종의 비정상적 병리 현상으로 규정하고 있다는 점도 익히 알고 있었다.[62]

스타벅은 이러한 부정적 연구를 회심 연구에서 비중 있게 참고할 필요가 없다는 식으로 무시하지 않았다. 그는 부정적 연구까지도 그의 연구를 심화시키는 데 주요 참고 자료로서 적극 활용하였다. 그는 그러한 자료들을 토대로 자신이 분석한 회심 자료와 연결해서 두 가지를 부정적으로 평가하였다. 하나는 전문 부흥사가 인도한 부흥회에서 발생한 회심은 일반 종교집회나 정기 집회에서 발생한 회심과 비교해보면 교회 등록 비율이 현저하게 낮다는 평가이다. 이 점은 상대적으로 전자의 회심의 경우 지속성이 쉽게 떨어지는 반면 후자의 경우는 그 비율이 높다는 평가이다. 다른 하나는 부흥회에서 발생한 회심은 때로 자연스럽게 발생한 것이기보다는 전문 부흥사가 강제적으로 회심 주체에게 그 경험을 인정하도록 유도한다는 평가이다. 회심이 일어나지 않았지만 마치 그것이 일어난 것처럼 부흥사가 조작하는 경우도 있다는 것이다.[63] 물론, 그는 부흥사가 부흥회의 열광이 정점에 달했을 때 집단 암시나 최면과 같은 표현으로 특정 목적을 달성하기 위해 자극을 조작하는 데 문제가 있음을 지적하였다. 지금도 비슷한 모습을 모든 종교전통에서 쉽게 찾아볼 수 있다. 종교지도자의 자

---

62) Edwing Diller Starbuck, *op. cit.*(1898), 163.

63) *Ibid.*, 170.

극적 표현이 개인이나 집단 전체의 목숨까지도 쉽게 버릴 수 있도록 유도한다는 점에서 그 심각성이 있다.

스타벅은 이러한 두 가지 평가로 종교적 회심 자료들 가운데 잘못된 경우도 있다는 점을 부인하지 않았다. 이런 측면에서 그의 관점은 위에서 기술한 정신의학의 관점에서 부정적으로 평가했던 글들과 큰 차이점을 보인다. 그는 회심 사례들 중에는 조작된 사례들도 있지만 그렇다고 그 현상을 모두 비정상적 병리 현상으로만 취급하는 것에는 일반화의 오류가 있음을 지적하였다.

스타벅은 또한 정신의학의 부정적 평가에 대한 비판을 지적했다고 해서 각 교단의 부흥회 회심 평가를 의심 없이 그대로 받아들인 것은 아니었다. 우선, 그러한 논의는 정신의학적 관점과 달리 종교적으로 선언적 관점[64]에 초점이 모아져 있기 때문에 실증적 근거를 제시하는 데 한계를 보인다는 것이다. 또한 이러한 논의는 정신의학적 일반화의 오류처럼 회심 평가에 있어 종교적 기능의 긍정적 일반화의 오류를 대조적으로 보여주고 있다는 것이다. 그는 종교심리학의 회심 연구에서 이 두 가지 평가를 적절히 활용할 필요가 있다는 점을 강조하였다. 그는 회심 연구를 통해 최종적으로 주장하려고 했던 "정신적 활동 원칙"[65]에 근거해서 그 점을 부각하였다. 회심의 평가도 회심 현상처럼 의식의 주변과 중심, 그리고 그 표면과 심연의 흐름을 다층적으로 보여주는 정신적 활동이라는 점에서 양극단의 평가만을 고집하면

---

64) 종교현상 중에서 특히 회심은 초자연적 신의 개입 사건이므로 그것에 대한 비판적 분석은 문제가 있다는 점에서 인간이 유일하게 할 수 있는 것은 단지 그러한 사건이 일어났다는 점을 선언하는 일이다.

65) Edwin Diller Starbuck, *op. cit.*(1898), 165.

반대의 극단이나 극단과 극단 사이에서 발생하는 다양한 정신적 활동을 간과해버리게 되어 결국 일반화의 또 다른 오류를 범하게 된다는 것이다.

4. 회심이 부재한 종교적 의식의 성장

지금까지 검토한 대로 스타벅은 다른 집회의 자료들도 포함시켰지만 주로 부흥회 집회에서 발생한 갑작스러운 회심 자료들을 중심으로 회심 논의를 전개하였다. 그는 회심 논의를 위해 부흥회 집회가 아닌 곳에서 일어난 회심 자료들과의 비교를 중시했듯이 종교적 의식 성장 논의에서도 비슷하게 비교 관점을 유지하였다. 그러므로 회심을 통한 종교적 의식의 성장에 대한 이해를 위해 그는 회심이 부재한 종교적 의식의 성장 자료들을 다양하게 수집하여 비교하였다. 대부분 그가 수집한 자료들이 보여주는 특징은 부흥회 자료들과 달리 종교적 의식 변환에 있어 갑작스러운 성장보다는 대부분 점진적 성장을 보여주었다.[66]

먼저, 스타벅이 수집한 자료들과 그 범위를 간단히 지적해보자. 그가 주로 종교적 의식 성장 비교 연구에 활용하고 있는 자료들은 두 가지이다.[67] 하나는 회심 연구의 경우와 마찬가지로 종교적 의식의 성장을 상세히 기술하고 있는 특정 인물들의 자서전이다. 그는 조지 엘

---

66) Edwin Diller Starbuck, "Some Aspects of Religious Growth" in *American Journal of Psychology*, IX/1(Ocotber 1897), 123.

67) Edwin Diller Starbuck, *op. cit.*(1898), 184-6.

리엇, 레오 톨스토이, 토머스 칼라일, 존 러스킨 등 다양한 인물의 자서전을 토대로 그들이 종전 삶의 방식을 과감하게 버리고 이전에는 생각한 적이 없었던 새로운 삶의 방식으로 나아가는 데 종교적 의식 성장을 보여주는 자료들을 집중적으로 수집하였다. 다른 하나는 부흥회 회심 자료들을 수집했던 방식대로 질문지법을 사용하여 종교적으로 다양한 연령대로부터 수집한 자료들이다. 그가 수집한 질문지법에 대답한 자료들을 보면 대부분 미국인 자료들이지만 영국인, 독일인, 스코틀랜드인, 아일랜드인, 스위스인, 유대인, 러시아인, 그리고 캐나다인의 경우도 포함되어 있다. 또한 종교적으로도 거의 대부분 개신교 교파의 자료들이지만 가톨릭이나 유니테리언 교회, 그리고 그리스 정교회의 경우도 있다.

다음으로 스타벅이 수집 자료들을 분류하고 분석한 내용을 지적해보자. 그는 회심의 경우와 마찬가지로 홀의 영향을 받아 생애사의 맥락에서 연령대로 수집 자료들을 분류한 다음 해당 시기에 두드러지게 나타나는 종교적 의식 성장의 의미를 분석하였다. 물론 앞에서도 언급했듯이 그는 주로 아동기, 청소년기, 그리고 장년기에 해당하는 자료들만 수집하고 분류하여 종교적 의식 성장의 의미를 논의하였다. 이런 측면에서 그의 논의는 회심에서 주로 다루었던 청소년기 자료들과 차이점을 보이고 있다. 또한 그의 논의는 홀의 경우와 달리 회심과 종교적 의식 성장에 대한 이해에 있어 노년기에 해당하는 자료 수집이나 분류, 그리고 그 의미에 대해 관심을 두지 않았다.

스타벅은 노년기를 제외하고 종교적 의식 성장에 대해 다양한 연령대의 사례들을 분석하였지만 회심의 경우와 마찬가지로 종교적 의식 성장도 결정적으로 청소년기에 주로 많이 발생하는 것으로 이해하였다. 그는 아동기를 종교적 의식이 성장해갈 수 있는 씨앗이 심겨지는 시기로 이해하여 아동기 연구가 다른 시기 못지않게 종교적 의식 연구에 중요한 시기라는 점을 강조하였다. 또한 그는 아동기에 뿌려진 종교적 의식의 씨앗은 청소년기를 거치면서 더욱 발육하여 성장하는 것으로 이해하였다.

1) 아동기의 종교적 의식

스타벅은 대체적으로 유치원에서부터 초등학교 1, 2학년에 해당하는 기간을 아동기로 설정한 다음, 그 기간에 주로 발생하는 종교적 의식의 특징을 네 가지로 지적하였다.[68]

첫째, 아동기의 종교적 의식은 타자들과의 친밀한 관계 속에서 이루어진다는 점이다. 아동기 종교적 의식의 특징은 종교적 의식을 자연스럽게 배양하도록 인도한 타자들에 대한 신뢰감에 그 뿌리를 두고 있다. 물론 여기에서의 타자들은 가정에서의 부모, 교회에서의 목회자나 주일학교 선생, 그리고 학교에서의 선생이나 직원을 의미한다. 다른 연령 시기와 구별되게 전반적으로 아동기는 어떤 교육이 되었든 그 교육을 인도하는 타자들에 대해 의심이나 비판을 하지 않고 순수하게 그들의 가르침을 있는 그대로 흡수한다. 그러므로 스타벅은 아동기에 종교적 내용을 많이 가르치지 않는 경우라고 하더라도 아동의 교육에 대한 흡수력이 다른 시기보다 훨씬 높기 때문에 종교적 의식이 자연스럽게 형성되는 것으로 이해하였다. 특히, 그는 타자들과

---

68) *Ibid.*, 189-93.

의 관계를 통해 형성된 초월적 실재 이미지는 아동기 이후 청소년기와 장년기를 거치면서 구체적으로 분화되어 성숙하는 것으로 이해하였다.

물론 아동기의 종교적 씨앗이 예외 없이 그대로 성장하는 것은 아니다. 스타벅도 수집 자료들 중에 양이 그렇게 많은 것은 아니지만 아동기에도 타자들의 교육적 내용에 대해 의심을 하여 종교적 의식의 씨앗이 다르게 자라거나 아예 다른 모습으로 형성되는 것도 알고 있었다.[69] 그리고 그는 아동기 이전인 유아기보다도 훨씬 이전인 태아기와 관련한 진술들을 분석하면서 종교적 의식의 씨앗 형성에 대한 논의를 의식 이전의 무의식적 맥락과 연결해서 지적하기도 하였다. 그는 수집 자료들 중에 종교적 의식의 씨앗이 이미 모태로부터 형성되었다는 진술을 해석하는 데 있어 의식적 타자와의 관계보다는 오히려 무의식적 환경의 영향이 존재했다는 점을 강조하였다. 그러므로 그는 모태로부터 엄마의 종교적 환경 아래에 있었다는 점에서 종교적 씨앗을 배양하기 위한 "무의식적 관습"이 이미 존재한 것으로 이해하였다.[70]

둘째, 아동기의 종교적 의식은 안전에 대한 욕구를 통해 이루어진다는 점이다. 아동기는 아동 자신의 세계에 머물면서 안전감을 성취하기보다는 타자들과의 관계를 구축하여 안전감을 성취한다. 그러한 관계를 통해서도 여전히 안전감에 구멍이 생길 수 있으므로 현실적 세계를 넘어선 초자연적 세계와의 밀접한 관계로 그러한 구멍까지

---

69) *Ibid.*, 189.
70) *Ibid.*, 190.

도 메우려고 한다. 아동기에는 아무리 안전한 삶의 환경이라고 하더라도 질병이나 어려움을 직접 경험하면서 갖게 된 어려움을 또 다른 안전장치인 초월적 세계로 극복하려는 경향을 지닌다. 특히 아동기의 그런 경향을 가장 잘 표현하고 있는 것은 아동이 스스로 자기 자신을 넘어선 초월적 실재로서 신이나 그리스도라는 이름을 부르는 모습에 존재한다. 아동은 어려움에 처할 때마다 스스로 그 문제를 해결하기보다는 자기 자신 밖에 존재하는 신이나 그리스도를 부르면서 어려움을 극복한다는 것이다.[71] 그러므로 아동기의 초월적 실재는 어려움을 극복하게 해주는 데 없어서는 안 될 존재라는 점에서 기독교의 맥락에서 아동이 부르는 신이나 그리스도는 언제나 자신의 어려움에 귀를 기울여주는 사랑과 신뢰의 존재로 경험된다.

셋째, 아동기의 종교적 의식은 미래에 대한 불안과 공포를 통해 이루어진다는 점이다. 이러한 의식은 위에서 지적한 사랑에 사로잡혀 있는 둘째의 경향과는 대조를 보여주는 측면이다. 아동기 종교적 의식은 구체적으로 그 내용을 알 수 없는 막연한 불안과 공포에 지속적으로 빠져 있는 상태이다. 물론 아동기의 막연한 불안과 공포는 청소년기를 걸치면서 자연스럽게 없어지거나 긍정적으로 변화되는 경우도 있지만 많은 경우 그대로 이어지기도 한다. 그러므로 연령적으로 청소년 혹은 장년이라고 하더라도 나이에 상관없이 아동기의 막연한 불안과 공포는 종교적 의식으로 강하게 영향을 미치기도 한다.

넷째, 아동기의 종교적 의식은 반드시 지켜야 할 의무를 지키지 못

---

71) Edwin Diller Starbuck, "The Nature of Child Consciousness" in *Biblical World*, XXX, No. 2(August 1907), 105-6.

한 것에 대한 죄의식을 통해 이루어진다는 점이다. 아동기는 종교적 가르침에 반하는 행동을 했을 경우 죄의식을 깊게 갖게 된다. 수집 자료들 중에서 높은 비율로 기독교 가정에서 태어난 아동은 다른 어떤 것보다 십계명에 나와 있는 계율 중 하나를 어길 경우 죄의식으로 심하게 고통을 받기도 한다. 두드러지게 나타난 아동의 죄의식은 두 가지 계율인 거짓말한 경우와 다른 사람의 물건을 허락 없이 사용하거나 다른 곳으로 몰래 갖고 간 경우이다. 아동은 때로는 그러한 죄의식을 더 이상 견디기에 힘이 부족해 부모나 다른 사람들에게 직접 얘기하면서 용서를 구하기도 한다.

스타벅은 이 네 가지 종교적 의식의 특징을 아동기 종교적 의식의 열매이기보다는 뿌려지거나 발화하기 시작한 씨앗 정도로 이해하였다. 그러한 종교적 의식이 열매 맺으려면 아동기의 종교적 의식은 청소년기와 장년기를 거치면서 더욱 성장해야 한다는 것이다. 그러므로 아동기의 종교적 의식에 대한 교육은 그 이후의 종교적 의식이 더욱 성장해가는 데 중요한 밑거름으로 그 역할을 할 수 있다는 것이다. 바로 이런 측면 때문에 그는 종교심리학 연구를 통해 회심과 종교적 의식 논의를 전개한 다음, 그러한 의식이 더욱 성장해가는 데 중요한 계기를 만들어주는 인격교육과 종교교육을 제안할 수 있었다. 말하자면 그에게 청소년기와 장년기의 경우에도 예외가 될 수 없지만, 특히 아동기의 종교적 의식에 대한 연구와 교육은 동전의 양면과 같을 정도로 상호 밀접한 관계를 맺고 있기 때문에 이론적 연구 다음에는 반드시 실천할 수 있는 교육이 동반되어야 한다는 것이다.

2) 청소년기의 종교적 의식

스타벅은 종교적 회심의 경우와 마찬가지로 종교적 의식의 성장이 가장 두드러지게 나타나는 생애 기간을 청소년기로 규정하였다. 그러 므로 앞에서도 지적했듯이 그가 종교심리학 연구를 위해 우선적으로 수집하려고 했던 것은 청소년기에 이루어진 회심이나 의식의 성장과 같은 종교적 경험을 생생히 보여주는 자료들이었다. 그는 수집한 자 료들을 토대로 청소년기를 10~11세부터 24~25세에 이르는 시기로 규정하고 그 자료들을 먼저 분류하였다.[72] 그런 다음 아동기의 경우 와 마찬가지로 다른 시기와 구별되어 발생하는 특징을 중심으로 청소 년기 종교적 의식을 지적하였다. 그가 주로 강조하고 있는 특징은 다 섯 가지이다. 하나씩 정리해보기로 한다.

스타벅이 첫 번째로 지적하는 것은 청소년기 종교적 의식의 자연 적 특징이다. 그의 논의는 박사학위 논문 지도교수였던 홀이 강조했 던 종교적 의식과 생물학적 나이와의 상관관계 연구로부터 결정적으 로 영향을 받았다. 그는 아동기의 종교적 의식에 대해 청소년기에 접 어들면서 갑자기 발현하기보다는 점진적으로 발현하여 성장을 이룩 해가는 것으로 이해하였다. 청소년기는 어떤 시기와도 비교가 불가능 할 정도로 몸이 가장 크게 성장하는 것처럼 종교적 의식도 크게 성장 한다는 것이다. 그러므로 그는 종교적 의식의 성장은 몸의 변화와 무 관하지 않다는 점에서 자연적으로 발생하고 성장하는 것으로 해석하 였다. 그는 부흥회에서 갑작스럽게 일어난 회심이든 그렇지 않든 청

---

72) Edwin Diller Starbuck, *op. cit.*(1898), 195.

소년기의 종교적 의식은 몸의 경우처럼 매우 유사하게 자연적 과정을 거치면서 성장한다는 점을 핵심적으로 지적하였다. 청소년기는 아동기에 배양되었던 종교적 의식을 이성적으로 분석하기도 하고, 도덕적으로 양심에 빗대어 판단하기도 하고, 그리고 그 이면이나 그것을 넘어선 실재를 자연적으로 느끼기도 하면서 더욱더 성장해나간다는 것이다.[73] 그러므로 그의 청소년기는 아동기의 종교적 의식이 명확히 분화되어 그 내용이 분명해지는 시기이다.

스타벅이 종교적 의식 논의를 하면서 주목했던 것은 몸의 변화 중에서 다른 어떤 부분보다도 생명을 잉태할 수 있는 생식기관의 발달이었다. 예외는 늘 있기 마련이지만 일반적으로 생식기관이 가장 완벽하게 발달을 이루는 연령대는 사춘기인 14~15세이다. 그는 수집한 자료들 중에서 그 연령대를 분석해보니 종교적 의식이 가장 높게 성장한다는 점을 확인할 수 있었다. 그리고 그는 청소년기의 다른 연령대도 회심이 높은 비율로 발생하고 또한 종교적 의식도 아동기나 장년기와 구별되게 높게 성장한다는 점을 확인할 수 있었다. 그러므로 그는 청소년기 회심의 경우와 달리 자연적으로 종교적 의식 성장을 진술했던 청소년들은 외적 환경에 결정적 영향을 받기보다는 "영적 활동"을 주체적으로 하고 있다는 점을 지적하였다.[74] 또한 그는 이러한 모습이 제도종교에 국한되지 않고 종교 밖의 청소년들에게서도 발견된다는 점에서 몸은 시기에 맞게 적절히 발육하여 성장하는 것처럼 거의 동일하게 종교적 의식도 누구에게서나 자연적으로 성장 과정을

---

73) *Ibid.*, 196-7.
74) *Ibid.*, 208.

거친다는 점을 주장하였다. 그러므로 청소년기 종교적 의식의 성장은 결코 자연적 과정 밖의 경로가 아니라 그 과정 안에서 이루어진다는 점에서 종교적 본능의 분화이다.[75]

스타벅이 두 번째로 지적하는 청소년기 종교적 의식의 특징은 예측할 수 없을 정도로 불규칙적으로 감정의 진폭이 다층적으로 표출되는 질풍노도의 과정을 보여주는 데 있다. 특히, 그는 청소년기 초기에 이러한 모습이 회심의 경우이든 그렇지 않든 공통적으로 두드러지게 발생하는 것으로 분석하였다. 청소년기 초기는 아동기에서 볼 수 없었던 갈등과 그러한 갈등을 해소하기 위한 새로운 대답을 갈구하기 시작하면서 종교적 의식이 어떤 시기보다 뚜렷하게 성장하게 된다는 것이다. 그러므로 회심 경험이 뚜렷하지 않은 종교적 의식의 성장의 경우도 변화를 경험했다는 점에서 회심의 사례들과 마찬가지로 회심 과정으로 분류할 수 있다. 그는 청소년기 초기에 종교적 의식이 변화하여 성장하는 데 결정적으로 영향을 미치는 요인을 세 가지로 분석하였다.

제일 먼저 지적할 수 있는 요인은 청소년기 주체가 치열하게 겪고 있는 불완전성과 미완결성의 경험이다. 아동기의 경우와 달리 청소년기는 감각적이고 현실적인 불만을 해결하는 데에 삶의 최종 목표를 두지 않고 그 이상의 삶을 이룩하지 못해 갈등 경험을 갖게 된다는 것이다. 그러므로 청소년기는 현실적 삶과 이상적 삶 사이의 괴리를 메울 수 없는 인식으로 인해 어떤 시기보다도 강렬하게 죄의식에 빠지

---

75) Edwin Diller Starbuck, "Stages in Religious Growth" in *Biblical World*, XXXI, No. 2(February, 1908), 101-12.

게 된다. 더 나아가 청소년기는 완전한 삶을 이룩하지 못한 것에 대한 죄의식으로 인해 영원한 형벌로 떨어질 수 있다는 공포와 죽음의 문제로 인해 절망감을 강하게 경험하기도 한다.[76]

다음으로 지적할 수 있는 요인은 우울증 경험이다. 이 경우는 앞의 절망감의 상태를 넘어 자기 자신에 대해 병적으로까지 가학 행위를 보이기도 한다. 어떤 권면도 설득력 있게 들리지 않고 이전에 갖고 있던 모든 느낌이나 생각 자체를 그대로 받아들이지 않고 거부한다. 그러므로 기존에 갖고 있었던 종교적 관념이나 느낌도 과격할 정도로 부정하게 되어 더 이상 종교적 삶을 종전의 방식대로 유지할 수 없는 경우이다. 이러한 모습은 정신적 활동과 더불어 육체적 활동에서도 나타난다. 많은 경우 음식을 섭취하거나 잠을 자는 행위같이 몸의 활동에 반드시 필요한 요소들을 모두 거부한다. 극단적인 경우에는 마치 극심한 금욕주의의 경우처럼 주체 자신의 몸에 가해하여 스스로 몸을 망가트리거나 목숨을 버리기까지도 한다.

마지막으로 지적할 수 있는 요인은 어떤 상황에서도 인정하지 않으려는 종교적 삶의 부정적 경험의 억압이다. 청소년기는 종전에 있던 종교적 삶에 대한 부정이나 거부가 종교적 의식 성장을 위한 자연스러운 과정인 것과 다르게 이번 요인은 그러한 부정이나 거부를 조금도 인정하지 않으려는 부정의 심리라는 것이다. 청소년기에 종교적 삶에 대한 부정적인 생각이 일어나는 것이 자연스러운 과정임에도 불구하고 그러한 생각 자체를 조금도 허용하지 않으려는 태도로 인해 심리적 어려움을 더욱 증폭시키기도 한다. 그러므로 청소년기에 부정

---

76) Edwin Diller Starbuck, *op. cit.*(1898), 216-7.

적 경험을 갖게 되는 근본 원인은 가정이나 사회 환경에 존재하기 때문에 그러한 환경으로부터 방어적으로 탈피하거나 그러한 환경을 공격적으로 치료해야 한다는 관념에 쉽게 사로잡히기도 한다. 최근 글로벌하게 일어나는 종교적 극단주의 운동에 많은 청소년기의 주체들이 자발적으로 참여하는 것도 이러한 측면을 보여주는 사례이다.

스타벅이 세 번째로 지적하는 종교적 의식의 특징은 의심이다. 아동기에는 상대적으로 종교적 의심을 보이는 경우가 적게 나타나는 데 비해 청소년기에는 종교적 의심이 자연스럽게 자주 발생한다.[77] 물론 청소년 개개인마다 정도와 범위에 차이를 보이는 것은 사실이지만 종교적 의심의 과정을 거치지 않는 경우는 거의 없다. 종교심리학 운동이 일어났던 때나 지금이나 이 부분에 대한 연구는 그렇게 많은 차이를 보이지 않는다. 바로 청소년기에 와서도 아동기에서 보이는 것처럼 종교적 의식을 유지하는 것보다 오히려 그것을 더욱 의심하면서 성장시켜나가는 것이 중요하다. 그러므로 그는 종교적 의심을 부정적 차원으로만 이해하기보다는 청소년기에 다양하게 발생하는 정신적 문제에 대해 더욱더 성찰하고 명확히 해나가면서 종교적 의식을 분화하여 성장시킬 수 있는 계기로 이해할 필요가 있다는 점을 강조하였다. 그가 종교적 의심 과정을 긍정적으로 지적하고 있는 부분을 인용해보기로 한다.

의심을 무너뜨리기 위해 노력하는 대신에 진리를 발견하기 위해 의심을

---

77) Edwin Diller Starbuck, "Doubt" in *Encyclopedia of Religion and Ethics*, Vol. IV(1912), 863-5.

사용하는 데 있어서 그 목적의 진지함과 진실성에 영감을 부여하는 것이 더욱더 지혜롭다. 만약 의심이 악이라면 그것은 그러한 의심의 사악한 본성이 존재하고 있기 때문이다. 의심은 인간의 본성의 잠재된 가능성을 불러내어서 활용하는 수단이다. 만약 건강한 삶의 한계 없는 본체가 존재한다면, 그리고 그것을 사용하기 위해서 진리를 알기 위한 욕망에 높은 정도의 지지함이 존재한다면, 의심은 오히려 피하는 것보다 만나야 하고 길들여져야 한다.[78]

스타벅은 종교적으로 의심을 갖게 된 계기와 의심의 대상과 관련한 질문들에 대한 대답을 수집하여 그 내용을 분석하였다. 먼저, 그는 수집한 자료들을 분류하면서 내용적으로 종교적 의심의 계기를 여섯 가지로 지적하였다: "1. 교육적 영향, 2. 몸의 성장, 3. 죽음이나 불행 같은 재난, 4. 기독교인의 잘못된 행동, 5. 응답 없는 기도, 6. 병."[79] 그는 이러한 여섯 가지 분류 중에서 남성과 여성의 3-4 항목 비율은 거의 비슷한 반면 1-2와 5-6 항목에서는 상당한 차이점을 보여주고 있다는 점을 지적하였다. 청소년기의 남성은 교육적 영향 때문에 종교적 의심을 갖게 되지만 여성은 그 영향을 상대적으로 많이 받지 않는다는 점이다. 그다음으로 높게 나타난 차이점은 남성의 경우 몸의 성장으로 인해 종교적 의심을 갖는 비율이 낮은 반면, 여성은 그 비율이 상대적으로 높다는 점이다. 마지막 차이점은 응답 없는 기도나 병으로 인해 종교적 의심을 갖게 되는 계기가 여성에서는 높은 비율을 차

---

78) Edwin Diller Starbuck, *op. cit.*(1898), 242-3.
79) *Ibid.*, 236.

지하는 반면, 남성은 상대적으로 그 비율이 낮다는 점이다.

다음으로, 청소년기에 두드러지게 나타난 의심의 계기를 촉발시킨 대상들을 검토하기로 한다. 스타벅은 그 대상들을 질문지 대답 자료들에서 열 가지로 선별하여 분류하였다: "1. 특별한 전통의 관습이나 믿음, 2. 성서의 권위나 영감, 3. 그리스도의 신성, 4. 신의 존재, 5. 선 혹은 정의와 같은 신의 속성, 6. 모든 것, 7. 불멸, 8. 기독교인의 삶, 9. 특별한 자비, 10. 구체화되지 않는 것."[80] 그는 또한 종교적 의심의 대상들과 관련해서도 남성과 여성 간의 비율이 뚜렷하게 차이를 보이고 있다는 점을 지적하였다. 남성의 경우 1-3 항목은 높은 비율을 보이는 것과 대조적으로 여성은 그 비율이 낮다. 반면 4-6 항목은 1-3의 항목과 달리 여성이 남성보다 그 비율이 훨씬 높게 나타났다. 여기에서 재미있는 점은 일반적으로 신의 존재나 신의 속성에 대한 의심이 남성에게서 더 많이 일어났을 것으로 예상할 수 있지만 결과는 정반대이다. 1-6항목을 제외하고 7-10 항목은 남성과 여성 간에 뚜렷한 차이 없이 비슷한 비율을 보여주었다.

스타벅이 네 번째로 지적하는 종교적 의식의 특징은 소외 (alienation)이다. 청소년기는 기존의 종교적 의식이나 그 대상, 즉 종교적 가치를 심각하게 의심하면서 그동안 유지하였던 존재감의 토대 상실로 인해 소외 경험을 "자연스럽게" 갖게 되는 시기이다.[81] 소외 경험은 종교적 가치를 새롭게 회복할 때까지 지속적으로 일어난다. 청소년기의 다른 특징보다 소외 경험이 오랜 시간 이어지면서 주

---

80) *Ibid.*, 238.
81) Howard J. Booth, *op. cit.*(1981), 212.

체 자신의 내면을 더욱 냉철하게 직시하기 시작한다는 점에서 성찰의 기간이다. 청소년기의 소외 기간은 평균적으로 5~6년 정도 지속된다.[82] 이런 측면에서 소외 기간은 앞에서 살펴본 청소년기 초기에 많이 발견되는 질풍노도나 의심의 기간과는 구별된다. 소외 기간은 후자의 기간과 달리 몸과 정신의 급격한 변화로 인해 역동적 갈등을 겪는 시기가 아니다. 소외 기간은 일반적으로 질풍노도나 종교적 의심을 통해서 보여주었던 감정적 대응보다는 그러한 대응으로부터 물러나서 좀 더 이성적 대응을 하려는 기간이다. 그러므로 이때는 청소년기 초기의 역동적 갈등을 이미 어느 정도 겪어낸 이후 종교적 가치를 회복하여 전인적 존재로 새롭게 태어나기 위해 지성적 비판을 동반하는 시기이다. 스타벅이 직접 지적하고 있는 글을 인용해보기로 한다.

소외의 기간 동안에는 어떤 종류의 강렬한 감정은 없다. 보다 큰 평정심(poise)이 존재한다. 그러한 기간에 들어간 사람들은 이전의 갈등으로부터 벗어나거나 아니면 자기 자신의 의지를 사용해서 당분간 결단을 하게 된다. 이러한 태도는 무관심이나 냉소주의와 적대주의의 태도이다.[83]

스타벅이 다섯 번째로 지적하는 종교적 의식의 특징은 이전에 주변이나 그 이면에 있었던 큰 자아, 즉 대아의 탄생이다. 스타벅은 이 마지막 특징을 앞의 네 가지 특징이 최종적으로 통합되어 나타나는 결론으로 이해하였다. 이 특징은 아동기의 종교적 의식이 단순히 평면

---

82) Edwin Diller Starbuck, *op. cit.*(1898), 244.
83) *Ibid.*, 250.

적으로 확장되었다는 의미가 아니다. 정확히 말해서 이것은 청소년기 주체가 기존의 종교적 의식을 스스로 비판적으로 분석하는 자아의식 (selfconscious)의 확장을 의미한다.[84] 그러므로 청소년기 종교적 의식의 정점은 기존의 종교적 의식인 자아의식을 획기적으로 변환하여 객관적이고 비판적 의식을 통해 기존 자아의식을 획기적으로 재구성시키는 데 놓여 있다.

스타벅은 새로운 자아의식을 재구성하는 과정은 종교적 의심과 소외를 다층적으로 보여주는 것으로 이해하였다. 그는 청소년기 초반기에 해당하는 사춘기에 의심과 소외의 경험이 두드러지게 나타나지만 후반기에 이르면 그러한 경험은 더욱 줄어들면서 기존의 자아의식이 해체되어 새롭게 재구성된다는 점을 강조하였다. 특히, 그는 자아의식의 재구성 과정은 세 가지 차원의 의식이 복합적으로 결합되기 시작하면서 나타나는 것으로 이해하였다.

먼저 지적해볼 수 있는 차원은 윤리적 의식이다.[85] 물론 청소년기에만 윤리적 의식이 존재하는 것은 아니다. 아동기에도 윤리적 혹은 도덕적 의식이 존재하지만 구체적으로 자아를 비판적으로 살펴보는 데 상대적으로 청소년기에 비해 그 강도가 훨씬 약하다. 청소년기에 들어서면서 윤리적 의식은 자아의식을 재구성하는 데 결정적 역할을 하게 된다. 그러므로 도덕적 양심이 그 자아의식에 중심적으로 자리를 잡고 있어 종교의 가르침대로 실천적 삶을 지향하려는 경향이 두드러지게 나타난다. 많은 경우 청소년기는 윤리적 의식으로 인해 양심

---

84) *Ibid.*, 252.
85) *Ibid.*, 270.

의 갈등을 빚기도 하고 종교적 실천을 극단적으로 밀고 나가는 경향
이 있어 주위 사람들과 갈등을 빚기도 한다. 그러한 경향이 너무 극단
적이어서 어떤 경우에는 병적 증상을 동반해 폭력적이고 반사회적인
모습을 보이기도 하여 기존에 통용되는 윤리적 의식과 갈등을 빚기도
한다.

다음으로 지적해볼 수 있는 차원은 지성적 의식이다. 청소년기는
의심이나 소외에서도 지적하였듯이 기존에 자연스럽게 받아들였던
종교적 내용[86]을 더 이상 그대로 받아들이지 않고 나름대로 지성적
근거를 찾으려는 모습을 보여준다. 특히, 청소년기는 그러한 근거를
찾기 위해 경전을 비롯하여 기존에 의심 없이 받아들였던 종교 서적
을 고백적 차원으로만 더 이상 읽지 않는다. 그 시기는 믿음의 차원을
제외하고서는 쉽게 대답할 수 없는 질문까지도 거리낌 없이 제기하기
도 한다. 그러므로 청소년기는 지성적으로 이해할 수 없는 문제로 인
해 때로 괴로움과 번민의 상태로 빠지게 되고, 때로 주위의 사람들과
심각한 갈등을 만들기도 한다.

마지막으로 청소년기에 지적해볼 수 있는 차원은 미학적 의식이다.
청소년기는 믿음의 대상, 교리, 그리고 실천의 부재로 인해 비판적 관
점을 보여준다고 해서 종교전통에서 일어나는 모든 활동을 의심하고
있다는 측면 때문에 종교의 무용성을 주장하는 것은 아니다. 청소년
기는 매우 역설적으로 종교전통의 맥락에서 다양하게 행해지는 종교
예술과 관련해서는 적극적으로 동조하는 경향을 보이면서 미학적 의
식을 두드러지게 고양시키기도 한다. 그러므로 청소년기는 설교나 교

---

86) *Ibid.*, 271.

리교육 등과 같이 종교전통에서 주로 통용되는 종교교육 방식보다는 음악, 그림, 그리고 문학적 표현을 매개로 종교적 의식을 더욱더 성장시켜나갈 수 있을 것이다.

스타벅은 이러한 세 가지 차원의 의식에서 때로는 하나의 차원이 두드러지지만 다른 두 차원이 함께 어우러지는 모습으로 나타나거나 그렇지 않으면 세 차원이 골고루 결합되어 새로운 종교적 의식, 즉 정확히 말하면 종교적 자아의식이 탄생하는 것으로 이해하였다.[87] 그는 세 가지 차원의 의식과 관련해서 청소년기의 남성과 여성이 각각 차이점을 보여주고 있다는 점을 지적하였다. 일반적으로 남성은 여성보다 높게 세 가지 차원의 의식을 포함하는 종교적 자아의식을 양적으로 많이 보여준 반면, 여성은 남성보다 질적으로 종교적 자아의식을 높게 보여준다는 것이다. 그러므로 청소년기는 남성과 여성 사이에 차이점이 존재하는 것은 부인할 수 없는 사실이지만 공통적으로 확인할 수 있는 것은 아동기에서 쉽게 찾아볼 수 없었던 윤리적, 지성적, 그리고 미학적 의식으로 종교적 자아의식을 새로운 차원으로 더욱 성장시켰다는 점이다.[88] 바로 청소년기의 이러한 자아의식은 성년기를 통해 더욱더 완숙하여 성장해나간다. 따라서 생애사의 프레임으로 보면 아동기의 종교적 의식의 씨앗은 청소년기를 통해서 종교적 자아의식으로 성장하는 과정을 거쳐 성년기에 이르러 완숙 단계에 접어드는 것으로 이해할 수 있다.

다음 절에서는 성년기에 종교적 의식이 더욱 완숙하여 성장을 이루

---

87) *Ibid.*, 273.
88) *Ibid.*, 274.

어가는 과정을 검토해보기로 한다.

3) 성년기의 종교적 의식

스타벅은 아동기와 청소년기 경우에서처럼 성년기 종교적 의식에 대한 연구도 질문지에 대한 대답 자료들을 근거로 진행하였다. 그의 자료 분석을 보면 성년기 종교적 의식은 회심, 질풍노도 또는 종교적 의심을 겪은 경우나 그렇지 않은 경우 모두 비슷하게 종교적으로 안정적 삶을 지향하였다.[89] 청소년기 종교적 의식의 성장은 폭에서 극적 변화를 보여주는 것이 사실이지만 그 변화가 안착하기 위해서는 또 다른 성장이 필요하다는 것이다. 그러므로 그는 아동기의 종교적 의식의 씨앗이 분화 성장한 청소년기의 종교적 의식을 안정적으로 재구성하는 시기를 성년기로 규정하였다.[90]

스타벅은 그러한 성장이 주로 성년기에 해당하는 연령대인 20~30세 사이에 발생하는 것으로 이해하였다.[91] 물론 다른 시기와 마찬가지로 예외가 없는 것은 아니다. 그는 성년기 연령대 중에서 초기는 청소년기 연령대에 해당하지만 어떤 경우에는 종교적 의식의 안착과 관련해서 성년기의 경우와 차이를 보이지 않기 때문에 성년기에 포함시키기도 하였다. 바로 이런 측면 때문에 그의 논의에서 청소년기와 성년기의 일부분은 연령대와 관련해서 중복되어 있기도 하다. 그는 성년기에 주로 발견되는 종교적 의식의 특징을 네 가지로 지적하였다.

---

89) *Ibid.*, 323.
90) Howard J. Booth, *op. cit.*(1981), 213.
91) Edwin Diller Starbuck, *op. cit.*(1898), 279.

스타벅이 첫 번째로 지적하는 성년기 종교적 의식의 특징은 청소년기와 대조적으로 종교적 삶의 안정화이다.[92] 그는 성년기 종교적 의식이 새롭게 성장해가는 데 결정적으로 영향을 미친 요인이 구체적으로 주체의 주위 환경과 연결되어 있다는 점을 지적하였다. 사실 외적 요인은 반드시 성년기에서만 국한되지 않고 아동기나 청소년기에서도 그 영향력을 찾아볼 수 있다. 그는 아동기와 청소년기의 경우에서처럼 질문지를 통해서 수집한 대답 자료들을 토대로 성년기에 영향을 미친 외적 요인을 먼저 다양하게 분류한 다음 그것을 토대로 영향을 미친 밀도의 등급을 나누었다. 먼저 그가 분류한 내용을 보면 다음과 같다: "부모, 아버지, 어머니, 가족, 가족의 생활, 친구, 삶의 모델, 교회, 성직자, 교사, 특정 작가, 과학, 예술, 음악, 자연, 시, 일반 서적, 죽음, 불행 혹은 병, 개인적 갈등, 주변의 경고."[93]

스타벅은 성년기의 종교적 의식이 성장해나가는 데 영향을 가장 많이 미치는 요인으로 아동기와 청소년기에 경험한 가정환경, 특히 부모의 종교적 삶과의 연관성을 지적하였다. 그는 성년기 종교적 의식에 영향을 미친 가정환경이 세 가지 특성을 보여주는 것으로 이해하였다.[94] 첫 번째 특성은 공포나 억압의 분위기보다는 도움이나 사랑과 같이 따뜻한 모습을 보여준 가정환경이었다. 두 번째 특성은 도그마나 교리를 강제적으로 주입하기보다는 자유롭게 그것들에 대해 질문하고 토론할 수 있는 가정환경이었다. 세 번째 특성은 아주 신중하게 아동기의 성장에 필요한 욕구에 부응할 수 있는 가정환경이었다.

---

92) *Ibid.*, 282.
93) *Ibid.*, 294.
94) *Ibid.*, 299-301.

스타벅은 이러한 가정환경을 겪은 성년기의 주체는 상대적으로 그렇지 못한 가정과 비교해보면 심각할 정도로 의심이나 갈등 또는 그것을 해소하기 위한 회심을 갖고 있지 않더라도 종교적 의식을 자연스럽게 성장시켜나갈 수 있는 것으로 이해하였다. 가정환경의 영향은 성년기 남성과 여성 모두에게 균등히 나타나 있다는 것이다.

스타벅은 가정환경 다음에 성년기의 종교적 의식 성장에 영향을 미치는 요인으로 친구, 삶의 모델, 교회, 성직자, 특정 작가, 그리고 일반 서적을 지적하였다. 가정환경의 경우와 마찬가지로 이 부분에서도 남성과 여성 모두 차이를 보여주지 않고 비슷한 비율로 나타났다. 그러므로 그의 논의를 다시 정리하면 성년기 종교적 의식은 청소년기에 높게 영향을 미치고 있던 개인적 갈등, 주변의 경고, 즉 부흥회의 설교, 죽음, 불행, 그리고 병으로부터 영향을 상대적으로 많이 받지 않고 있다는 것이다. 대조적으로 성년기의 종교적 의식은 아동기에 많이 발견되는 요인들, 특히 부모나 가족으로부터 상당히 영향을 받고 있다는 것이다.

스타벅이 두 번째로 지적하는 성년기 종교적 의식의 특징은 종교적 믿음 대상들의 구체화이다. 그는 성년기에 구체화 과정을 거쳐 안정적으로 정착되기 시작한 믿음의 대상들을 다음 7가지로 분류하였다: "신, 그리스도, 불멸, 도덕적 행위, 내적 삶의 종교, 성장 과정에 필요한 종교, 철학적 혹은 과학적 관념 형성에 필요한 종교."[95] 그는 또한 이러한 7가지 분류가 보여주고 있는 의미를 성비와 관련해서 5가지로 지적하였다. 그가 제일 먼저 지적하는 의미는 처음 두 가지 대상 분

---

95) *Ibid.*, 312.

류, 즉 신, 그리스도, 불멸에 대한 긍정적인 믿음과 관련되어 있다. 세 가지 분류 대상들 중에서 신과 그리스도 항목이 남성과 여성 모두에게서 가장 높은 비율을 차지하지만 여성의 경우에는 신의 항목이 남성보다 훨씬 높은 비율로 언급되는 반면, 남성의 경우에는 그리스도 항목이 믿음의 대상으로 여성보다 두 배나 높은 비율로 언급되었다는 것이다.

스타벅이 다음으로 지적하는 의미는 믿음 대상들에 대한 부정적 진술 혹은 긍정과 부정이 함께 포함되어 있는 진술과 관련되어 있다. 이를테면 남성과 여성 모두에게서 믿음의 대상으로 신을 부정하는 경우도 상당히 높은 비율을 보이기도 하고 도덕적 행위와 철학적 혹은 과학적 관념 형성에 필요한 종교에 대해서는 긍정과 부정의 비율이 거의 동등하게 나타나 있다. 그러나 재미있는 점은 그리스도, 불멸, 도덕적 행위, 내적 삶의 종교, 성장 과정에 필요한 종교와 관련해서는 부정적 대답보다는 긍정적 대답이 훨씬 높은 비율로 남성과 여성 모두에게 나타나 있다는 점이다.[96] 그러나 그는 성인기의 끝 무렵인 30세 전후의 남성과 여성은 모두 위의 7가지 대상에 대한 부정적 진술보다는 긍정적 믿음을 훨씬 많이 보여주고 있다는 점을 흥미롭게 지적하였다.[97]

스타벅이 세 번째로 지적하는 성년기 종교적 의식의 특징은 정제된 감정이다. 그는 성년기에 상대적으로 많이 발견되는 종교적 감정을 정교하게 분석하였다. 그는 전반적으로 성년기의 감정은 단순히 부흥

---

96) *Ibid.*, 316.
97) *Ibid.*, 320.

회와 같은 외적 환경의 자극보다는 영적 삶에 대한 주체 스스로의 내적 성찰과 깊이 연관되어 있어 아동기나 청소년기에 보여주는 감정의 역동적 흐름과 달리 평온히 영적으로 고양되었다는 느낌을 깊이 보여주는 것으로 이해하였다.[98] 이러한 종교적 감정은 신비주의 관상의 경우처럼 신, 인간, 자연, 사회를 깊이 관조하면서 빠지게 된 경외, 신비, 사랑, 그리고 아름다움의 느낌이라는 것이다.

스타벅은 이러한 감정을 두 가지로 더욱 구분해서 이해하였다. 그는 성년기의 주체는 이전과는 질적으로 다르게 신과 하나로 연합되어 있는 것을 경험하기도 하지만 반대로 신과 하나로 연합할 수 없는 간극을 깊이 경험한다는 점을 강조하였다.[99] 전자의 경우인 연합의 느낌은 신을 인식하는 데 신뢰하고 절대적으로 믿을 수 있는 친구와 같은 느낌을 갖게 한다. 반대로 후자의 경우인 분리의 느낌은 신의 장엄함과 위대함을 어떤 존재와도 비교할 수 없다는 점을 경험하면서 무화와 겸손의 태도를 취하게 한다. 바로 이러한 두 가지 감정으로 인해 성년기의 종교적 의식은 신과의 절대적 동일시보다는 언제나 간극을 벌리는 무화와 겸손의 태도를 지향한다는 것이다.

스타벅은 성년기의 종교적 감정에서 여성과 남성이 뚜렷한 차이점을 보이지 않는 것으로 이해하였다. 그는 연합과 분리의 느낌을 갖게 해준 연관된 항목을 다음과 같이 지적하였다: "신, 그리스도, 의존, 경외, 신앙, 축복, 평화 등등." 그는 성년기에서 가장 많이 볼 수 있는 감정은 연합의 감정 대상인 신과 그리스도 항목인 반면, 분리의 감정

---

98) *Ibid.*, 324.
99) *Ibid.*, 326-9.

은 의존과 경외의 항목이었다는 점을 강조하였다. 더 나아가 그는 이러한 감정이 40세 이후에서도 변하지 않고 지속되고 있고 그 비율에서도 훨씬 높게 나타난다는 점도 언급하였다.[100]

마지막으로 스타벅이 지적하는 성년기 종교적 의식의 네 번째 특징은 소아를 넘어선 대아, 즉 이상적 자아의 구체화이다.

앞에서 검토하였듯이 아동기는 주체의 내면적 성찰을 동반하는 종교적 자아가 구체적으로 성장하거나 확립되기보다는 주체 밖의 종교적 대상에 일차적으로 집중하는 성향을 갖고 있어 아동 주체는 종교적 자아를 성장시켜나가기 위한 갈등을 적게 경험한다. 아동기의 주체는 대부분 준비된 종교교육을 그대로 수용하는 경향을 많이 보여주기 때문에 종교적 자아가 건강하게 뿌리내리기 위한 비판성이 약하다. 반면 청소년기는 아동기와는 대조적으로 기존의 종교교육에 대한 의문으로 인해 심리적 갈등을 경험하면서 기존의 종교적 자아를 비판적으로 성찰한다. 이런 관점에서 성년기는 청소년기의 종교적 자아를 성장시켜가는 기간이다. 단지 차이점은 청소년기의 종교적 자아는 변동성이 강하기 때문에 새로운 변화를 이상적으로 끊임없이 추구하는 것과 달리, 물론 개인마다 차이를 보이는 것은 사실이지만 일반적으로 성년기는 청소년기의 종교적 자아를 구체적으로 성숙시켜 주체의 인격과 세계관을 확립해가는 기간이다. 스타벅이 결론적으로 그러한 과정을 요약하고 있는 부분을 직접 인용해보기로 한다.

결과적으로 종교적 성장의 이러한 양상에 세 가지 발전 단계들이 존재한

---

100) *Ibid.*, 334.

다. 첫째, 종교가 외부적으로 보이는 단계, 둘째, 활동의 중심이 주체 자신의 인격 안에 존재하는 단계, 셋째, 활동의 중심이 다시 객관적이 되어가는 단계이다. 자라나는 개인은 영적인 인격으로 자기 자신에 대한 지식을 얻게 되고, 사회에서 하나의 단위로 자기 자신을 조절할 수 있게 되며, 자기 자신을 세계-삶의 유기체적인 부분으로 다시 내어주는 경향을 지니고 있다.[101]

스타벅은 성년기의 종교적 자아가 구체화되는 과정을 두 가지로 지적하였다. 첫 번째 과정은 종교적 자아의 수평적 확장이다. 이 과정은 종교적 자아가 자기중심적 상태에 머물지 않고 사회적으로 확장하여 성숙해가는 상태이다.[102] 두 번째 과정은 종교적 자아의 초월적 확장이다. 이 과정은 종교적 자아를 현실적으로 개인적 차원에서 고정시키는 경향을 보이기보다는 그것을 넘어선 초월적 세계의 일부분으로까지 확장해가려는 상태이다. 그러므로 이 두 과정은 종교적 자아의 개인적 차원에 안주하기보다는 사회적이고 초월적 차원으로 확장되어 있다는 점에서 타자의 존재를 승인하고 그 관계성을 구체적으로 보여주고 있다. 물론 스타벅은 이 두 과정이 청소년기에도 개인의 차이에 따라 찾아볼 수 있지만 일반적으로 성년기에 확연히 찾아볼 수 있다는 점을 강조하였다.

스타벅은 이러한 과정을 실증적으로 보여주기 위해서 앞의 다른 경우에서처럼 질문지 대답 자료들을 수집하였다. 그는 그 자료들을 토

---

101) *Ibid.*, 350.
102) Howard J. Booth, *op. cit.*(1981), 214.

대로 성년기 종교적 의식을 잘 보여주는 세 가지 집단들을 유형적으로 분류하였다. 그 유형들은 이타적 집단, 자기완성의 집단, 그리고 특정 가치를 지향하는 자기부정의 집단이다.[103] 그는 이 세 유형들을 분류한 다음 그 해석을 각각 내려 성년기 종교적 자아의 구체적 특징을 지적하였다. 그의 해석을 따르면 이타적 집단이 보여주는 두드러진 특징은 가까운 이웃을 비롯하여 다양한 타자들을 도우려는 열망하는 모습이나 초월적 실재인 신을 사랑하는 것을 비롯하여 궁극적으로 하나 되려는 모습이다. 자기완성의 집단이 보여주고 있는 종교적 자아의 모습은 이타적 특징을 보여주기보다는 물음이나 의심으로 남아 있던 해소되지 않았던 부분을 해소시켜 자기완성을 이룩하려는 지적 호기심이다. 마지막 유형인 특정 가치를 지향하는 자기부정의 종교적 집단은 주체 자신을 부정하거나 무화시키려는 경향을 보인다.

스타벅은 이 세 유형들 중에서 가장 높은 비율을 보여주고 있는 종교적 자아 유형은 이타적 집단으로 분석하였다. 그의 분석을 보면 이타적 집단이 자기완성의 집단이나 자기부정의 집단보다 훨씬 높은 비율을 차지하고 있는 이유는 도덕적이고 윤리적 의식과 연관되어 있기 때문이다. 그러므로 아동기와 청소년기의 경우처럼 여전히 성년기에서도 종교적 자아의 모습은 타자 중심적 삶과 훨씬 깊이 관련되어 있다. 또한 이타적 집단의 경우 성별 간에도 차이가 존재한다. 전반적으로 여성 집단이 남성보다 더 도덕적이고 윤리적 삶의 모습을 분명히 보여주고 있다. 그러나 그의 해석을 따르면 자기완성이나 자기부정 집단의 경우에는 이타적 집단의 경우와 극명한 차이를 보인다. 일

---

103) Edwin Diller Starbuck, *op. cit.*(1898), 343.

반적으로 예상한 것과 달리 자기완성 집단이나 특정 가치를 향한 자기부정 집단의 경우에는 남성과 여성 모두에게서 비슷한 비율을 보여주고 있기 때문이다.[104]

5. 맺음말

지금까지 우리는 스타벅의 '회심' 종교심리학을 아동기, 청소년기, 그리고 성년기의 종교적 의식과 연결해서 검토하였다. 물론 아동기와 성년기의 경우와 달리 청소년기의 경우에는 회심 경험을 한 청소년의 종교적 의식과 그러한 과정을 거치지 않은 청소년기 의식으로 분류하여 청소년기의 종교적 의식 논의를 정리하였다. 우리는 그의 종교심리학 연구를 통해서 네 가지를 확인할 수 있었다.

우선, 스타벅의 종교심리학은 생애 발달의 관점에서 아동기, 청소년기, 그리고 성년기로 분류한 다음 그러한 생애 시기 분류를 토대로 종교적 의식 연구에 초점을 두었다. 특히, 그의 종교심리학은 종교적 의식의 배양기, 성장기, 성숙기를 각각 아동기, 청소년기, 성년기와 연결하여 연구를 진행하였다. 간단히 그 논의를 정리하면 아동기의 종교적 의식은 아동과 분리된 대상에 대한 의식이 중심을 이루지만 청소년기의 종교적 의식은 아동기의 대상 중심적 의식을 비판적으로 대면하여 이전과는 질적으로 매우 다른 차원의 의식 성장을 보여주는 반면, 성년기의 종교적 의식은 아동기와 청소년기의 종교적 의식

---

104) *Ibid.*, 343.

이 총체적으로 성숙을 이룩하는 과정이었다. 물론 그의 종교심리학이 아동기와 성년기의 종교적 의식 연구를 포함하고 있다는 점은 부정할 수 없지만 연구의 범위를 비교해보면 아동기와 성년기보다는 청소년기의 종교적 의식 연구에 그 초점을 두고 이루어졌다. 스타벅의 종교심리학이 아동기와 성년기의 종교적 의식을 연구한 것은 청소년기 종교적 의식의 변환인 회심의 의미를 심층적으로 파헤치려는 데 목표를 두었다. 아동기의 종교적 의식은 청소년기 회심의 씨앗이고, 성년기의 종교적 의식은 청소년기의 회심의 성숙 과정이라는 것이다. 그러므로 그의 종교심리학은 정확히 말해서 청소년기의 '회심' 종교심리학으로 이해해야 한다.

다음으로, 스타벅의 종교심리학은 단순히 이론으로만 연구의 끝을 두지 않고 그 논의를 일반 교육뿐만 아니라 종교교육 현장에서 실천적으로 적용하려고 시도하였다. 사실 대부분의 종교심리학 운동의 핵심 참여자들이 하버드학파이든 클라크학파이든 상관없이 모두가 종교심리학의 논의를 구체적으로 교육 현장에 도입하려고 시도하였다. 그럼에도 불구하고 종교심리학 운동의 초기 멤버들 중에서 강력하게 종교심리학과 종교교육의 상관관계를 강조했던 연구자는 스타벅이었다. 이런 측면에서 그의 종교심리학은 스승인 그랜빌 스탠리 홀이 클라크학파를 이끌면서 종교심리학을 매개로 교육 일반뿐만 아니라 종교교육의 논의를 전개한 것과 밀접히 연관되어 있다. 근본적으로 종교심리학은 종교교육을 전개해나가는 데 필수적인 이론적 토대라는 것이다.

그다음으로, 스타벅의 종교심리학은 종교교육에서 교육자나 교과과정 자체보다는 교육 대상자들의 몸과 정신의 욕구와 조건들을 우선적으로 이해할 필요가 있다는 점을 지적하였다. 이를테면 아동기의 학생들에게 종교교육을 할 경우에는 청소년기와 성년기의 주체들에 게 교육을 할 경우와 몸과 정신의 상태를 비롯해서 종교적 의식이 서 로 다르기 때문에 종교교육 자료나 방법을 다르게 사용해야 한다는 것이다. 앞에서도 지적하였듯이 아동기의 학생들 관심은 밖의 대상이 나 모험에 관심을 주로 갖는 시기인데 청소년기에 주된 관심인 이성 이나 양심의 갈등 등을 가르친다는 것은 학생들의 내적 욕구와 부합 하지 않는다는 것이다.

마지막으로 스타벅의 종교심리학은 형식적인 교리교육보다는 인격 의 성장에 최종 목표를 두는 종교교육을 전개해야 한다는 지적이다. 종교교육은 단순히 특정 교리로 구성된 대답이나 내용을 일방적으로 전달하는 데 목표를 두기보다는 학생들이 인격적으로 성장할 수 있도 록 해야 한다는 것이다. 이를테면 아동기는 모방이 강한 시기이므로 종교교육도 인격의 모델을 보여주는 자료들을 사용해서 아동의 인격 이 성장할 수 있도록 이루어질 필요가 있다는 점이다. 반면에 청소년 기는 주체가 스스로 종교적 의식과 관련해서 비판적 성찰을 할 수 있 도록 종교교육을 준비해야 한다. 더 나아가서 성년기의 경우에서도 종교교육은 청소년기의 종교적 의식이 개인적 차원에 머무는 단계를 넘어 사회적 공동체의 차원으로까지 확장할 수 있어야 한다는 것이 다. 다시 말해 성년기의 종교교육은 아동기의 모방 교육이나 청소년 기의 종교적 의식을 성장시키는 차원을 넘어 성년 자신을 둘러싼 수 많은 타자들과의 관계들을 통해 성숙한 인격과 건강한 세계관을 수 립하도록 조력하는 데 최종 목표를 두어야 한다는 것이다.

제6장

제임스 앙리 류바의
'자연주의' 종교심리학

그랜빌 스탠리 홀을 중심으로 형성된 클라크학파의 종교심리학 운동의 핵심 인물은 지난 장에서 검토하였던 에드윈 스타벅과 더불어 제임스 앙리 류바(James Henry Leuba, 1867-1946)이다. 이들은 모두 홀의 지도하에 클라크 대학교에서 종교심리학 연구로 박사학위를 받았다. 류바는 스타벅보다 먼저 홀의 지도하에 기독교 회심과 관련해서 박사학위 논문을 썼다. 그의 학위논문은 1896년 《미국 심리학회지(*American Journal of Psychology*)》(VII, 1896)에 「종교현상의 심리학적 연구―회심」이라는 제목으로 발표되었다. 앞 장에서도 살펴보았듯이 스타벅은 박사학위를 받고 난 이후 얼마 동안 종교심리학 연구에 몰두했지만 주로 종교교육이나 인격교육 논의로 그의 연구 방향을 교육적 관점에서 전체적으로 변형시켰다. 그러나 스타벅의 경우와 달리 류바는 박사학위를 받고 난 이후에도 홀의 논의에 근거하여 클라크학파가 지향하고 있었던 종교심리학 연구를 발전시켜 나아가는 데 끝까지 집중하였다.

류바의 종교심리학 연구의 학문적 배경은 스승이었던 홀의 종교심리학 연구로부터 비롯되었다. 그는 박사학위를 받고 난 이후 거의 16년 이상이 지난 시점에 "종교의 심리학적 연구"라는 제목을 달아서 종교심리학 연구서를 출판하였다. 제임스나 홀뿐만 아니라 그의 동료들도 모두 종교심리학과 관련한 연구 저술들을 다양하게 출판하였지만 '종교심리학'이라는 학문 이름에 가장 근접할 정도로 연구 저술 제목을 "종교의 심리학적 연구"로 정하여 출판한 경우는 없었다. 그러므로 종교심리학 운동의 중심 연구자들의 종교심리학 저술 제목만으로 분류해서 평가하면 그의 연구는 최초의 종교심리학 연구로 간주할 수 있다.

류바의 종교심리학은 클라크학파에서 어떤 연구자보다 더 뚜렷하게 '자연주의' 입장을 견지하면서 홀이 추구했던 종교심리학을 발전시키려고 하였다. 그는 어떤 저술에서도 헌사를 쓰지 않았지만 유일하게 『종교의 심리학적 연구』라는 저술에서 그의 스승들에게 헌사를 쓴 것을 보아도 그러한 모습을 읽어볼 수 있다. 그는 그 책의 서문 바로 앞에 "스승들인 클라크 대학교 총장인 그랜빌 스탠리 홀과 그 이후의 총장인 에드먼드 클라크 샌퍼드(Edmund Clark Sanford, 1859-1924)[1] 에게 감사함으로" 이 글을 바친다는 헌사를 마련할 정도로 홀과 그의

---

1) 샌퍼드는 존스 홉킨스 대학교에서 홀이 재직할 때 그의 지도하에 박사학위를 받았다. 그리고 홀이 1888년에 클라크 대학교 총장으로 초청받았을 때 클라크 대학교에 함께 부임해서 심리학과 교수가 되었고 클라크 대학교 최초 실험 심리연구소 소장 일을 하기도 하였다. 그리고 나서 홀 이후 클라크 대학교에서 총장으로 일을 하기도 하였다.

제자가 중심이 되어 있는 클라크학파의 학문적 통찰을 지속적으로 실현하려고 하였다.[2] 그러므로 그의 종교심리학은 하버드학파의 종교심리학 논의와의 차이점을 극명하게 보여줄 수 있다. 그의 연구는 스승인 홀이나 동료인 스타벅의 경우처럼 제임스로부터 직접 논문 지도를 받거나 그렇지 않으면 수업을 받은 경험을 갖고 있지 않아서 하버드학파가 지향했던 종교심리학 연구와의 차이점을 객관적으로 드러내줄 수 있다.

이번 장에서는 류바의 저술들 중에서 종교심리학과 관련된 저술들을 중심으로 그의 '자연주의' 종교심리학을 집중적으로 검토하려고 한다. 특히, 그가 1912년에 출판한 『종교의 심리학적 연구: 그것의 기원, 기능, 그리고 미래(A Psychological Study of Religion: Its Origin, Function, and Future)』, 1915년에 그의 종교심리학의 핵심적 주장을 요약 정리한 『종교의 심리학적 기원과 특성(The Psychological Origin and the Nature of Religion)』, 그리고 거의 10년 이후에 신비주의 자료에 근거해서 종교심리학 연구를 전개한 『종교적 신비주의 심리학(The Psychology of Religious Mysticism)』을 중심으로 그의 논의를 비판적으로 검토할 것이다. 먼저 그의 종교심리학이 근본적으로 지향하는 논의를 검토하기 전에 그의 생애와 종교심리학에 대한 관심을 갖게 된 학문 여정을 간단히 정리해보기로 한다.

---

2) James Henry Leuba, *A Psychological Study of Religion: Its Origin, Function, and Future*(New York: The Macmillan Company, 1912), v.

1. 생애와 학문 여정

류바의 생애와 관련해서 연구된 전기나 자전적 글들은 그의 저술 중에 간헐적으로 언급되었을 뿐 전체적으로 생애와 관련해서 종합적으로 발표된 글은 없다. 단지 버길리우스 펌(Vergilius Ferm)이 1937년에 종교 연구와 관련해서 다양한 글들을 모아서 편집한 『전환중의 종교(*Religion in Transition*)』에 「어느 종교심리학자의 여정(Making of a Psychologist of Religion)」이라는 제목으로 짧게 자전적 글을 쓴 것 이외에는 참고할 수 있는 자료가 부재하다. 그래서 이 짧은 자전적 글과 다른 곳에서 간헐적으로 발표한 글을 참고해서 그의 생애와 종교심리학의 관심을 갖게 된 계기를 간략히 기술해보기로 한다.

류바는 미국 뉴잉글랜드 지역에서 태동한 종교심리학 운동의 핵심 인물임에도 불구하고 다른 연구자들과 달리 미국에서 태어나지 않았다. 그는 스위스 서부 지역의 프랑스어를 사용하는 작은 도시인 뇌샤텔(Neuchâtel)에서 태어났다. 그는 미국으로 부모와 함께 이민 오기 전까지 그곳 대학교에서 자연과학을 공부하고 과학과 관련한 학사학위 과정을 이수하였다. 그가 미국에서 공부한 것은 학사학위 과정보다는 대학원 과정이었다. 그가 대학원 과정에서 관심을 갖고 있었던 것은 종교적 경험 연구였다. 그러나 그는 당시 유럽 대학교에서는 자신의 연구 관심을 학문적으로 충족할 수 있는 곳을 찾지 못하여 미국 대학에서 공부하기로 결정을 하였다. 물론 그는 신학이나 철학의 맥락 안에서 그러한 연구를 유럽 대학에서 진행할 수도 있었지만 실증적이고 과학적 연구를 선호하였기 때문에 그러한 관점을 선호하지 않았다. 그러므로 그의 공부 여정은 지성사의 관점에서 보면 매우 독특한 경우이다. 당시 대부분의 학생들은 신학뿐만 아니라 인문학과 사회과학과 관련해서도 대학원 과정을 공부하기 위해서 유럽 대학을 선호했다. 따라서 미국 대학을 선택하는 것은 일반적이지 않았다. 그는 종교심리학 운동의 중심 학파를 형성하고 있었던 클라크 대학교 대학원 과정에 입학해서 그랜빌 스탠리 홀의 지도하에 회심과 관련해서 박사학위 논문을 쓸 수 있었다.

류바의 부모는 스위스 개혁 장로교의 교인이어서 그는 어릴 때부터 종교적으로 칼뱅주의 교육을 받으면서 성장하였다. 그의 부모는 지성을 무시하는 신앙생활을 결코 권유하지 않았다. 그의 아버지는 교회에 대한 비판적 관점도 갖고 있었을 뿐만 아니라 다른 형식의 신앙생활을 하는 모습에 대해서도 관용성을 유지하였다. 그가 살던 지역은 다른 지역과 마찬가지로 다른 형식의 종교적인 삶을 살고 있는 주체들에 대해서 매우 비관용적이었다. 당시의 상황에서 볼 때 이러한 비관용의 모습은 자연스러울 정도였다. 그러나 그의 부모가 다른 형식의 기독교 신앙생활을 하고 있는 사람들에게 보여준 모습은 예외가 될 정도로 매우 관용적이었다. 그의 부모의 관용적 신앙적 삶은 그의 어린 시절에 많은 영향을 끼쳤을 뿐만 아니라 성장한 이후 종교심리학을 공부하는 결정적 계기를 만들어주기도 하였다.

류바가 종교심리학을 공부하게 된 계기는 종교적 경험이 갖고 있는 모순성과 비관용성의 뿌리를 비판적으로 파헤치려는 관심으로부터 비롯되었다. 그의 관심은 크게 분류해보면 세 가지 사건과 연결되어 있다. 우선, 지적해볼 수 있는 것은 그가 청소년기에 강렬하게 갖고 있었던 심적 갈등과 의심이었다. 그는 가정에서 관용적인 종교적 삶으로 양육을 받아서 강제 종교교육에 대해서 언제나 의심을 하였다. 특히 그는 당시 세례를 받기 전에 엄격한 성찬 예식 입문교육을 몇 달 동안 받았지만 그 내용이 너무나 낯설게 느껴져서 도저히 믿을 수 없었다.[3] 그는 구체적으로 믿지 못하는 문제의 원인이 자신의 잘못된 신앙에서 비롯된 것인지 그렇지 않으면 그가 참여하고 있는 종교로부터 비롯된 것인지 근거 있는 판단을 내릴 수 없었기 때문에 심리적으로 지독한 혼란과 갈등을 겪었다. 그는 그러한 갈등의 정확한 이유를 성년이 될 때까지도 확증할 수 없었다. 바로 류바의 이러한 청소년기의 지독한 갈등은 성년이 되고 난 이후 종교 연구에 있어서 종교적으로 긍정적 관점보다는 과학적으로 비판적 관점을 갖게 하는 데 근본 프레임을 만들어주었다.[4]

다음으로 류바가 종교심리학에 대해 관심을 갖게 된 또 다른 자전적 사건은 개인적 회심과 관련되어 있다. 그가 회심을 하게 된 계기는 그가 살던 지역의 사람들이 다른 형식의 종교적 삶을 살고 있는 사람들에게 보여준 모습과 연결되어 있다. 앞에서도 지적하였듯이 그가 살던 지역은 거의 대부분 개신교의 개혁 장로교회의 환경이어서 다른 형식의 기독교 교파인 구세군(Salvation of Army)의 이주를 따듯하게 바라본다는 것은 불가능하였다. 그가 이런 환경에서 이해할 수 없었던 것은 새로운 지역으로 거처를 옮겨온 타인들에게 관용성과 친절을 보여주는 것이 기독교적 삶임에도 불구하고 그의 아버지가 보여준 모습과 대조적으로, 그가 살던 지역의 대부분의 기독교인들은 구세군 사관들(officers)을 대상으로 폭력을 가하거나 감금하는 등 "종교적 비

---

3) James Henry Leuba, "Making of a Psychologist of Religion" in *Religion in Transition* edited by V. Ferm(New York: Macmillan, 1937), 174-5.

4) *Ibid.*, 175.

관용"의 모습이었다.[5]

류바의 아버지는 뜻을 같이하는 다른 사람들과 함께 구세군 사관들이 정착할 수 있도록 그들에게 도움을 주었다. 그도 그러한 일에 동참하여 지역 주민들로부터 심하게 비판을 받을 정도로 구설수에 오르기도 하여 그가 다니던 교회에 출석할 수 없었다. 대신, 그는 새롭게 정착한 구세군 예배에 참석하였다. 그는 그 예배에 참석하면서 구세군들이 보여주고 있는 이상적인 도덕적 삶에 깊은 감동을 받고 종교적 회심을 하기도 하였다.[6] 그는 종교적 회심 사건으로 인해 도덕적 이상을 실천하는 것이 종교적 삶에서 매우 중요하다는 점을 인식하였다. 그는 회심 이후에 구세군들이 보여주었듯이 그러한 도덕적 삶을 실천하려고 부단히 노력하였지만 여전히 완벽하게 윤리적 삶을 살 수 없었기 때문에 강렬한 죄의식을 갖기도 하였다. 도덕적 삶과 죄책감에 대한 그의 개인적 경험은 후에 종교심리학의 관점에서 회심 연구를 하게 된 결정적 계기가 되었다.

마지막으로 류바가 종교심리학을 하게 된 계기는 대학교 입학 후 과학 공부 때문이었다. 그는 대학교에서 물리학과 생물학 공부를 통해 종교에 대한 회의적 시각이 싹트기 시작하면서 구세군 교회에서의 회심 경험을 바탕으로 유지되었던 신앙생활을 더 이상 유지할 수 없었다. 특히, 그는 구세군에서의 신앙생활을 그만두기까지 진화론 문제로 인해 심각할 정도로 심적 갈등을 경험하였다. 하지만 그는 진화론을 받아들이기 시작하면서 찰스 다윈의『종의 기원』을 비롯해 다양

---

5) *Ibid.*, 177.
6) *Ibid.*, 178.

한 저술들을 접하기 시작하였고 또한 종교와 사회문화 현상에까지 진화론의 시각을 확장하였던 헉슬리의 저술들도 적극적으로 읽기 시작하였다. 그는 이러한 글들을 접하면서 한편으로는 개인적 신앙생활로부터 멀어지기도 하였고 종교 자체에 대한 회의적 시각을 키우기도 하였지만, 다른 한편으로는 과학의 관점에서 종교를 연구하는 것과 종교적으로 종교를 연구하는 것 사이에는 방법론적으로 다양한 차이점이 존재한다는 것도 경험할 수 있었다. 그러므로 그가 1886년 대학을 졸업할 시점에는 이미 종교에 대한 비판적 시각을 강하게 갖고 있었다.

류바는 대학 졸업 후 이듬해인 1887년 부모를 따라 이민자로 미국에 정착하였다. 그는 그 이후 유럽과 달리 미국은 여전히 종교적 삶의 모습이 강렬하다는 점을 깨닫게 되었고 그 원인에 대한 연구를 하고 싶은 열망도 품게 되었다. 위에서도 지적했듯이 그의 관심은 당시 유럽이나 미국에서 흔히 찾아볼 수 있었던 교리적, 도덕적, 혹은 윤리적 관점의 종교 연구보다는 과학적 종교 연구에 강조점을 두었다. 그는 진화론의 관점에서 종교를 바라보기 시작하였다. 물론 그의 관점은 최근 유행하였던 공격적 과학주의나 세속주의와는 질적으로 차이가 있다. 그는 자신의 회심 경험을 근거로 종교가 다른 기전 못지않게 삶을 윤택하게 할 수 있는 가치를 지니고 있다는 점을 부정하지 않았기 때문이다.

류바는 종교 연구에 대한 이러한 관점 때문에 완전히 탈종교적 기관이라고 할 수 없었던 뉴욕 지부 프랑스 YMCA의 초대 사무총장으로도 일을 할 수 있었다. 그러나 그는 젊은이들을 돕는 일에는 만족하였지만 개인적으로 신앙생활을 하고 있지 않은 상태여서 기도 모임이나 다른 종교적 활동에 참여할 수 없는 상황이어서 결국 2년 만에 사표를 낼 수밖에 없었다. 그는 YMCA에 소속되어 있던 목사가 스위스의 저명 신학자인 알렉산드르 비네(Alexander Vinet, 1797-1847)의 일화를 얘기하면서 기독교 구속교리를 자신에게 강요하는 것을 참을 수 없었다. 그는 후에 비네가 기독교 구속교리를 믿지 않고 단지 젊은이들에게 가르치고 있을 뿐이라는 편지를 접하게 되면서 비네의 이중적 태도뿐만 아니라 자신에게 그 교리를 강요하였던 목사와 그 밖의 종교인들에게도 매우 실망하였다.[7]

류바의 이러한 실망감은 그동안 잊고 있었던 종교에 대한 비판적 관심을 다시 불러내었다. 그는 신학이나 철학과에서의 종교 연구보다는 과학적 관점으로의 종교 연구가 대학에서 객관적으로 이루어져야 한다는 점을 다시 확인할 수 있었다. 그래서 그는 뉴잉글랜드 지역 우스터에 소재하는 클라크 대학교 대학원 종교심리학 과정에 등록하여 홀의 지도를 받았다. 그는 박사학위논문을 마치기 전인 1896년에 이미 종교적 회심과 관련한 논문을 세계 최초로 발표하였다. 또한 1897년부터 1898년에 이르기까지 거의 2년 동안 독일의 라이프치히, 할레, 하이델베르크, 그리고 프랑스의 파리 대학에서 신생 학문이었던 심리학 연구를 토대로 종교심리학 논의를 심화시켜갔다.

류바는 박사학위를 취득한 이후 종교심리학 학자로 공식 활동을 하게 됐는데, 그는 시작부터 종교에 대한 개인적 태도를 숨기지 않고 자신이 무신론자임을 밝혔다. 그는 이 시점에 스승인 홀과 대화를 하면서 매우 실망스러운 경험을 하였다. 그의 실망감은 비네의 편지로

---

7) *Ibid.*, 182.

인한 실망감 못지않게 매우 충격적이었다. 그는 박사학위 논문을 거의 마무리할 무렵 웨슬리언 대학교(Wesleyan University)로부터 클라크 대학교보다 더 좋은 종교심리학 연구 환경을 제공하겠다는 취지로 교수 청빙을 받았다. 그런데 수용해야 할 하나의 조건이 있었다. 그것은 다른 동료 교수들과 함께 매주 번갈아 가면서 학교 채플에서 학생들에게 설교하는 것이었다. 그는 그 조건을 도저히 수용할 수 없어 갈등을 겪다가 스승에게 조언을 구하였다. 그러나 그는 홀에게서 의외의 대답을 듣고 실망하게 되었다. 홀은 개인적으로 믿지 못한다고 하더라도 공적 장소에서 때로는 종교적 가면을 쓸 필요가 있다는 조언을 한 것이었다.[8]

류바가 뉴욕 지부 YMCA와 클라크 대학교에서 가장 신뢰하던 사람들로부터 받은 종교적 이중성에 대한 경험은 종교 연구의 과학적 관점을 더욱 강조하게 된 또 다른 뿌리가 되었다. 동료였던 맥브라이드가 류바의 죽음에 대한 추모의 글에서 잘 지적하듯이 그는 생의 말년까지 과학적 관점을 동반하지 않는 종교 연구는 어떤 경우에도 수용하지 않았다.[9] 그러므로 그는 종교 연구에서 초자연주의를 배격하고 자연주의의 맥락 안에서 과학적 관점을 끝까지 철저하게 유지하려고 하였다. 그는 종교적 이중성이 종교 연구에 그대로 유지된다면 종교에 대한 객관적 연구가 종교적 환경하에서 오용될 수 있다는 점을 강하게 제기하였다. 그는 이러한 이중성의 문제는 종교인들뿐만 아니라 과학자들에게서도 동일하게 발견된다는 점에서 과학자들의 종

---

8) *Ibid.*, 182.
9) Katherine E. McBride, "James Henry Leuba: 1867-1946" in *The American Journal of Psychology*, Vol. 60/4(1947), 645.

교에 대한 개인적 입장을 연구하기도 하였다. 미국 과학자들의 종교에 대한 류바의 연구는 미국 종교 연구에서 최초였다. 그의 연구는 과학계 안에서도 의미 있는 연구로 인정을 받기도 하였다. 그는 1889년부터 1933년까지 브라이언 머 대학(Bryn Mawr College)에 심리학 교수로 재직할 당시 미국의 과학협회에서도 그의 연구를 인정하여 저명한 미국 과학발전 협의회(American Association for the Advancement of Science) 회원이 될 수 있었다.

2. 종교 연구 자료

류바는『종교의 심리학적 연구』의 서문에 종교심리학 연구를 위한 자료들의 범위를 지적하고 있다. 그는 당시 일반적 경향이었던 신학이나 철학의 맥락 안에서 다룬 교리와 형이상학의 내용들을 담고 있는 자료가 아니라 일상적 삶의 경험적 자료들을 적극적으로 수집하였다. 앞에서 검토한 다른 연구자들의 경우와 마찬가지로 일상의 삶에서 수집한 경험적 자료들을 강조한 것은 종교심리학 연구 자료 범위 인식에 대한 하나의 혁명이었다. 사실 어떤 연구 분야이든 연구자가 기존의 익숙한 자료들의 범위를 벗어나서 새로운 차원의 자료들을 수집하여 분석한다는 것은 연구 방향을 전혀 새롭게 이끌어가기 위한 지성적 회심(intellectual conversion)과 같다.[10]

류바가 종교심리학 연구를 위해 사용하였던 수집 자료들을 정리해

---

10)   Bernard Lonergan, *A Second Collection* edited by William Ryan and Bernard

보면 크게 네 가지로 분류할 수 있다.[11] 처음 세 가지 자료들은 주로 기존의 인류학, 사회학, 심리학에서 축적했던 기록물들을 선별하여 수집한 것이었다. 그리고 이러한 자료들과 더불어 직접 질문지법을 사용하여 수집한 대답들로서 1차 자료들이었다. 그는 이러한 경험적 자료들을 근거로 종교의 기원, 기능, 미래에 초점을 두고 종교심리학 연구를 전개하였다.

먼저, 류바가 선별한 2차 자료들을 간단히 기술하기로 한다. 그가 제일 먼저 수집한 자료는 현대 문명이나 문화로부터 상대적으로 영향을 덜 받았던 "지역 원주민들"의 생활 관습이나 믿음 체계 기록물이다. 물론 그는 현장에 방문하여 그 자료들을 직접 관찰한 경험을 갖고 있지 않다. 그는 주로 인류학자들이 수집해서 보고한 자료들을 선별하여 사용하였다. 다른 하나는 아동들의 종교적 행동이나 생각을 관찰하여 상세히 기술한 기록물들을 선별한 자료들이다. 사실, 홀의 연구를 토대로 북미 뉴잉글랜드 지역의 아동학은 상당한 규모로 아동들의 종교적 의식에 대한 연구 결과물들을 축적하고 있었다. 마지막 하나는 일반 심리학 연구에서 축적 중이던 종교적 경험 기록물들을 선별해서 수집한 자료들이다.

다음으로 류바가 종교심리학 연구와 관련하여 직접 수집한 1차 자료들을 살펴보기로 한다. 앞 장의 대부분의 연구자들에서도 알 수 있듯이 클라크학파의 종교심리학 운동 연구자들은 스스로 질문지법을 준비하고 배포한 다음 그 대답들을 수집하여 연구를 전개하였다. 물

Tyrrell(London: Darton, Longman & Todd, 1974), 79.

11) James Henry Leuba, 'Preface' in *A Psychological Study of Religion: Its Origin, Function, and Future*(New York: The Macmillan Company, 1912), vii.

론 하버드학파의 연구자들이 1차 자료들의 중요성을 무시한 것은 아니다. 그러나 그들은 질문지법을 통해 종교적 의식을 연구해가는 데 한계가 있다는 점을 익히 알고 있어 클라크학파에 비해 질문지법을 중시하지는 않았다. 바로 이러한 차이점은 지금까지도 종교심리학 연구에서 하버드학파와 클라크학파를 구분하는 기준이 되었을 뿐만 아니라 그 이후의 연구에서 수집 자료에 대한 통계 분석으로 확장할 수 있는 배경이 되기도 하였다.

클라크학파의 종교심리학 연구자들은 예외 없이 직접 수집한 자료들에 대한 분석을 우선적으로 강조하였다. 류바의 경우도 예외가 아니었다. 그도 회심 연구와 관련해서 먼저 방법론적 관점을 제시하였던 스타벅과 홀의 연구 선례에 따라 특정 질문이나 편지 교환 등을 통해서 다양한 자료들을 수집하였다. 특히 그는 그러한 자료들을 토대로 종교적 회심을 연구한 경험을 갖고 있었기 때문에 종교적 의식을 연구하는 데 있어 1차 자료들과 방법론의 중요성을 이미 체득하고 있었다. 그는 단지 『종교의 심리학적 연구』를 위해서 1차 자료들을 수집한 것이 아니라 그 이후의 연구를 진행하기 위해 지속적으로 1차 자료들을 수집하는 데에도 게을리하지 않았다. 1916년 출간한 『신과 불멸에 대한 믿음: 심리학적, 인류학적, 통계학적 연구(*The Belief in God and Immortality: a Psychological, Anthropological and Statistical Study*)』, 1925년 출간한 『종교적 신비주의 심리학(*The Psychology of Religious Mysticism*)』에서 그는 여전히 종교적 의식 연구를 위해 1차 자료들과 경험적 방법론의 중요성을 강조하였다.

류바는 연구 자료들을 수집하는 과정도 그렇지만 그것을 분석하는 데 있어서도 특정 종교의 신학자 혹은 철학자의 관점과는 거리를 두고 "실증적 관념주의자(empirical idealist)"[12]로서의 과학적 심리학을 강조하였다. 그는 클라크학파에 속해 있던 종교심리학 연구자들 중에서 열정적으로 과학적 관점을 주장하고 있어 수모와 혹독한 비판을 받기도 하였다. 많은 경우 그의 종교심리학은 과학주의 환상에 빠져 있는 유물론자의 연구로 낙인찍혀 평가를 제대로 받지 못하였다. 그러나 최근 종교 연구에서 인지심리학, 진화심리학 또는 생물심리학이 대두되기 시작하면서 그의 종교심리학은 기존의 평가와 달리 새롭게 조명을 받기 시작하였다.[13]

류바의 종교심리학이 최종적으로 주장하려고 했던 것은 인간의 본성은 종교적 의식의 생성 과정과 분리되어 있지 않고 밀접히 연관되어 있다는 점이다. 그러므로 그는 종교적 의식은 인간 본성의 이차적 파생물로 접근하지 않고 오히려 그것의 근본 모체였다는 점을 밝히려고 하였다. 그는 그러한 주장을 설득력 있게 보여주기 위해 경험적 자료들의 수집과 더불어 그 자료들을 과학적으로 분석하는 데 생물학적 관점을 적극적으로 수용하였다. 그는 개인적이든 집단적 차원이든 종교적 의식이 인간의 자연적 본성에서 소박하게 발생하여 복잡한 문명화의 과정을 거치면서 다양한 변형 과정을 거치는 것으로 이해하였다. 이런 측면에서 그의 종교심리학은 종교적 의식의 발생과 그 이후의 변형 과정을 추적해가는 홀의 생물학적 발생심리학의 방법을 적극적으로 수용하였다.[14]

---

12) *Ibid.*, x.
13) David Wulff, "James Henry Leuba: A Reassessment of a Swiss-American Pioneer" in *Aspects in Contexts: Studies in the History of Religion* edited by Jacob Belzen(GA: Amsterdam-Atlanta, 2000), 28.

류바는 종교적 의식을 인간의 자연적 본성으로 규정하고 있다는 점에서 앞에서 검토하였던 북미의 종교심리학 운동을 일으켰던 대부분 연구자들의 기본 입장과 뚜렷한 차이를 보이고 있지 않다. 그의 연구도 종교심리학 운동에 참여하였던 대부분 연구자들의 경우와 마찬가지로 종교현상의 외적 특징에 그 초점이 있지 않고 그 현상을 만든 인간 주체들의 의식의 주변, 중심, 그리고 그 이면의 역동적 과정에 모아져 있었기 때문이다. 그러므로 그의 종교심리학의 인간 이해도 다른 연구자들의 경우와 마찬가지로 유럽에서 과학적 종교 연구로 비슷한 시기에 출현하였던 종교학 혹은 종교현상학의 "종교적 인간"에 대한 이해와 거의 동일한 주장을 전개하고 있다.[15] 이 지점에서 분명히 지적해야 할 문제는 종교심리학 운동이 추구했던 종교적 의식 연구는 "심리학"이라는 용어로 인해 종교현상학에서 늘 경계하였던 일종의 심리환원주의 연구 정도로 인식하는 것을 경계해야 한다는 점이다.

단지 종교심리학 운동과 종교학 내지 종교현상학 연구 사이에서 발견할 수 있는 차이점은 종교적 의식의 지향성 문제와 밀접히 연관되어 있다. 종교학이나 종교현상학이 추구한 것은 종교현상이 자연스럽게 보여주고 있는 그 현상 밖의 초월적 지향성인 반면, 종교심리학이 초점을 둔 것은 종교현상이 만든 주체들의 내면적 지향성이었다. 전자는 초월적 지향성에 그 초점이 있기 때문에 종교현상의 초월적 대상에 대한 논의와 자연스럽게 연결되므로 신학적 연구로 함몰될 수 있다는 비판을 받기도 하였다. 대조적으로 후자는 종교적 의식의

---

14) James Henry Leuba, *op. cit.*, 14.
15) 김재영, 「비판적 공감의 종교학」, 《종교연구》 제66집(2012), 58.

지향성이 초월적 대상을 향해 있기보다는 주체의 내면적 의식 흐름인 경험을 포착하는 데 그 방향성이 존재하기 때문에 상대적으로 그러한 비판으로부터 벗어날 수 있었다. 그러므로 후자가 전자보다 훨씬 더 종교학의 근본 테제인 "종교적 인간" 연구를 발전시켜 나아가는 데 새로운 통찰을 줄 수도 있다. 류바가 최종적으로 강조하고 있는 부분을 인용해서 그러한 가능성을 확인해보기로 한다.

심리학자의 외침은 특정 사람이나 집단의 가르침으로 돌아가는 데 있는 것이 아니라 인간의 본성으로 돌아가는 데 있다. 예를 들면 심리학자는 특정한 사람이나 집단이 구원의 실천이나 믿음들에 관련해서 무엇을 가르쳤는지를 탐구하는 것이 아니라 구원이라고 불리는 경험에 포함되어 있는 심리적 과정을 발견하려고 노력한다. 그리고 심리학자는, 성공은 그러한 경험으로 진입하기 위한 요소들에 대한 과학적 조정을 향한 최초의 발걸음을 의미한다는 것을 알고 있다. 종교적 삶의 영역에서 심리학자의 위대한 임무는 수세기 동안 더듬은 것으로부터 온 왜곡과 쓸데없는 축적물을 관통해서 인간 본성에서 근본적이고 본질적인 것으로 돌아가는 것이다.[16]

3. 종교 연구 방법

류바는 과학적 토대에 근거한 종교심리학의 논의를 명확히 하기 위해 『종교의 심리학적 연구』에 방법론적 관점의 필요성을 강조하였다.

---

16) James Henry Leuba, *op. cit.*, viii-ix.

그는 그 책의 제9장에 '신학과 심리학'이라는 제목으로 그의 관점을 지적하였다. 즉 그는 과학과 신학 사이의 적대적 갈등과 충돌이 존재한다는 점을 지적하면서 그 두 관점이 상호 보충적으로 연결될 수 있는 가능성을 종교심리학의 관점이 제시할 수 있다는 점을 주장하였다. 신학이나 과학의 관점에서 이루어진 대부분의 연구는 불행하게도 상대의 관점이 새로운 통찰을 보여주기보다는 오히려 상대에 대한 적대적 관점만을 강화시킨다는 편견을 강하게 갖고 있었다는 것이다. 그는 이러한 지적 분위기로 인해 종교심리학 연구가 신학이나 과학의 관점 모두로부터 적극적으로 환영을 받지 못하고 언제나 의심을 받게되었다는 점을 강조하였다. 신학 쪽에서는 종교심리학 연구가 '종교'라는 용어를 사용하지만 신학 연구와 차이점을 많이 보이고 있다는 점에서 환영을 받지 못하는 반면, 과학의 영역에서는 종교심리학을 일종의 신과학[심리학]이라고 하지만 여전히 종교라는 주제 중에서도 종교적 경험이 그 중심 주제로 연구되고 있다는 점에서 환영을 받지 못하였다는 것이다. 그러므로 그는 신학이나 과학의 양극단 입장 모두 문제가 있어 한쪽의 입장을 따르지 않고 둘을 연결할 수 있는 방법론적 관점을 취하려고 노력하였다.

류바는 과학이나 신학 양쪽 영역이 갖고 있는 극단적 관점은 종교심리학 발전에 전혀 도움이 될 수 없다는 점을 정확히 알고 있었다. 그는 종교심리학 연구의 토대로 과학의 관점이 중요하지만 그것이 '과학주의'로 오해할 경우 방해물이 될 수도 있다는 점을 인식하였다. 이 부분은 종교심리학 운동의 초기 대부분의 연구자들도 비슷한 생각을 갖고 있었다. 그럼에도 불구하고 전체 비율로 보면 대부분의 초기 연구자들이 경계하였던 것은 신학의 관점이었다. 이 점에서도 종교심리학 운동의 초기 연구자들이 경계하였던 일차적 대상은 종교학의 경우와도 거의 동일한 양상을 보여주고 있다.

류바는 종교심리학의 최종 결론이 의도하였든 그렇지 않았든 일종의 유사 '신학적' 논의로 끝날 경우 학문 발전에 치명타를 입게 된다는 점을 초기 연구자들 중에서 민감하게 인식하였다. 그는 종교 연구와 관련해서 과학적 관점과 거리를 두고 있는 보수신학이 처음부터 과학과의 연관성을 예상하는 것은 무리가 있기 때문에 문제점으로 지적하지 않았다. 그가 문제점으로 지적하는 신학은 자유주의 신학이었다. 자유주의 신학은 과학적 관점을 수용할 수 있는 학문적 개방성을 강조하기 때문에 어느 정도 그 점을 예상해볼 수 있다. 그러나 그는 자유주의 신학도 종교심리학의 발전에 긍정적인 것으로 평가하지 않았다. 그는 자유주의 신학에 지대한 영향을 미쳤던 알브레히트 리츨 (Albrecht Ritschl, 1822-1889)의 종교와 과학의 논의를 언급하면서 자유주의 신학도 과학의 관점과는 거리가 있다는 점을 비판적으로 지적하였다. 기본적으로 리츨의 관점은 종교와 과학의 영역이 다른 범주에 속하므로 과학과 종교는 기대했던 것만큼 상호 연결되기보다는 적대적 충돌과 갈등을 피할 수 없다는 것이다.

류바는 생의 최후의 저술이라고 할 수 있는 『교회들의 개혁(The Reformation of the Churches)』에서 교회의 기존 논의를 전면적으로 새롭게 구성해야 한다는 점을 주장하였다. 그는 다른 저술에서와 마찬가지로 교회가 사회의 변화에 보다 효과적으로 대처하여 도덕적, 영적, 지성적 의미를 지속적으로 제공해주기 위해서는 다양한 지식의 진보에 훨씬 많은 관심을 기울이면서 교회가 개혁되어야 한다는 점을 강조하였다.[17] 사실 이 책은 류바가 병마로 인해 완수할 수 없어 유니테리언 교회 목사 친구가 최종 교정한 다음 출판할 수 있었다. 물론 친구가 쓴 책의 "서문"을 읽어보면 책의 내용보다는 철자와 몇 가지 문장 구조를 수정한 것이 전부라는 점을 고백하면서 그 책에 대한 평가를 솔직하게 내리고 있다. 한마디로 요약하면 류바는 자연주의 관점의 과학적 세계관과 조응하지 않는 교회들의 종교적 논의는 그것이 무엇이 되었든 전면적으로 수정할 필요가 있다는 점을 개혁적으로 주장하였다는 것이다.[18]

전반적으로 종교심리학 운동이 일어난 시점에서 보면 기독교의 개신교 신학과 가톨릭 신학은 극명한 차이를 보인다. 물론 개신교 신학은 종교와 과학의 상호 연결이 불가능하다는 입장을 취하는 보수 계열도 존재하지만 반대로 그런 가능성을 주장하였던 자유주의 신학도 존재한다는 점에서 가톨릭 신학보다는 훨씬 개방적 관점을 유지하고 있었다. 최근에는 개신교의 보수 신학을 지향하는 입장에서도 신학과 과학에 대한 논의를 무조건 배제하지 않고 나름대로 연결하려는 시도도 제기되고 있다. 그러므로 최근 신학은 너무나 다양한 방식으로 존재하기 때문에 종교심리학 운동이 일어날 시점의 맥락에서처럼 쉽게 자유주의와 보수주의의 신학으로 구분하여 종교와 과학의 관계를 단정적으로 일반화한다는 것은 거의 불가능하다.

그러나 가톨릭의 경우는 사정이 매우 다르다. 가톨릭 신학은 개신교 신학에서 소홀히 다루었던 전통 스콜라 철학이나 신학에 뿌리

---

17) James Henry Leuba, *The Reformation of the Churches*(Boston: Beacon Press, 1950), 4.

18) E. Burdette Backus, "Preface" in *The Reformation of the Churches* by James Henry Leuba(Boston: Beacon Press, 1950), xi.

를 둔 형이상학의 관점을 강조했던 것과 달리 과학적 관점에 대해서는 매우 비판적 입장을 취하고 있었다.[19] 종교심리학 운동이 일어났던 시점에서 보면 제2차 바티칸 공의회(Concilium Vaticanum Secundum, 1962-1965)가 소집되기 훨씬 이전이기 때문에 가톨릭 신학은 가장 경계해야 할 대상으로 과학과 현대 학문을 지목하였다. 그러나 가톨릭 신학은 제2차 바티칸 공의회를 경험하면서 상황이 바뀌어 종교와 과학 혹은 현대 학문과의 관계를 적극적으로 검토하기 시작하였다.[20] 그러므로 제2차 바티칸 공의회를 기점으로 가톨릭 신학도 변화를 보이고 있다는 점은 부정할 수 없지만 종교심리학 운동 시점에서 보면 가톨릭 신학은 종교와 과학의 상관관계에 대한 연구를 공감적으로 지원하지 않았다.

류바는 종교와 과학 사이의 부정적 이원론을 비판하면서 자신의 관점을 대안적으로 제시하려고 노력하였다.[21] 그는 형이상학의 체계나 교리와 그것에 대한 해석 자료들보다 그러한 체계와 교리를 생성

---

19) 특별히 버나드 로너간은 현대 가톨릭 신학이 갖고 있는 문제를 해명하기 위한 과제로 두 가지 관점을 강조하였다. 하나는 모든 학문과 삶의 과정에서 공통적으로 공유할 수 있는 인지론적이고 인식론적인 토대이다: Bernard Lonergan, *Insight: A Study of Human Understanding*(1957), edited by Frederick E. Crowe and Robert M. Doran(Toronto: University of Toronto Press, 1992), 6-7. 다른 하나는 그러한 토대에 근거해서 신학을 비롯해서 모든 학문이 상호 연결할 수 있는 '방법'에 대한 연구이다: Bernard Lonergan, *Method in Theology*(1972), edited by Robert M. Doran and John D. Dadosky(Toronto: University of Toronto Press, 2017), 7-10.
20) Julian Bourg, "The Enduring Tensions Between Catholicism and Modernity" in *Integritas*, Vol. 6/1(Fall 2015), 8-9
21) James Henry Leuba, *op. cit.*(1912), 209.

시킨 주체들 중에서 불교인들과 기독교인들이 구체적으로 경험했던 이야기와 그것에 대한 해석을 중심으로 종교심리학의 연구 관점을 강화하려고 하였다. 그는 자유주의 신학도 대부분의 경우 보수주의 입장과 달리 과학적 관점을 수용하고 있다고 하지만 여전히 형이상학적 교리에 근거한 선험적 추론을 강조함으로써 과학적 관점과 보다 확고하게 연결할 수 있는 경험적 차원이 무시되는 결과를 생성하게 되었다는 비판적 지적을 제기하였다.

류바는 종교심리학이 종교인들의 사실적 경험에 초점을 두게 되면 종교와 과학의 새로운 연결 가능성을 보여줄 수 있을 것으로 판단하였다. 그는 과학은 보이지 않는 세계에 대한 연구보다는 구체적으로 감각적으로 인식된 세계를 이해하는 것을 목표로 한다는 점에서 종교인들의 경험도 과학적 연구 대상으로 인식하였다. 그러므로 그는 리츨의 주장과 달리 신학이나 종교 연구를 과학적 연구와는 근본적으로 다른 범주의 연구로 규정하지 않았다. 마치 현대 문화나 문명에 접해 보지 못했던 원주민들의 초월적 세계라는 것도 현대인들의 입장에서 보면 초자연적 세계라기보다는 오히려 자연적인 경험적 세계의 일부분일 수 있는 것처럼 현대의 초월적 세계도 과학적 이해가 더욱 전개된다면 자연적 세계의 일부분으로 해석할 수 있는 근거가 마련될 수 있다는 것이다.[22] 그는 종교와 신학, 그리고 과학은 서로 연결할 수 없는 각각의 다른 차원을 지칭하는 것으로 보일 수 있지만 인간의 경험이라는 범주에서 보면 경험적 의식 자료를 공통적으로 지칭하고 있다는 점을 주장하였다. 그가 주장하는 내용을 직접 들어보기로 한다.

---

22) *Ibid.*, 272.

나의 임무는 이 장에서 다음과 같은 입장을 보여주는 것이다: 1. 종교의 신들에 대한 믿음, 그리고 간접적으로 어떤 다른 근본 교리들은 사실상 "내적인" 삶으로부터 귀납적으로 유출된 결과물에 기초하고 있다. 2. 종교적 경험("내적인" 경험)은 완전히 심리학에 속한다. "완전히"라는 말은 의식적 삶 중에서 비종교적인 분량이 완전히 과학에 속한다고 주장할 때의 경우처럼 똑같은 의미로 사용되었다. 3. 종교의 신들은 경험적 신들이기 때문에 그 신들은 과학에 속한다는 것이다.[23]

류바의 관점이 핵심적으로 주장하는 요점은 인간의 삶에서 종교적 경험도 예외 없이 다른 경험과 마찬가지로 부정할 수 없는 의식의 한 부분을 구성하고 있다는 점에서 다른 의식과 마찬가지로 종교적 의식도 과학적 연구 대상으로 접근할 수 있다는 지적이다. 그러므로 그는 신학이나 과학은 모두 경험적 사실로 종교적 의식을 연구하고 있다는 점에서 서로 연결할 수 없는 충돌과 모순을 보여주기보다는 서로 대화하고 협력할 수 있는 공통 연구 대상이라는 점을 명확히 보여줄 수 있는 것으로 이해하였다. 그가 지적한 대로 종교와 과학은 각각 경험적 공통분모를 갖고 있었음에도 불구하고 역사적으로 협력 관계를 유지하기보다는 적대적 관계를 훨씬 많이 유지하였다.

류바는 종교와 과학의 잘못된 관계를 수정하기 위해 특정 개인이나 집단 혹은 특정 지역에서 발생했던 종교적 경험이 사실이냐 그렇지 않느냐와 같은 기존의 형이상학적 관념 논쟁에 더 이상 함몰되지 말 것을 요청하였다. 또한 종교적 경험은 부정할 수 없는 인간 의식의

---

23) *Ibid.*, 212.

경험적 사실이라는 점에서 종교 연구 자료로 증명할 수 있기 때문에 그것을 증명하기 위한 형이상학적 논쟁은 의미가 없다는 점을 지적하였다. 경험적 자료에 근거하지 않고 초월적 관념을 객관적이거나 보편적 사실로 확장하여 초자연적 실재나 신의 직접 계시를 주장하는 것은 신앙의 차원으로는 충분히 이해할 수 있지만 과학적 관점과는 거리가 있어 부합할 수 없다는 것이다.[24] 말하자면 사실로서의 종교적 경험과 그것에 대한 해석을 혼동해서 특정 종교적 경험의 표현을 하나의 해석으로 이해하지 않고 마치 경험 자체로까지 확장하여 초월적 실재의 존재를 증명하려는 형이상학적 논의는 문제가 된다는 것이다.

류바는 종교사의 맥락에서 많은 경우 종교적 경험과 그것에 대한 해석을 혼동해서 잘못된 연구가 전개되었다는 점을 비판하였다. 그는 이러한 혼동을 명확히 들추어내는 것이 종교심리학 연구 방법을 명료하게 할 수 있는 것으로 판단해서 이 문제를 적극적으로 파헤쳐 들어갔다. 그는 그러한 문제를 비판적으로 들추어내려면 종교적 경험에 대한 최고의 연구 관점을 제시하였던 하버드학파의 제임스의 연구 방법과 대결해야만 하였다. 그래서 그는 제임스의 종교적 경험 연구 방법이 담고 있는 문제점을 비판적으로 지적하려고 하였다.

류바가 제일 먼저 지적하는 모순점은 종교적 경험 연구와 관련하여 자연주의적 세계와 구별되는 다른 차원의 세계에 대한 제임스의 방법론적 가설이다.[25] 제임스는 종교적 경험이 보여주고 있는 세계는 자연주의 방법만으로는 온전히 포착할 수 없으므로 지성사 안에서는 거의

---

24) *Ibid.*, 236.
25) *Ibid.*, 237.

무시되거나 부정적으로 왜곡되어 있다는 점을 잘 알고 있었다. 또한 지성사의 맥락과는 반대로 종교적 경험은 인간의 삶에서 사라지거나 약해지기보다는 때가 되면 역동성을 잃지 않고 지속적으로 표출해왔다는 점도 잘 알고 있었다. 그러므로 제임스는 바로 이러한 괴리로 인해 학문의 영역에서조차 종교적 경험을 연구 주제로 인식하는 데 많은 저항이 있었다는 점을 날카롭게 지적하였다.

류바도 제임스의 종교심리학이 종교적 경험을 비중 있게 다루고 있다는 점에서 종교심리학의 주제를 확장하는 데 긍정적 기여를 하였다고 판단하였다. 그러나 그는 그것에 접근하는 제임스의 연구 방법에는 문제가 있다는 점을 강하게 비판하였다. 그 이유는 제임스가 자연주의를 넘어선 방법을 주장하였기 때문이었다. 이 책 제2장에서도 지적하였듯이, 제임스는 기존의 자연주의 방법으로 특정 종교적 경험 자료들을 이해하는 데 한계를 보인다면 그러한 방법에 억지로 맞추려고 하기보다는 그 이상의 방법을 고려해야 한다는 점을 강조하였다. 그러므로 제임스는 자연주의 세계를 넘어설 수 있는 또 다른 세계가 경험적으로 존재할 수 있다는 방법론적 가설을 제안하였다. 물론 제임스가 자연주의 세계와는 다른 세계의 가능성을 하나의 가설로 제안했다고 해서 자연주의와 완전히 구분된 초자연주의를 제기하였던 것은 아니었다.

제임스는 자신의 가설을 더욱더 확고하게 세울 수 있는 토대로 캐나다 정신의학자인 리처드 모리스 버크(Richard Maurice Bucke, 1837-1902)의 논의[26]나 영국에서 시작한 심령 연구의 논의로부터 많은 통찰

---

26) Richard Maurice Bucke, *Cosmic Consciousness: A Study in the Evolution of*

을 받았다. 특히 제임스는 앞 장에서도 지적하였지만 심령 연구의 논의를 주도하고 있었던 프리드리히 마이어스의 연구를 토대로 의식 이면의 잠재의식 차원과 연결해서 종교적 경험이 보여주는 세계에 대한 이해를 새롭게 접근할 수 있을 것이라고 판단하였다.[27] 제임스는 기퍼드 강연 전에 마이어스와의 많은 대화를 통해서 이미 인간의 의식적 차원을 넘어서 잠재의식의 영역을 인식하고 있었다. 사실 제임스의 논의 이후에 잠재의식에 대한 연구가 많이 활성화된 융의 분석심리학 논의도 마이어스와 제임스의 논의로부터 영향을 받았음을 부정할 수 없다.

류바는 제임스의 이러한 주장에 대해 단지 의심 정도가 아니라 과학적 연구를 포기한 것이라며 강하게 비판하였다. 종교적 경험을 알려고 하는 욕망이 지나쳐 제임스가 비과학적 주장까지도 하게 되었다는 것이다.[28] 제임스의 주장은 의식 이면에 잠재의식의 층이 존재하고 있다는 또 다른 가정에서 도출된 것이지 과학적으로 증명된 사실은 아니라는 것이다. 더 나아가서 제임스를 비롯한 심령 연구 관련 연구자들이 잠재의식을 종교적 경험의 논의와 연결한 논의들이 지향하는 것은 종교적 경험의 모체를 잠재의식으로 간주해서 종교적 경험에서 보여주고 있는 궁극적 대상이 마치 잠재의식 그 자체인 것처럼 혼

---

the Human Mind(Penguin Compass, 1901).

27) 프리드리히 마이어스의 잠재의식적 연구는 1903-1904년에 걸쳐서 두 권으로 출판한 저술들에 나타나 있다. 그 저술들은 다음과 같다: Frederic W. H. Myers, *Human Personality and Its Survival of Bodily Death*, Vol. I(London: Longmans, 1903). Frederic W. H. Myers, *Human Personality and Its Survival of Bodily Death*, Vol. II(London: Longmans, 1904).

28) James Henry Leuba, *op. cit.*(1912), 238.

돈하고 있다는 것이다.[29] 류바의 이러한 비판은 융의 신은 인간 내면 안에 있는 집단 무의식의 다른 이름이라는 비판적 지적과도 유사성을 보여준다.[30]

류바는 제임스가 인간의 종교적 경험을 잠재의식과 연결시키면서 경험자들이 증언하고 있는 세계를 야심차게 보여주려고 하였지만 근본적으로 실패한 것이라고 비판하였다. 제임스는 과학적 입장이나 인간의 보편적인 의식적 차원에 근거해서 종교적 경험의 원천을 지적하는 것이 아니라 잠재의식적 차원과 연결해서 초월적 실재를 마치 경험적 사실로 잘못 이해하고 있다는 것이다. 제임스의 연구는 증명되지 않은 가설을 단순히 사실인 것으로 믿는 행위 이외에는 어떤 것도 과학적으로 보여주지 못했다는 것이다.[31] 제임스는 종교적 경험을 연구하는 데 있어 초자연주의의 고정된 관점을 사용하고 있지 않지만

---

29) *Ibid.*, 240.
30) 프로이트의 논의와 대조적으로 체·게 융의 신에 대한 분석심리학적 논의는 종교에 대한 논의를 새롭게 제기하고 있다는 점에서 의의를 보여주었다. 그럼에도 불구하고 융의 논의는 다양한 비판과 오해를 받았다. 융 연구자들이나 분석가들 사이에도 일치된 의견을 보이지 못하고 있다. 그런데 흥미로운 점은 융 비판론자들이나 옹호론자들 모두 공통적으로 융은 초월적 실재로서의 신보다는 심리적 실재로 국한하여 신 이해를 추구했다는 것이다. 가장 대표적인 비판자는 마르틴 부버(Martin Buber, 1878-1965)이다: Martin Buber, "Replies to My Critics: Theology, Mysticism and Metaphysics" in *The Philosophy of Martin Buber*, edited by P. A. Schilipp & M. Friedman(Illinois: The Library of the Living Philosophers, 1967), 713. 반면 가장 대표적인 옹호론자는 융 분석가이면서 종교학자인 존 두얼리(John Patrick Dourley, 1936-2018)이다: John P. Dourley, "Jung and the Recall of the Gods" in *Journal of Jungian Theory and Practice*, Vol. 8/1(2006), 44.
31) *Ibid.*, 273-34.

또 다른 차원의 초자연주의인 잠재의식이라는 용어로 종교적 경험의 원천을 논의한 것은 가설적 진술이지 결코 경험적 사실이 아니라는 것이다.

그러므로 류바는 제임스의 종교심리학이 종교적 경험과 그 현상의 원천을 경험적으로 증명하기보다는 자연적 세계를 넘어선 또 다른 세계의 가설에 대한 제임스의 이원론적 믿음만을 보여주고 있다고 비판하였다. 그는 믿음의 문제와 관련해서도 제임스와 달리 초자연적 세계를 가설적으로 설정할 필요 없이 오히려 자연적 세계 안에서 이해하려고 하였다. 사실 제임스는 믿음에 대한 논의를 일찍 제시하였지만 여전히 그 문제에 있어서도 자연적 세계 외의 또 다른 세계를 설정한다는 점에서 이원론의 한계를 보여주고 있다는 것이다. 류바는 제임스의 관점과 달리 자연주의 세계를 벗어난 믿음은 존재하지 않고 언제나 그 세계 안에서 일어나고 있는 자연주의 현상으로 규정하였다. 그러므로 그는 종교나 과학을 자연주의의 맥락 안에서 발생한 믿음 행위로 이해하였다. 물론 그는 어떤 믿음 행위도 완결된 것이 아니라 자연주의의 질서 안에서 끊임없이 생성과 변화의 과정을 겪으면서 존속하는 것으로 이해하였다. 그는 어떤 경우에도 초자연주의 세계를 가정하지 않고 종교와 과학의 관계를 자연주의 질서 체계의 범주 안에서 이해하려고 하였다. 그가 강조하고 있는 부분을 직접 인용해보기로 한다.

이러한 포용적 관점에서 이해하면 믿음은 결코 희귀한 현상이 아니다. 그 것의 영역은 종교적 삶에만 국한되어 있지 않다. 믿음에 아낌없이 부여했던 모든 찬양이 종교에서의 그것의 역할로만 유발되어야 했던 것은 참으

로 이상하다. 왜냐하면 그것은 인간 존재의 모든 단계에서 만나질 수 있기
때문이다.

실용주의자들은 우리가 사는 것이 믿음을 통해서임을 기억나게 해주었다.
만약 우리가 우리의 분석적인 순간에 요구되는 확실성의 정도나 종류를
얻게 되지 못하거나 얻을 수 없을 때까지 행동할 수 없다면, 삶은 곧장 멈
추게 될 것이다. 믿음은 종교의 진보에서와 마찬가지로 상업, 산업, 과학
에서도 핵심적이다. 상업과 산업이 확립되는 것, 그리고 새로운 과학적 가
정들이 그것들 자체가 참이라고 증명할 수 있는 기회를 제공받는 것은 바
로 믿음의 모험을 만드는 것이기 때문이다. 믿음 행위는 삶의 공통 장소이
다. 왜냐하면 불완전한 지식의 유추이고 삶에 필요한 지식을 얻기 위한 조
건이기 때문이다.[32]

류바와 제임스의 논의가 이처럼 차이점을 보이는 것은 기본적으로
제임스의 방법이 자연주의적 초자연주의 방법에 대한 하나의 가능성
을 고려한 반면, 류바의 방법은 그 가능성을 거부하고 끝까지 자연주
의 방법을 지향하고 있다는 점에서 비롯한다. 그는 제임스의 이러한
방법이 특히 신비주의 경험 연구에서 극명하게 잘 보여주고 있다는
점을 지적하였다. 그는 제임스의 방법을 비판하기 위해서는 다른 어
떤 연구보다도 제임스의 신비주의 경험 연구를 비판적으로 파헤치는
것이 핵심이라는 점을 숙지하고 있었다. 그러므로 그는 위에서도 지
적했듯이 종교적 경험의 다른 연구와 마찬가지로 신비주의 연구에서
도 제임스의 자연주의적 초자연주의 방법과는 구별되는 자연주의 방

---

32) *Ibid.*, 263-4.

법을 철저히 유지하였다. 그의 주장을 따르면 제임스의 신비주의 연구는 경험보다는 그것에 대한 해석으로 초자연적 실재와의 연결 통로로 신비주의 경험을 제시한다는 점에서 과학적 방법을 포기하고 있다는 것이다.[33]

1925년에 류바는 제임스의 문제점을 파헤치기 위해 자연주의에 근거해서 신비주의와 관련한 굵직한 저서『종교적 신비주의 심리학』을 출판하였다. 사실 이 책은 아직까지도 종교심리학 분야뿐만 아니라 신비주의 연구와 관련해서도 반드시 참고해야 할 저술로 평가받고 있다. 그는 책 서문에서 종교적 신비주의의 경험이 과학적 사실로 증명되려면 두 개의 방법이 반드시 반영되어야 한다는 점을 강조하였다. 하나는 생물학적 발생심리학이고, 다른 하나는 신비주의를 비롯하여 다양한 종교적 경험을 대조해볼 수 있는 비교 방법이다. 전자는 신비주의 경험도 예외 없이 생물학적 몸의 변화와 무관하지 않다는 점을 보여준다는 것이다. 이 방법은 류바가 속해 있던 클라크학파와 하버드학파의 차이점을 보여주었던 종교심리학 연구 방법이었다. 후자는 종교의 맥락 안에서 이루어진 다양한 종교적 신비주의 현상들을 상호 대조해볼 수 있는 비교 방법으로 종교적 신비주의 경험을 실증적으로 연구할 수 있다는 것이다. 이 관점은 클라크와 하버드학파에서 모두 강조하는 연구 방법이었다.

류바는 이 두 가지 방법을 결합하여 기독교, 이슬람, 힌두교, 그리고 불교의 맥락에서 일어난 신비주의 경험을 상호 비교했을 뿐만 아니라 특정 약품을 사용하여 몸의 변화를 줄 경우에도 비슷한 경험이

---

33) *Ibid.*, 272-4.

일어날 수 있는지에 대한 연구도 진행하였다.[34] 그는 또한 특정 종교의 신비주의 경험 주체의 몸의 상태를 히스테리나 신경증 연구와도 비교 분석하였다.[35] 그는 종교적 경험과 히스테리와 신경증과 상관관계를 과학적으로 연구하였던 프랑스의 정신의학이나 프로이트의 정신분석 연구를 잘 알고 있었지만 적극적으로 수용하지 않았다. 그는 그러한 연구들이 지향하고 있는 목표와 자신의 연구 목표와는 근본적으로 괴리가 있다는 점에서 거리를 두었다.[36] 그의 이러한 지적을 정확히 이해하려면 그의 논의를 심층적으로 분석할 필요가 있다. 그가 이러한 주장을 하는 데 있어 당시 종교 연구에 심리환원주의 문제를 알고 있어서 그랬는지 아니면 다른 차원에서 그러한 비판을 하고 있는지에 대한 논의를 집중적으로 검토해야 한다. 그의 논의가 더욱더 면밀히 분석된다면 종교학사에서 큰 논쟁 중 하나인 심리환원주의에 대한 이해를 다시 종교심리학의 관점에서 검토할 수 있는 계기를 마련해줄 것이라고 판단한다. 사실 최근 종교학 연구에서 조너선 스미스(Jonathan Z. Smith, 1938-2017)[37]를 필두로 류바의 종교심리학 논의에 대해 지나간 과거의 연구 정도로 인식하지 않고 새롭게 참고할 수 있는 연구로 종종 언급하기도 한다.

류바가 이처럼 정신의학이나 정신분석학 연구와는 거리를 두었지

---

34) James Henry Leuba, *The Psychology of Religious Mysticism*(Loutledge and Kegan Paul, 1925), 8-36.

35) *Ibid.*, 191-203.

36) *Ibid.*, x. in "Preface" in *The Psychology of Religious Mysticism*, x.

37) Jonathan Z. Smith, "Religion, Religions, Religious" in *Critical Terms for Religious Studies* edited by Mark C. Taylor(Chicago: University of Chicago Press, 1998), 281.

만 연구 방법론과 관련해서 분명히 지적할 수 있는 것은 비교 방법이었다는 점이다. 그러므로 그는 종교적 신비주의 경험을 과학적으로 연구하려면 종교적 맥락에서 이루어진 다양한 경험이나 종교적 맥락과는 전혀 무관한 세속적 맥락 안에서 이루어진 경험과의 직접 비교 방법을 취하지 않고서는 처음부터 불가능하다는 점을 종교심리학 연구에서 끝까지 고수하려고 하였다. 그가 서문에서 신비주의 연구 방법과 관련해서 강조하는 부분을 직접 인용해보기로 한다.

> 이전의 저술들에서처럼 이 책에서도 우리는 발생 방법에 따라서 논의를 전개하였다. 다시 말해서 우리는 초창기 사회들에서 보다 단순해서 더욱 쉽게 이해했던 신비적 경험들을 시작으로 해서 그것들의 주된 변형이나 복잡성의 전개를 따라가려고 하였다. 더 나아가서 우리는 비교 방법을 사용하였다. 왜냐하면 종교적 삶의 경계 안에 남아서 적절한 결론을 이 연구에서 낸다는 것은 아주 불가능하기 때문이다. 예를 들면 황홀경이나 조명의 각인과 같은 현상들은 그것들이 종교적 삶 안에서뿐만 아니라 그것 밖에서도 나타나게 되는 다양한 조건들을 고려할 때만 이해될 수 있게 된다.[38]

4. 종교정의

류바의 종교정의는 종교학이 태동한 이후 지속적으로 강조하였던 종교현상의 내적 독특성을 토대로 이루어지지 않았다. 그의 종교정의

---

38) James Henry Leuba, "Preface" in *The Psychology of Religious Mysticism*, x.

는 처음부터 종교의 내적 독특성을 주장하는 본질적 논의를 거부하고 있다는 점에서 큰 차이점을 보인다. 사실 그의 종교정의는 종교심리학 운동이 한참 제기되기 시작할 시점에는 종교 연구자들 사이에서 그다지 주목받지 못하였다. 그러나 최근 종교학에서 본질적 종교정의가 결정적으로 비판을 받기 시작하면서 그의 종교정의는 주목을 받기 시작하였다. 그의 종교정의는 시간의 간격 때문에 투박할 것이라고 예상할 수 있지만 전혀 그렇지 않다. 사실 그의 종교정의는 최근 종교학 연구에서 혁신적으로 제기하기 시작하였던 논의를 미리 예상할 수 있었다고 착각할 정도로 유사성을 보여주고 있다.

류바는 정치, 경제, 문화 또는 사회 현상과는 근본적으로 뚜렷한 차이를 보여줄 수 있는 특정한 무엇이 종교현상에 존재한다고 규정하지 않았다.[39] 그는 종교현상은 삶의 다른 현상과 본질적으로 구분된다는 이원론을 전제로 종교의 독특성을 규명하려는 종교 연구의 어떤 시도에 대해서도 비판적이었다. 종교심리학 연구 초기부터 종교현상과 다른 현상 간의 차이점은 종교현상의 독특성에 그 원인이 존재한다는 전제가 잘못되었다는 점을 그는 인식하고 있었다. 그는 대부분의 종교 연구자들과 달리 그러한 차이점이 종교현상의 독특성에 존재하기보다는 그것을 드러내는 방식으로 인해 생겨나는 것으로 이해하였다. 또한 그는 무수한 모습으로 태어나서 잠시 사라지거나 지금까지 생존하고 있는 종교들이나 종교현상들 간의 차이점도 개별 종교나 종교현상의 독특성보다는 그것을 표현하는 방식, 개념 또는 용어로

---

39) Henry Nelson Wiseman, "Religion is Dead! Long Live Religion!" in *The Journal of Religion*, Vol. 14/4(1934), 459.

인해 대부분 생겨나는 것으로 이해하였다.[40]

종교현상의 독특성을 주장하는 대부분의 종교 연구는 감정이나 본성의 일부분을 핵심적으로 부각해서 다른 현상과의 차이점을 주장하였다. 종교심리학이나 종교현상학 안에서 이러한 모습을 쉽게 찾아볼 수 있다. 류바는 종교 연구를 시작하면서부터 특정 감정이나 본성을 토대로 종교정의를 시도하는 일체의 논의를 단호히 거부하였다. 이를테면 두려움, 공포, 죄의식, 절대 의존, 거룩함 등과 같은 특정 감정이나 본성을 토대로 제시된 종교정의를 받아들이지 않았다. 이러한 방식으로 이루어진 종교정의는 종교현상에 농축되어 있는 다른 차원의 감정이나 본성을 비롯하여 지성적이고 의지적 차원이 생략되어 있어 문제가 있다는 것이다. 그는 종교현상에 담겨 있는 복합성이 가장 밀도 있게 드러난 지점은 감정, 지성, 의지가 통합되어 최종적으로 분출된 욕구로 이해하였다. 그는 욕구는 감정, 지성, 의지가 모두 통합되어 최종적으로 분출한다는 점에서 즉흥적 혹은 비합리적이기보다는 합리적으로 이해하였다. 그러므로 그는 기존의 방식과 구별되게 종교정의를 특정 감정이나 본성보다는 전인적 욕구의 분출인 일종의 "합리적 행위"로 규정하였다.[41]

류바의 종교정의는 행위라는 단어 앞에 붙은 "합리적"이라는 형용사 때문에 단지 사변적이고 관념적인 정의로 오해를 받을 수 있다. 사실 그가 그 단어를 선택한 이유는 삶의 현장에서 치열한 문제를 해결하려는 모든 행위는 비합리적 차원보다 합리적 차원을 훨씬 많이 보

---

40) James Henry Leuba, *op. cit.*(1912), 8.
41) *Ibid.*, 9.

여준다는 점 때문이었다. 그는 그러한 행위가 인위적이지 않고 지극히 자연스러운 과정을 보이고 있어 "생물학적" 욕구의 분출로 이해하였다. 인간은 역사 속에서 어려움을 당할 때마다 자연스럽게 생물학적 욕구로 다양한 제도를 만들어 일정 기간 동안 지속적으로 그 문제를 해결하려고 노력하였다. 또한 기존의 제도로 문제가 해결되지 않을 경우 기존의 제도를 보수하기도 하고 완전히 새롭게 다른 제도를 마련해서 삶의 문제를 해결하려는 생물학적 욕구를 분출하였다. 그는 이러한 욕구에 대해 종교제도에만 국한되지 않고 다른 모든 제도 속에서도 공통적으로 발견할 수 있는 삶의 원초적 모습으로 이해하였다.

류바가 삶의 문제에 대한 생물학적 욕구로 종교를 규정한 것은 클라크학파의 다른 종교심리학 연구자들의 경우와 마찬가지로 홀의 생물학적 발생심리학으로부터 영향을 받았기 때문이었다. 그는 유아기부터 노년기에 걸친 인생 주기는 예외 없이 해당 주기마다 욕구를 다양하게 분출하면서 삶의 문제를 극복하기도 하고, 반대로 기존의 제도로 그러한 욕구가 더 이상 채워지지 않으면 그것을 채우기 위한 또 다른 기제를 만들려는 욕구를 끊임없이 분출하는 생물학적 주기로 이해하였다. 그러므로 그는 종교제도나 그 밖의 삶의 다른 제도들도 생물학적 욕구의 분출이라는 점에서 삶의 모든 제도 중에는 독특한 차이를 보인다기보다는 오히려 공통의 생물학적 토대를 갖고 있는 것으로 규정하였다. 그가 주장하고 있는 부분을 직접 인용해보기로 한다.

그러나 우리는 종교가 다양한 모습을 지니고 있고 어떤 관념, 감정, 목적들은 특정한 순간에 두드러지게 종교 안에 나타나는 반면에 다른 관념, 감정, 목적들은 다른 시대에 두드러지게 나타난다는 것을 기억해야 할 것이다. 그러나 종교의 두드러지거나 지배적인 특성은 종교의 '본질'이나 '역동적 요소'와 같은 것이 아니다.[42]

그러므로 종교는 삶의 고군분투를 위해 여기에서 심리적, 초인적, 그리고 언제나 개인적으로 특징지어진 힘들을 사용하고 있는 행동의 양태로서 삶의 기능적 부분으로 간주되어야 한다. 객관적 표상에 있어서 종교는 태도, 의례, 신조, 그리고 제도들로 나타난다. 반면에 주관적 표현에 있어서 그것은 종교적 행동과 제도들과 연관되어 있는 충동, 욕망, 목적, 감정, 느낌, 그리고 관념으로 구성되어 있다. 이러한 생물학적 견해에 의하면, 종교적인 삶과 비종교적 삶의 필요한 자연적 원천은 종교의 모든 또는 다양한 출현들 속에서 발견되는 "생식적 욕구"이다.[43]

류바는 종교 연구를 위해 생물학적 관점을 강조하였기 때문에 같은 학파에 속해 있는 동료들을 비롯해서 다른 진영의 연구자들로부터도 극단적 자연주의자 내지 유물론자라는 오해를 받기도 하였다. 이런 측면에서 그가 '생물학적'이라는 말을 사용할 때의 의미를 분명히 할 필요가 있다. 그가 생물학적 욕구로서 종교를 규정하려고 했다고 해서 단순히 정신이나 심리를 완전히 제거하거나 분리하는 극단의 생물학주의를 주장하는 것은 아니라는 점이다. 위에서도 지적했듯이 그는 클라크학파로부터 훈련을 받았기 때문에 단순히 물질과 정신 또는

---

42) *Ibid*.
43) *Ibid*., 17-8.

몸과 정신의 이원론적 분리에 근거해서 '생물학적'이라는 용어를 사용하지 않았다. 대부분 그가 사용하는 용어는 그 둘이 모두 통합되어 하나로 결합되어 있는 의미를 갖고 있다. 그러므로 보다 정확히 지적하면 그의 용어는 '생물심리학적'이라는 의미에 가깝다.

류바는 근본적으로 인간의 욕구를 분출하고 채워주는 기제로서 종교를 이해하고 있다는 점에서 종교의 기원, 명확히 규정된 초월적 대상 또는 종교의 원천 자체에 그렇게 많은 관심을 기울이지 않았다. 그러므로 그는 제임스가 가설적으로 받아들였던 잠재의식과 같은 의식 이면의 영역과 연결해서 종교를 규정하려고 하지 않았다. 단지 그의 종교정의가 제임스의 논의와 기본적으로 거리를 두고 있었지만 유사점을 보이는 것은 종교라는 기제가 인간의 역사에서 보여주었던 역할 부분이다. 제임스의 종교심리학 논의를 하면서 지적했듯이 제임스는 종교적 경험 논의를 단순히 경험 분석에만 그 끝을 두지 않고 그 경험이 구체적으로 열매를 맺는 삶의 현장으로까지 확장하였다. 그러한 역할 확장 때문에 제임스의 논의는 개인적 차원의 종교 연구로만 남지 않고 공동체와 사회적 차원으로까지 확대할 수 있는 통찰을 선구적으로 보여주었다.

류바도 이 점에서 제임스와 마찬가지로 종교가 인간의 욕구를 채워주는 주요 기제라는 점에서 종교의 기능적 역할을 강조하였다. 만약 기존의 종교가 더 이상 역할을 하지 않으면 인간은 다른 기제들 중에서 그 역할을 찾기도 하고 그 역할을 대신할 수 있는 새로운 종교를 분출하기도 한다는 것이다. 그는 이런 맥락에서 종교의 가치는 일차적으로 삶의 욕구와 유리된 초월적 관념의 세계보다는 그 욕구를 구체적으로 채워 삶을 만족스럽게 이끌어가는 현실의 세계에서 발현되는 것으로 이해하였다.[44] 그의 논의를 그대로 따르면 인류의 종교사에서 보여주는 새로운 종교의 출현이나 기존 종교의 폐지 혹은 다양한 개혁은 인간의 종교적 욕구의 분출을 지칭하였던 이름들이다. 그러므로 그의 종교정의는 종교의 역할에 최종적으로 그 초점이 모아져 있다는 점에서 종교의 기능적 정의와 상당히 유사성을 보이고 있다.

류바는 인간의 욕구 분출은 그 이면을 들여다보면 믿음으로부터 시작한다는 점도 강조하였다. 어떤 믿음도 없이 인간의 제도들이 제멋대로 출현되었다기보다는 개인이건 집단이건 그것들을 분출, 폐지 또는 개혁적으로 발전시켰던 주체들이 지니고 있었던 강렬한 믿음으로부터 시작되었다는 점을 강조하였다. 그는 그들이 보여주는 믿음은 관념적 대상이기보다는 훨씬 강렬하게 그들을 전인적으로 사로잡는 강렬한 "초인적 힘"에 대한 믿음으로 이해하였다.[45] 이미 주체들의 욕구는 바로 그러한 초인적 힘에 대한 믿음을 통해 분출된다는 것이다.

류바는 인간의 삶에서 초인적 힘에 대한 의존을 가장 강렬하게 보여주는 제도는 다른 어떤 제도보다 현상적으로 종교제도 안에서 뚜렷이 확인할 수 있다는 점을 지적하였다. 그럼에도 불구하고 그는 또한 바로 초인적 힘에 대한 믿음은 제도 종교 안에만 국한되지 않고 인간 삶의 모든 제도 속에서 다양하게 발견된다는 점도 동시에 강조하였다. 종교제도는 다른 제도들과 범주적으로 나누어지기보다는 오히려 초인적 힘에 대한 믿음의 범주 속에 포함되어 있다는 것이다. 이를테면 겉에 보이는 모습은 분명 종교제도와 같지만 그 기능을 제대로

---

44) *Ibid.*, 53.
45) James Henry Leuba, *The Psychological Origin and the Nature of Religion*(London: Constable and Company Ltd., 1915), 95.

수행하지 못한다면 초인적 힘에 대한 믿음으로부터의 단절이고 반대로 겉의 모습은 종교제도와 전혀 다른 제도의 모습을 보이지만 초인적 힘에 대한 믿음을 강렬히 보여주는 제도라면 또 다른 형식의 종교라는 것이다. 그러므로 그는 삶의 문제를 해결하기 위해 초인적 힘에 대한 믿음이 감정적이든, 지성적이든 또는 의지적이든 모두 다 삶의 지난한 과정을 헤쳐나가기 위한 일종의 종교적 의존의 욕구라는 점을 지적하였다.[46] 그의 논의를 직접 인용해보기로 한다.

종교를 행동의 다른 형식들과 구분해주는 것은 의존의 느낌을 갖게 해주는 힘과 그러한 힘으로 유도된 행동이다. 종교적인 행동과 비종교적인 행동 사이의 자연적 불일치점은 인간 안에 다른 특성을 지닌 힘들의 관념에 대한 현존을 통해서 가능하다. 어떤 힘들은 "육체적"이라는 이름이 적용된 것으로 볼 수 있고 다른 힘들은 인간의 정신과 가슴을 갖고 있는 것처럼 지성과 감정에 대응한다. 종교는 인간이 심리적 본성의 힘들, 언제나 개인적 힘들과 스스로 관계를 맺고 있다고 느껴서 그러한 힘들을 사용한다는 인간 경험의 한 부분이다. 종교는 모든 인간 활동과 공통적으로 필요, 욕망, 그리고 열망의 만족을 목표로 하고 있는 적극적인 행동 양식이다. 그러므로 종교는 삶을 위한 투쟁의 한 부분이다.[47]

류바의 종교정의 논의는 종교의 가치 자체를 인간의 삶에서 부정적으로 평가하였던 극단의 과학주의자나 세속주의자의 견해와 극명하

---

46) *Ibid.*, 93.
47) James Henry Leuba, *op. cit.*(1912), 52.

게 대조를 보여주고 있다. 최근 세계 곳곳에서 일어나고 있는 종교 간의 갈등이나 폭력 사태를 보면서 종교의 부정적 판단을 일반화하려는 움직임도 비슷한 모습이라고 생각한다. 인간의 모든 제도는 그것이 무엇이 되었건 그 이면을 보면 부정적인 모습과 긍정적인 모습이 있는 것처럼 종교의 모습도 인간의 역사에서 비슷한 모습을 보여왔다는 점에서 다르지 않다. 그런데 심각하게 고심해야 할 문제는 다른 제도들의 부정적 모습이 드러나면 그러한 제도 자체를 쉽게 부정적으로 판단해서 무가치한 것으로 일반화시키지 않지만 종교의 경우에는 언제나 과격한 일반화의 희생양이 되어왔다는 사실이다. 급기야 종교는 현대 사회에서 몇몇 지역을 제외하고 거의 대부분 공적 담론에서 활력을 잃어 단지 사적 담론으로 밀려나 있는 신세가 되었다. 다행히 최근 종교현상이 공적 공간에서 긍정적이든 부정적이든 다양하게 출현하기 시작하면서 종교에 대한 새로운 인식이 싹을 트고 있지만[48] 여전히 세속주의의 편견은 굳건하게 지속되고 있다. 이런 측면에서 종교를 다른 제도와 분리해서 취급하지 않고 동등한 위치에서 검토하려는 류바의 종교정의는 새로운 통찰을 보여주고 있다.

5. 수동적 종교성과 제도종교

종교 연구에 흥미롭게 자주 등장하는 문제는 종교가 어떻게 시작

---

48) José Casanova, *Public Religions in the Modern World*(Chicago: University of Chicago Press, 1994), 211-3. Peter Beyer, *Religions in Global Society*(London: Routledge, 2006), 1-3

되었는지를 보여줄 수 있는 기원에 대한 물음과 그 대답에 대한 논의이다. 사회학, 인류학, 민속학을 비롯하여 거의 대부분 현대 학문 분야가 초창기에 종교와 관련하여 가장 큰 관심을 기울인 연구 주제는 그것의 기원에 대한 문제였다. 종교학도 예외가 아니어서 현대 학문으로 태동한 이후 초창기 대부분의 연구는 종교의 기원을 밝히려는 데 그 초점이 모아져 있었다. 물론 우리가 지금 기술하고 있는 종교심리학 운동도 연구자들마다 정도의 차이는 보이지만 기원에 대한 문제가 주된 관심 분야였다.

현대 학문 분야들이 종교의 다양한 연구 주제들 중에서 특별히 기원에 대한 문제에 관심을 기울이게 된 계기는 각각의 학문이 태동하게 된 배경과 무관하지 않다. 현대 학문 분야의 대부분은 인문과학이든 사회과학이든 자연과학에서 강력하게 등장한 진화론으로부터 영향을 상당히 받으면서 시작되었다. 인간 삶의 주된 주제인 종교, 몸, 정신, 제도, 결혼, 도덕, 사회, 정치 등을 연구할 때 그 시작점이 어떻게 되었는지에 대한 학문적 관심이 진화론의 시각과 밀접히 관련되면서 대부분의 현대 학문은 초창기에 그 시각을 수용하는 데 주저하지 않았다. 다른 주제보다도 종교 연구와 관련하여 진화론의 시각은 가장 많은 충돌을 빚으면서 밀도 있게 적용되기 시작하였다.

서구 기독교 맥락 안에서는 진화론의 찬반 논쟁이 다양하게 제기되기 시작하면서 종교와 과학 간의 심각한 갈등이 빚어지기도 하였다. 개별 논쟁마다 정도의 차이가 있는 것도 부정할 수 없는 사실이지만 핵심 쟁점은 대부분 진화론과 연결되어 있다. 바로 이러한 시대적 배경 안에서 태동한 종교학도 예외가 아니었다. 종교학의 주창자로 흔히 일컬어지는 막스 뮐러나 틸러는 진화론의 관점을 비판적으로 인식하면서 종교 발생과 그 과정에 대한 연구를 진행하였다. 그들은 기계적으로 진화론의 관점을 절대시하여 그것을 종교 연구에 일방적으로 적용한 것은 아니었다. 그럼에도 불구하고 전체적 방향에서 보면 그들의 연구도 종교를 이해하는 데 진화론의 관점을 탄력적으로 수용하였다.[49]

종교 연구와 관련해서 흔하게 논의되었던 진화론의 시각은, 종교는 처음부터 독자적으로 출발하지 않고 종교 이전의 단계로부터 발생하여 존재하게 되었다는 점과 그 이후에는 또 다른 단계로 발전되어 잔존할 것이라는 가설이다. 일반적으로 잘 알려진 가설은 종교가 진화해갈 수 있는 이전 단계가 존재하였는데 그것은 마술이라는 단계이다. 종교 연구의 이러한 가설은 종교를 '과학적'으로 연구한다는 전제하에 비판적 의심보다는 영향력을 절대적으로 미치게 되어 종교학의 태동기에도 지속적으로 논쟁을 불러내기도 하였다. 재미있는 것은 이러한 논쟁이 종교학에서는 더 이상 주목을 끌지 않지만 가끔씩 사라지지 않고 재발되기도 한다는 점이다.

류바는 하버드학파와 클라크학파에 속해 있던 종교심리학 연구자들 중에서 적극적으로 종교와 마술의 상관관계에 주목하였다. 그는 다른 연구자들과 마찬가지로 진화론의 관점 안에서 그 관계에 관심을 기울였다. 그가 가장 주목했던 측면은 종교와 마술 현상이 보여주는 행위였다. 그럼에도 불구하고 그는 종교와 마술의 관계를 기계적으로 설명하려고 했던 야심찬 종교 연구를 비판하였다. 이러한 종교 연

---

49) Ivan Strenski, *Understanding Theories of Religion*(Wiley Blackwell, 2015), 52-3.

구는 종교와 마술 현상을 동일한 범주로 혼동하여 마치 종교 이전의 단계를 마술 행위로 고정시키고 있다는 점에서 일반화의 오류를 범하고 있다는 것이다. 그가 이러한 범주 오류를 제기했던 이유는 종교의 독특성을 드러내려는 의도 때문이라기보다는 종교와 마술이 각각 보여주는 행위 유형의 차이 때문이었다. 그러므로 그는 처음부터 종교와 마술 현상을 동일한 행위의 범주로 전제하여 연구하기보다는 다른 범주로 각각 구분한 다음 실증적 과정을 통해 그 관계를 명확히 하는 것이 더욱 필요하다는 점을 강조하였다. 그는 이 부분을 보다 명확히 기술하기 위해 인간의 행위를 세 가지로 분류하였다.[50]

류바가 첫 번째로 지적하는 것은 기계적 행위이다. 기계적 행위가 목표를 두고 있는 것은 생물 유기체를 비롯하여 인식할 수 없는 세계나 존재를 이해하고 설명하려는 데 있지 않다. 근본적으로 이러한 행위가 목표를 두는 것은 인식할 수 있는 무생물적 존재들, 이를테면 자연의 세계에서 구체적으로 경험되는 계절의 변화, 태양, 달, 별의 변화 등을 관찰하여 원리를 발견하고 그 원리에 근거하여 그 존재들과 관계들을 구체적으로 이해하여 실증적으로 설명하려는 데 있다. 더 나아가 이러한 행위는 일상의 사회문화적 삶까지도 자연적 습관처럼 쉽게 원인과 결과로 분별할 수 있도록 그 이면의 원리를 체계적으로 설명하려고 하였다. 현대의 인문학이나 사회과학도 기본적으로 이러한 행위로부터 벗어나 있지 않다.

류바는 자연과학에서 발견되는 다양한 행위도 원인과 결과를 분명히 밝혀 하나의 보편적 원리를 수립하려는 활동으로 기술하였다. 특

---

50) *Ibid.*, 5.

히 그는 과학도 축적된 연구 자료들을 토대로 현상을 설명하고 또한 그 현상의 예측 가능성을 제시하기 때문에 전반적으로 기계적 행위와 유사하다는 점을 지적하였다. 과학은 인식적 세계 밖의 초월적 또는 종교적 설명을 끌어들이지 않고 자연의 세계에 대한 끊임없는 관찰과 실험을 통해 원인과 결과를 명확히 분석하여 설명해주는 행위라는 것이다. 현대 과학에서 자연 세계의 사물들 간의 복잡한 관계를 원인과 결과로 설명하고 판단할 수 있는 근거로서 원리의 발견은 과학적 활동인 기계적 행위라는 것이다.[51]

류바가 두 번째로 지적하는 것은 마술 행위이다. 마술은 자연 세계에 대한 관찰과 실험을 통해 산출한 과학적 원리에 따라 특정 행위를 시행하지 않는다. 그는 인간이든 동물이든 보이는 존재들과 유령, 영, 자연 존재 또는 신들과 같이 보이지 않는 존재들의 신비스러운 힘에 그 토대를 두고 있는 것으로 이해하였다. 특히 그는 마술 행위는 간청이나 탄원 또는 칭송과 같은 사회적 수단을 통해서 신비스러운 힘에 접근하기보다는 대부분 "강압적인 물리적 수단"[52]을 사용해서 그러한 힘을 조종하고 불러내는 것으로 파악하였다.

류바는 신비스러운 힘을 토대로 이루어진 마술을 두 가지 유형으로 분류하였다.[53] 하나는 외부의 힘을 불러내는 유형이다. 이런 유형의 마술은 기본적으로 그 행위를 실행하는 주체, 즉 마술사 내부의 잠재적 힘보다는 전적으로 외부의 힘을 강조한다. 마술사는 특정 목적을 실현하기 위해 외부 힘의 개입을 요청하면서 그 행위를 진행한

---

51) *Ibid.*, 190.
52) James Henry Leuba, *op. cit.*(1950), 6.
53) James Henry Leuba, *op. cit.*(1912), 122-3.

다. 물론 엄격한 훈련 없이 마술사가 가볍게 그 행위를 실행할 수 있는 것은 아니다. 마술사가 훈련을 통해 계발해야 할 것은 외부의 힘을 본인 스스로 지니는 데 있지 않고 그 힘을 초청할 수 있는 마술 기법들을 계발하는 데 있다. 그러므로 훈련된 기법으로 외부의 힘을 불러내려는 사람들은 누구든지 마술사이고 또한 그들이 하는 그러한 행위는 마술이 될 수 있다.

다른 하나는 특정 사람의 힘을 불러내는 유형이다. 이 유형은 앞의 유형과 강조점에서 차이를 보인다. 이 유형이 삶의 어려운 문제를 해결하려면 제일 먼저 연결해야 할 부분은 그 문제를 해결할 수 있는 주체 속의 힘과의 만남이다. 마술에서 보여주는 신비스러운 힘은 그 행위를 하는 주체 속에 존재한다는 것이다. 그러므로 이 유형은 앞의 경우처럼 외부의 장소를 향하여 신비스러운 힘을 불러내려는 행위를 하기보다는 주체 안에 존재하는 신비스러운 힘을 불러내는 데 초점이 모아져 있는 행위이다. 이 유형은 신비스러운 힘이 특정 사람 안에 존재하기 때문에 반드시 그 힘이 그 사람에게 그대로 머물도록 마술을 수행하기도 하고 그렇지 않으면 아직까지 그러한 힘이 부재한 사람에게 그 힘이 나올 수 있도록 마술을 실행하는 데 집중한다. 그러므로 위의 유형은 분명히 주체, 즉 마술사와 신비스러운 힘 사이의 분리가 뚜렷한 반면, 이번 유형은 그 경계가 뚜렷하지 않고 주체 내부에 거의 동일시되어 있어 마술사는 곧 신비스러운 힘 혹은 신(god)과 같은 위치에 있다.

류바가 세 번째로 지적하는 것은 신인동감적(anthropopathic) 행위이다.[54] 이 행위는 인간 이외의 무수한 신비스러운 존재들에 인간의 지적, 감정적, 의지적 차원을 이입하여 그것들이 무엇이 되었든 인간 세계와 분리되어 존재하기보다는 매우 밀접하게 연결되어 있다는 점을 드러내고 있어 일종의 연대적 동질감을 보여준다. 그러므로 이 행위의 주체는 인간의 지성, 감정, 의지와의 인격적 유사성을 지닌 실재로 그 존재들을 자연스럽게 받아들여 잘한 경우에는 보상을 주고 반대의 경우에는 징벌로 신비스러운 힘을 드러내기도 한다는 점을 인정하려는 태도를 실질적으로 보여준다.

류바는 그러한 존재들이 보여주고 있는 신비스러운 힘을 두 가지로 분류하였다. 하나는 특정 인물, 자연, 그리고 동물의 세계 속에 존재하는 신비스러운 힘이다. 특정 존재들의 신비스러운 힘을 받아들일 경우, 대부분의 인간 주체는 그 존재들에 신인동감적 행위로 다가가게 되어 두려움과 의존의 감정, 복종하려는 지성적 판단 또는 결단적 의지 등을 표현하기도 한다. 더 나아가 주체는 특정 존재들에 대한 믿음 체계를 구축하기도 하고 그 존재들을 초월적 대상으로 숭배하기도 한다. 다른 하나는 인간, 자연, 동물의 세계를 넘어선 다른 차원의 초월적 세계에 속해 있는 신비스러운 힘이다. 이러한 힘은 인간, 자연, 동물의 세계에 존재하지 않고 그것을 넘어선 초인적 영들이나 신들 속에 존재한다. 이 경우에도 인간 주체는 신인동감적 태도를 부여하여 초월적 존재들에 복종하고 의존하는 행위를 보여준다. 여기에서 가장 주목할 점은, 인간 주체는 그러한 존재들을 움직이는 데 마술사의 경우처럼 마음대로 할 수 없다는 것이다. 모든 결정은 초월적 존재들에 달려 있다. 인간이 할 수 있는 유일한 일은 염원하는 일뿐이다. 그러므로 신인동감적 행위는 초월적 존재들을 마음대로 변화시킬 수

---

54) *Ibid.*, 123.

없으므로 마술 행위와 근본적 차이를 보인다. 다시 말하면, 신인동감적 행위는 모든 것이 초월적 존재들의 결정이므로 인간 주체는 절대적으로 따라야만 하는 태도를 보여주는 반면, 마술 행위는 그 존재들의 결정까지도 변화를 줄 수 있다는 점에서 마술사의 주체적 행위 태도를 보여준다.

류바는, 마술은 신인동감적 행위와 달리 초월적 존재들이나 신비스러운 힘을 불러낼 수 있는 능력자의 모습이 강조되어 있어 근본적으로 그 존재들을 숭배하지 않는다는 점을 지적하였다. 많은 경우 마술 행위에서 신들은 신비스러운 힘이 나오게 하도록 도움을 줄 수 있는 매개자 정도의 역할을 하지 신비스러운 힘의 원천이나 숭배 대상의 역할을 하지는 않는다는 것이다. 이런 관점에서 보면 마술 행위의 주체는 신들, 영들 또는 보이지 않는 어떤 힘들이기보다는 그 행위를 직접 실행하고 있는 마술사 자신이다. 마술사는 마술 행위의 맥락에서 그러한 존재들보다 높은 권위를 지니고 있어 그 존재들로부터 영향을 받기보다는 영향력을 행사하는 결정적 존재라는 것이다. 그러므로 마술 행위는 마술사의 주체적 영향력이 강한 반면, 신인동감적 행위는 주체적 영향력이 약하다. 또한 마술 행위는 첫 번째로 지적했던 기계적 행위와도 차이를 보인다. 기계적 행위는 원인과 결과를 예측할 수 있는 경험적 자료나 보편적 원리에 토대를 두지만 마술은 마술사의 주관적 행위에 그 토대를 둔다.

류바는 이러한 세 가지 행위들은 특정 시대에만 국한되어 나타나지 않고 모든 시대에 공통적으로 나타난다는 점을 주장하였다.[55] 그는

---

55) *Ibid.*, 123.

마술 행위나 신인동감적 행위는 주로 소위 문명의 이기가 덜 스며든 '원시' 사회에만 국한하여 나타난다는 주장이나 대조적으로 기계적 행위는 과학과 기술 문명의 발전이 이루어진 시대에서만 나타난다는 진화론적 편견을 강하게 비판하였다. 그러므로 그는 초기의 인류학적이고 사회학적인 관점을 토대로 이루어진 종교 연구를 긍정적으로 수용하지 않았다. 왜냐하면 '원시' 사회에서는 종교 이전의 단계인 마술 행위가 그 중심에 있는 반면 과학과 기술이 편만한 문명 사회에서는 마술 행위뿐만 아니라 신인동감적 행위 또는 종교 행위도 결국 퇴화하여 기계적 행위만이 최종적으로 남게 된다는 가설 때문이었다.

류바는 종교 연구를 심층적으로 전개하는 데 이러한 가설은 역사적 사실과도 배치되어 결코 도움이 될 수 없다는 점을 명확히 지적하였다. 그는 '원시' 사회에서도 나름대로 부족이나 지역마다 차이를 보인다고 하더라도 신인동감적 행위나 기계적 행위도 마술 행위 못지않게 공존했다는 점을 지적하였다. 반대로 그는 현대 사회에서는 마술 행위나 신인동감적 행위는 나타나지 않고 기계적 행위가 주로 나타나야 하는데 그렇지 않고 여전히 그러한 세 가지 행위는 함께 공존하고 있다는 점도 지적하였다. 그러므로 그는 종교를 과학과 기술 문명 사회에 간신히 살아남은 잔존물 정도로 가볍게 취급하여 그 기원이 단순히 마술 행위로부터 시작되었다는 진화론적 관점을 그대로 수용하지 않았다.

류바는 종교심리학 연구를 통해 종교의 기원과 관련해서 기존의 진화론의 관점을 결정적으로 수정하였다. 즉 종교는 마술 행위에서 그 기원을 찾기보다는 마술 행위와 동등하게 공존했던 신인동감적 행위에서 찾아야만 한다는 주장이다. 그의 이러한 주장은 일반적으로 대두되었던 마술 행위를 종교의 기원으로 삼았던 기존 논의와는 결정적으로 차이를 보이고 있다. 그는 마술 행위보다는 신인동감적 행위 속에 종교의 가장 원초적 특성을 보여주는 원형이 담겨 있다는 주장을 하였다. 그러한 행위가 역사적으로 전통들을 다양하게 이룩하면서 내려온 모든 제도종교의 씨앗이었다는 것이다. 그는 그 씨앗을 제도종교들로 발전해갈 수 있는 하나의 애벌레 단계에 해당하는 "수동적 종교성(passive religiosity)"이라고 이름을 붙였다.[56]

류바는 제도종교의 씨앗을 언급하면서 '종교성'이라는 명사 앞에 붙어 있는 '수동적'이라는 형용사 단어의 의미에 대해 유념할 것을 지적하였다. 일반적으로 '종교성'이라는 단어는 인간 누구에게나 태어날 때 주어진 자연적 씨앗의 의미를 지니지만, 그 단어 앞에 '수동적'이라는 단어가 첨부되면 의미는 매우 달라질 수 있다. 후자의 의미는 자연적으로 누구에게나 주어져 있는 보편적 의미를 담고 있는 것이 아니다. 그것은 인간에게 보편적으로 주어진 자연적 씨앗이기보다는 삶의 과정의 어떤 계기를 통해 특정 대상과 연결되어 생겨난 씨앗이다. 그 대상은 반드시 세련되거나 관념적으로 정교한 초월적 또는 궁극적 실재를 지칭하지 않는다. 그 대상은 매우 소박하게 인식되어 처음에는 정교하게 표현조차 할 수 없다. 그 대상은 종교성이 더욱 명확히 표출되면서 함께 명확해지게 된다. 그러므로 그것은 독립적으로 인간 주체에게 부여된 자연적 속성을 의미하기보다는 분명히 규정할 수 없는 어떤 대상과의 관계를 통해 받게 되었다는 후천적 속성을 의미한다.

류바는 종교성의 이런 측면 때문에 신인동감적 행위는 결코 주체

---

56) *Ibid.*, 191.

적이거나 능동적으로 이루어지지 않고 수동적 관계를 통해 이루어진 다는 점을 강조하였다. 신인동감적 행위는 어떤 경우에서든 특정 대 상의 영향력 아래 이루어진다는 점에서 수동적 관계를 보이고 있다는 것이다. 그러므로 신인동감적 행위의 주체는 명확히 그 대상을 구체 적으로 규정할 수 없지만 그 대상으로부터 영향을 받고 있다는 점은 부정할 수 없다. 이를테면 하나의 조직화된 예배 대상으로까지 나가 지 않았지만 '원시' 사회의 부족들이 가장 많이 영향을 받고 있는 지고 신(high god)과의 관계는 수동적 종교성을 보여주는 좋은 예이다. 이 러한 모습은 반드시 '원시' 사회의 부족이나 과거 시대에만 해당되지 않고 어느 사회나 시대에 상관없이 쉽게 찾아볼 수 있다. 현대 사회에 서도 이러한 모습을 많이 찾아볼 수 있다. 그러므로 수동적 종교성은 인간이 존재하는 한 시대나 환경에 관계없이 때에 따라 행위 주체의 마음에 뿌려지는 씨앗과 같다.

류바는 수동적 종교성은 발화하여 역사적으로 다양한 제도종교들 을 확립시켜 나아가는 데 모체 역할을 했다는 점을 분명히 하였다. 그 러므로 지금까지 인류 역사 안에서 계속해서 지속적으로 생존해 온 제도종교들은 그 기간이 짧든 길든, 지역적으로 어떤 곳이 되었든, 또 한 시대가 어떠하든 외부적 조건과는 상관없이 모두 다 수동적 종교 성이 모체가 되어 시작되었다는 것이다. 물론 어떤 경우에는 수동적 종교성이 충분히 발화하지 못하고 중간에 사라지는 경우도 있었고, 어떤 경우에는 확립된 제도종교를 새롭게 개혁하는 데 모체 역할을 하기도 하고, 아니면 전혀 다른 곳으로 분출되어 새로운 종교를 탄생 시키는 데 씨앗이 되기도 하였다. 과학과 기술이 발전하면 종교는 없 어질 것이고 세속주의의 시대가 나타날 것이라는 예언과 달리 여전히 그 모체는 없어지지 않고 다른 모습으로 발화되는 것도 이 점을 분명히 증거하고 있다. 최근 종교 연구에서 '제도종교에는 속하지 않지만 종교성이나 영성을 부정하지 않는다.'는 얘기도 류바의 수동적 종교성의 주장을 확증해주는 또 다른 예이다.[57] 또한 근래에 세계 도처에서 다양하게 일어나고 있는 신영성운동, 신종교운동 또는 생태환경운동이나 비종교적 운동까지도 그 이면을 보면 수동적 종교성과 긴밀히 연결되어 있는 점은 부정할 수 없다. 그의 주장을 통해 직접 확인해보기로 한다.

조직화되지 않은 종교성은 조직화된 종교의 필요한 전조임에 틀림없는 것처럼 보인다. 그것은 종교의 시작 단계이다. 그러나 신들과의 분명한 관계 체계들이나 종교적 영감의 비인격적 원천들과의 관계들이 발전되었다고 해서 사회로부터 완전히 없어지는 것은 아니다. 모든 사회에는 언제나 조직화된 종교의 변방 속에 살고 있는 수많은 사람들이 존재한다. 그들은 종교적인 대리인들과 명확하고 고정된 관계들을 맺지 않아서 다소 냉정한 시선을 갖고 있지만 그럴지라도 그들의 영향에 개방되어 있다.[58]

류바는 인류의 역사 안에서 여러 변화를 겪으면서 정착하기 시작한 제도종교의 초창기를 보면 대체로 수동적 종교성이 두 가지 유형으로

---

57) Christopher Partridge, "Introduction" in *New Religions, A Guide: Religious Movements, Sects and Alternative Spiritualities* edited by Christopher Partridge(Oxford University Press, 2004), 14-24.
58) James Henry Leuba, *op. cit.*(1915), 10.

구체화되었다는 점을 강조하였다.[59] 수동적 종교성의 첫 번째 유형은 인간과 동물의 형상을 취한 다양한 신들과 그들의 역동적 모습들이 거의 대부분 축소되어 유일한 하나의 신과 그 신의 단순한 이미지이다. 이 유형은 다신론이나 범신론에서 유일신으로의 변화를 극명히 보여주고 있다. 그러므로 이 유형은 다양한 동물들이나 인간들의 역동적 모습을 담고 있기보다는 창조자, 유일자, 유지자 등과 같은 유일신의 인격적 특성을 강조해서 담아내고 있다. 수동적 종교성의 두 번째 유형은 첫 번째 경우처럼 최초의 역동적 형상이 훨씬 많이 축소되어 유일신의 이미지를 보여준다는 점에서 비슷하지만 관념적 차원이 두드러진다는 점에서 차이를 보여준다. 그러므로 전자보다 후자의 유형은 유일신을 개념화하는 데 그 초점이 모여 있어 절대자에 대한 추상적 관념을 두드러지게 보여주려고 한다. 지금까지 내려온 대부분의 제도종교들의 초창기 역사를 보면 처음에 갖고 있었던 다양성과 역동성이 많이 줄어들었다는 점에서 아브라함 종교들인 유대교, 기독교, 그리고 이슬람에서뿐만 아니라 다른 종교들에서도 비슷한 모습을 찾을 수 있다. 특히 각각의 제도종교들이 초창기를 거쳐 더욱더 교리적으로 확고한 과정을 지나면서 추상적 관념화가 더욱 많이 전개된다.

류바는 종교 연구를 심층적으로 이해하고 전개하기 위해서는 이 두 가지 유형에 대한 이해가 반드시 함께 이루어져야 한다는 점을 강조하였다. 전자의 유형은 모든 제도종교의 역동적 긴장과 밀도를 강하게 보여주기 때문에 그렇고, 후자의 유형은 제도종교가 원래 시작된

---

59) *Ibid.*, 94.

자리에서 다른 지역으로 확장되어가는 데에는 더 강렬한 효력을 보여 주었기 때문이라는 것이다. 다시 말해서 아무리 수동적 종교성이 강렬하게 분출된다고 하더라도 밖으로 확장되기 위해서는 역동적 깊이만으로는 부족하고 반드시 개념적 명료화 과정도 동반되어야 한다는 것이다. 제도종교들이 끊임없이 혁신되어 발전되어가려면 이 두 가지 유형은 갈등적 관계보다는 상보적 관계를 유지해야 한다는 것이다. 종교사에서 찾아볼 수 있는 대부분의 제도종교들이 생존할 수 있었던 것은 두 유형의 상보적 관계 때문이었다는 것이다.

그러나 류바는 미래의 종교는 다르게 전개될 것이라고 생각하였다. 그는 지금까지 종교사에서 볼 수 있었던 제도종교 차원과 다른 차원의 수동적 종교성이 분출되어 나타날 것이라고 예상하였다. 그러면 다음 절에서는 그가 지적했던 종교의 미래에 대한 논의를 검토하기로 한다.

6. 종교의 미래

현대 학문이 과학적 관점을 토대로 초기에 관심을 강렬하게 끌었던 연구 주제는 그것이 무엇이 되었든 기원과 미래에 대한 질문이었다. 종교 연구 분야도 예외가 아니어서 종교의 미래에 대한 무수한 논의를 발표하였다. 이를테면 콩트의 예가 보여주고 있듯이 진화론의 관점이 명확히 적용된 대부분의 종교 연구는 과학과 기술의 시대가 더욱더 영향을 미치게 된다면 궁극적으로 기존의 종교는 더 이상 생존하지 못하여 다른 것으로 대체될 것이라는 논의가 지배적이었다. 그러므로 과학주의 또는 세속주의로 철저하게 무장한 종교 연구는 최근까지만 해도 종교는 과학이나 기술이 지배하는 환경에서는 그 영향력이 급격히 줄어들 뿐만 아니라 궁극적으로 사라지게 될 것이고 잔존한다고 해도 개인의 사적 영역에서만 남게 될 것이라는 세속화의 관점을 유지하였다. 그러나 앞에서도 지적했듯이 근래에 세계적으로 부정적이든 긍정적이든 종교현상이 급격히 일어나기 시작하면서 종교가 개인적 차원을 넘어 공공의 차원에까지 확장하면서 종교가 사라질 것이라는 예언은 오류가 되었다.

류바의 종교미래에 대한 논의는 종교 연구에 대한 근래의 논의와도 밀접하게 연결되어 종교 연구에 새로운 통찰을 제시하고 있다. 그가 종교심리학 연구를 적극적으로 전개할 시점에 대부분의 종교 연구자들은 진화론의 관점으로 종교현상을 설명하는 데 조금도 주저하지 않았다. 당시의 분위기로 보면 진화론의 논의와 조금이라도 다른 견해를 보이는 관점은 학문적으로 '왕따'를 당하기도 하고 신학적 내지 종교적 견해 정도로만 가볍게 취급되었다. 반대의 경우도 마찬가지여서 진화론 관점과 대척점에서 신학적 또는 종교적 관점을 견지했던 연구자들은 진화론의 종교 연구를 무조건 거부하여 종교와 과학 간에 상호 소통할 수 없을 정도로 심각한 충돌과 갈등을 야기하였다.

류바는 종교의 미래 연구와 관련해서 이 두 가지 관점을 모두 비판하였다. 그는 한쪽의 관점을 절대화해서 삶의 문제에 대한 모든 해결책을 갖고 있는 것으로 주장하는 것을 언제나 경계하였다.[60] 앞에서도 지적했지만 그가 신학적 또는 종교적 관점을 비판한 것은 어느 정

---

60) James Henry Leuba, *The Belief in God and Immortality: A Psychological,*

도 예상해볼 수 있지만 진화론의 관점까지도 비판한 것은 의외였다. 사실 그의 비판은 강성의 진화론 입장을 견지하였던 많은 종교 연구자들에게 충격을 주었다. 그는 그들이 기대했던 것과 달리 종교는 결국 사라지고 말 것이라는 종교의 종말에 대한 견해를 분명히 제시하지 않았기 때문이다.[61] 물론 그도 유일신을 토대로 성립된 기존 제도 종교들은 현대 문화의 환경에서 그 영향력이 상당히 줄어들 것이라는 일반적 지적에 대해서는 공감하고 있었지만, 그렇다고 해서 종교는 결국 사라질 것이라는 하나의 이데올로기처럼 과격한 과학주의의 판단에는 쉽게 공감할 수 없었다.

류바는 인간의 삶이 존재하는 한 종교는 어떤 경우에도 사라지지 않고 미래에도 지속적으로 존속할 것이라는 입장을 유지하였다. 물론 그는 종교의 원천이었던 수동적 종교성을 담아내는 형식은 미래에 큰 차이점을 보일 것이라는 점은 부정하지 않았지만, 인간 삶의 주요 기제로서 종교 자체가 결국 소멸될 것이라고 단정적으로 선언하지 않았다. 그는 종교에 참여하는 사람들이 더 이상 의미를 기존의 형식으로부터 발견하지 못한다면 전혀 다른 형식을 통해서 자신들의 종교성이나 영성을 채워간다는 점을 강조하여 주장하였다.[62] 그가 진화론의 관점에 경도되어 있는 종교 연구자들과 달리 그렇게 강조할 수 있었던 것은 종교사가 증언하고 있는 종교의 생명력을 잘 알고 있었기 때문이었다. 그는 당시 종교 연구자들이 종교현상을 아주 협소한 관점

   Anthropological and Statistical Study(Chicago: The Open Court Publishing Company, 1921), 363.

61) James Henry Leuba, *op. cit*(1950), 146-7.

62) David Wulff, *op. cit.*, 33-4.

으로만 제한하고 있어 다른 형식으로 무수히 발생하고 있는 모습들을 종교적 현상으로 이해하는 데 한계를 보였기 때문이라는 것도 알고 있었다.

근래 종교학 논쟁에서 주목을 끄는 논쟁 중 하나는 '종교'와 '종교적인' 것과 그렇지 않은 것의 이원론적 범주 분류 체계에 대한 비판이다. 류바의 논의는 이미 이러한 논쟁을 정확히 알고 있었다는 추측을 할 수 있을 정도로 종교학의 논쟁과 거의 일치하고 있다. 그는 '종교'와 '종교적'이라는 용어들의 정의를 어떻게 규정하느냐에 따라 기존 형식과는 이질적 형식의 모습들도 다르게 해석할 수 있기 때문에 종교적인 것과 그렇지 않은 것을 이원론적 범주 체계 안에서 이해하려고 하지 않았다. 그러므로 그는 기존의 종교 연구 방식으로는 이해할 수 없었던 많은 현상들을 새롭게 종교현상으로 인식할 수 있었다. 이를테면 마음치료운동, 컬트운동, 인도교(Religion of Humanity)운동, 그리고 윤리적 문화사회(Ethical Culture Society)운동 등은 모두 수동적 종교성이 다른 형식으로 분출된 것이므로 종교적 범주로 그 현상을 이해할 수 있어야 한다는 것이다.[63]

류바는 미래에도 종교가 기존의 전통적 형식보다는 이와 같이 새로운 형식으로 존속할 가능성이 높은 것으로 예상하였다. 특별히, 그는 종교의 기존 형식의 세 가지 변화에 주목하여 그 가능성을 구체적으로 지적하였다.

류바가 첫 번째로 지적하는 것은 초월적 실재 인식의 변화이다. 그는 초월적 실재의 인격적 차원에 대한 관심이 미래에는 급격히 줄어

---

63) James Henry Leuba, *op. cit.*(1912), 281.

들고 대신 비인격적 차원에 대한 관심이 훨씬 두드러지게 많은 주목을 받게 될 것으로 판단하였다.[64] 인간 삶의 가치 증진에 기여하지 못한 신의 관념은 아무리 인격적 특성을 지닌다고 하더라도 그러한 특성으로 인해 악을 생성시킬 수도 있다는 것이다. 특히 그는 기독교의 인격적 신의 관념에 대한 역사적 자료들을 비판적으로 분석하였다.[65] 더 나아가 그는 인격적 신 관념을 비판한 것에서 머물지 않고 그 대안을 찾기 위해 역사적으로 오래된 제도종교들의 연구를 비롯하여 북미에 새롭게 일어나고 있는 다양한 신종교현상들에서 제시하는 궁극적 실재에 대한 연구에도 관심을 기울이기도 하였다.[66]

류바는 제도종교들 중에서는 불교에 주목하여 종교의 미래와 관련한 통찰을 확인해보려고 하였다. 불교에 대한 그의 관심은 오늘날 관점에서 보면 새로운 것이 아니지만 당시의 맥락에서 보면 매우 혁신적이었다. 그가 주목했던 것은 불교가 종교적 무신론과 같은 "비인격적 정신의 힘(nonpersonal psychic power)"[67]에 그 토대를 두고 시작되었다는 점이다. 그는 그러한 논의를 더욱 확인하기 위해 불교 중에서도 원시불교의 논의를 집중적으로 이해하려고 하였다. 그는 원시불교의 모습이 근래에 일어나는 다양한 종교현상과의 유사성을 보여주고 있고 또한 미래에도 그러한 유사성이 역사적으로 오랜 종교들에서도 지속될 것이라는 예견을 하였다. 부연하자면 제도종교들이 보여줄

---

64) *Ibid.*, 315.
65) James Henry Leuba, *God or Man?: A Study of the Value of God to Man*(New York: Henry and Holt Company, 1933), 298.
66) *Ibid.*, 318-20.
67) James Henry Leuba, *op. cit.*(1912), 289.

미래의 모습은 그동안 상대적으로 주목하지 않았던 비인격적 차원이 초월적 실재 인식과 관련하여 집중적으로 주목하게 될 것이라는 판단이다.

또한 류바는 종교의 미래와 관련하여 신종교운동들에도 관심을 보였다. 그는 신종교운동들의 모습도 원시불교의 경우와 마찬가지로 종교 미래의 특징을 예견해볼 수 있는 통찰을 보여준다는 점을 지적하였다. 그는 신종교운동들 중에서 북미 보스턴 지역을 중심으로 급성장하였던 크리스천 사이언스(Christian Science) 운동의 창시자인 메리 베이커 에디(Mary Baker Eddy, 1821-1910)를 주목하였다. 그는 초월적 실재는 "인격이 아니라 바로 사랑으로서의 원칙"이라는 비인격적 차원을 토대로 에디가 새로운 종교운동을 일으킬 수 있었다는 점을 대표적인 사례로 지적하기도 하였다.[68]

물론 류바는 기존의 아브라함 종교들도 미래에는 바로 원시불교나 현대 새로운 종교운동에서 보이는 것처럼 비슷한 변화를 보일 것으로 진단하였다. 그가 그러한 진단을 할 수 있도록 하나의 설득력 있는 예시를 보여주었던 것은 신비주의 경험이나 그것에 대한 연구가 종교심리학 운동을 비롯하여 일반 종교 연구 안에서도 강렬한 관심을 불러내고 있었기 때문이다. 그는 많은 경우 신비주의 경험과 연구는 초월적 실재와 관련해서 인격적 차원에 대한 전통적 이해보다 비인격적 힘에 대한 일차적 진술과 그것에 대한 논의가 많이 이루어졌다는 점을 특별히 주목하였다.[69] 그러므로 그는 비인격적 차원에 대한 이해가

---

68) *Ibid.*, 302-3.
69) James Henry Leuba, *op. cit.*(1925), 329-30.

단순히 불교, 힌두교, 도교와 같은 동양 종교들에만 국한되지 않고 아브라함 종교들과 새로운 종교운동들에도 일어나고 있다는 점을 근거로 종교의 미래는 기존과는 다른 형식으로 전개될 것이라고 예상하였다.

류바가 미래에 두드러지게 나타날 종교의 두 번째 특징으로 지적한 것은 범신론이다.[70] 일반적으로 아브라함 종교들에서 강조되었던 초월적 실재로서의 유일신은 범신론에 대한 이해와는 상당한 차이점을 보였다. 만약 유일신이 범신론의 경향을 보인다면 오해를 받거나 극단적인 경우에는 '이단'으로 취급되어 제명되기도 한다. 일반적으로 그러한 논쟁은 두 가지 관점에서 전개되었다. 하나는 궁극적 실재, 즉 신의 유일성의 유무와 관련된 논쟁이다. 여기에서 핵심적으로 제기되고 있는 문제는 신이 절대적으로 유일한 '일자'인지 '다자'인지에 대한 논쟁이다. 다른 하나는 그러한 논쟁보다는 신의 존재 장소에 대한 논의가 중심을 이루고 있다. 많은 경우 궁극적 실재로서 신은 모든 곳에 다 존재한다고 하지만 여전히 부각되었던 신의 이미지는 인간과는 전혀 다른 차원의 존재로서 인간 밖의 초월적 자리에 대한 논의이다. 그렇다 보니 신과 인간과의 상호 연결성에 대한 논의가 축소되어 부각되지 못하였다. 그러므로 대부분의 논의에서 인간의 자리는 부차적으로 취급되었고 신의 자리만 초월적으로 강조되는 경향을 보였다.

류바는 전자보다 후자의 이유 때문에 종교가 미래에 범신론의 경향을 보이는 것으로 이해하였다. 그는 단순히 과거로부터 전해져 내려온 교리보다는 인간의 구체적 경험과 조우할 수 있는 신의 이해가 미

---

70) James Henry Leuba, *op. cit.*(1912), 289-91.

래에는 요청될 것이라고 예상하였다. 일반적으로 기존 종교들, 특히 아브라함 종교들이 보여주는 종교적 인식은 인간의 경험보다 궁극적 실재의 초월성에 집중되어 있다. 이런 경향으로 인해 기존 종교들의 중심 논의는 신비주의나 영지주의와 같은 일부의 논의를 제외하면 인간의 심층적 경험을 다루는 데 매우 인색하였다. 그러므로 많은 경우 인간의 경험과 조우할 수 있는 종교적 논의는 지속적으로 주변적으로 밀려나거나 철저히 무시되기도 하였다.

류바는 새로운 종교운동들을 관찰하면서 인간의 경험을 심층적으로 담아내지 못하는 기존 종교들은 미래에 존속하지 못할 것이라고 예상하였다. 그는 인간의 경험과 무관하게 초월적 실재에 대한 추상적 논의는 모든 종교에서 급격히 줄 것이라고 지적하였다.[71] 미래의 종교에서는 인간의 구체적인 삶의 자리에서 경험할 수 없는 궁극적 실재나 신의 초월성에 대한 관념적 논의가 많은 공감을 불러내지 못한다는 것이다. 그러므로 그는 미래의 종교는 삶의 자리로부터 분리되어 있는 초월성에 대한 이해보다는 인간의 경험과 밀접히 연결된 궁극적 실재나 신의 내재성에 대한 논의가 설득력 있게 공감을 불러낼 것이라고 판단하였다. 그는 종교의 미래 모습들을 보여줄 수 있는 예들을 북미에서 활발하게 일어났던 종교적 경험운동에서 찾았다. 이를테면 그는 신학적 경험운동, 마음치료운동, 신사고운동, 그리고 퀘이커운동 등에서 범신론적 내재성의 모습을 확인할 수 있었다.[72]

류바가 세 번째로 미래 종교의 특징으로 제시하는 것은 역사적 사

---

71) James Henry Leuba, *op. cit.*(1933), 306-7.

72) James Henry Leuba, *op. cit.*(1912), 294-7.

실로 증명된 인간 자체에 대한 믿음이다.[73] 그는 그러한 모습을 가장 잘 보여주는 예로 위에서도 지적했던 프랑스의 사회 사상가 오귀스트 콩트(Auguste Comte, 1798-1857)가 주장한 인간 이성에 토대를 둔 일종의 윤리적 신종교인 인도교라고 지적하였다.

류바는 미래의 특징을 지적하기 위해 콩트의 인도교를 정밀하게 분석하였다. 그의 분석을 따르면 인도교에서 주장하는 믿음은 두 가지 측면이 강조되어 있다. 하나는 인간이 "보편적 존재"와의 친밀한 관계로 이기적 욕망으로부터 벗어나 인류 공동의 연대감을 지속적으로 유지할 수 있었다는 믿음이다. 콩트의 "보편적 존재"는 개별 종교들의 초월적 실재나 신을 지칭하는 것이 아니다. 그것은 역사적으로 축적해온 도덕적 선이나 관용성과 같은 인간의 숭고한 윤리적 가치들을 지칭한다. 다른 하나는 인간의 도덕적 가치는 결코 유한적 존재가 아니라 불멸의 존재라는 믿음이다. 이것은 단순한 주장이기보다는 역사적으로 이미 증명된 사실에 근거한 인간의 연대성을 유지해주는 공동의 가치라는 것이다. 류바는 이러한 믿음이 인간 사회의 공동의 윤리적 토대일 뿐만 아니라 인간의 마음을 늘 새롭게 정화시켜주는 영적 토대라는 점도 강조하였다.[74]

결론적으로 류바는 미래의 종교가 위의 세 가지 특징을 바탕으로 인간과 분리된 초월적 실재보다는 상호 연관성을 경험적으로 보여주는 내재적 실재의 모습이 확연히 나타날 것으로 주장하였다. 그는 이 점에서 한 가지 주의할 것을 지적하였다. 즉 미래의 종교에서 궁극

---

73) *Ibid.*, 307-8.
74) *Ibid.*, 312-3.

적 실재에 대한 경험을 강조했다고 해서 그 실재가 뚜렷한 목적성을 지니고 있다는 성급한 판단이다. 그는 미래의 종교는 궁극적 실재의 비인격적 차원과 의도가 분명하지 않은 "비목적성의 창조적 힘(non-purposive creative force)"의 경험이 그 중심을 이루게 될 것으로 판단하였다.[75] 그는 그러한 비목적성의 힘은 인간의 경험을 매개로 보다 온전하고 참된 세계를 구성해가는 데 구체화될 것으로 이해하였다. 결국 미래에 볼 수 있는 종교의 모습은 인도종교에서 주장하듯이 인간의 윤리적 책무에 대한 불멸의 믿음 현상이라는 것이다.

7. 맺음말

지금까지 우리는 클라크학파에서 매우 창의적으로 연구에 몰입했던 제임스 앙리 류바의 '자연주의' 종교심리학을 집중적으로 검토하였다. 먼저 그의 생애와 종교심리학에 대한 관심을 정리한 다음, 연구 자료, 연구 방법, 종교의 정의, 수동적 종교성과 제도종교, 그리고 마지막으로 종교의 미래로 각각 나누어서 정리하였다. 그는 클라크학파 연구자들 중에서 종교심리학 연구에 끝까지 투신했을 뿐만 아니라 경쟁 관계였던 하버드학파의 종교심리학 연구와도 차별성을 보여주기 위해 나름대로 많은 노력을 기울였다는 점을 알 수 있었다. 그가 주장하는 종교심리학 논의를 간단히 요약하면 세 가지로 정리해볼 수 있다.

무엇보다도 먼저 지적할 수 있는 것은 종교심리학 운동의 다른 연

---

75) *Ibid*., 334.

구자들의 경우와 마찬가지로 그의 종교심리학도 사변적이거나 교리적 차원에서 다루고 있는 2차 자료들보다는 주로 종교적 경험들을 담고 있는 1차 자료들과 그것들을 실증적으로 분석한 2차 자료들을 중심으로 연구를 진행하였다는 점이다. 그러므로 그의 연구는 클라크학파와 경쟁 관계였던 하버드학파와도 크게 차이점을 보여주고 있지 않다. 단지 그의 연구가 다른 연구자들과 결정적으로 차이점을 보여주었던 것은 종교적 경험 자료들의 원천을 해석하는 데 무의식의 관점을 수용하지 않았다는 점이다. 그는 과학적인 자연주의 관점을 유지하려고 하였다. 그는 이러한 학문적 입장 때문에 제임스가 가설적으로 종교적 경험 해석을 위해 수용하였던 심령연구와 프로이트 정신분석학의 잠재의식이나 무의식 논의를 단호하게 거부하였다. 그는 스승인 홀의 초청으로 프로이트 정신분석학이 북미에 처음 소개되었고 그 의미도 잘 알고 있었지만 무의식 논의를 거부하였다.

다음으로 지적할 수 있는 것은 류바의 종교심리학이 종교와 과학 사이의 공동 협력 관계를 보여주었다는 점이다. 그는 종교와 과학은 적대적 관계이기보다는 서로 협력할 수 있는 것으로 이해하여 심층적 종교 연구를 진행하는 데 과학적 관점을 적극적으로 수용하였다. 물론 그는 위에서 지적했듯이 이데올로기와 같은 편견으로 무장한 과학주의 관점과는 거리를 두었다. 그는 당시 엄청난 영향력을 행사하였던 진화론의 관점도 절대적으로 수용하여 종교 연구를 진행하는 데 단순히 기계적으로 적용하려고 하지 않았다. 더 나아가 앞으로 과학과 기술이 더욱더 발전하게 되면 종교 그 자체가 결국 사라지게 될 것이라는 '뻔뻔한' 주장을 하지도 않았다. 그러므로 그는 종교의 미래에 대한 논의도 과거와 현재의 경험적 자료들을 바탕으로 개진할 수 있었다.

류바가 과학적 관점의 중요성을 설득력 있게 제시할 수 있게 된 원인은 종교와 과학 사이의 건강한 관계에 대한 나름대로의 원칙에 있다. 그는 근본적으로 종교현상을 과학의 연구 대상으로 모두 환원시킨다거나 반대로 과학적 관점을 초월적 또는 종교적 관점과 동일시하려고 시도하지 않았다. 그는 종교를 과학에 종속시키거나 과학을 종교에 종속시키는 모델을 따르기보다는 종교와 과학 간의 상호 관계적 독립 모델 원칙을 지키려고 하였다. 그의 이러한 원칙은 종교와 과학 간의 관계 모델에 대한 이언 바버(Ian Barbour, 1923-2013)의 연구와 비교해보더라도 그러한 연구의 선구적 통찰을 이미 보여주었다는 것을 확인할 수 있다.

　마지막으로 지적할 수 있는 것은 류바의 종교심리학은 종교적 경험의 지향성뿐만 아니라 그 경험이 일어난 '장소'인 인간을 처음부터 끝까지 이해하려고 했던 인간학이라는 점이다. 그러므로 그의 연구는 종교심리학 운동에서 제기한 논의이지만 종교학의 인간에 대한 일반적 논의와도 일치되어 있다. 그는 역사적으로 증언하고 있듯이 모든 종교현상은 무엇이 되었든 부정할 수 없는 것은 인간이라는 '장소' 안에서 경험을 매개로 나타나 다양한 모습으로 형성되었다는 점을 강조하였다. 미래에도 이러한 인간의 모습은 결코 변하지 않는다는 것이다. 바로 이런 측면 때문에 그는 인간 연구에서 단순히 생물학적, 사회학적, 심리학적 존재로서의 파편화된 분과 인간학이 아니라 그 모든 차원이 수동적 종교성으로 최종 수렴되어 있는 '종교적' 인간학으로의 종교심리학을 주장하였던 것이다.[76]

---

76)　많은 부분에서 류바의 논의는 북미에서 일어나고 있는 최근의 종교학의 방향과

연결성을 보이고 있다. 종교현상학 운동을 비롯해서 거의 대부분의 종교학 연구는 종교의 자리를 확보하기 위해서 종교의 독특성을 드러낼 수 있는 성(sacred)의 구조를 속의 현상과 구분하거나 시간성과 영원성을 대조하거나 혼돈과 질서의 범주를 새롭게 규정하면서 끊임없이 그러한 종교현상의 독특성을 주장해왔다. 종교학의 초기와 달리 최근 북미의 자연주의 종교학이나 유럽 종교학계를 통해서 확산되고 있는 인지종교학(cognitive study of religion)이나 경험종교학은 종교와 비종교현상의 구분 자체를 폐기시켜서 종교라는 의미 자체를 자연주의적인 경험적 사실의 관점에서 새롭게 시도하려는 논의를 지향하는 추세이다. 바로 이러한 구분 자체의 약화 때문에 전통적으로 종교학의 금기 사항이었던 환원주의에 대해서도 더 이상 금기 사항이 아니라 오히려 종교에 대한 새로운 논의를 할 수 있는 가능성을 보여줄 것이라는 논의가 지속적으로 제기되고 있다.

더 나아가서 최근의 자연주의 종교 연구는 종교학의 중심 관점 중의 하나인 종교현상학까지도 암묵적으로 '신학적' 의도를 보인다는 점 때문에 비판적인 메스를 가하기도 했다. 앞으로의 종교연구는 종교현상학의 암묵적 의도로부터 철저하게 벗어나서 자연주의 토대에 근거를 둔 논의로 나아가야 한다는 것이다. 물론 종교현상학적 기존의 틀을 벗어나려는 이러한 새로운 시도는 종교를 삶의 진정성 현상 중의 한 부분이라는 점 자체를 부정하는 극단적 과학주의 또는 무신론주의 논의에 기초해서 종교에 대한 새로운 정의를 시도하고 있는 것이 아니라는 점에서 종교를 심리적 소원 환상이나 사회적 아편 정도로 해석했던 기존의 환원주의 입장과는 거리를 두고 있다. 바로 이 점 때문에 자연주의 논의를 종교학 연구 안에서 쉽게 거부할 수만은 없다. 이러한 새로운 시도는 종교현상을 삶의 진정성의 한 부분이라는 점을 인정한다는 점에서 앞의 극단적인 주장들과는 대조를 보이며, 기존의 환원주의 정도로 해석하기에는 무리가 있다.

그러한 시도가 근본적으로 목표로 삼는 것은 종교에 대한 논의를 삶의 다른 현상과 구분하기 위해서 종교의 특정한 차원에 초점을 두고서 종교를 논의하는 기존의 이분법적 종교 연구를 거부하고 있다는 점에 있다. 다시 말해서 그러한 논의의 핵심은 종교현상을 부정하는 것이 아니라 이분법적 관점에서 그러한 현상에 접근해 들어가는 기존 종교학의 문제점을 고발하는 것이다. 물론 그 과정에서 극단적으로 나가서 또 다른 이분법적인 논쟁을 만들어내서 세속주의의 관점을 절대화시키려는 논의가 부정적으로 발생한 것도 사실이지만, 전체적으로 종교에 대한 최근의 비판적 논의는 기본적으로 종교의 독특한 특성을 미리 범주적으로 구분해서 그것을 토대로 종교를 연구하려는 시도를 거부하고 있다. 기본적으로 이러한 논의가 지향하는 것은 종교적인 것과 비종교적인 것을 구분하는 것 자체를 거부하고 있기 때문에 자연적 인간 현상으로 인식하고 있다. 그러나 그렇다고 해서 그 논의가 닫혀 있는 고정된 자연주의의 관점을 유지하는 것이 아니라 새로운 경험적 사실이 드러나면 언제든지 수정할 수 있는 열린 자연주의에 그 토대를 두고 있다. 그러므로 최근의 논의가 종교학의 모든 것인 것처럼 확장하거나 일반화시켜서 마치 그러한 논의 외에는 종교학의 어떤 논의도 종교학의 중심 논의가 될 수 없다는 종교학의 진골 그룹을 형성하려는 종교학의 또 다른 만능주의 망상을 경계해야 할 것이다. 류바의 '자연주의' 종교심리학 연구는 종교심리학 운동의 어떤 연구자들보다도 종교학의 이러한 주장까지도 하나의 착각임을 고발할 것이다.

제7장

조지 앨버트 코의 '사회' 종교심리학

　　지금까지 우리는 북미 종교심리학 운동의 핵심 학파인 하버드 대학교와 클라크 대학교의 연구자들을 중심으로 종교심리학 논의를 검토하였다. 하버드학파에서는 제임스와 그의 제자인 제임스 프랫의 경험적이고 비교종교학적 종교심리학 논의를 검토한 반면, 클라크학파에서는 제임스의 제자였지만 종교심리학과 관련해서 방법론이나 자료를 다루는 범위에서 차이점을 보이고 있는 그랜빌 스탠리 홀의 '발달' 종교심리학과 그의 제자들 중에서 에드윈 스타벅의 '회심' 종교심리학과 제임스 앙리 류바의 '자연주의' 종교심리학 논의를 비판적으로 검토하였다. 이번 연구의 각 장에서 반복적으로 지적했듯이 종교심리학은 이 두 학파의 주창자들과 그들의 핵심 제자들을 중심으로 탄생한 종교심리학 운동 덕분에 새로운 현대 학문으로 정착할 수 있었다.

　　우리가 이번 장에서 다루려고 하는 조지 앨버트 코(George Albert Coe, 1862-1951)는 북미 종교심리학 운동의 취지에 동참했던 참여자 중에서 아주 예외적인 인물이었다. 사실 종교심리학 운동의 연구자들은 대부분 하버드 대학교와 클라크 대학교에서 제임스와 홀의 박사학위 논문 지도를 받은 경험을 갖고 있어 스승과 제자 관계로 엮여 있었다. 그러므로 제임스 제자들의 경우는 대부분 현상학적 경험 종교심리학 관점을 보여준 반면 홀의 제자들은 발달 심리학적 관점을 강하게 보여주었다. 그러나 코는 종교심리학 운동의 이 두 학파 중 어디에도 소속되지 않았고 제임스나 홀의 지도하에 박사학위 과정을 공부한 경험도 없었다. 그러므로 북미뿐만 아니라 유럽에서도 종교심리학 연구와 관련하여 제임스와 홀의 지도를 받으려고 했던 것이 일반적 분위기라는 점을 기억한다면 코의 종교심리학은 예상할 수 없었던 연구였다.

대부분의 고전 종교심리학 연구가 각 학파의 핵심 연구자들을 중심으로 전개되었다는 점에서 코의 종교심리학은 독자적으로 개척한 일종의 돌연변이 연구와 같았다. 그럼에도 불구하고 코의 연구는 고전 종교심리학 줄기의 한 부분을 형성하는 데 제한되지 않고 지속적으로 그 영향력이 확장되었다. 그의 '사회' 종교심리학은 고전 종교심리학의 다른 연구자들과 마찬가지로 종교심리학의 근본 토대를 확립하는 데 기여하였을 뿐만 아니라 종교심리학의 태동기 이후 현대 종교심리학 연구에도 놀라울 정도로 많은 영향을 미쳤다. 특히, 그의 종교심리학은 기독교 맥락 안에서 목회상담이나 돌봄의 창시자인 안톤 보이센(Anton T. Boisen, 1876-1965)의 '임상' 종교심리학을 신학적으로 구축하는 데 결정적인 영향을 미치기도 하였다.[1] 만약 보이센이 뉴욕

---

1) Robert David Leas, *Anton Theophilus Boisen: His Life, Work, Impact, and*

유니언 신학교에서 스승인 코로부터 고전 종교심리학 연구를 비롯하여 사회적 맥락의 종교심리학 연구를 직접 배울 수 없었다면 개인의 심리적 차원을 넘어 종교적 환경이 강조된 '임상' 종교심리학은 탄생할 수 없었을 것이다.

코는 어느 학파에도 소속되지 않았지만 그 두 학파를 중심으로 종교심리학 운동이 북미에서 새로운 학문 분야로 형성되고 있다는 것을 잘 알고 있었다. 그는 자신의 연구가 종교심리학 운동이 지향하고 있는 연구와 괴리되기보다는 그 지향점에서 유사성을 공유하고 있다는 점을 확인하고 난 이후에는 그 운동에 참여하여 문제를 제기하기도 하고 종교심리학 학술지에 글을 적극적으로 발표하기도 하였다. 물론, 그는 하버드와 클라크학파가 이끄는 종교심리학 운동의 논의를 그대로 수용한 것은 아니었다. 그는 언제나 두 학파의 종교심리학 연구가 간과하고 있는 관점을 비판적으로 제기하는 데 움츠리지 않았다. 그는 양쪽 학파에서 주로 강조하였던 개인들의 종교적 경험과 그것의 표현 양식 논의를 그대로 따라가지 않았다. 그는 그러한 논의는

Theological Legacy(Journal of Pastoral Care Publications, Inc., 2009), 186-7. 보이센은 정신 병동에 몇 차례의 입원 경험을 비롯해서 직접 환자들을 돌보면서 관찰하는 임상 경험을 토대로 개인이 변환해나가는 데 개인적이고 사회적 차원의 경험의 중요성을 깨닫게 되었다. 그는 종교에서는 바로 이러한 문제를 회심 경험으로 규정하고 그 논의를 심화시키려고 하였다. 사실 그가 코의 종교심리학 연구뿐만 아니라 고전 종교심리학 연구자들의 논의를 매우 잘 알고 있었다는 점을 그의 자서전과 핵심 저술을 통해서 확인할 수 있다: Anton T. Boisen, *Out of Depths: an Autobiographical Study of Mental Disorder and Religious Experience*(New York: Harper & Brothers, 1960). Anton T. Boisen, *The Exploration of the Inner World: A Study of Mental Disorder and Religious Experience*(New York: Harper Torch Books, 1962), 89-98.

근본적으로 개인적 차원만 강조되어 있지 사회적 맥락에 대한 심층적 이해가 빠져 있다는 점을 비판적으로 지적하였다. 그의 비판은 근본적으로 종교는 단순히 개인의 발달에만 국한된 것이 아니라 공동체나 사회가 발달해나가는 데 있어서도 중요한 가치라는 확신에서 기인한다.[2] 바로 이런 확신 때문에 그의 종교심리학은 양쪽 학파의 연구와는 결정적으로 차이점을 보여주고 있다.

코의 종교심리학 연구는 양쪽 학파의 연구자들로부터 공격적으로 비판을 받기보다는 각 학파가 초점을 두었던 점을 더욱 발전시키고 있을 뿐만 아니라 그동안 간과했던 부분까지도 설득력 있게 제시하고 있다는 점 때문에 종종 언급되었다. 특히, 당시 각 학파의 중심 연구자들 중에서 어느 누구보다도 제임스는 코의 종교심리학 연구를 적극적으로 지지하였다. 제임스는 그의 기퍼드 강연 결과물인『종교적 경험의 다양성』에서 종교적 경험의 장소로 잠재의식 논의를 전개하면서 코의 종교심리학 연구를 직접 언급하였다. 그는 기퍼드 강연 원고를 거의 다 마무리하는 과정에서 코의 최초 저술을 알게 되었기 때문에 여러 내용을 참고하여 구체적으로 언급할 수는 없었다. 제임스는 그의 종교심리학 연구를 논의하면서 언급하였듯이 종교적 경험의 장소에 대한 논의를 전개하려면 기존의 논의와는 다른 차원의 논의의 필요성 때문에 영국 심령연구회에서 제시하였던 잠재의식 논의를 수용하여 종교적 경험의 장소에 대한 이해를 전개하였다. 제임스가 코의 종교심리학 연구를 미리 알았다면 영국에서 시작한 심령 연구 못지않

---

2) George Albert Coe, "Religion as a Factor in Individual and Social Development" in *The Biblical World*, Vol. 23/1(January, 1904), 37-40.

게 그의 기퍼드 강연에서 코의 연구를 훨씬 적극적으로 언급하였을 것이다.[3]

코는 1900년에 처음으로 종교심리학과 관련한 저술『영적인 삶: 종교학의 연구(*The Spiritual Life: Studies in the Science of Religion*)』를 발표했다. 이후 1916년에 그의 연구의 총결산이라고 할 수 있는 작품인『종교심리학(*The Psychology of Religion*)』을 시카고 대학교 출판부를 통해 발표하였다. 이 책은 종교심리학 연구에 상당히 영향을 끼쳐 종교 연구와 관련된 종교학자들을 비롯하여 다양한 관점의 종교 연구자들로부터 심리학적 연구에 대한 기대를 걸 수 있을 정도로 독창적 연구 중의 하나로 자리매김을 할 수 있었다. 그러나 그는 그 책을 출판한 이후 앞 장에서 살펴본 스타벅의 경우와 비슷하게 종교심리학 자체를 더욱 정교히 이론적으로 발전시키는 데 집중하기보다는 그것을 토대로 종교교육학 연구에 학문적으로 더욱 집중하였다.

물론 코는 그의 연구 방향을 종교교육학으로 옮겨 간 이후에도 종교심리학의 논의와 단절하기보다는 종교교육학의 토대가 종교심리학이 되어야 함을 지속적으로 강조하였다.[4] 종교교육학의 이론적 토대로서 종교심리학의 강조는 평생 동안 그의 핵심 주장이었다. 그의 연구 덕분에 일반적으로 심리학과 교육학의 관계뿐만 아니라 종교심리학과 종교교육학도 뿌리와 열매 관계라고 할 수 있을 정도로 밀접하

---

3) 윌리엄 제임스/김재영 옮김, 『종교적 경험의 다양성: 인간 본성에 대한 연구』(한길사, 2000), 316-7.

4) George Albert Coe, "Can Religion be Taught?: The Inauguration of George Albert Coe as Skinner and McAlpin Professor of Practical Theology" in *Union Theological Seminary*(November, 16, 1909), 23-4.

게 연결되어 있다는 인식이 학문적으로 확보될 수 있었다. 앞으로 이러한 논의는 종교심리학과 종교교육학의 관계를 새롭게 조명할 필요가 있을 뿐만 아니라 종교교육학이 특정 종교전통 안에서 이루어지는 교육 정도로만 인식되는 단편적 이해를 넘어서 교육학의 원형적 논의를 회복하는 데 새로운 통찰을 제공할 수 있는 논의로까지 확장할 수 있을 것이다. 사실 코는 교육학의 모체가 바로 종교적 맥락에서 이루어졌음에도 불구하고 지속적으로 종교적 차원을 배제시키는 교육학 이론의 문제점을 강하게 제기하였다. 특히 그는 현대 교육학의 대부분의 이론들에 인간의 근본 욕구인 "영적 비전"이 포함되지 못하다 보니 교육을 위한 좋은 말들은 무수히 나열되어 있지만 생명력이 빠져 있다는 점을 강하게 비판하였다.[5] 바로 이런 측면 때문에 현대 교육학이 발전해나가는 데 자유주의 관점이 기여한 것은 사실이지만 또한 그 관점의 종교에 대한 잘못된 편견으로 인해 종교적 차원에 대한 종교심리학적 논의가 의도적으로 무시되는 결과가 나타나게 되었다는 것이다.[6]

---

5) George Albert Coe, *Social Theories of Religious Education*(New York: Charles Scribner's Sons, 1917), 5.

6) *Ibid.*, 342. 다행히도 최근 서구에서는 종교학을 비롯해 일반 교육학에서도 학생들의 몸의 성장뿐 아니라 정신적인 차원의 성장 문제와 새롭게 연결되기 시작하면서 종교심리학적 관점으로 영성교육 또는 종교교육학의 논의가 이루어지고 있다. 교육학의 일반 논의에서 과거와 달리 교조적으로 종교와 국가는 반드시 분리되어야 한다는 일종의 세속주의 이데올로기 같은 이원론에 휩싸이기보다는 훨씬 더 유연하게 영성적 또는 종교적 차원도 교육적 양육을 위해 중요하게 다루어야 한다는 종교심리학적 논의가 공감적으로 설득력을 얻고 있다. 역설적으로 서구의 교육학 논의가 이와 같이 변화를 겪고 있는 것과 달리 훨씬 유연했던 동양의 현실은 종교와 국가 분리에 대한 엄격한 잣대가 작동하여 공교육 안에서 종교적 차원에 대한

이번 연구의 전체 주제는 고전 종교심리학 운동에 모아져 있으므로
코의 종교교육학에 대한 논의는 다음에 정리하기로 하자. 이번 장에
서는 종교교육학의 이론적 토대가 되었던 그의 종교심리학 연구를 중
심으로 검토하려고 한다. 특별히 그가 최종적으로 스케치하려고 했던
사회적 맥락이 강조된 종교심리학의 전체 방향과 윤곽을 드러내 는
데 강조점을 둘 것이다. 먼저 그의 생애와 학문적 관심의 여정을 간단
히 기술한 다음, 그의 종교심리학의 관점, 연구 자료, 종교적 본성, 그
리고 신적 이상과 삶의 완성을 중심으로 그의 핵심적 주장을 정리하
기로 한다.

논의는 위축을 받고 있는 실정이다.

한국의 경우도 예외가 아니다. 물론 일반 교육학에서는 교육학의 토대로서 심리학
적 관점이 다른 관점과 더불어 강조되고 있지만 아쉽게도 종교심리학의 관점으로
교육학 전체를 조감하는 연구는 거의 찾아볼 수 없다. 종교학이나 교육학의 하위
분야로 종교교육학의 범주가 있지만 종교심리학 관점으로 종교교육학이 연구되
는 경우는 다른 관점과 비교해보면 거의 이루어지지 않고 있는 실정이다. 대부분
의 글들은 특정 종교전통의 입장에서 그 종교에 대한 논의를 종교적으로 요약하
여 교육이나 교육학이라는 이름을 첨가하거나 그렇지 않으면 잘 알려져 있는 개별
철학자들의 관점이나 종교 간의 대화나 종교다원주의의 종교학적 관점을 일방적
으로 차용하고 있는 실정이다. 사정이 이렇다 보니 아직까지 한국 종교교육학 나
름대로의 독립적 관점이 뚜렷하게 제시되어 있지 못하다. 이런 상황에서 코의 종
교교육학의 이론적 토대로서 종교심리학에 대한 논의는 한국 종교교육학의 한계
를 극복하는 비판적 통찰을 충분히 제공해줄 수 있는 대안 중의 하나가 될 것이라
고 판단한다.

1. 생애와 학문 여정

우리가 앞에서 검토해보았듯이 하버드학파든 클라크학파든 상관 없이 연구자들이 종교심리학에 대한 관심을 기울인 계기를 검토해보 면 긍정적이든 부정적이든 많은 경우 그들의 개인적 삶의 환경과 그 곳에서 겪게 되었던 경험과 관련하여 처음 시작한 경우가 대부분이 다. 코의 경우도 예외가 아니어서 그의 개인적 삶의 과정과 그 환경에 서 갖게 된 경험과 밀접히 연결되어 있다. 특히, 코는 어린 시절의 가 정환경과 그 이후에 겪게 된 삶의 세 가지 계기로부터 종교심리학에 대한 학문적 관심을 갖기 시작하였다. 이런 측면에서 고전 종교심리 학 연구를 심층적으로 파헤치기 위해서 간과하지 말아야 할 부분은 연구자들의 개인적 삶의 환경과 그곳에서의 경험이다.

먼저, 코의 가정환경을 간단히 지적해보기로 한다. 그는 뉴욕의 서 쪽 지역인 먼로카운티 멘던(Mendon)에서 감리교회 목회자였던 아버 지 조지 W. 코와 어머니 해리엇 반 부리히(Harriet Van Voorhis) 사이에 서 1862년 3월 26일 태어났다. 그는 남자 형제는 없었고 여동생 하나 가 있었다. 그의 아버지는 19세기 말엽 미국 동부 부흥운동이 한참 일 어났을 때 적극적으로 그 운동에 참여하였지만 교리적으로 매우 엄격 하였던 반면, 어머니는 종교적으로 따뜻한 성품을 지니고 있었다. 그 는 어린 시절 대부분을 아버지의 목회 지역인 시골에서 보냈다. 그는 시골 생활을 좋아하였고 또한 활발하게 일어나고 있던 당시의 부흥운 동으로부터 종교적 영향을 받으면서 어린 시절을 보냈다.

다음으로 코가 종교심리학 연구에 대한 관심을 갖게 된 계기를 살 펴보기로 한다. 첫 번째 계기는 코의 대학 생활과 관련되어 있다. 그는 어린 시절을 보낸 이후 1884년 18세가 되었을 때 새로운 형식을 많이 첨가한 종합대학인 로체스터 대학교에 입학해서 학사와 석사 과정을 공부하였다. 그가 대학에 입학했을 때 부흥운동이 대학생들을 중심으로 급속하게 번져나갔다. 대부분의 학생들은 기독교인이라면 적어도 그러한 경험을 갖고 있어야 한다는 욕구를 강하게 지니고 있었다. 그도 그러한 생각을 갖고 있어서 자신도 다른 학생들이 경험한 회심 경험을 직접 강하게 갖고서 내적으로 신앙적 고백을 확신할 수 있게 되기를 열망하였다. 그러나 그는 종교적 회심이나 경험을 갖기 위해 많은 노력을 기울였지만 다른 학생들의 경우처럼 그러한 경험을 직접 할 수 없었다.

코는 그 이후에도 종교적 경험을 직접 해보려는 노력을 몇 번 시도하였지만 모두 실패로 끝나 더 이상 그러한 노력에 집착하지 않고 포기하였다. 대신 그는 경험보다는 기독교인으로서의 충실한 삶을 구현하겠다는 다짐을 하면서 경험보다는 삶이라는 나름대로의 위안을 찾으려고 하였다. 특별히 그는 자신의 아버지와 어머니가 보여주었던 종교적 경험을 토대로 종교적 확신을 갖는 것과는 다르게 윤리적 차원에 기반을 둔 종교적 삶에 더 많은 관심을 두었다. 바로 이러한 윤리적 차원의 종교적 삶에 대한 관심은 나중에 그의 종교심리학 연구가 사회적이고 가치 지향적인 논의로 나아갈 수 있는 결정적 모체가 되었다.

코가 종교심리학 연구에 관심을 갖게 된 두 번째 계기는 로체스터 대학교에서 수강했던 생물학 교과목과 연관되어 있다.[7] 그는 그 과목

---

7) George Albert Coe, "My Own Little Theatre" in *Religion in Transition* edited

을 통해서 과학적 방법의 엄밀성을 깨닫게 되었다. 특별히 그는 수업 시간에 찰스 다윈이 『종의 기원(*The Origin of the Species*)』에서 가설로 세웠던 물음들을 증명하기 위해 엄격하게 선별하였던 실증 자료들을 다루는 것을 보면서 종교 연구에서도 과학적 연구 방법을 엄밀히 사용해야 할 필요성을 깨닫게 되었다.[8] 그가 생물학 수업 시간에 갖게 되었던 이러한 생각은 부흥운동에서 보여준 종교적 경험 자료들을 선별하고 연구하는 데 신학적이고 교리적인 관점과는 달리 새로운 과학적 관점을 주장할 수 있는 결정적 계기가 되었다. 그는 과학적 관점을 더욱더 발전시켜나가기 위해 종교심리학 운동과 동시에 유럽을 중심으로 나타나기 시작한 종교학 논의에 대해서도 적극적으로 관심을 갖게 되었다. 앞 장에서도 알 수 있었듯이 종교심리학 운동의 대부분의 연구자들은 코의 경우처럼 종교학 논의에서 고백적 관점과는 달리 객관적이고 과학적 관점의 강조로 인해 학문적 연대성을 갖고 있었다.

코가 종교심리학에 관심을 갖게 된 세 번째 계기는 신학 공부와 연관되어 있다. 그는 목회자 집안에서 성장하였기 때문에 어린 시절부터 목회자가 되고 싶은 꿈을 갖고 있었다. 그는 그 꿈을 이루기 위해 로체스터 대학교를 졸업한 이후 감리교 재단인 보스턴 대학교의 신학대학에 입학하였다. 그는 그 대학에서 3년 과정의 공부를 이수하고 1887년에 졸업하였다. 그는 그때 종교심리학뿐만 아니라 그 이후의 종교교육 논의에도 결정적 영향을 미친 보스턴 대학교의 "인격주의(personalism)"운동의 주창자인 보든 파커 바운(Boden Parker Bowne,

---

by Vergilius Ferm(New York: George Allen Unwin, 1937), 95.
8) *Ibid.*, 95-6.

1847-1910)을 만나게 되었다. 그는 바운의 사상을 알기 시작하면서 철학 석사 과정에 입학한 다음 바운의 지도하에 1888년에 그 과정을 마쳤다. 그는 이후에도 지속적으로 바운의 지도를 받기 위해 보스턴 대학교 박사 과정에 등록하였고 1901년에 박사학위를 받았다.[9] 그는 박사학위 논문을 쓰는 일정을 제외하고 거의 대부분 캘리포니아에 머물면서 로스앤젤레스에 있는 작은 대학교의 철학 강의를 하면서 생활하였다. 그는 그곳에서 피아니스트인 새디 놀런드(Sadie E. Knowland)와 결혼도 하였다.

코가 지도교수인 바운과의 만남을 통해서 결정적으로 깨닫게 된 것은 종교 연구에 있어 그 관점이 무엇이 되었든 근본적으로 초점을 두어야 할 곳은 인간의 인격적 존재 방식이라는 점이었다. 그는 그러한 존재 방식은 개개인의 인격 안에서 독자적으로 발생하기보다는 타자들과의 다양한 만남을 통해서 발생하는 것으로 이해하였다. 그러므로 그는 인간의 인격적 존재 방식은 독립적으로 형성되기보다는 동료 인간을 비롯하여 수많은 존재들과의 다층적 관계망에 대한 심층적 인식 안에서 형성되는 것으로 이해하였다. 인간의 인격적 존재 방식은 근본적으로 개체적이지 않고 처음부터 타자에 대한 사회적 또는 윤리적 관계를 토대로 형성된다는 것이다. 그는 종교심리학 연구를 진행하는 데 있어서도 이 점을 핵심 화두로 끝까지 삼았기 때문에 기존 종교심리학 운동과 구별된 '사회' 종교심리학을 주장할 수 있었다.

코는 1901년 박사학위를 받고 난 이후 유럽 대학에 갈 수 있는 연구 장학금을 받게 되어서 아내와 함께 독일 베를린 대학교로 가서

---

9) *Ibid.*, 97-8.

1902년까지 유럽의 전통 학문인 철학과 신학의 연구 동향을 비롯하여 신생 학문인 종교학과 심리학도 접할 수 있었다.[10] 그는 1902년에 귀국하자마자 노스웨스턴 대학교에서 도덕과 지성 철학교수로 초빙되어 심리학, 종교, 철학, 교육학 등 다양한 학문들을 1909년까지 연구하고 가르치면서 종교심리학 분야를 획기적으로 발전시켰다. 그의 종교심리학은 이미 북미 동부 지역의 종교심리학 운동에서 발표하였던 연구 못지않게 상당한 정도로 진척을 이루고 있었다. 또한 그의 연구는 스타벅의 경우처럼 종교심리학을 토대로 종교교육학 연구를 혁신적으로 개척하여 발전시키기도 하였다.

코는 노스웨스턴 대학교 교수로 부임한 지 4년 만에 학내에서 신생 학문으로 종교심리학 운동을 일으키는 데 공헌을 하였다. 그 대학교는 그의 종교심리학 운동을 극찬하여 1905년에는 그를 종신 명예 종교심리학 교수로 임명하였다. 그는 4년 후인 1909년 뉴욕의 저명한 유니언 신학교(Union Theological Seminary)로 옮긴 이후에도 노스웨스턴 대학교의 명예 종교심리학 교수직을 포기하지 않고 1951년 죽음을 맞이할 때까지 유지하였다. 그럼에도 불구하고 저술이나 논문들에서 '종교심리학'이라는 학명을 사용하지 않으면서 종교심리학 운동을 일으킨 것은 흥미롭다. 그가 노스웨스턴 대학교 재직 시 발표했던 종교심리학 관련 글들 중에서 대표적으로 가장 잘 알려진 것은 1900년에 발표한 『영적인 삶: 종교학의 연구(The Spiritual Life: Studies in the Science of Religion)』와 다양한 학술지에 발표하였던 논문들이었다.

---

10) David M. Wulff, "Coe, George Albert" in *American National Biography*(New York: Oxford University Press, 1999).

코는 이처럼 종교심리학의 관점으로 종교적 경험 연구를 저술과 논문에서 발표하였지만 제목이나 부제목 중 어느 곳에서도 '종교심리학'이라는 학명을 사용하지 않았다. 그의 첫 번째 저술을 보더라도 제목은 "영적인 삶"이고 부제목은 "종교학의 연구"로 되어 있다. 그가 '종교심리학'이라는 학명[11]으로 핵심 저술을 발표한 것은 뉴욕의 유니언 신학교 시절인 1916년이었다. 그런데 재미있는 사실은 1916년에 "종교심리학"이라는 저술을 출간했을 때 그가 집중했던 영역은 종교교육학이었다. 그럼에도 불구하고 그가 그 기간에 "종교심리학"이라는 저술을 출판한 것은 두 가지 측면에서 의의가 있다. 하나는 유니언 신학교로 부임한 이후에도 종교심리학에 대한 기존의 관심을 학문적으로 여전히 유지하고 있었다는 점이고, 다른 하나는 종교교육학의 이론적 토대를 나름대로 정리했다는 확신을 갖고 있었다는 점이다. 그러므로 그의 "종교심리학"은 그동안의 관련 연구를 전체적으로 종합한 저술이었다. 그 책은 단지 종교심리학이나 종교교육학의 연구에서만 제한적으로 좋은 평가를 받았던 것으로 그치지 않고 종교 연구를 위해 반드시 참고해야 할 탁월한 저술로 지금까지도 평가받고 있다.[12]

---

11) Granville Stanley Hall, 'The Moral and Religious Training of Children and Adolescents' in *Pedagogical Seminary*, Vol. I(1891), 196.

12) 초기 고전 종교심리학 운동 연구자들은 대부분 코의 종교심리학 저술을 긍정적으로 평가하였다. 특히 그중에서 제임스 프랫은 코의 종교심리학이 놀라울 정도로 광범위하게 전개되어 있어 종교심리학의 중심 주제들을 대부분 다루고 있다는 긍정적인 평가를 하고 있다: James Bissett Pratt, "Review of *The Psychology of Religion*" in *The Journal of Philosophy, Psychology and Scientific Methods*, Vol. 14/16(1917), 444-6.

미국 종교교육학에서 앞 장에서 다루었던 스타벅과 코의 종교심리학 논의가 나오기 전에는 종교교육학의 이론적 토대가 신학이나 철학으로부터 주로 제시되었지 종교심리학 논의에서 찾는 경우는 극히 드물었다. 이런 측면에서 스타벅의 경우와 마찬가지로 그의 "종교심리학" 저술도 종교교육학의 혁신적 토대를 학계에 보여주었던 계기를 마련하였다. 더 나아가서 그의 종교심리학을 토대로 전개된 종교교육학은 신학이나 종교교육 기관에서만 국한되지 않고 일반 학계에서도 인정을 받아 종교 연구에 대한 새로운 이해의 가능성을 설득력 있게 보여주는 데 기여를 하였다.

코가 종교교육학의 이론적 토대로 종교심리학 연구에 더욱 관심을 집중할 수 있었던 것은 당대 최고의 교육사상가였던 존 듀이와 학문적 교류를 나누면서부터이다.[13] 듀이는 컬럼비아 대학교에서 교육학과 철학을 가르치기 훨씬 이전부터 종교교육학 연구에 관심을 갖고 있었다.[14] 그는 듀이와 함께 1903년 시카고에서 "종교교육 협의회(Religious Education Association)" 모임을 결성하는 데 적극적으로 참여하여 종교교육학의 이론적 토대를 새롭게 뿌리내리는 데에도 결정적 역할을 하였다.[15] 그는 1909~1910년에는 그 협의회의 회장으로 역할을 수행하기도 했다.

코의 종교교육학 연구는 일반대학교의 사범대학에서도 인정할 정

---

13) George Albert Coe, "My Search for What is Most Worthwhile" in *Religious Education*, Vol. 47(1952), 170-3.
14) 김재영, 「종교교육의 태동과 시민교육으로서의 종교교육」, 《종교연구》 46(한국종교학회, 2007), 120-3.
15) *Ibid.*, 124.

도여서 신학교육 기관에서만 한정되지 않고 공교육의 연구 기관에서도 상당한 정도로 영향을 미치기도 하였다. 그래서 그가 가르치고 있던 뉴욕 유니언 신학대학 옆에 위치한 컬럼비아 대학교 사범대학으로부터 종교교육학 정식 교수로 초빙을 받기도 하였다. 그 대학은 듀이가 현대 교육학을 혁명적으로 새롭게 이끌면서 북미의 교육학뿐만 아니라 전 세계적으로도 영향을 깊이 미쳤던 사범대학이었다. 코는 재직하고 있었던 유니언 신학교를 완전히 떠날 수 없어 컬럼비아 대학교 사범대학에 동시에 소속할 수 있는 교차교수로 1922년에 임명되어 1927년 은퇴할 때까지 양쪽 교육 기관에서 가르쳤다.

코는 사범대학에서 가르치면서 신학교육 기관을 넘어 일반대학 교육학의 논의로까지 종교교육학이 확장되어야 한다는 점을 깊이 인식하였다. 그리고 그러한 논의는 단순히 특정 교파나 종파의 신학교육 논의로 끝나서는 안 되고 과학적 연구로 나아갈 필요가 있다는 점을 강조하였다. 바로 그러한 논의가 종교심리학을 발전시키면서 강조했듯이 사회적 맥락과의 심층적 연결이었다. 그러므로 그는 종교심리학의 경우와 마찬가지로 사회적 환경이나 맥락에 대한 심층적 이해 없이는 종교교육학 연구는 발전될 수 없다는 점을 강조하여 지적하였다. 그는 은퇴한 이후에도 북미에 불고 있었던 사회복음운동(social gospel movement)에 관심을 기울이면서 사회 종교교육학 연구를 다양하게 제시할 수 있었다. 다음에는 그가 종교심리학을 연구하기 위해 근본적으로 취하고 있었던 관점을 검토하기로 한다.

2. 종교심리학의 관점

현대 학문이 성립할 수 있는 근본 조건은 학문의 맥락에 따라서 여러 가지로 지적할 수 있을 것이다. 그러나 공통적으로 자주 언급하고 있는 것은 과학적 논의를 전개할 수 있는 현실적 가능성이다. 그것은 현대 학문이 성립하기 위한 부차적 조건이 아니라 일차적 조건이었다. 그러므로 현대 학문은 과학적 논의가 어느 정도 담보되지 않는다면 어떤 학문도 그 정당성을 주장하는 데 어려움을 겪을 수밖에 없고 더 나아가 인접한 다른 학문과의 관계를 맺을 수 없다. 현대 학문의 이러한 경향은 단순히 자연과학과 그것의 응용과학에만 국한되지 않고 사회과학이나 인문과학에도 그대로 이어졌다. 그러므로 대부분의 현대 학문 명에 '과학(science)'이라는 단어를 첨가해서 강조하고 있는 것도 바로 이러한 경향과 무관하지 않다.

종교학을 비롯하여 다른 학문에서 이루어진 다양한 종교 연구도 대부분 과학적 관점이 강조되었다. 앞에서 검토하였듯이 현대 종교 연구 중에서 과학적 관점을 특별히 강조했던 종교 연구 분야는 종교심리학이다. 바로 이러한 강조 때문에 종교심리학 운동의 연구자들은 시작부터 기존의 특정 종교나 신학의 관점으로부터 거리를 두면서 과학적 관점으로 종교현상에 대한 경험적 연구를 집중적으로 전개하려고 노력하였다.[16] 그들이 과학적 관점을 주장했다고 해서 단순히 과학주의의 관점을 거칠게 주장하고 있는 것은 아니었다. 이 점은 그들

---

16) Ann Taves, *Fits, Trances, & Visions: Experiencing Religion and Explaining Experience from Wesley to James*(New Jersey: Princeton University, 1999), 261-4.

이 "과학적"이라는 말을 사용할 때 언제나 신중하게 이해해야 할 부분이다. 그들은 어느 누구도 의학적 유물론이나 진화론과 같은 과학적 틀 안에 종교현상을 억지로 꾸겨 넣으려고 하지 않았다.

코의 경우도 예외가 아니었다. 그도 종교심리학 운동 연구자들의 입장처럼 과학적 관점의 중요성을 강조하였다. 그가 최초 저술의 부제목을 "종교학의 연구"로 붙인 것을 보더라도 이미 과학적 관점의 중요성을 인식하고 있었다. 또한 그는 최초의 저술을 비롯하여 그 이후에 진행한 종교적 경험 연구의 완결판이라고 할 수 있는『종교심리학』"서문"에서도 종교심리학은 종교의 특정 도그마나 신비주의 해석을 토대로 연구하기보다는 과학적 관점에서 종교적 경험 현상을 연구하는 데 그 초점을 두어야 한다는 점을 강조하였다.[17] 그가 과학적 관점으로 종교적 경험 연구가 이루어져야 한다고 주장하는 이유는 근본적으로 종교를 공적 사회와 분리시켜 개인적 차원에서만 가두어놓으려는 일종의 세속화 내지 사사화(privatization) 문제 때문이었다. 바로 이런 측면 때문에 종교교육학은 교육학의 담론 안에서 거의 대부분 생략되었고 종교교육도 공교육 현장에서 주변화될 수밖에 없었다는 것이다.

코는 종교 연구에서 이러한 문제점을 보완하여 수정할 수 있는 통찰은 기존의 신학이나 철학보다도 현대 학문으로 새롭게 제기된 과학적 논의로부터 발견할 수 있는 것으로 판단하였다. 과학적 논의는 개인적 차원을 넘어 공적 차원의 맥락까지도 포용할 수 있는 토대를 보

---

17)　George Albert Coe, *The Psychology of Religion*(Chicago: University of Chicago Press, 1916), xiii.

여줄 수 있다는 것이다.[18] 그는 그러한 논의를 구체적으로 보여줄 수 있는 학문으로 특별히 종교학과 종교심리학을 꼽았다. 그러므로 그는 유럽에서 시작한 종교학과 미국 동부 지역에서 시작한 종교심리학 운동에 관심을 기울였다. 그러나 그 과정은 녹록지 않았다. 그의 연구는 비판에 직면하기도 하였고 소모적인 논쟁에 휩싸여 여러 가지 오해를 받기도 하였다. 그럼에도 불구하고 그는 이러한 과정을 통해 과학적 관점과 기존의 종교적 관점과의 차이점과 갈등이 무엇인지 상세히 알 수 있게 되었다.[19]

코가 과학적 관점으로 인해 겪었던 비판과 갈등은 종교학의 초기 과정을 기억하면 더욱 공감적으로 이해할 수 있다. 종교학은 19세기 말엽과 20세기 초엽을 지나면서 기존의 신학적 연구로부터 적극적인 환영을 받지 못했다. 오히려 종교학은 기존 연구와 갈등을 빚는 경우가 대부분이었다. 이러한 상황은 종교학 초창기의 역사를 보면 거의 일반적이었다. 아직도 이러한 문제가 없어진 것은 아니지만 여전히 그 여진은 남아 있다. 종교심리학 운동의 경우도 거의 비슷한 상황이었다. 현재 그러한 갈등 상황은 많이 개선되어 있다. 개별 종교의 신학에서도 종교와 과학이라는 관점으로 종교 연구를 발전시키고 있기 때문이다. 그러므로 최근 개별 종교의 신학자들도 종교학이나 종교심리학의 논의를 적극적으로 수용하면서 종교 연구의 범위를 확장시키고 있다. 또한 종교학이나 종교심리학도 신학적 관점을 통해서 그동

---

18) *Ibid.*, 4-5.

19) Lan Nicholson, "Academic Professionalization and Protestant Reconstruction, 1890-1902: Geroge Albert Coe's Psychology of Religion" in *Journal of the History of Behavioral Sciences*, Vol. 30/4(October, 1994), 360-1.

안 간과하거나 오해했던 부분을 수정하는 경우도 있다. 그러나 종교
학이나 종교심리학 운동이 태동할 시점의 상황은 지금과는 정반대여
서 과학적 관점으로 이루어진 연구는 어떤 것이 되었든 신학적 관점
을 유지했던 연구자들에게는 충격적으로 괴리감을 느끼게 했을 것이
라고 판단한다. 반대로 종교학이나 종교심리학을 주장했던 연구자들
은 기존 종교 연구에 대해서 과학적 관점의 부재로 괴리감을 느꼈을
것이다.

또한 코도 종교심리학 운동의 다른 연구자들과 마찬가지로 과학
적 관점을 과학주의나 실증주의로까지 극단적으로 확장하려는 시도
에 대해서는 경계하였다. 그는 과학적 관점이 극단적으로 확장될 경
우 고정된 도그마나 이데올로기로 변질될 가능성이 있다는 점을 비판
적으로 지적하였다. 과학주의는 일반화의 오류를 심각하게 범할 뿐
만 아니라 다른 관점을 수용하는 데에도 한계를 보인다는 것이다. 특
별히 그는 제임스의 경우와 마찬가지로 종교적 경험 연구에 있어 일
반화 오류의 대표 사례로 의학적 유물론을 지적하였다. 이를테면 그
러한 관점은 종교적 경험을 몸의 특정 부분의 변화로 인해 생겨난 자
연적 경험으로 일반화시키려는 설명 방식을 집착하고 있다. 그러므
로 그 관점은 붓다, 바울 또는 무함마드가 갖고 있었던 종교적 경험
이 그들의 온전치 못한 몸 상태 때문에 생겨난 것으로 설명하고 있다.
극단적으로 말해서 종교적 경험은 온전한 몸 안에서는 발생하지 않고
간질병이나 신경증과 같이 온전치 못한 몸 안에서 발생한다는 것이
다.[20]

---

20) George Albert Coe, *op. cit.*(1916), 188.

현재 연구 상황은 과거와 달리 어떤 연구자도 종교적 경험에 대한 의학적 유물론의 설명 방식에 일방적으로 동의하지 않을 것이다. 그럼에도 불구하고 이러한 연구 경향이 축소되기보다는 상당할 정도로 새롭게 부활하고 있다는 점은 부정할 수 없다. 최근 연구가 모두 극단적인 의학적 유물론을 주장하는 것은 아니라고 하더라도 여전히 종교적 경험을 몸의 특정 부분인 뇌의 변화와 연결해서 과학적 설명을 실증적으로 시도하고 있다는 점이다. 그러므로 발표된 글들을 보면 대부분의 종교적 경험 연구는 신경생리학이나 뇌과학의 논의로 모아지고 있다. 다행히도 주류 종교학이나 종교심리학은 여전히 그러한 설명 방식에 거리를 두고 있는 것은 사실이지만 그 외의 종교적 경험 연구는 그러한 논의를 적극적으로 받아들이는 경향을 보이고 있다.

코는 종교심리학이 과학주의로 무장한 의학적 유물론의 대안으로 그 적합성을 확보하려면 개인의 종교적 경험 분석에 최종 목표를 두기보다는 그 이상으로 확장할 필요가 있다는 점을 강하게 주장하였다. 그는 이러한 지적을 통해서 의학적 유물론뿐만 아니라 하버드와 클라크학파의 연구자들과도 차이점을 보이려고 하였다. 그가 이러한 연구들과 차별성을 보였던 부분은 종교적 경험 자체의 설명 또는 경험의 진술이나 그 내용이 아니었다. 그는 그러한 측면에 대한 진위 여부나 심층적 분석보다는 종교적 경험의 발생 맥락 분석에 집중하였다. 그러므로 그는 의학적 유물론의 경우처럼 종교적 경험을 극단적으로 생물학적 경험으로 일반화시킨 논의나 경험 주체의 진술을 축소하거나 그것을 둘러싼 사회적 맥락을 간과한 종교심리학 연구 방법을 비판하였다.

코가 그의 종교심리학 관점을 더욱 분명히 하기 위해 우선적으로 강조했던 점은 종교적 경험 주체의 진술과 그 내용을 축소하지 않는 것이었다. 그는, 주체가 종교적 경험을 초자연적인 것으로 진술하고 그 내용을 기술하였다면 그대로 초자연적 경험으로 이해해야 한다는 현상학적 입장을 취하였다. 연구자의 입장에 따라 주체의 경험 진술을 축소하는 것은 문제가 있다는 것이다. 그는 근본적으로 종교심리학이 집중해야 하는 곳은 바로 주체 경험의 진술이라고 생각했다. 그러므로 그는 경험 주체가 자신의 경험을 초자연적 현상으로 기술하였다면 자연적 현상으로 축소하기보다는 있는 그대로 이해할 것을 강조하였다. 주체의 경험은 이론이 아니라 경험적 사실을 그렇게 해석하고 있는 것이기 때문에 일단 연구자는 그렇게 이해할 필요가 있다는 것이다. 그는 종교심리학이 이 점을 간과하지 말 것을 강하게 지적하였다. 동시에 그는 종교심리학에서 종교적 경험의 시간적이고 공간적인 역동적 맥락의 심층적 분석도 반드시 이루어져야 한다는 점을 아울러 강조하였다. 종교적 경험의 역동적 맥락은 고정되어 존재하기보다는 통일적 흐름 속에서 발생하였다는 점에서 시간적으로나 공간적으로 과거와 현재, 그리고 미래로의 연결성을 보여주고 있다는 것이다. 그러므로 그는 종교심리학이 경험의 맥락을 간과하지 않고 심층적으로 연구를 진행할 수 있게 된다면 그 경험이 지향했던 초월적 실재에 대한 논의까지도 자연스럽게 확보할 수 있을 것으로 판단하였다. 그의 이러한 통찰을 직접 들어보기로 한다.

그렇다면 경험적 방법은 종교적 삶의 사실들을 초자연적인 것과 대조적인 자연적인 것으로만 축소시키는 것이 아니다. 종교적 경험의 심리학에서 일어나고 있는 모든 질문은 다음과 같은 방식으로 이해되어야 할지 모른다. 신적인 영(Divine Spirit)이 인간의 마음 안에서 그러한 변화를 일으키는 데 어떠한 환경하에 작동하였는가? 성령이 이전의 것을 관찰해서 성숙할 조건들을 기다리는 것, 성령은 모든 개인이나 모든 시대의 삶에 똑같은 축복을 내리지 않는다는 것, 성령의 나타나심의 길을 예비하는 것이든 아니면 방해하는 것이든 그것은 우리의 힘 안에서 일어난다는 것, 즉 이 모든 것은 기독교인들의 최근의 믿음이다. 지금 이러한 모든 것은 조사할 필요가 있는 체계적으로 통일되어진 것들이다. 사실 심리학은 종교적 삶의 실천에 있어서 부분적으로 인정된 것을 더욱더 정확하게 완성시키는 것이다. 그러나 그 결과들은 일반적인 의미로 교리적인 것이 아니다. 그 결과들은 단순히 이전의 어떤 선행적인 것들과 그 이후의 어떤 결과들 사이에 존재하는 통일적인 것에 대한 진술일 것이고 또한 인간을 향한 신적 목적과 인간의 실재의 본성과 운명에 대한 방대한 질문들을 개방적으로 완전히 열어놓는 것이다.[21]

다음으로 종교심리학 운동 연구자들 중에서 일부가 종교적 경험의 기원에 대한 논의를 전개하기 위해 하나의 가설로 제시하였던 잠재의식에 대한 평가를 검토하기로 한다. 종교적 경험이 심층적 마음의 문제와 연결되어 있다고 해서 그가 잠재의식의 관점을 주장하고 있는 것은 아니다. 그는 다른 종교심리학자들이 지적하듯이 종교현상 중에서는 쉽게 수긍할 수 있는 것도 있지만 그 반대의 경우들, 이를테면 도저히 상식적으로 쉽게 이해할 수 없는 환청과 같은 음성을 들었

---

21) George Alfred Coe, *The Spiritual Life: Studies in the Science of Religion*(New York: Eaton & Mains, 1900), 17-8.

다거나 비전을 보았다는 얘기들의 존재를 잘 알고 있었다. 그는 이러한 현상들도 인간 주체의 삶의 과정 안에서 일어난 부정할 수 없는 경험 현상이므로 종교심리학에서 중요하게 다루어야 할 주제라고 인식하였다. 그도 종교심리학 운동의 다른 연구자들과 마찬가지로 기존의 신학적 관점이나 과학주의의 유물론적 관점을 넘어설 수 있는 논의를 고민하였다. 그는 넓게는 종교학적 관점을 유지하고 있지만 종교적 경험의 심층적 이해를 위해서는 마음에 대한 새로운 이해가 필요함을 인식하였다. 사실 종교심리학 운동이 일어났을 때 새로운 논의를 전개하기 위해서 마음의 잠재의식에 대한 논의가 제임스의 논의를 중심으로 제3의 관점으로 종교적 경험의 심층적 이해에 부각되기도 하였다. 그러나 그는 제임스와 다른 연구자들이 잠재의식과 연결해서 19세기 말엽부터 20세기 초엽에 새롭게 제기하였던 종교심리학 논의들을 그대로 따라가지 않았다.

코는 기존에 제기되었던 잠재의식 논의를 세 가지로 분류하였다.[22] 그가 제일 먼저 분류하고 있는 논의는 잠재의식이 일종의 신경 작용의 파생물이라는 점이다. 잠재의식은 독자적인 어떤 것이 아니라 개인의 이전의 경험을 통해서 특별히 조직되었던 뇌관을 다시 자극함으로써 발생되므로 일종의 신경 이론이라는 것이다. 다음으로 분류하고 있는 논의는 정신분열 이론(dissociation theory)이다. 잠재의식은 경험 중에서 분명하게 기억할 수 없는 희미한 의식들이 주변에 머물러 있다가 집중적으로 주목받게 되면서 나타난 현상이라는 것이다. 마지막으로 분류하고 있는 것은 분리된 잠재의식(detached subconsciousness)

---

22) George Albert Coe, *op. cit.*(1916), 202-3.

이론이다. 이 이론은 정신적 실재 이면에 무엇인가 존재한다는 찰스 퍼스의 논의에 근거하고 있다.[23] 그는 이 논의의 시작을 퍼스라고 지적하고 있지만 각주를 달지 않아서 언제, 어디에서 그러한 논의를 제기하였는지 알 수 없다. 반면에 제임스는 퍼스와 많은 교류를 맺고 있었지만 그러한 논의를 제기하면서 퍼스를 언급하지 않고 단지 영국에서 시작한 심령 연구의 핵심 인물인 프레드릭 마이어스의 논의에서 그 기원을 찾는다. 다시 말해서 인간은 의식적 자아의 이면에 또 다른 두 번째 자아가 존재하는데 바로 그것이 잠재의식이라는 논의이다.

코는 이처럼 잠재의식 논의가 새롭게 제기되고 있지만 어떤 이론도 아직까지 그렇게 과학적으로 충분히 증명된 것으로 보기에는 무리가 있는 것으로 판단하였다. 일반적으로 첫 번째 이론은 근본적으로 뇌 신경을 핵심적인 것으로 인식해서 유물론적 특징을 지니고 있는 것으로 인식되는 반면에, 두 번째는 기존의 경험 중에서 제대로 인식되지 않았던 부분이 주목되면서 일어난 부수 현상으로 인식되고 있다. 이 두 이론도 나름대로 종교적 경험에 대한 논의를 전개하는 데 약간의 의미를 줄 수 있겠다. 그러나 인간의 전인격이 매개되어 있는 종교적 경험 논의를 이런 식으로만 접근한다면 마지막으로 남는 것은 뇌세포의 자극 결과라든가 아니면 기껏해야 마음의 주변부로 남아 있던 어떤 것이 나타난 현상 정도로만 종교적 경험을 이해하고 있어서 그 경험에 대한 종합적 이해보다는 심리환원주의라는 비판을 받을 수 있는 소지가 충분히 있다.

상대적으로 이러한 두 가지 이론과 대조적으로 종교심리학 연구자

---

23) *Ibid.*, 203.

들로부터 종교적 경험과 관련된 논의가 집중적으로 주목받은 것은 마지막 이론이었다. 종교심리학 연구에서 이 이론은 제임스의 논의를 시작으로 종교심리학 초창기부터 관심을 불러일으켰다. 그럼에도 불구하고 코는 잠재의식 차원으로서의 종교적 경험에 대한 논의는 추론 정도로는 이해할 수 있지만 그것을 과학적으로 충분히 증명된 것으로 파악하기에는 무리가 있음을 지적하였다.[24] 그래서 그는 잠재의식 논의로 종교적 경험을 연구하는 것에 대해서 그렇게 적극적이지 않았다.[25] 그는 바로 이런 문제 때문에 의식 이면에 억압되어 있는 잠재의식적 차원을 종교적 경험에 대한 논의와 연결한 프로이트나 융의 영향력 있는 논의에 대해서도 비판적이었다. 그는 소위 정신분석학자들이나 분석심리학자들의 분석을 통한 마음의 문제를 치료받기보다는 오히려 내적 차원의 얘기를 숨김없이 함께 나눌 수 있는 친구들이나 지인들과의 만남이 훨씬 더 많은 치료적 의미를 줄 수 있다는 점도 지적하고 있다.[26]

한마디로 코의 관점은 특정 종교의 도그마나 환원주의 관점을 벗어나 사회적 맥락 안에서 종교적 경험 자체에 대한 심리학적 논의를 강조하였다. 이런 측면에서 그의 관점은 앞에서 살펴보았던 제임스, 홀, 프랫, 스타벅, 류바의 관점과 공통적으로 종교적 경험의 현상을 신학적이거나 유물론적인 관점으로 해석하는 것을 경계하고 있다는 점에서 학문적 연대성을 보여주고 있다. 대부분의 종교심리학 운동을

---

24) *Ibid*., 202.
25) George Albert Coe, "Review of *The Varieties of Religious Experiences*" in *Philosophical Review*, Vol. 12(1903), 62-4.
26) George Albert Coe, *op. cit.*(1916), 316.

주도하였던 연구자들은 비슷한 시점에 북미를 중심으로 불기 시작하였던 정신분석학 논의를 어떤 연구자보다도 월등히 잘 알고 있었지만 종교심리학이 그러한 논의에 함몰되는 것을 경계하였다.

당시의 종교심리학 연구자들이 보여주었던 정신분석학과 심층심리학에 대한 인식은 현재의 상황과는 상당히 대조를 이루고 있다. 불행하게도 종교심리학 운동이 일어난 이후에는 정반대로 종교적 경험에 대한 종교심리학 관점에서 이러한 초기의 종교심리학 관점보다는 프로이트와 그의 논의들을 토대로 다양하게 갈라져 나온 학파들에 의존하는 연구가 지배적이다. 그래서 최근의 경향을 보면 종교적 경험에 대한 이해가 주변으로 물러나고 오히려 정신분석학이나 심층심리학의 논의가 일방적으로 지배하고 있다. 이를테면 목회상담이나 영성훈련 또는 코칭 상담이라는 이름으로 전개되는 논의도 정신분석학이나 심층심리학의 관점이 지배하고 있어서 종교적 차원에 대한 논의가 집중적으로 이루어지기보다는 그러한 논의에 함몰되거나 주변적으로 밀려나는 경향을 보인다. 최근에 불기 시작한 불교나 일부 신종교운동의 명상훈련이나 마음치료와 관련해서도 그 이면을 들여다보면 그러한 인상을 쉽게 지울 수 없다.

코도 정신분석이나 심층심리학의 논의에 비판적이었지만 그렇다고 해서 종교심리학 운동 연구자들의 관점에 모두 공감했던 것은 아니었다. 그는 종교적 경험을 해석하는 과정에서 종교심리학 운동 연구자들의 관점과 차이를 보이고 있다. 위에서 지적한 대로 그는 제임스를 비롯한 하버드학파의 종교적 경험에 대한 논의가 잠재의식과 연결해서 해석하고 있는 점에 대해서는 비판적이었다. 또한 그는 홀을 중심으로 클라크학파에서 주로 과학적 연구를 위해 고안한 질문지를 통해서 얻게 된 대답 자료들의 수집이나 분석방법에서도 비판적이었다.[27] 대부분의 질문지를 통해서 얻게 된 자료들은 인위적이거나 이미 예견된 대답을 전제로 질문들을 제시하기 때문에 그러한 대답 이면의 심층적 논의를 이해해가는 데 형평성을 잃을 수 있다는 것이다. 사실 회수된 대답들 중에서는 종교적 경험이 일어난 이후에 자신의 경험에 대한 기억을 통해서 대부분의 대답을 기술한 것이기 때문에 잘못된 기억일 수도 있을 뿐만 아니라 또한 그러한 경험이 일어난 현장을 정확히 이해하지 못한 경우도 있어서 맥락에 대한 이해가 간과될 수 있다. 더 나아가서 그러한 자료들은 그 양에서 서로 상충되는 것이 많기 때문에 선별하는 데 의도적으로 은폐된 경우도 있어서 편파적일 수 있다. 게다가 종교심리학 연구 자료들로 많이 사용했던 자서전이나 인물 전기 등과 같은 자료들을 선별해서 분석하는 데 있어서도 저자의 의도를 비롯해서 다양한 측면이 가려질 수 있을 뿐만 아니라 다양한 관점이나 방법에 따라서 다른 선택이나 해석을 취할 수밖에 없으므로 연구 자료의 신빙성 문제가 제기될 수 있을 것이다.[28]

마지막으로 코가 종교심리학을 전개하기 위해서 갖고 있었던 연구 관점은 인간의 기질론이었다. 그는 독일의 분트와 그의 입장을 따르는 연구자들이 양적으로 분류한 기질론과 프랑스 연구자들, 페레즈, 리보, 퀴라, 레비, 그리고 프일레의 논의를 종합해서 인간의 네 가지 기질론을 토대로 종교적 경험을 분석하였다.[29] 그는 종교적 경험을 연구할 수 있는 대상을, 부흥집회에 참석해 경험했던 내용을 중심

---

27) *Ibid.*, 44-6.
28) *Ibid.*, 50.
29) George Alfred Coe, *op. cit.*(1900), 114-5.

으로 두 그룹으로 분류하였다. 하나는 종교적 경험을 기대한 것과 일치하게 실제로 그러한 경험을 한 집단, 다른 하나는 기대하였지만 그러한 경험을 갖지 못한 집단이다. 전자의 집단이 보여주고 있는 종교적 경험은 주로 다혈질이나 우울질 성격 소유자에게 많이 일어나지만 담즙질이나 점액질 성격에서는 그렇게 많이 일어나지 않는다. 반면에 후자의 집단이 보여주고 있는 경험은 담즙질 소유자에게서 많이 일어난다는 것이다.[30] 더 나아가서 그는 이러한 기질론의 이해에 근거해 종교적 경험을 통해서 개인적 차원뿐만 아니라 한 시대나 문화를 변화시킨 기독교의 인물 중에는 역사적으로 다혈질이나 우울질의 소유자들이 담즙질이나 점액질의 소유자들보다 많았음을 주장하기까지 하였다.[31] 그러나 그는 그러한 예들이 많이 있다고 해서 진정한 의미의 기독교가 나가야 할 방향을 인간의 기질론에서 찾기보다는 도덕적 의지와 진리의 사랑에 대한 심층적 인식으로 확장할 것을 주장하였다.[32] 그래서 그는 초기의 종교심리학 연구를 제외하고 그 이후의 논의에서는 기질론에 대한 논의를 더 이상 전개하지 않고 있다.

3. 연구 자료의 범위

다음으로 코가 종교심리학 연구를 위해 집중적으로 수집했던 자료들을 검토해보기로 한다. 전체적으로 그는 종교심리학 연구와 관련된

---

30) *Ibid.*, 120.
31) *Ibid.*, 208.
32) *Ibid.*, 251.

이론적이고 해석적인 2차 자료들보다는 구체적으로 인간의 삶 속에서 경험된 사실적 자료들에 1차적인 관심을 두었다.[33] 과학자들이 추상적이고 사변적인 자료가 아니라 실증적 자료들에 연구의 1차적인 가치를 두고 있듯이 종교심리학 연구도 바로 그러한 구체적인 사실적 자료들에 한정해서 연구해야 한다는 것이다. 그렇게 될 때 비로소 그러한 자료들에 대한 비판적 연구는 종교 현장에도 추상적인 얘기가 아니라 구체적인 도움을 줄 수 있을 것이라고 판단하였다.[34] 종교적 문제를 해결하기 위한 일반적인 당시의 연구는 교리적인 해석이나 이론적 논의를 반복하고 있어서 종교 현장과 연결되어 있지 못하였기 때문에 구체적인 대답을 제시할 수 없었다.

코는 그의 핵심 저작인 『종교심리학』에서도 인간의 역사에서 축적되어 있는 사실들 중에서 종교적 경험들은 다른 어떤 사실과 비교해 보더라도 훨씬 많은 분량을 갖고 있다는 것을 강조하면서 인간의 삶의 현장에서 일어나고 있는 다양한 경험적 자료들에 관심을 갖고 수집할 것을 강조하였다. 그가 집중적으로 수집했던 자료들을 살펴보면 그 양이 방대하였을 뿐만 아니라 범위도 제한적이지 않았고 오히려 인간 삶 전체를 그러한 자료로 인식하고 있었다. 그는 그러한 자료들이 모두 인간의 구체적인 경험들을 통해서 드러나고 있으므로 처음부터 그러한 자료들의 문제로 인해서 사실적이냐 그렇지 않느냐는 이론적 논의에 빠질 필요가 없다고 생각하였다. 그는 그러한 자료들은 추상적으로 체계화된 종교적 논의가 아니라 거대한 실험실이라고 할 수

---

33) *Ibid.*, 5.
34) *Ibid.*, 8.

있는 세상 안에서 인간 냄새를 진하게 풍기면서 살아가는 사람들의 생생한 경험을 통해서 생산된 것들이라고 인식하였다.

코는 우선적으로 다른 종교심리학 연구 자료들에 대해서 일차적으로 공감하였던 자료들을 비판적으로 받아들였다. 특히 그는 몸의 변화와 회심에 대한 상관관계를 연구하였던 클라크학파의 논의에 따라 청소년기에 대한 회심 연구를 연구하기 위해서 선행적으로 발표된 기존의 다양한 통계 자료들을 선별적으로 수집하기도 했다.[35] 또한 그는 몇 가지 질문들을 만들어 특정 그룹들에 보내 다시 회수한 자료들을 비롯해서 일기, 신앙 간증 기록물, 경전 또는 자서전이나 인물 전기들 속에 삽입되어 있는 자료들, 직접 인터뷰나 관찰을 통해서 얻은 심층 자료들, 그리고 인위적으로 만들어진 실험실에서 종교적 감정, 암시 또는 믿음형성에 대한 반응을 통해서 수집한 자료들을 모두 그의 종교심리학 연구 범위에 포함하여 비판적으로 사용하였다.[36]

더 나아가서 코는 기존의 제도종교에 참여하는 사람들의 경험적 자료들만을 그의 종교심리학 연구의 자료들로 제한하지 않았다. 그는 인간의 삶에서 이상적 가치를 통해서 다층적인 삶의 다양성을 하나로 통합시켜서 보다 높은 질서를 만들어내는 인간의 자기실현 과정을 무엇이 되었든 모두 종교적 기능을 하고 있는 것으로 규정해서 종교심리학의 연구에 중요한 자료들로 인식하였다.[37] 이를테면 그는 민주주의라든가 심미적인 차원이라든가 윤리적인 차원에서 일어나고 있는 다양한 이상적 가치들의 실현 과정들을 제도적인 종교적 차원과 구

---

35) *Ibid.*, 29-46.
36) George Albert Coe, *op. cit.*(1916), 44-56.
37) *Ibid.*, 321-2.

분되는 대조적인 자료들로 인식하지 않고 종교적 가치를 지니고 있는 자료들로 규정해서 종교심리학의 연구 자료들로 생각하였다. 제임스가 기퍼드 강연의 제목을 "경험"이라는 말 앞에 "종교"라는 단어 대신에 "종교적"이라는 형용사를 사용한 경우[38]나 듀이가 예일 대학교 테리 강연(Terry Lectures)에서 "종교"와 "종교적인" 것을 명시적으로 구분하면서 궁극적으로 이상적 가치를 실현하려는 몸짓으로 종교의 의미를 확장시키려고 한 것처럼[39] 코는 종교에 대한 기존의 이해 방식을 훨씬 넓게 확장하려고 하였다.

사실 코의 이러한 자료들은 앞에서 살펴보았던 종교심리학자들이 사용했던 자료들과 비교해보더라도 강조점에서 기존의 제도종교 자료들에 우선적 가치를 둔 경향과도 차이점을 보인다. 그의 연구 자료들은 종교적인 것과 그렇지 않은 것 사이에 구분을 두면서 제도 종교

---

38) 이번 연구의 서론에서 언급한 것을 시작으로 몇 번 지적했듯이 제임스는 삶의 경험을 고정되거나 멈추어져 있는 현상으로 파악하지 않고 언제나 움직이고 흐르는 현상으로 파악하고 있어 추상명사나 개념으로 그 현상을 이해하려고 시도하지 않았다. 그러므로 그는 종교현상을 이해하는 데에서도 동일한 관점을 유지하여 종교에 대한 고정된 정의나 추상명사 또는 개념으로 파악하지 않았다. 바로 이러한 측면 때문에 그는 기퍼드 강연에서도 명사로서의 "종교"라는 단어보다는 형용사로서의 "종교적"이라는 단어를 대부분 사용하였고 책 제목에서도 제일 먼저 그 단어를 사용하기도 하였다. 제임스를 시작으로 고전 종교심리학 연구자들의 경우에서도 가장 중요한 주제어 중의 하나가 바로 "종교적"이라는 단어였다는 점은 부인할 수 없을 정도이다. 그러므로 형용사로서의 "religious"라는 단어를 번역할 경우에도 매우 신중할 필요가 있다. 더 나아가 최근 종교학에서 많이 제기되고 있는 "종교"라는 단어의 의미나 그 시작에 대한 논의를 발전적으로 확장하는 경우에도 어떤 연구보다 고전 종교심리학 연구에서 이미 제기되었던 문제를 검토할 필요가 있다.

39) John Dewey, *Terry Lectures: A Common Faith*(1934) edited by T. A. Alexander(New Haven: Tale University Press, 2013), 23.

자료들에 우선적인 가치를 두지 않았다. 그러므로 코에게 종교심리학 자료의 범위는 온 세상에서 개인적이든 집단적이든 일어나고 있는 인간의 삶의 가치를 공공의 선을 위해서 고양시켜주는 모든 사건이다. 사실 제도종교 맥락에서 일어난 자료이기 때문에 당연히 중요한 자료로 분류했던 것도 이상적 가치를 실현하는 과정이라기보다는 개인적이거나 특정 집단의 탐욕을 드러낸 경우도 있기 때문에 종교적인 자료로 인정받을 수 없는 자료가 될 수 있다. 반면에 기존의 연구에서는 종교적 자료에서 제외되었던 자료들이 개인의 차원을 넘어서 인류 전체 가치를 발전시켜나가는 과정이므로 중요한 종교적 자료들로 인정받을 수도 있다는 것이다. 그래서 그의 사상이 절정기에 이르렀을 때 코는 종교심리학 연구 자료들의 범위를 단순히 제도종교 안에서 일어난 것으로만 국한시키지 않고 그것을 넘어서 세상의 선한 모든 가치를 담고 있는 사건들로까지 확장하였다. 그의 연구 자료들의 확장은 종교심리학 연구 자료 수집의 민주화이다. 바로 이러한 측면은 그의 생애를 논의하면서 지적하였듯이 학위논문 지도교수였던 바운의 인격주의 사상의 영향과 또한 시카고와 뉴욕에서 함께 협력했던 존 듀이의 사상이 그의 연구 자료 인식에 많은 영향을 미치고 있다는 것을 보여주고 있다. 그가 주장하고 있는 얘기를 직접 들어보기로 한다.

인간의 기능들은 완전히 이루어진 인간의 관점에서만 존재하는 것처럼 보이는 것들이다. 따라서 기능주의 심리학은 우선적으로 인격적인 자기실현의 심리학이 되어야만 한다. 종교의 기능주의 심리학은 어떤 것보다도 이러한 점을 강조한다.[40]

그럼에도 불구하고 사람들이 특별한 일이나 사업에 엄청난 흥미를 갖고 있을 때 그것을 이상화하고, 그것에 대한 다른 관심들을 조직함으로써, 그것을 실재적인 것으로 만드는 데 협력함으로써 부분적으로 자신의 실재 세계를 발견하게 된다. 이상적 가치의 관점에서 이런 식의 조직화 경험은 인간의 종교적 본성에서 최초의 품목이다. 이것은 모든 정상적인 개인에게 존재하고 있어서 자유, 대중교육, 그리고 민주주의가 지향해서 나아가고 있는 유형이다.[41]

앞으로 연구 자료들에 대한 코의 개방적 인식은 종교심리학뿐만 아니라 종교학의 일반 연구에서도 연구 자료의 범위에 대한 논의를 새롭게 확장시킬 수 있는 근거를 보여줄 수 있을 것이다. 그러한 논의는 익숙한 제도적 차원의 특정 종교현상에 대한 연구에만 국한하지 않고 그동안 지엽적이라고 분류했던 자료들이나 기존의 분류 기법으로는 종교적인 것으로 간주할 수 없는 것까지도 연구 자료로서의 가치를 충분히 지니고 있는 것으로 새롭게 분류할 수 있을 것이다. 최근 미국 종교학회나 국제 종교학회에서 다양하게 제시되고 있는 종교 연구와 관련된 비판적 논의도 모두 자료의 범위와 관련된 논의라고 할 수 있다. 이를테면 기존의 종교 연구의 분류법이 주로 세계 종교들의 관점에서 이루어졌기 때문에 그러한 분류에 포함되어 있지 않은 민속 종교들이나 기존의 논의로는 담아낼 수 없는 신종교현상들에 대한 이해가 상대적으로 약화되거나 비종교적인 것으로까지 잘못 분류되었

---

40)   George Albert Coe, *op. cit.*(1916), 30.
41)   *Ibid.*, 324.

다는 것이다. 이를테면 제도종교 전통에는 소속되어 있지 않지만 종교적이고 영성적인 "종교 없음"이나 환경, 힐링, 요가, 영성, 명상, 웰빙 등과 같은 최근의 사회적 운동들이 대표적이다.[42]

만약 '종교'라는 개념의 고정적인 명사적 의미보다 형용사와 동사적인 의미로 확대한다면 종교 연구의 범주에서 비종교적인 것으로 제외하였던 현상들도 종교적인 현상으로 수정 분류할 수 있을 것이다. 조너선 스미스가 날카롭게 지적하였듯이[43] 종교라는 특정 고정된 개념으로 종교 연구를 진행할 경우 그 현상이 제도적으로 매우 제한되거나 성과 속의 이원론적 구도가 강하게 작동하여 특정 시간이나 공간에 머물러 있는 것으로 파악할 수밖에 없다. 이런 식으로 종교 연구를 진행하면 학자들이 관념적으로 구축한 개념만 존재할 뿐 그 개념이 실제적으로 삶의 현장에서 포착할 수 있는 종교현상은 존재하지 않거나(nowhere) 매우 제한된 차원에서만 존재하거나 머무르게(somewhere) 된다. 그러나 형용사적 관점에서 종교 연구를 진행할 경우 삶의 모든 현상을 종교적으로 파악할 수 있어 종교현상은 모든 곳에서(everywhere) 찾아볼 수 있을 것이다. 특히 명사의 관점에서 보게 되면 종교현상은 단순히 특정 시간이나 공간에만 종교현상이 머물러 있다는 생각에 사로잡혀 그 시간과 공간을 넘어서 보다 넓은 세계와는 무관한 것으로 파악하는 경향을 보이고 있어 인간의 종교적 삶을

---

42) Steven J. Sutcliffe and Ingvild Saelid Gilhus, 'Introduction: "All Mixed Up"— Thinking about Religion in Relation to New Age Spiritualities' in *New Age Spirituality: Rethinking Religion* edited by Steven J. Sutcliffe and Ingvild Saelid Gilhus(Durham: Acumen Publishing Limited, 2013), 3-6.

43) Jonathan Z. Smith, *Relating Religion: Essays in the Study of Religion*(Chicago: University of Chicago Press, 2004), 179-82.

전체적으로 파악하는 데 실패하게 된다.

그러면 다음에는 코가 그렇게 종교 연구의 범위를 확장할 수 있도록 이론적 토대를 확고하게 마련하기 위해서 새롭게 주장하고 있는 종교적 본성에 대한 논의를 비판적으로 검토해보기로 한다.

4. 종교적 본성

코는 종교심리학 연구 초기부터 종교 연구의 일반적인 흐름과 마찬가지로 인간의 내적 경험을 종교적 본성과 연결해서 파악하려고 하였다.[44] 그는 종교심리학이란 바로 이러한 본성적 차원에 초점을 두고 연구하는 분야이므로 신학이나 철학의 경우처럼 합리적 추론으로 종교를 이해하기보다는 감정, 열망, 습관같이 "자발적으로" 생성되는 경험으로 이해하려고 하였다.[45] 그는 경험의 자발적 특성 때문에 종교적 본성을 "종교적 충동(religious impulse)"[46]과 같은 것으로 이해하려고 하였다. 그러므로 그의 초기 종교심리학 연구는 제도화된 지성적 교리, 개념, 이론 등을 통해서 인간의 종교적인 모습을 본질적으로 규명하는 데 그 초점을 두기보다는 인간이 제도종교의 맥락을 넘어선 삶의 모든 환경 안에서 갖게 된 다양한 역동적 경험 현상에 대한 비판적 분석을 통해서 그 경험이 담지하고 있는 삶의 "근원적 모티브"로서

---

44) George Albert Coe, *op. cit.*(1900), 24.
45) *Ibid.*, 105.
46) George Albert Coe, *Education in Religion and Morals*(New York: Fleming H. Revell Company, 1904), 201-2.

의 종교적 본성에 대한 이해를 추구하려고 하였다.[47] 바로 이러한 측면 때문에 그는 제도종교의 맥락에만 머물지 않고 삶의 모든 맥락에서 일어난 종교적 경험에 대한 연구가 종교심리학과 그것의 응용 학문인 종교교육학의 핵심 과제라는 점을 강조하였다.[48]

물론 코가 종교적 본성을 인간 주체 안에서 경험된 것으로 이해하였다고 해서 자연적으로 개인적 차원으로만 그 논의를 국한하여 전개했던 것은 아니다. 그의 논의에 의하면 모든 인간은 아무리 독자적 존재라고 하더라도 사실 어떤 관계도 필요로 하지 않는 독립적 존재가 아니다. 인간의 몸을 보더라도 수많은 관계들로 구성되어 존재하고 또한 그 몸이 유지되려면 음식이나 자연적 환경과도 밀접하게 연결을 맺어야 할 것이다. 어느 것에도 연결되어 있지 않은 순수 독자적인 자연적 인간은 존재할 수 없다. 동시에 인간은 그러한 자연적 모습으로만 존재하는 것이 아니라 언제나 동료 인간과의 관계를 통해서 자신을 더욱더 확장시켜가는 사회적 존재이기도 하다. 사실 인간의 자연적 모습과 사회적 모습은 사실 서로 분리될 수 없을 정도로 밀접하게 연결되어 있어서 사회적 모습도 자연적 모습의 경우처럼 인간의 본래적 본성으로까지 이해되기도 한다. 바로 이런 측면 때문에 코의 논의에서 종교적 본성은 개인적 차원 못지않게 사회적 차원으로서의 본성이 핵심적으로 강조되어 있다. 먼저 그의 종교적 본성에 대한 논의를 기술하기 전에 자연적이고 사회적인 본성이 상호 밀접하게 연결되어

---

47) George Albert Coe, *The Motives of Men*(New York: Charles Scribner's Sons, 1928), 186.

48) George Albert Coe, "Moral and Religious Education for the Psychological Point of View" in *Religious Education*, Vol. 3/5(December, 1908), 165-8.

있어 분리할 수 없다는 논의를 설득력 있게 보여주는 부분을 직접 인용해보기로 한다.

종교적 의식에 대한 우리의 일반적인 개념에 대한 이러한 결론이 제시하고 있는 의미는 다음과 같다. 우리가 지적했듯이 개인의 자아의식은 그 자체 안에 하나의 특성으로 자연에 대해서, 다른 한편으로는 사회에 대해서 언급하고 있다는 점을 포함하고 있다. 유아 시절의 상대적인 모호함으로부터 자아는 그 자체를 양쪽의 방향으로 더욱 날카롭게 규정함으로써 성숙한다. 자연법 관점에서 보면 나는 나의 자아와 나의 근육, 나의 뇌, 나의 음식, 기후, 전체적으로 외부적 자연 사이에 연결, 즉 심지어 지속성을 인정한다. 다른 한편으로 윤리적 관점에서 보면, 나는 나의 자아와 다른 자아들 사이의 연결, 즉 심지어 지속성을 인정한다. 지금, 종교의 일반적 경향성은 다른 자아들의 관점이나 아니면 그 경우가 어떻든 또 다른 자아의 관점에서 우리가 소위 "본성"이라고 불러왔던 것을 해석한 것이었다.[49]

많은 경우 초창기 종교심리학 운동이 지향했던 종교적 본성에 대한 연구는 주로 개인적 경험을 강조한 결과 경험 주체가 속해 있는 환경인 종교 공동체나 사회적 차원에 대한 이해를 생략하거나 참고했다고 하더라도 명확히 강조하지 않았다. 물론 초기 종교심리학 연구자들 간에 개별적으로 차이를 보이는 것은 사실이지만 대부분의 연구자들은 종교적 본성과 그 본성이 표출된 장소인 환경은 상호 분리할 수 없을 정도로 밀접히 연결된 것으로 파악하는 데 적극적이지 못하여

---

49) George Albert Coe, *op. cit.*(1916), 212.

거리를 두기까지 하였다. 오히려 대부분의 종교심리학 연구자들은 종교적 본성과 그 환경을 극단적으로 분리하여 종교적 환경에 대한 심층적 분석에 가치를 두지 않거나 종교적 본성을 이해하는 데 비본질적인 부차적 요소 정도로만 규정하는 데 급급하였다.

지금도 고전 종교심리학 연구를 비판하는 데 가장 많이 언급되고 있는 문제는 종교적 또는 사회적 환경이 종교적 본성을 연구하는 데 충분히 고려하지 못했다는 지적이다. 특히 제임스의 기퍼드 강연 100주년 기점을 시작으로 제임스의 종교적 본성에 대한 다양한 평가 연구들이 균형적으로 출간되었다. 이를테면 찰스 테일러는 제임스의 종교적 본성 연구를 반드시 참고해야 할 고전 종교 연구로 평가하였지만 종교 공동체 또는 종교전통에 대한 논의가 충분히 고려되지 못했다는 지적을 비판적으로 언급하기도 하였다.[50] 반면 제임스의 종교적 본성에 대한 연구를 적극적으로 옹호한 연구자들도 있다.[51] 그럼에도 불구하고 일반적으로 코의 종교심리학 연구를 고려하지 않고 두 학파에만 국한하여 고전 종교심리학 연구가 마무리된다면 분명 그 종교심리학 연구는 종교적 본성에 대한 개인적 차원에 초점을 둔 연구 정도로만 인식될 가능성이 농후하다. 사실 고전 종교심리학 이후에도 이러한 경도된 인식은 그렇게 많이 변화되지 않고 개인적 차원만 지속적으로 강조되어 사회적 차원에 대한 논의가 종교심리학 연구에서 상

---

50) Charles Taylor, *Varieties of Religion Today: William James revisited* (Cambridge, MA: Harvard University Press, 2002), 142.

51) Ralf W. Hood Jr., "A Commentary on the Relevance of Charles Taylor's Critique of William James: Varieties of Spirituality and Religion and their Relevance to Psychopathology" in *Acta Psychopathologia*, Vol. 4/18(2018), 2-4.

대적으로 비중 있게 다루어지지 못하였다.

앞으로 종교심리학이 더욱 발전되어 나아가기 위해서는 이 점에 대한 분명한 논의가 종교심리학의 시작점에서부터 지금까지 이루어진 연구를 토대로 종합적으로 다루어질 필요가 있다. 코의 종교심리학은 앞에서 기술한 두 학파의 종교심리학에서 간과한 사회적 차원에 대한 독자적 이해를 새롭게 첨가해줄 것으로 판단한다. 그의 사회적 차원에 대한 주장은 종교심리학 연구뿐 아니라 그것을 토대로 종교교육학의 논의에도 지속적으로 나타나 있으므로 사회적 차원으로서의 종교에 대한 연구는 그의 사상의 핵심이다. 그는 개인적 차원으로 경도되어 사회적 차원에 대한 이해가 충분히 고려되지 못했던 종교적 본성에 대한 이해를 그의 종교심리학과 관련된 연구에서 다른 어떤 측면보다도 강조해서 수정하려고 하였다. 그는 그렇게 하기 위해서 일반적으로 받아들였던 기존의 종교심리학 연구가 간과했던 문제점을 정확히 지적한 다음 자신이 새롭게 주장하려고 했던 논의를 전개하고 있다.[52]

코는 종교적 본성에 대한 기존 논의가 내포하고 있는 문제점을 비판적 관점에서 세 가지 유형으로 분류하였다. 첫째, 종교적 본성은 합리적 사유의 과정을 통해서 전개되는 지성적이고 논리적인 특징을 지니기보다는 그러한 과정을 훨씬 넘어서서 발생하는 어떤 특별한 유형의 직관이라는 점이다. 그가 강조하려고 했던 것은, 종교적 본성은 단순히 지성적 관점에서 합리적 맥락으로만 포착하는 데에는 언제나 한계를 드러내고 있다는 점이다. 삶의 다른 측면을 이해하는 데에는 합

---

52) *Ibid.*, 322.

리적이고 의식적 차원이 분명 중요하게 강조되어야 하지만 종교적 본성을 이해하는 데에는 그러한 차원만으로는 부족하다는 것이다. 이를테면 각각의 종교전통에서 얘기되고 있는 신, 무한성, 공, 도, 초월 또는 불멸 등과 종교적 실재들은 지성적이고 논리적으로 파악하기보다는 그 이전에 어떤 특별한 유형의 직관을 통해서 그러한 이해의 토대를 확고하게 마련할 수 있어야 한다는 것이다.

둘째, 종교적 본성은 태어난 이후 사유의 과정을 통해서 획득할 수 있는 후천적 산물이기보다는 태어날 때부터 인간에게 보편적으로 주어진 다른 형식의 삶의 본능과 마찬가지로 똑같이 어떤 특유의 형식을 지닌 본능이라는 점이다.[53] 마치 인간의 다양한 형식의 본능과 마찬가지로 종교적 본성도 주어진 것이기 때문에 의지적으로 제거한다고 해서 그러한 본능이 해소되지 않으며 충족될 때만이 비로소 해소될 수 있다는 것이다. 이를테면 배고플 경우 음식을 섭취해야 그러한 본능적 욕구를 채울 수 있듯이 종교적 본성도 영적인 '음식'을 섭취할 때 비로소 그러한 욕구를 채울 수 있다는 것이다. 물론 그것은 한 번의 과정을 통해서 완전히 해소되지 않고 정기적으로 그러한 과정에 참여할 때 지속적으로 충족될 수 있다는 것이다. 그러므로 그의 논의를 따르면 각 종교전통에서 이루어지고 있는 다양한 의례들도 바로 이러한 인간의 본성을 개인적이든 집단적 차원이든 규칙적으로 충족시켜주는 과정이다. 다시 말해서 종교적 의례들은 외적 형식에서 각각의 전통마다 차이점을 보여준다고 하더라도 인간의 종교적 본성과 그것이 궁극적으로 지향하는 초월적 실재 사이를 연결할 수 있는 영

---

53) George Albert Coe, *op. cit.*(1904), 195-9.

적 '음식'을 규칙적으로 준비하고, 만들고, 나누는 보편적 과정으로 이해할 수 있다.

셋째, 종교적 본성은 자폐적 삶의 태도로부터 벗어나서 관계적이고 개방적 태도로 나아가기 위해 반드시 동반해야 하는 무엇인가를 믿으려는 감정이라는 점이다. 그는 종교적 본성을 단순히 개인의 심리적 환원주의 상태로부터 유출된 자기중심적 감정이기보다는 개인을 넘어선 무엇인가를 지향하려는 삶의 태도로부터 유출된 믿음의 감정으로 규정하였다. 그리고 믿음의 감정은 언제나 두 가지 특징들이 함께 복합적으로 결합되어 있는 것으로 이해하였다. 하나는 인간 주체의 한계성에 대한 철저한 깨달음으로부터 생성된 감정이고, 다른 하나는 그러한 깨달음으로 인해 갖게 된 기존에 익숙해 있던 차원과는 전혀 다른 차원의 실재를 향한 감정이다. 종교적 본성은 바로 이러한 두 가지 감정이 복합되어 나타난다는 것이다. 성 오거스틴의 경우가 대표적인 예로 지적할 수 있다. 그는 삶의 불안에 휩싸여 처절하게 유한한 존재라는 점을 깨닫게 되면서 그동안 익숙했던 차원과는 전혀 다른 차원의 실재, 즉 신을 향한 믿음의 감정을 분출하였다. 그는 그러한 감정의 분출을 통해서 비로소 삶의 불안을 극복할 수 있었다. 물론 기독교 이외의 종교전통들에서도 비슷한 예들을 어렵지 않게 찾아볼 수 있을 것이다.

코는 종교적 본성에 대한 이러한 본질적 연구에 몇 가지 문제가 있는 것으로 파악하였다. 우선적으로 인간의 직관, 본능 또는 감정과 연결해서 종교적 본성의 의미를 찾으려는 대부분의 연구는 그 의미를 찾기 위해서 이원론적으로 종교적인 것과 비종교적인 것을 분류하고 있기 때문에 그 의미가 제도적인 종교전통이나 그러한 전통에 참여하는 사람들을 넘어서 모든 인간의 경험과 연결되어 있다는 인식이 약화될 수밖에 없다는 점이다. 최근 이러한 이원론적 종교 연구에 대한 비판적 지적이 종교학에서도 제기되는 것이 사실이지만, 엘리아데를 중심으로 주류 종교현상학의 논의는 많은 경우 이러한 분류에 따라 성과 속이라는 범주로 종교에 대한 본질적 이해를 추구하였음을 부정할 수 없다. 그렇다 보니 종교적 본성에 대한 연구는 종교적인 것과 그렇지 않은 것의 이원론적 이해의 범주를 넘어서지 못하고 끊임없이 종교적인 것의 변호를 위해서 비종교적인 것과의 구별을 강조하면서 종교적인 독특성을 본질적으로 드러내려고 하였다. 두 번째로 그가 지적하는 문제는 종교적 본성을 직관, 본능 또는 감정 등 개인적 차원으로 축소시켜 연구하다 보니 그 의미가 개인이 처해 있는 삶 전체와 관련되어 있다는 전인적인 사회적 차원을 간과하고 있다는 점이다. 그가 핵심적으로 지적하는 이러한 두 가지 문제점을 직접 인용해 보기로 한다.

비슷하게 상대적으로 종교를 감정으로 축소시키는 종교의 정의들도 그렇게 생산적이지 못하다. 말하자면 그 모든 정의는 믿음들로부터 충동들로 내려왔다. 이러한 이유 때문에 슐라이어마허의 유명한 공식인 "종교는 절대 의존의 감정"이라는 것은 지성적 전통들을 지닌 신학에 엄청나게 생기를 불어넣는다. 그럼에도 불구하고 종교는 정신적 삶의 유일한 하나의 단계로만 축소될 수 없다는 일반적인 확신이 있다. 종교는 전체 마음이 포함되어 있기 때문이다. 그럴 뿐만 아니라 종교적인 감정 그 자체는 그것이 일어나고 있는 상황, 그리고 그것이 전체 적응 과정에서 역할을 하는 부분과 연결해서 이해될 것을 요구한다.[54]

종교적 본성은 위의 인용문이 명확히 규정하듯이 마음 안에 마치 하나의 특정 요소가 사회적 맥락과의 상호 연결 없이 구조적으로 특유의 종교적 직관, 종교적 본능 또는 종교적 감정이 독자적으로 존재하는 어떤 것이 아니라 그 모든 것이 사회적 차원과 연결되어 있다는 것이다. 만약 종교적 본성이 인간의 마음 안에 존재하는 그러한 요소라고 한다면 그것을 찾을 수 있어야 하는데 아무리 마음을 뜯어본다고 하더라도 그 요소를 찾을 수 없다는 것이다. 마치 좋은 그림이나 음악 작품의 심미적 차원처럼 음악이나 그림 자체 안에 독특한 어떤 요소가 존재한다고 생각해서 그것들을 해체한다면 발견되어야 하는데 어떤 곳에서도 그러한 심미적 차원은 찾을 수 없다. 아름다운 음악 작품과 그림을 해체해서 남는 것은 단순히 종이, 물감, 모양 등의 요소 외에 그것들이 해체되기 전에 주었던 심미적 경험을 더 이상 제공해줄 수 없다. 심미적 차원은 음악 작품이나 그림의 각각의 요소들 안에 독자적으로 존재하기보다는 바로 그러한 요소들이 음악가와 화가를 통해서 하나로 적절히 결합되었을 때 비로소 드러난다. 다시 말해서 심미적 차원은 특정 화가나 음악가가 자신이 가장 선호하고 있는 예술적인 이상적 가치를 중심으로 다양한 요소들을 하나로 종합할 때 비로소 나타난다. 마찬가지로 종교적 본성도 인간 주체가 자신이 속해 있는 사회적 환경과의 적응 과정 안에서 기능적으로 다양한 요소들이 결합되어 나타난다는 것이다. 바로 이러한 측면 때문에 종교적 직관, 본능 또는 감정은 인간 주체가 그의 환경 사이의 수많은 관계들과의 상호 작용의 과정을 통해 나타나는 결과물이라는 것이다.

---

54) George Albert Coe, *op. cit.* (1916), 60.

그가 직접 주장하고 있는 구절을 인용하기로 한다.

> 그러므로 종교는 발견이다. 정말로 그것은 일반적인 판단의 규범들에 면역되어 있는 어떤 교리 체계를 확립하지 않는다. 오히려 그것은 비판들이 우리들의 교리 체계들을 약하게 할 때에도 계속해서 살게 하는 뿌리이다. 삶의 모험은 넓기 때문에 그리고 모험으로서의 위대한 삶은 실재적인 것에 대한 고유한 앎이기 때문에 종교는 교리들을 훨씬 넘어서 있다.
>
> ……
>
> 모든 종류의 결핍은 때에 따라서 종교적인 것으로 나타나는 것으로 우리는 알고 있다. 그러나 또한 종교는 결핍이 개인적, 사회적 자아실현의 관점에서 다시 통합되는 경향을 지니고 있다는 점에서 정신적 진화의 법칙이다. 우리가 지금 알게 된 이러한 재통합은 사회의 발견이다. 엄밀한 용어로 "사회"라는 말의 의미는 개인들의 모든 총합이나 상호 의존적인 것이 아니라 그들 자신들의 경험들 때문에 그들 자신 안에서 가치를 지니고 있는 것으로 간주되는 개인들 상호 간의 의식이다. 사회는 "나의 것"과 "당신의 것"들에 대한 상호적인 분배이다. 그것은 바로 사람들의 문제이다.[55]

코가 종교적 본성을 근본적으로 사회적 결과물이라고 주장하고 있다고 해서 종교 연구에서 늘 경계하였던 사회적 환원주의를 주장하는 것은 아니다. 그는 종교적 본성에 대해 사회적 환경 자체 안에 인간 주체와 단절된 채로 본질적으로 존재하는 어떤 것이 아니라 바로 그러한 환경을 살고 있는 구체적인 인간의 내면 안에서 경험되어 발생

---

55) *Ibid*., 235-6.

하는 것으로 인식하였다. 인간 주체가 사회적 환경 안에서 경험하고 있는 종교적 본성은 일방적으로 주체가 환경을 조종하여 산출할 수 있는 것이 아니다. 그것은 그러한 환경 속에서 함께 살고 있는 다른 주체들과의 상호관계 안에서 산출되는 공동체적 경험이라는 것이다. 그러므로 그가 주장하는 종교적 본성은 단순히 주체 밖의 다른 존재들과의 연결을 부인하는 개별적 개체의 단독 경험이 아니다. 그것은 사회적 삶에서 생겨난 문제들을 근원적으로 종결하기 위한 인간 주체들 상호 간의 전 인격적 매개를 통해서 자연스럽게 형성된 일종의 공동체 경험이라는 것이다.

그러므로 코는 인간 주체들이 외부적 조건이 무엇이 되었든 사회적 환경을 구성하는 헤아릴 수 없는 많은 존재들과 함께 삶의 문제들을 전인격적으로 상호 간에 매개해나가지 않는다면 결코 종교적 본성은 경험될 수 없다는 점을 강조하였다. 그는 종교적 본성은 주체를 구성하는 다양한 존재들과의 관계를 통해서만 경험될 수 있는 것으로 이해하였다. 이런 측면에서 인간이 속해 있는 모든 사회는 종교적 본성이 끊임없이 생성, 발전, 소멸, 그리고 또다시 생성을 이루어가는 하나의 거대한 용광로와 같다. 따라서 그는 인간이 결코 개체적 존재가 아니라는 점을 주장했던 것과 마찬가지로 종교적 본성이라는 것도 지극히 사회적이라는 점을 주장하였다.[56] 다시 말해서 종교적 본성은 인간 주체의 내면에서 주관적으로 나오는 것도 아니고 인간 주체와 분리되어 있는 밖에서만 유입되는 것도 아니라 언제나 주체의 안과 밖 사이의 관계 안에서 발생한다는 것이다. 그가 이러한 주장을 하고 있

---

56) Lan Nicholson, *op. cit.*, 360.

는 부분들을 인간 존재 자체의 사회적 특성과 종교적 본성의 사회적 특성으로 각각 나누어 인용하기로 한다. 먼저 인간 존재 자체가 뿌리 내리고 있는 사회적 특성에 대한 그의 주장을 직접 읽어보기로 한다.

그러므로 인간은 본성상 사회적이다. 자기의식은 그 자체가 사회적 의식이고, 개인성은 그 자체가 사회적 사실이다. 반대로 무리들과 구별되는 사회는 개인화의 과정, 즉 어떤 사람이 다른 사람을 경험하는 자아로 받아들이고 있다는 인식, 즉 개인화의 과정 안에서 또는 그것을 통해서 일어난다. 그렇다면 사회나 개인이라는 말은 어떤 것도 고정되어 있지 않다. 어떤 것도 그 자신을 단지 다른 것에 강요하지 않는다. 그러한 그 둘은 하나와 똑같은 운동의 상보적인 단계들이다.[57]

그러면 다음으로 주체로서의 이러한 나와 타자가 서로 분리될 수 없이 밀접히 연결되어 있다는 친밀감을 토대로 코가 주장하고 있는 종교적 본성에 대한 사회적 통찰을 직접 인용해보기로 한다.

종교는 사회적 현상이라고 말할 때, 바로 그때 우리는 사실상 종교가 개인화의 과정임을 이해해야 한다.[58] 말하자면 우리의 사회적 의식의 직접성은 고정적인 양상이 아니라 역동적이다. 그것은 다른 사람들 안에서 나 자신, 그리고 나 자신 안에서 다른 사람들을 더욱더 알아가고 인정해가는 압박이다. 인간 본성의 이러한 역동적 원리는 종교 안에서 다음과 같이 나타난

---

57) George Albert Coe, *op. cit.*(1916), 143.
58) *Ibid.*

다: 그것의 영들과 신들은 사랑하고 증오하는 내적 압박 때문에 인간들에게 실재적이지만 주로 인간 사회에서는 이상화하거나 사랑하려는 내적 압박 때문에 그렇다. 이러한 초자연적 존재들은 일반적 방법에 의해서 이루어진 즉각적인 사회적 의식의 분화들이다. 비슷하게 그러한 존재들 중의 어떤 존재에 대한 믿음의 하락도 같은 법칙을 따라간다. 과학이 한 개인을 발견할 수 없는 것처럼, 그것은 그것 자체 안에서 사회적 환상을 쫓아낼 수 없다. 우리는 우리 조상들의 신들을 있는 그대로 따라가지 않는다. 왜냐하면 우리는 우리의 사랑과 증오, 특별히 우리의 사랑들의 범위를 더욱 더 확장할 필요가 있기 때문이다.[59]

코는 인간이 생존을 위한 일차적 욕구를 해결하였음에도 불구하고 그 이상의 문제와 지속적으로 씨름하게 되는 것은 삶의 가치 인식의 차이 때문인 것으로 이해하였다. 다시 말해서 제도적인 종교전통에 참여하든 그렇지 않든 적어도 상식적 인간이라면 인간은 어느 사회에서 살든 누구에게나 주어진 "가치의 저울들(scales of value)"을 선택해서 자신의 삶의 경험을 조직하고 그 순위를 두는 것으로 이해하였다.[60] 그는 그 가치의 저울들을 크게 심미적 가치, 도덕적 또는 윤리적 가치, 그리고 순수 지성적 가치로 나눌 수 있다고 생각하였다.[61] 인간은 이러한 가치의 저울들로 자신의 삶의 경험을 조직해서 배열하고 종합시키면서 삶을 전개한다는 것이다. 왜냐하면 인간이 존재하는 사회에서 외부적 환경은 개인이나 집단마다 메울 수 없는 차이점을

---

59) *Ibid.*, 257.
60) *Ibid.*, 324.
61) *Ibid.*, 69.

보이지만 그 이면에서 작동하는 인간 삶의 경험은 공통적으로 그러한 가치들의 우선순위를 정하면서 사회를 변혁시켜 나아간다는 점은 부정할 수 없는 사실이기 때문이다.

물론 인간은 동일한 사회 속에 산다고 하더라도 동일한 가치의 저울만을 선택해서 씨름하는 것이 아니다. 개인의 경우 주어진 환경에 따라서 매우 다양하게 기존 중심 가치의 저울로 생각했던 것을 유보하거나 변경하여 다른 가치의 저울을 선택해서 자신의 삶의 경험을 새롭게 배열하고 종합하기도 한다. 이를테면 삶의 여정의 어떤 시기에는 심미적 가치의 저울이 지배적으로 작동하는 경우도 있고 다른 시기에는 다른 가치의 저울이 지배적으로 작동하기도 한다. 그러한 가치의 저울의 재배치를 통해서 개인의 삶의 우선순위도 다르게 재편되기도 한다. 또한 집단적으로도 이러한 변화의 계기는 얼마든지 가치의 저울과 관련해서 다르게 나타난다. 개인이든 집단이든 모든 삶은 이렇게 다양한 가치들의 변환을 통해서 이루어진 여정이라고 판단해도 그렇게 억지의 주장은 아닐 것이다.

코는 인간은 각각의 가치 저울이 자신의 삶의 경험을 충분히 담아낼 수 없다는 것을 깨닫게 되면 기존에 우선순위를 매겨 조직했던 가치의 저울들을 다시 결합하고 수정해서 보다 높은 가치를 담아낼 수 있는 저울로 끊임없이 변환시켜 나아가는 초월적 존재로 이해하였다. 그는 기존 가치 저울들을 다시 새롭게 조정하여 인간의 삶의 의미를 최종적으로 완성시키려는 "자발적 형태의 조직 경험(a spontaneous, typical mode of organizing experience)"을 종교적 본성으로 규정하였다.[62] 종교적 본성은 가치들에 대한 기존의 배열로는 삶의 근원적 물음에 대답을 제공하기에는 부족하다는 판단하에 그 이전의 가치들의 저울들을 다시 배열하고 통합해서 기존의 저울을 보다 높은 차원의 고차원적인 가치의 저울로 수정 확장시켜나가는 일종의 "가치들의 재평가"라는 것이다.[63] 다시 말해서 그러한 본성은 기존 가치 저울들에 국한되어 나오기보다는 그러한 가치 저울들이 담아내지 못한 차원의 가치를 결핍으로 경험하면서 그 결핍을 메우려는 몸짓에서 발생한다는 것이다. 그러므로 코의 논의에서 종교적 본성은 한번 실현한 다음 더 이상 진전되지 않는 닫혀 있는 상태로 존재하지 않고 언제나 새롭게 지속적으로 출현할 수 있는 가능성의 상태로 존재한다. 바로 그러한 가능성이 종교를 지속적으로 개혁하여 나아가도록 이끌어 갈 수 있는 성스러운 에너지와 같은 역할을 하기도 하고 전혀 다른 형태로의 새로운 종교성이나 영성으로 출현할 수 있는 계기를 만들기도 한다.[64]

5. 신성한 이상과 삶의 완성

인간은 태어날 때부터 완전한 존재가 아니다. 인간은 정신적으로나 육체적으로 불완전한 존재이며 성장해가면서 그러한 불완전한 모습을 끊임없이 수정하면서 완성을 향해 나아가는 결핍된 존재이다. 인간은 삶의 불완전한 욕구를 채우기 위해서 주어진 삶의 조건 안에서 앞에서 살펴본 대로 자신의 삶의 경험을 주어진 가치들의 저울에 따

---

62) *Ibid.*, 322.
63) *Ibid.*, 222.
64) George Albert Coe, *op. cit.*(1928), 186.

라서 최종적으로 조직해서 완성시키려는 종교적 본성을 지속적으로 분출하려고 한다. 그러므로 인간은 지금 주어진 삶의 조건들로부터 벗어나서 삶을 완성시키려는 것이 아니라 바로 그러한 삶의 조건들을 그대로 인정하면서 그것들을 기존의 삶의 가치 저울들의 또 다른 조합으로 궁극적 가치인 종교적 실재의 차원으로까지 향상시켜 채워지지 않았던 자신의 삶의 욕구를 나름대로 완성시키려고 한다.

코는 인간의 삶의 근원적 욕구를 완성시키려는 최종적 단계를 신성한 이상(the divine ideal)이라고 규정하였다.[65] 초월적 가치나 실재로서의 신성한 이상에 대한 경험은 인간의 삶 인식에 대한 이전의 것을 보다 더 확장시켜서 새롭게 배열하는 조직화의 과정으로 정신적이고 육체적인 인간의 모든 활동 안에서 구체화된다. 만약 실제적으로 삶의 현장 안에서 살아가는 주체가 존재하지 않는다면 그러한 경험은 존재할 수 없을 것이다. 인간 사회에서 소위 정상적인 삶이라고 하는 것은 그것이 무엇이라고 규정하든 직접적이든 간접적이든 모두 다 그러한 삶을 초월적 가치로 새롭게 재조직하는 과정이다. 그러므로 인간의 삶은 때로는 그러한 조직화의 과정이 초월적 가치나 실재가 구체화시키려는 의미와는 상관이 없거나 충돌되는 모습을 보인다고 하더라도 일차적 욕구의 물음으로부터 벗어나서 사회적인 삶으로부터 생겨난 궁극적 물음으로까지 나가기 위한 것과 무관하지 않기 때문에 신성한 이상의 경험을 육화시키기 위한 과정의 일부분이라는 것이다.

인간은 신성한 이상의 경험을 토대로 개인적으로든 집단적으로든 조직해서 신에 대한 관념을 전개하기도 한다. 물론 인간은 처음부터

---

65) George Alfred Coe, *op. cit.*(1900), 101.

신성한 이상의 경험을 완벽하게 신의 관념으로까지 체계화시켜 하나의 교리를 확립하기보다는 수많은 시행착오를 겪으면서 그러한 관념을 발전시켜나간다. 때로는 그러한 발전 과정에서 어려움이 발생해서 상상할 수 없을 정도의 갈등을 겪기도 하고 때로는 그러한 갈등의 차원이 봉합될 수 없을 정도로 종교적 관념에 대한 차이로 인해 분리가 이루어지기도 하였다. 역사 속의 모든 종교는 그 형식이 어떻든 처음부터 그러한 과정을 순조롭게 이어가지 않았다. 중요한 것은 순조롭지 않았음에도 불구하고 '원시'종교를 비롯해서 모든 세계 종교는 그러한 신성한 이상의 경험을 통해서 종교적 관념이나 교리를 지속적으로 발전시켜갔다는 사실이다.

신종교나 앞으로 출현할 종교현상도 그러한 신성한 이상의 경험이 없다면 그러한 관념을 형성시킬 수 없을 것이다. 신성한 이상에 대한 경험은 특정 제도적인 종교에 참여하는 사람들에게만 존재했던 것이 아니라 나름대로의 삶의 가치를 완성시키려는 모든 인간의 삶의 현장 안에서도 발견할 수 있다. 코는 인간이 존재하면서부터 이러한 신성한 이상에 대한 경험이 다양한 형식으로 그 모습을 분출하였다는 점을 강조하였다. 물론 시대마다 그 양식은 과거나 현재, 그리고 미래에서 각각 다른 모습을 취하겠지만 그 모습에 담겨 있는 내용은 한마디로 신적인 이상에 대한 경험이라는 점이다. 바로 이 점 때문에 같은 종교라고 하더라도 시대마다 다른 양상으로 신적 이상에 대한 경험을 표출하는 것과 마찬가지로 개인이나 집단의 발달 과정에서도 시대마다 그 양상이 다르게 나타난다는 점을 강조하였다.[66] 그러므로 신적

---

66) George Albert Coe, *op. cit.*(1904), 247-9.

이상의 경험을 토대로 이루어진 신적 관념은 심리적 환원주의처럼 단순히 심리적 투사이기보다는 구체적인 삶의 현장에서 삶의 의미를 궁극적으로 완성시키기 위해서 갖게 된 근원적 경험을 조직한 결과물이다. 그가 생생하게 지적하는 얘기를 들어보기로 한다.

신 관념들은 인간의 특질들을 인간 이외의 어떤 것에 돌리는 것은 분명하다. 이러한 점은 때때로 인간의 자아의 사상적인 투사라고 불린다. 그러나 초기의 인간에게도 "투사"는 존재하지 않았다. 왜냐하면 신들은 가장 생생한 삶의 경험들의 실재들이기 때문이다. 만약 초기의 인간이 그의 경험 과정을 서술할 수 있다면 그는 다음과 같이 말할 수 있을 것이다: "나의 부족과 함께 공통의 욕구를 채우기 위해서 발버둥치거나 어떤 공통의 기쁨을 함께 즐겁게 나눌 때 나는 내가 가장 강렬하게 살아 있다는 느낌을 갖게 된다. 그러한 순간에 나는 우리의 감정은 우리 자신의 것 그 이상의 어떤 것임을 깨닫게 된다. 그것은 우리를 압도하는 어떤 것이다. 그것은 우리가 살려고 발버둥칠 때 우리 옆에 가장 가까이 있는 존재들, 조상들, 영들, 자연의 힘들을 통해서 공유되는 어떤 것이다. 그들은 우리들이 원하는 것을 원한다. 그들은 그것을 얻기 위해 우리와 함께 존재한다. 그리고 그들은 우리에 대항해서 존재하기보다 우리와 함께 존재할 때 더욱 강하다.
간단히 말해서 신 관념의 기원은 우리에게 가장 중요한 것은 실제로 중요하다는 것, 즉 우리가 의존하는 실재로부터 존중과 돌봄을 받고 있다는 근본적인 자발적 확신이다. 왜냐하면 초기의 인간에게 가치들의 세계는 실재의 세계이기 때문이다.[67]

---

67) George Albert Coe, *op. cit.*(1916), 105-6.

코는 신적 이상의 경험 조직에 대한 논의를 주로 청소년기의 회심 분석을 통해서 전개하였고 그 이후의 삶의 과정에서는 인간 주체의 사회적 맥락 안에서 이루어진 경험을 중심으로 신성한 이상에 대한 논의를 전개하였다. 앞에서도 간단히 지적하였지만 그의 종교심리학은 초기에 클라크학파의 주장처럼 몸의 변화와 회심의 연관성을 토대로 신성한 이상의 경험에 대한 논의를 기술하였다. 그러나 그는 그러한 연관성이 있는 것은 사실이지만 그러한 현상에 대한 해석에서는 차이점을 보여주고 있다. 특히 그는 엘리스(Havelock Ellis)나 류바가 주장하듯이 회심 현상의 핵심은 주체의 자발적 차원보다 회심이 일어나기 전에 있었던 환경적 암시와 같은 체면 효과가 절대적으로 영향을 미치기 때문에 인간 주체의 능동적 차원은 상대적으로 약해서 갑작스럽게 회심이 발생한다는 해석은 무리가 있다는 점을 지적하였다.[68] 말하자면 위의 인용문이 강조해서 보여주듯이 인간 주체의 적극적인 확신이 모든 신성한 이상의 경험에서 핵심이며, 마치 그러한 경험이 암시와 같은 외부적 요인들의 영향으로 수동적으로 반응한 것이라는 해석에는 한계가 있다는 지적이다.

코는 청소년기에 보여주는 회심은 다른 경우와 마찬가지로 아무리 그러한 현상이 일어날 수 있도록 여러 가지 암시를 준다고 하더라도 만약 회심 주체가 그러한 암시를 받아들일 수 있도록 자신의 삶의 경험을 다시 조직하는 과정을 보이지 않는다면 거의 발생할 수 없다는 점을 강조하였다. 현상적으로 갑작스럽게 일어난 회심으로 분류할 수 있다고 하더라도 회심 주체는 회심이 일어나기 전에 이미 준비 과

---

68) George Alfred Coe, *op. cit.*(1900), 106-7.

정을 겪었다는 것이다. 단지 회심 현상들 사이의 차이점은 회심이 일어나기 전 준비 과정의 길고 짧음의 시간적 문제이지 그러한 과정 없이 회심은 일어나지 않는다는 것이다. 그러므로 그는 회심을 비롯해서 모든 종교적 경험은 인간 주체의 결단의 과정 없이 일어나므로 심리적인 착각 현상으로 일방적으로 해석하는 것은 적절치 못한 일반화의 오류를 범하는 것으로 지적하고 있다. 특히 그는 궁극적 실재에 대한 얘기가 모두 다 상상적인 심리적 착각이라는 니체의 기독교 비판을 비롯해서, 비슷한 비판에 대해서도 종교적 삶의 주체의 조직화 경험에 대한 이해를 간과한 탓이라고 비판하였다.[69]

코는 신적 이상의 경험을 일방적으로 부정적으로 처음부터 살피기보다는 다른 삶의 현상의 경우와 마찬가지로 언제나 긍정적인 측면과 부정적인 측면, 그리고 그 사이에 수많은 의미들이 공존해 있음을 식별할 것을 주장하였다. 그는 신적 이상의 경험 자체의 진정성에 대한 문제는 그러한 경험이 일어난 과정에 대한 엄밀한 분석을 통해서 해결될 수 있는 것이 아니라 그러한 경험이 있은 이후에 어떻게 삶의 변화가 이루어졌는지에 대한 분석에 달려 있다고 생각하였다.[70] 신성한 이상의 경험의 참과 거짓에 대한 판단은 신성한 이상의 경험 자체에 존재하거나 아니면 그러한 경험을 판단하고 있는 해석자나 연구자가 미리 마련해놓은 고정된 해답 속에 존재하기보다는 그러한 경험을 갖고 있는 주체의 변화, 즉 삶의 윤리적 열매에 달려 있다는 것이다. 아무리 고귀한 신비주의 경험이라고 하더라도 만약 그러한 경험이 개인

---

69) *Ibid.*, 106.
70) *Ibid.*, 144.

의 삶 속에 머물러 사회적으로 실천할 수 있는 씨앗으로 자라나지 않는다면 어떤 의미도 발견할 수 없다는 것이다. 코는 그러한 경험의 씨앗이 개인을 넘어서 이웃들로 확장되어가는 과정을 바로 인격적 만남이 탄생되는 삶의 과정이고 그것의 완성이 바로 사랑이라고 이해하였다. 그의 주장을 직접 들어보기로 한다.

다른 한편으로 사회적 충동을 실행하고, 사회적 목적들을 형성하고 비판하고 다시 형성하고, 다른 삶들의 기쁨과 화를 함께 나누고, 그리고 이웃을 위해 자기희생을 함으로써, 우리는 사회적 실재들에 대한 우리의 의식을 초점 맞추어 강화시킬 수 있다. 우리는 우리의 실제 세계가 사람들의 세계로 탁월하게 존재할 때까지 그 의식을 강화할 수 있다. 우리가 보았던 이웃에 대한 강렬한 헌신, 즉 자기 자신의 헌신과 다른 사람들에 대한 헌신의 성장이 있다면 신을 믿는 것은 훨씬 더 쉽다. 단순한 숨김없이 이웃에 대한 사랑을 보여준 예수의 삶은 진실로 직접적으로 살아계신 신에 대한 믿음을 낳았고 이러한 모습은 모든 비슷한 삶이 드러내는 경향이다. 그러므로 우리 자신의 의지와 이웃들의 의지를 동일시해서 다른 사람들의 선의 선택을 우리 자신의 것으로 인식하게 되면, 공동 의지의 실질적 현존과 그것의 인격조차도 확신들로 변한다. 이러한 확신은 사랑을 위한 적절한 대상의 경험이다. 이것은 동경 또는 우정 또는 분열된 의지의 구출 또는 두려움으로부터의 해방, 그리고 삶의 병들을 대면하기 위한 힘의 형식을 취하기도 한다. 그러나 그것이 무슨 형식을 취하든, 일어난 것은 우리 안에 존재하는 신으로 공동적인 사회적 의지에 대한 인정이다. 그리고 이러한 "인정"은 어떤 친구를 발견하는 과정과 비슷해서 익숙해 있다.[71]

코가 신성한 이상의 경험과 그것의 열매를 강조하게 된 계기는 제임스의 논의를 필두로 미국 고전 프래그머티즘 사상과 무관하지 않다. 위에서도 지적하였듯이 종교심리학 운동의 양쪽 학파에 소속된 연구자들이 코의 논의를 많이 알고 있지 못했던 것과 대조적으로 코는 그들의 논의를 비판적으로 정확히 이해하고 있었다. 특히, 그는 종교심리학 운동에서 논의하려고 하는 종교적 경험은 단순히 종교전통의 제도적 차원에 머물지 않고 그 전통 밖의 보다 넓은 차원의 일상의 삶속에서 발생한다는 측면을 직시하고 있었다. 더 나아가 그는 신성한 이상으로서의 종교적 경험은 언제나 그 경험의 진위를 삶의 현장에서 비판적으로 검증해야 한다는 점을 강조하였다. 단순히 그 경험은 개인적 차원에만 머무는 주관적 현상이 아니고 다양한 주체 주위의 타자들과의 관계 속에서 형성된 공동체적 특징을 근본적으로 담고 있는 현상이라는 것이다.

코는 신성한 이상의 이러한 경험적 특징 때문에 종교심리학 운동의 하버드학파에서 강조했던 종교적 경험과 그 이후의 삶의 열매들에 대한 상관관계에 대한 논의에 자연스럽게 관심을 기울일 수 있었다. 무엇보다도 그는 클라크학파의 스탠리 홀의 제자였던 듀이와 교류하고 그의 사상을 깊이 인식하기 시작하면서 더욱더 밀접하게 삶의 열매에 대한 프래그머티즘 사상에서 깊은 통찰을 받을 수 있었다. 그럼에도 불구하고 그는 하버드학파의 삶의 열매에 대한 논의에 전적으로 동의할 수 없었다. 그가 지적하는 요점은 하버드학파의 논의에서는 종교적 경험이 일차적이고 그것의 결과적 분출이 바로 삶의 열매라는 점

---

71) George Albert Coe, *op. cit.*(1916), 262.

에서 그 열매는 그 경험의 참과 거짓을 구분하는 판단 재료로 사용할 수 있는 것으로만 인식되어 열매 자체는 부차적이라는 특성을 강조해서 보여주고 있다는 것이다. 바로 이러한 측면에서 종교적 경험과 관련해서 코의 논의와 하버드학파의 논의가 친밀성을 보이지만 미묘한 차이점을 동시에 보여주고 있다.

그 차이점을 좀 더 지적하면 코의 논의에서 삶의 열매는 부차적인 것이기보다는 종교적 경험이 담겨 있는 객관적 자료들로서 사회 자체를 구성하고 있는 근본 요소이다. 그러므로 그는 종교적 경험도 그러한 요소들 간의 관계 속에서 잉태한다는 주장을 강조하였다. 다시 말해서 삶의 현장을 구성하고 있는 모든 열매는 그 형식이 무엇이 되었든 신성한 이상을 분출할 수 있는 원천이라는 점이다. 이런 측면에서 보면 종교적 경험은 제도적 종교형식에 국한하지 않고 일반적으로 세속의 영역으로 구분되는 정치, 경제, 교육, 법 등 삶의 모든 영역의 주체들의 삶 속에서 복합적으로 분출한다는 것이다. 코의 이러한 지적은 종교 범주에 대한 기존의 이해를 혁명적으로 새롭게 설정할 수 있는 근거를 제공하고 있다. 특히 그는 세속의 영역 중에서 교육에 관심을 기울여 교육 역시 종교적 경험이 분출할 수 있는 모체라는 점을 지적하였다. 그러므로 그는 뉴욕의 유니언 신학교로 옮기기 전부터 학문적 교류를 하고 있었던 존 듀이와 협력하여 최종적으로 종교심리학과 종교교육학의 상관관계에 대한 논의를 새롭게 구성할 수 있었다.

코는 신성한 이상으로의 경험과 그것의 열매에 대한 상관관계가 보여주는 의미를 세 가지 차원으로 읽어낼 수 있는 것으로 파악하였다. 첫 번째 차원은 신성한 이상의 경험과 연결된 삶의 열매는 그것이 무엇이 되었든 주체의 기존 삶의 질서를 이루었던 토대에 대한 한계를 비판적으로 새롭게 발견할 수 있는 계기를 보여준다는 것이다. 두 번째 차원은 신성한 이상의 경험을 통해 새롭게 형성한 삶의 열매일지라도 어느 정도 지나면 그 역동성을 잃어버리게 되어 그것을 늘 새롭게 할 수 있는 신성한 이상의 실체에 대한 믿음으로까지 나아가게 할 수 있다는 것이다. 마지막 세 번째 차원은 단순히 신성한 이상의 존재에 대한 믿음은 주체의 내면에서 무엇인가의 변화가 있었다는 데 그치지 않고 그러한 믿음을 갖도록 하는 데 결정적 역할을 하였던 주체 자신의 사회적 삶에 대한 비판적 성찰의 근본 모습을 보여주고 있다는 것이다.

그러므로 신성한 이상과 그 경험의 열매는 수직적 관점에서 보면 주체의 표층 의식의 범위를 넘어 그 이면의 심층 인격의 범위 안에서 숙성의 과정을 통해서 발생한 결과물로 이해할 수 있다. 반면 수평적 관점에서 보면 그것들은 주체와 연결되어 있는 무수한 관계를 형성시킨 사회적 차원의 결과물이기도 하다. 다시 말해서 코는 신성한 이상과 그 열매가 분출되는 장소는 주체의 표층 의식과 심층 인격 모두에 연결되어 있다는 점을 강조하였다. 또한 그는 그것들이 표층이든 심층이든 주체 개인의 차원이기보다는 그 주체가 무수한 관계를 맺고 있는 타자들과의 연결 속에서 발생할 수 있다는 점을 강조하였다. 주체의 모습은 단순히 개인 안에 머물러 있지 않고 타자들 속에서도 형성된다는 점에서 그것은 근본적으로 사회적이라는 것이다. 그의 『종교심리학』의 마지막 쪽에서 이러한 두 가지 차원을 웅변적으로 드러내고 있는 부분을 인용해보기로 한다.

그러나 상대적 가치들의 문제에 열려 있고 가치화의 과정의 영원한 조직을 추구하는 해석은 보다 좋은 것들을 위한 희망을 제공한다. 우리의 연구는 인간의 본성은 이상적인 개인적, 사회적 세계들을 계속 만든 다음 그 세계들 안에서 인간의 본성의 삶과 집을 발견해나가는 예견을 정당화시킨다. 이러한 과정은 우리의 삶이 공유하고 있는 신적 질서에 대한 믿음으로서 이상적 완전성을 향해 지속적으로 나갈 것이다. 하지만 정말로 신에 대한 생각은 많은 변화를 갖게 될 것이다. 그러나 하나의 모습이든 아니면 다른 모습이든 그 생각은 사회적 경험과 사회적 열망의 심층과 높이의 표현으로서 계속해서 새로워지게 될 것이다.[72]

6. 맺음말

지금까지 코의 '사회' 종교심리학에 대한 논의를 생애, 연구의 관점과 자료를 기술한 다음 그의 논의에서 핵심이라고 할 수 있는 종교적 본성과 신성한 이상과 삶의 완성에 대해 검토하였다. 일반적으로 그의 논의는 앞에서 기술했던 종교심리학과 관점이나 방법에서 그렇게 차이점을 보이지 않고 좁은 의미의 신학적 차원이나 과학주의적 유물론의 차원을 넘어 종교학적 관점을 유지하고 있다는 점에서 종교심리학 운동의 방향성을 그대로 유지하고 있다. 그러나 그의 종교심리학 연구가 이전의 연구자들과 결정적 차이점을 보여주는 것은 종교적 본성에 대한 논의를 개인적 차원의 주관적 경험을 넘어 사회적 차원에 근본적으로 그 뿌리를 두고 있다는 점이다. 사회적 차원으로서의 종

---

72) *Ibid.*, 326.

교적 본성에 대한 연구는 다른 연구자들이 상대적으로 강조하지 않는 부분을 강조한 결과 그의 종교심리학에서 특허 상품이 되었다. 또한 그의 연구는 종교심리학과 그것을 토대로 전 생애에 걸쳐서 강조했던 그의 종교교육학을 발전시키는 데에도 결정적 역할을 하였다.

코의 종교심리학은 사회적 차원의 강조 때문에 종교심리학 운동을 주도적으로 이끌었던 연구자들에게도 자극이 되었고 그 이후에 종교심리학의 발전에서 종교심리학 연구의 범위를 사회적으로까지 확장할 수 있는 가능성을 보여주었다고 평가할 수 있다. 그러므로 그의 종교심리학은 하버드학파가 지향하던 현상학적 '경험' 종교심리학과 클라크학파의 실험심리학적 '발달' 종교심리학 논의에 새롭게 또 다른 논의를 첨가하였다. 물론 그의 종교심리학도 두 학파의 종교심리학 논의로부터 영향을 받기도 하였다. 특히 그는 제임스를 중심으로 일어난 하버드학파의 종교심리학 운동으로부터 질적이고 현상학적 차원의 종교적 경험 이해와 그 경험의 참과 거짓에 대한 판단은 그 경험이 맺고 있는 삶의 열매와 밀접하게 연결되어 있다는 프래그머티즘 논의를 깊이 배울 수 있었다. 하지만 심층적 차원의 종교적 경험에 대한 연구를 위해서 제임스가 받아들인 잠재의식 차원에 대한 연구와는 비판적으로 거리를 두었다. 그런 점에서 그의 논의는 제임스의 심층심리학적 잠재의식에 대한 문제점을 비슷하게 비판적으로 제기한 클라크학파의 연구자들 중에서 특히 홀과 류바의 의견에 동의를 하고 있다.

물론 그렇다고 해서 클라크학파의 논의를 코가 모두 받아들였던 것은 아니었다. 앞에서 지적하였지만 인간의 몸과 정신의 상호 발달 과정에서 종교적 경험의 현상 중에서 그러한 현상을 가장 잘 증언하고 있는 회심에 대한 연구는 클라크학파의 종교심리학에서 핵심 연구 중 하나이다. 종교심리학 운동에서 그러한 연구는 하버드학파를 제외하고는 거의 모든 종교심리학 연구에서 절대적이었다. 아마도 거의 대부분의 연구자들은 간접적이든 직접적이든 몸과 회심 현상의 상호 관계를 특정 질문들과 그것들에 대한 대답들을 회수해서 양적 연구를 수행했을 것이다. 그런 차원에서 그의 경우도 예외가 아니어서 초기에는 그러한 연구를 직접 수행하거나 기존의 자료들을 사용하기도 하였다. 그러나 그는 클라크학파가 강조한 몸의 변화와 회심의 상관관계들에 대한 양적 연구가 지니고 있는 한계, 특히 질문지와 대답에 대한 피상적 편견이나 오류가 있다는 점을 알고 있어서 초기의 종교심리학과 달리 그 이후의 연구에서는 그러한 양적 연구에 대해서는 일단 비판적인 자세를 보이고 있다.

그러므로 코의 종교심리학은 하버드학파와 클라크학파의 연구를 나름대로 비판적으로 받아들여서 어떤 쪽에도 편파적으로 속하지 않은 또 다른 입장을 유지한다고 평가할 수 있다. 바로 그러한 측면에서 그의 연구는 눈에 보이는 종교적인 것과 비종교적인 것의 이원론적 범주의 구별로 규정된 종교현상 안에서의 종교심리학을 지향하는 것이 아니라 그러한 범주를 모두 포괄하는 온 세상에서 일어나고 있는 모든 삶의 고투 과정에서 갖게 된 초월적 가치의 경험을 종교적 경험으로 분류해서 사회적 차원의 종교심리학 논의로 확장하려고 하였다. 그러므로 그의 종교심리학은 제도종교나 종교인들의 삶에 연결된 것이 아니라 인간 삶의 다양한 초월적 가치의 경험, 즉 신성한 이상을 육화시키는 모든 삶의 현장과 연결되어 있다고 평가할 수 있다.

제8장

결론

—종교학적 종교심리학을 향하여

　지금까지 현대 학문 분야로 고전 종교심리학을 태동시킨 북미 뉴잉글랜드 지역의 종교심리학 운동을 비판적으로 검토하였다. 이번 연구에서는 종교심리학 운동의 실질적 모체가 되었던 하버드학파와 클라크학파를 기술한 다음, 두 학파의 영향 아래에 있었지만 독립적으로 연구가 진행되었던 '사회' 종교심리학의 논의를 마지막으로 기술하였다. 각 장의 내용을 종합해서 유추해보면 우리는 학문적 위치, 종교학적 통찰, 연구사적 쟁점과 종교교육, 심층적 경험 장소와 같은 주제들로 종교심리학 운동의 전체 조감도를 그려볼 수 있을 것이다. 이제부터 각각의 키워드를 하나씩 지적하면서 본 연구의 최종 결론을 매듭짓기로 한다.

　먼저, 종교심리학 운동이 남겨준 학문적 위치를 지적해보기로 한다. 종교심리학 운동의 종교적 경험 연구는 현대 학문 지형 위에 '종교심리학'이라는 학명으로 그 연구 영역을 독창적으로 새롭게 정초시

컸다. 종교심리학 운동은 단순히 북미 동부 지역의 지엽적 운동으로 만 머무르지 않고 유럽과 아시아 지역으로까지 알려졌다. 그 운동은 종교적 경험이 구체적으로 드러난 회심이나 신비주의 등과 같이 다양한 경험을 중심으로 종교심리학 연구의 전체 조감도를 설득력 있게 보여주었다. 종교심리학 운동이 제기될 무렵 대부분의 종교적 경험에 대한 논의는 주로 고백적 차원에서 종교적으로 이해하거나, 그렇지 않으면 그러한 논의 자체가 학문적으로 불가능하다는 지성적 편견으로 인해 기존 학계로부터 관심을 일으키는 데 한계가 있었다. 그런 상황에서 종교심리학 운동의 주창자들이 종교적 경험을 일종의 신과학으로 분류되었던 심리학의 관점으로 접근했다는 것은 종교 연구에 대한 기존 인식을 바꾸게 해준 하나의 학문 혁명과 같았다.

북미의 종교심리학 운동이 일어나기 전 종교적 경험에 대한 심리학적 논의는 현대 학문의 발상지인 유럽에서도 연구 주제로서 주목받지 못하였다. 종교학을 비롯해서 대부분의 학문 분야는 유럽 학계에서 주도적으로 시작하였지만 종교적 경험에 대한 연구만은 연구 주제로 관심을 끌지 못하였다. 물론 종교학의 주창자들인 막스 뮐러와 코르넬리우스 틸레가 종교적 경험 연구에 대한 비판적 통찰을 보여주고 있지만 심리학적 관점까지 수용하면서 확장시키지 못하였다. 이런 측면 때문에 종교심리학 운동의 종교적 경험에 대한 연구는 유일하게 북미 종교 연구의 독보적인 브랜드가 될 수 있었다. 그러므로 북미 종교심리학 운동은 현대 학문 연구사를 보더라도 종교 연구와 관련해서 새로운 연구 주제를 창출해낸 모태가 되었을 뿐만 아니라 북미 학계가 유럽에 전적으로 의존했던 상태로부터 독자적인 길로 나아갈 수 있는 하나의 학문적 자부심을 갖도록 해준 역사적 사건이기도 하였다.

다음으로, 종교심리학 운동이 발견한 종교학적 통찰을 지적해보기로 한다. 종교심리학 운동은 특정 교리나 그 곳에서 제기된 종교 정의의 고정된 프레임으로 종교적 경험에 대한 논의를 전개하지 않았다. 종교심리학 운동의 연구자들은 어느 누구도 종교적 경험을 교리적으로 접근하려는 연구 방법과는 거리를 두려고 하였다. 그들이 공통적으로 관심을 보였던 부분은 제도종교에 속해 있든 그렇지 않든 구체적인 사람들이 간직하고 있는 다양한 역동적 경험을 과학적으로 이해하기 위해 심리학적 관점에 집중하였다. 그럼에도 불구하고 그들은 종교적 경험을 오직 심리학적 관점으로만 포착할 수 있다는 야심찬 심리학주의를 주장했던 것은 아니었다. 그러므로 종교심리학 운동은 이전에 찾아볼 수 없었던 심리학적 관점의 중요성을 깊이 인식하였던 것은 사실이지만 그렇다고 해서 그러한 관점에 일방적으로 몰입되어 종교적 경험의 복합적 차원이 단편적으로 함몰되는 것에 대해서는 비판적이었다. 바로 이런 측면에서 종교심리학 운동은 현재 상아탑에서 이루어지고 있는 실증적인 심리학적 연구보다도 훨씬 더 종교적 경험의 범위와 그 심층적 의미를 포괄적으로 읽어내려고 노력하였다.[1]

---

1) 종교심리학 운동이 원래 지향했던 독창적인 통찰은 상아탑 안에서 심리학이 더욱 더 굳건하게 자리를 잡게 되면서 불행하게도 발전적으로 이어지지 못하고 주변으로 밀려나게 되었다. 최근 1980년대 이후 종교현상들의 출현과 영성의 욕구가 증가하면서 종교심리학 연구가 대학에서 일부 다시 조명을 받고 있지만 여전히 종교심리학 운동에서 접할 수 있었던 심층적 깊이를 보여주지 못하고 있는 실정이다. 특히 종교적 경험 연구는 종교학이나 신학, 선불교, 정신의학 등에서 일부 다루어지는 것을 제외하면 소홀히 다루어지고 있는 실정이다. 만약 정신분석학이나 분석심리학과 같은 심층심리학이 지금처럼 대학 밖의 연구소가 아니라 대학에서 더욱 활성화되었더라면 종교심리학 운동의 종교적 경험에 대한 평가와 그 이후 종교심리학 자체에 대한 인식은 주류 심리학 안에서도 매우 달라졌을 것이다.

그러므로 종교심리학 운동의 연구자들은 특정 종교 교리나 심리학주의의 일방적인 관점과는 달리 제3의 관점으로 종교적 경험을 깊이 파헤치려고 하였다. 그들은 그러한 관점을 수립하는 데 도움을 줄 수 있는 분야로서 거의 같은 시기 유럽에서 신생 학문으로 출현했던 종교학으로부터 신선한 통찰을 발견할 수 있었다. 특히 그들은 미리 고정된 교리나 심리학주의의 프레임으로 재단하여 종교적 경험을 판단하기보다는 그 경험을 있는 그대로 인정하려는 개방적 태도를 종교학으로부터 알 수 있었다. 또한 그들은 종교학을 통해서 종교현상의 다양성에 차별을 두지 않고 동등한 범주로 이해하려는 '비교' 프레임을 확인할 수 있었다. 더 나아가 그들은 기독교 맥락에서 발생한 다양한 경험 현상을 상호 비교하는 차원을 넘어 다른 종교의 맥락으로까지 확대하여 비교 범주를 확장하는 데에도 적극적으로 관심을 기울였다.

그러나 흥미로운 사실은 당시 종교학의 경우와 구별되게 종교심리학 운동의 연구자들은 제도종교 맥락을 넘어 모든 삶의 맥락으로까지 종교적 경험 연구를 확장하였던 점이다. 그들은 이미 제도종교의 맥락과는 전혀 다른 계기로 종교적 경험을 갖게 되었지만 어느 종교에도 소속되지 않은 사람들의 경우나 기존 제도종교로부터 벗어나 새롭게 출현한 신종교에 참여하면서 종교적 경험을 갖게 된 사람들의 경우를 모두 잘 알고 있었다. 그들은 종교심리학 범위 안에 이러한 사람들의 경험을 배제하지 않고 적절히 배치하여 다른 사람들의 종교적 경험과 비교하면서 맥락에 따라 종교적 경험도 비종교적 경험으로 이해할 수 있고 비종교적 경험도 종교적 경험으로 새롭게 해석할 수 있는 가능성이 존재한다는 점을 이해할 수 있었다. 그러므로 종교심리학 운동은 성스러운 것과 세속적인 것, 종교적인 것과 비종교적인 것,

또는 자연적인 것과 초자연적인 것 중에서 한쪽을 선택하여 다른 쪽을 배제시키는 이원론의 관점보다는 양쪽을 모두 매개하여 통합적 관점을 지향하고 있다는 점에서 종교적 경험 논의의 범위를 확장할 수 있는 근거와 연구 방향까지도 혁신적으로 제시할 수 있었다. 흥미롭게도 종교적 경험 연구 범위의 이러한 확장은 현재 상아탑 심리학에서 이루어지고 있는 연구보다 종교학 연구에서 설득력 있게 제기되고 있다. 최근 종교학 연구에서 일어나고 있는 연구 경향 중에서 모든 삶의 맥락에서 사람들이 실제로 겪었던 종교적 경험에 초점을 두고 연구를 진행하는 일상의 종교학(studies of lived religion)[2]이나 물질종교

---

[2] 일상의 종교는 프랑스 종교연구자들이 처음으로 "la religion vécue"는 말로 사용하였다. 그러나 그 용어가 종교학 연구의 새로운 이론으로 확장되면서 영향을 미치게 된 계기는 북미 종교학자들의 연구 덕분이었다. 특히, 하버드 대학교에서 종교학 이론과 미국 종교사를 강의하였던 로버트 오시(Robert A. Orsi)와 데이비드 홀(David D. Hall)의 연구에 주목할 필요가 있다. 오시는 일상 종교의 관점에서 제도 종교들의 믿음이나 조직 또는 의례 체계 등에 초점을 두기보다는 주체들이 일상적으로 사용하고 있는 종교적 언어들이나 행동들을 토대로 그 이면의 경험적 차원을 집중적으로 분석하려고 하였다. 그의 관점이 매우 뚜렷하게 부각된 최초의 저술은 다음과 같다: Robert A. Orsi, *The Madonna of 115th Street: Faith And Community In Italian Harlem, 1880-1950*(New Haven: Yale University Press, 1985). 그는 이 책을 출판한 이후 지속적으로 일상의 종교에 초점을 둔 연구를 다양하게 출판하였다. 그는 종교학 연구의 새로운 방향적 흐름이 필요하다는 인식 하에 종교학 이론 연구서를 편집하여 다음과 같이 출판하였다: Robert A. Orsi, ed., *The Cambridge to Companion to Religious Studies*(Cambridge: Cambridge University Press, 2011). 이 책의 핵심 주장은 종교학 연구서에서 경험적 차원에 대한 논의가 생략되어 있다는 점에 대한 비판이다. 데이비드 홀의 경우도 오시와 비슷한 주장을 하고 있다. 홀은 일상 종교의 관점에서 미국 종교사를 집중적으로 분석하였을 뿐만 아니라 일상 종교 연구자들을 선별해서 다음과 같은 책을 편집 출판하였다: David D. Hall, ed., *Lived Religion In America: Toward A History Of Practice*(New Jersey: Princeton University Press, 1997). 이 책은 일상 종교와

학(studies of material religion)[3]에 주목할 필요가 있다. 마치 종교심리학 운동 연구를 생생하게 기억이나 했었던 것처럼 현재 종교학의 이러한 연구 경향은 매우 비슷한 문제의식을 보여주고 있다. 앞으로 종교심리학 연구가 원래 지니고 있었던 연구 지평을 회복하여 그 범위를 더욱더 설득력 있게 확장하려면 다른 어떤 연구보다 이러한 연구를 집중적으로 검토할 필요가 있다.

그러면 종교심리학 운동의 또 다른 주제인 연구사적 쟁점과 종교교육을 지적해보기로 한다. 우선 연구사적 쟁점은 종교적 경험의 매개나 원천 장소로서 잠재의식(무의식) 논의의 시점에 대한 문제이다. 고전 종교심리학 운동뿐만 아니라 그 이후 현대 종교심리학에서도 종교적 경험의 장소로서 잠재의식에 대한 논의는 늘 제기되었다. 그럼에도 불구하고 그러한 논의는 종교심리학 운동의 주창자들보다 주로 정신분석과 분석심리학 주창자들이 개척한 논의로 잘못 이해되어 있다. 이 부분에 대한 불균형적인 이해는 반드시 수정되어야 할 것이다. 종교심리학 운동의 주창자들인 제임스와 홀의 논의가 후자의 주창자들인 프로이트와 융의 논의보다 일찍 시작되었다는 점이다. 사실 프로이트가 종교적 경험에 관심을 적극적으로 갖게 된 계기는 홀의 초청으로 프로이트와 융이 1909년 클라크 대학교 20주년 기념 행사에

관련된 관점을 이해하기 위해 반드시 참고해야 할 연구서이다.

3) Brent S. Plate, *A History of Religion in 5½ Objects: Bringing the Spiritual to its Senses*(Boston: Beacon Press, 2014), 15. 물질종교 연구도 종교현상의 핵심은 바로 구체적인 사람들이 갖고 있는 경험적 차원을 이해하는 데 있다. 특히 이 연구는 종교적 경험이 구체적으로 일어나고 있는 물질, 특히 몸의 경험에 그 초점을 두고 있다.

참석한 이후였다.[4] 또한 프로이트는 1913년에 출판한 『토템과 터부』의 "서문"에서[5] 분트와 융의 연구로 인해 종교심리학에 관심을 갖게되었다는 점을 솔직히 밝히기도 하였다. 물론 융의 경우는 프로이트보다 먼저 종교적 경험에 관심을 갖고 있었다고 말할 수 있지만 제임스나 홀의 종교적 경험 연구와 비교해보면 나중의 일이다. 앞으로 이러한 논의가 정확하게 이해될 때 종교심리학 운동의 태동부터 현재까지 이어지는 종교심리학의 전체 방향이 제대로 확고히 자리 잡을 수있을 것이다.[6]

더하여 종교심리학 운동과 종교교육과의 관계를 지적하기로 한다. 종교심리학 운동의 연구자들은 단순히 종교적 경험의 이론적 논의에 머물러 있기보다 실천적으로 그 논의를 확장 응용하려고 하였다. 그들이 구체적으로 관심을 기울였던 분야는 종교교육이었다. 그들은 종교심리학 운동의 이론적 통찰은 종교교육의 근본 뿌리인 반면 종교교육은 그 뿌리의 열매로 인식하여 양쪽이 분리되어 존재하기보다

---

4) 프로이트의 글들 중에서 종교심리학과 관련하여 가장 빨리 발표한 글은 1907년 '강박적 행위와 종교적 실천'이라는 짧은 논문이다. 그러나 이미 북미에서는 제임스가 1901-1902년에 걸친 기퍼드 강연을 발표하기 이전부터 종교심리학 운동이 북미 동부 대학들을 중심으로 전개되었다.

5) Sigmund Freud, 'Preface' in *Totem and Taboo*(1913) vol. 13, in *The Standard Edition of the Complete Psychological Works of Sigmund Freud* translated by J. Strachey(London: Vintage/Hogarth Press, 1961), xiii.

6) 프로이트의 정신분석학이나 융의 분석심리학 모두 잠재의식이나 무의식 영역과 연결해서 종교적 경험 연구를 학문적으로 처음 전개하였다는 그릇된 인식이 생겨나기도 하였다. 그렇다 보니 정신분석학이나 분석심리학과 같은 심층심리학이 종교적 경험 연구를 독과점하는 상황을 빚어내기도 하였다. 특별히 한국의 상황은 위험할 정도로 그러한 논의에 함몰된 각주만을 끊임없이 재생산하는 것이 아니냐는 의심까지 할 수 있을 정도로 절대적으로 수용하고 있는 실정이다.

는 하나로 통합되어 존재한다는 점을 강조하였다. 전자가 앎의 단계라면 후자는 전자가 실천된 행함의 단계라는 것이다. 그러므로 그들은 앎의 단계에 머물지 않고 행함으로 나아가기 위한 실천 연구로 종교교육 논의에도 적극적으로 참여하여 종교교육론까지도 독창적으로 전개할 수 있었다. 또한 그들은 새롭게 개척한 죽음교육, 성교육, 유아교육, 아동교육, 청소년교육, 노년교육, 인격교육, 자연교육 등을 전개하면서도 종교교육 논의를 핵심적으로 다루기도 하였다. 사실 그들은 종교교육에서만 두각을 보인 것이 아니었다. 그들은 일반 교육학 논의에서도 탁월성을 보여 당시 북미의 교육학 논의를 거의 주도하였다.

마지막으로, 종교심리학 운동에서 치열했던 논쟁 주제인 심층적 경험 '장소'로서의 잠재의식(무의식) 논의를 지적해보기로 한다. 특히 그 운동의 주창자들인 제임스와 홀의 논의에 집중해서 지적하려고 한다. 그들의 잠재의식 논의는 공통점보다는 결정적으로 차이점을 보여주고 있다. 먼저 홀의 경우를 보면, 그의 잠재의식 논의에 해당하는 '인류 영혼'은 종교적 경험을 발생시키는 원천이다. 그런데 그것은 단순히 그 경험이 발생하는 매개 장소이기보다는 궁극적 실재라는 것이다. 바로 이 점 때문에 홀의 논의는 클라크 학파 제자들을 비롯해서 다른 연구자들로부터 인류 영혼은 결국 신을 지칭하는 것이 아니냐는 오해를 받기까지 하였다. 반면 제임스의 경우는 홀의 논의와는 이 점에서 극명하게 차이점을 보이고 있다. 그는 종교적 경험이 일어나는 장소로서 의식 이면이나 주변인 잠재의식의 영역을 강조하였던 것은 사실이지만 그렇다고 해서 홀의 경우처럼 그러한 영역을 궁극적 실재라고까지 극단적으로 주장한 것은 아니었기 때문이다. 그는 종교적 경험은 의식 영역 안에서 일어나기보다는 그 이면이나 주변을 구성하고 있는 잠재의식 영역을 매개로 발생한다는 점만을 지적하였다.

더 나아가 제임스의 종교심리학은 종교적 경험을 고정된 실체로 이해하지 않았다. 종교적 경험은 삶의 흐름으로부터 단절된 고정된 매듭의 상태로 존재하기보다는 밀접하게 그 흐름과 복합적으로 연결되어 있어 사회적 맥락이 이미 전제되어 있다고 말할 수 있다. 제임스가 그의 기퍼드 강연 원고를 다 쓰고 나서 알게 된 코의 종교적 경험 장소로서 사회적 차원의 잠재의식에 대한 논의를 각주로 달고 있는 것도 바로 그러한 측면을 보여주고 있다고 할 수 있다. 그러므로 제임스의 종교적 경험 논의는 개인적 경험만이 강조되어서 개인이 속해 있는 사회적 맥락을 충분히 고려하지 않는 논의라는 비판은 바른 지적이라고 할 수 없다. 그 논의는 삶의 증진을 위한 효력과 연결해서 종교적 경험의 진정성을 판단하고 있다는 점에서 삶의 맥락과 분리된 현학적 사변이 아니었다. 사실 그의 종교적 경험 연구는 삶의 효과인 열매에 따라 그 진정성을 확보할 수 있다는 측면 때문에 이후의 프래그머티즘 철학을 창출하게 된 뿌리가 되기도 하였다. 그는 생을 마감하기까지 철학적 논의에서도 종교적 경험 연구에 몰입하였다. 그러므로 제임스의 종교적 경험 연구는 단지 종교심리학 운동에서 끝나지 않고 그 이후 모든 철학적 논의에서도 그대로 유지되고 있었다는 점을 확인할 수 있다.

결론적으로 말하면 고전 종교심리학 운동은 연구자마다 강조점에 있어 차이를 보이지만 모두 '사람'의 경험으로서 종교적 경험을 이해하려고 하였다. 그 운동은 사람이 겪었던 종교적 경험이 보여주고 있는 다양한 차원들을 연구자의 관점에 맞지 않는다고 해서 일부로 제거하여 단순화시킨다거나, 그렇지 않으면 그러한 차원들에서 발견할 수 없는 요소들을 새롭게 첨가하려는 시도에 대해서 비판적이었다. 그 운동은 오직 종교적 경험에만 주목하여 기존에 익숙한 경험과 충돌되는 낯선 경험이라도 실제적으로 겪었던 사람의 경험이라는 측면에서 배제하지 않고 그 경험을 포착하려는 종교학적 태도를 견고히 유지하려고 하였다. 그러므로 고전 종교심리학 운동은 종교적 경험과 그것이 지향하고 있는 초월적 차원까지도 모두 사람을 매개로 형성된다는 점에서 사람의 경험 연구에 최종 방점이 찍힌 종교학적 종교심리학이었다.

■참고문헌

Allen, Gay Wilson. *William James: A Biography*(Viking Press, 1967).

Altschuler, Glenn C. "William James' "Higher Vision of Inner Significance"" in *Psychology Today*(April, 2020).

Arnold, David. "Starbuck, Edwin Diller" in *American National Biography*(New York: Oxford University Press, 2020).

Asad, Talal. *Genealogies of Religion: Discipline and Reasons of Power in Christianity and Islam*(The Johns Hopkins University, 1993).

Backus, E. Burdette. "Preface" in *The Reformation of the Churches* by James Henry Leuba(Boston: Beacon Press, 1950).

Bair, Deirdre. *Jung: A Biography*(Back Bay Books, 2004).

Becker, Ernest. *The Denial of Death*(New York: Free Press, 1973); 김재영 옮김, 『죽음의 부정』(파주: 인간사랑, 2008).

Bell, Catherine. 'Ritual' in *The Blackwell Companion to the Study of Religion* Edited by Robert A. Segal(Oxford: Blackwell Publishing, 2006).

Bosien, Anton T. *Out of Depths: an Autobiographical Study of Mental Disorder and Religious Experience*(New York: Harper & Brothers, 1960).

Boisen, Anton T. *The Exploration of the Inner World: A Study of Mental Disorder and Religious Experience*(New York: Harper Torch Books, 1962).

Booth, Howard J. *Edwin Diller Starbuck: Pioneer in the Psychology of Religion*(Washington D.C.: University Press of America, 1981).

Booth, Howard J. "Edwin Diller Starbuck" in *Biographical Dictionary of Iowa*(University of Iowa Press, 2009).

Bourg, Julian. " The Enduring Tensions Between Catholicism and Modernity" in *Integritas*, Vol. 6/1(Fall 2015).

Buber, Martin. "Replies to My Critics: Theology, Mysticism and Metaphysics" in *The Philosophy of Martin Buber* edited by P. A. Schilipp & M. Friedman(Illinois: The Library of Living Philosophers, 1967).

Bucke, Richard Maurice. *Cosmic Consciousness: A Study in the Evolution of the Human Mind*(Penguin Compass, 1901).

Byer, Peter. *Religions in Global Society*(London: Routledge, 2006).

Capps, Donald. "Introduction" in *The Religious Life: The Insights of William James*(Oregon: CASCADE books, 2015).

Casanova, José. *Public Religions in the Modern World*(Chicago: University of Chicago Press, 1994).

Coe, George Albert. *The Spiritual Life: Studies in the Science of Religion*(New York: Eaton & Mains, 1900).

Coe, George Albert. *Education in Religion and Morals*(New York: Fleming H. Revell Company, 1904).

Coe, George Albert. "Religion as a Factor in Individual and Social Development" in *The Biblical World*, Vol. 23/1(January, 1904).

Coe, Geroge Albert. "What does Modern Psychology Permit us to Believe in Respect to Regeneration" in *The American Journal of Theology*, Vol. 12/3(July, 1908).

Coe, George Albert. "Moral and Religious Education for the Psychological Point of View" in *Religious Education*, Vol. 3/5(December, 1908).

Coe, George Albert. "Can Religion be Taught?: The Inauguration of George Albert Coe as Skinner and McAlpin Professor of Practical Theology" in *Union Theological Seminary*(November, 16, 1909).

Coe, George Albert. *The Psychology of Religion*(Chicago: University of Chicago Press, 1916).

Coe, George Albert. *Social Theories of Religious Education*(New York: Charles Scribner's Sons, 1917).

Coe, George Albert. *The Motives of Men*(New York: Charles Scribner's Sons, 1928).

Coe, George Albert. "My Own Little Theatre" in *Religion in Transition* Edited by Vergilius Ferm(New York: George Allen and Unwin, 1937).

Coe, George Albert. "My Search for What is Most Worthwhile" in *Religious Education*, Vol. 47(1952).

Corrigan, John. (ed.). *Religion and Emotion: Approaches and Interpretations*(Oxford: Oxford University Press, 2004).

Corrigan, John. (ed.). *The Oxford Handbook of Religion and Emotion*(Oxford: Oxford University Press, 2007).

Cronbach, A. "The Psychology of Religion: A Bibliographic Survey" in *Psychological Bulletin*, Vol. 25(1928).

Dewey, John. *Terry Lectures: A Common Faith*(1934) Edited by T. A. Alexander(New Haven: Tale University Press, 2013).

Dourly, John P. "Jung and the Recall of the Gods" in *Journal of Jungian Theory and Practice*, Vol. 8/1(2006).

Duclow, Donald F. "William James, MindCure, and the Religion of Healthy-Mindedness" in *Journal of Religion and Health*, Vol. 41/1(Spring, 2005).

Edwards, Jonathan. *Religious Affections* in *The Works of Jonathan Edwards*, Volume 2 Edited by John E. Smith(New Haven: Yale University Press, 1959); 정성욱 옮김, 『신앙감정론』(서울: 부흥과 개혁사, 2005).

Erdt, Terrence. "The Calvinist Psychology of the Heart and the "Sense" of Jonathan Edwards" in *Early American Literature*(Fall, 1978).

Ferm, Vergilius. "Introduction" in *Religion in Transition* edited by Vergilius Ferm(New York: George Allen and Unwin, 1937).

Ferm, Vergilius. 'Edwin Diller Starbuck' in *Religion in Transition* Edited by Vergilius Ferm(New York: George Allen and Unwin, 1937).

Fitzerald, Timothy. *Ideology of Religious Studies*(Oxford: Oxford University Press, 2003).

Frederick, Norris. "William James and Swami Vivekananda" in *William James Studies*, Vol. 9(2012).

Freud, Sigmund. "Preface" in *Totem and Taboo*(1913) Vol. 13, in *The Standard Edition of the Complete Psychological Works of Sigmund Freud* Translated by J. Strachey(London: Vintage/Hogarth Press, 1961).

Freud, Sigmund. *Civilization and its Discontents*(1930) Vol. 21, in *The Standard Edition of the Complete Psychological Works of Sigmund Freud* Translated by J. Strachey(London: Vintage/Hogarth Press, 1961); 성해영 옮김, 『문명 속의 불만』(서울대학교출판문화원, 2014).

Hall, David D. (ed.), *Lived Religion In America: Toward A History Of Practice*(New Jersey: Princeton University Press, 1997).

Hall, Granville Stanley. "The Moral and Religious Training of Children and Adolescents" in *Pedagogical Seminary*, I(1891).

Hall, Granville Stanley. *Adolescence: its Psychology and its Relations* to *Physiology, Anthropology, Sociology, Sex, Crime, Religion and Education*, Vols. I-II(New York: D. Appleton and Company, 1907).

Hall, Granville Stanley. *Youth: its Education, Regimen, and Hygiene*(New York: D. Appleton & Company, 1909).

Hall, Granville Stanley. *Educational Problems*, Vols. I-II(New York: D. Appleton & Company, 1911).

Hall, Granville Stanley. *Jesus, the Christ, in the Light of Psychology*, Vols. I-II(New York: Doubleday, Page & Company, 1917).

Hall, Granville Stanley. *Morale: The Supreme Standard of Life and Conduct*(New York: D. Appleton & Company, 1920).

Hall, Granville Stanley. *Senescence: The Last Half of Life*(New York: D. Appleton & Company, 1922).

Hall, Granville Stanley. *Life and Confessions of a Psychologist*(D. Appleton & Co. 1923).

Hay, David. "Scientists and the Rediscovery of Religious Experience" in *Turning Points in Religious Studies* Edited by Ursula King(Edinburgh: T and T. Clark, 1990).

Hood Jr, Ralf W. "A Commentary on the Relevance of Charles Taylor's Critique of William James: Varieties of Spirituality and Religion and their Relevance to Psychopathology" in *Acta Psychopathologia*, Vol. 4/18(2018).

Hood Jr., Ralph W. and Hill, Peter C. Bernard Spilka, *The Psychology of Religion: An Empirical Approach*(New York: The Guilford Press, 2009).

Hoops, James. "Jonathan Edwards's Religious Psychology" in *The Journal of American History*, Vol. 69/4(March, 1983).

Jake, Stanley L. *Lord Gifford And His Lectures: A Centenary*

Retrospect(Mercer University Press, 1987).

James, William. "Preface" in *The Psychology of Religion: An Empirical Study of the Growth of Religious Consciousness* by Edwin Diller Starbuck(New York: The Walter Scott Publishing Company, 1898).

James, William. *The Letters of William James Volume* I edited by His Son Henry James(Boston: The Atlantic Monthly Press, 1920).

James, William. *The Will to Believe, Human Immortality, and Other Essays in Popular Philosophy*(New York: Dover Publications, 1960).

James, William. *Human Immortality: Two Supposed Objections to the Doctrine*(New York: Dover Publishers, 1956).

James, William. *A Pluralistic Universe*(Cambridge: Harvard University Press, 1977); 김혜련 옮김, 『다원주의자의 우주』(서울: 아카넷, 2018).

James, William. *The Principles of Psychology*, Volumes 1-3(Cambridge: Harvard University Press, 1981); 정양은 옮김, 『심리학의 원리』[1권, 2권, 3권](서울: 아카넷, 2005).

James, William. *The Varieties of Religious Experience: A Study of Human Nature*(1902)(Cambridge: Harvard University Press, 1985); 김재영 옮김, 『종교적 경험의 다양성: 인간 본성에 대한 이해』(파주: 한길사, 2000).

James, William, *Essays in Psychical Research*(Cambridge: Harvard University Press, 1986).

Johns, W. T. *Kant and the Nineteenth Century*(New York: Harcourt Brace Jokanovich, 1971).

Jones, Ernest. *The Life and Work of Sigmund Freud*, Vol. 2(New York: Basic Books, 1955).

Jordan, Louis Henry. *Comparative Religion: its Genesis and Growth*(Georgia: Scholar's Press, 1986[1915]).

Kaag, John. *Sick Souls, Healthy Minds: How William James Can Save Your Life*(Princeton: Princeton University Press, 2020).

Kato, Hiroki. "The Relationship between the Psychology of Religion and Buddhist Psychology" in *The Japanese Psychological Association*, Vol. 58/1(2016).

Kato, Hiroki. "Zen and Psychology" in *Japanese Psychological Research*, Vol. 47/2(2005).

Kemp, Hendrika Vande. "G. Stanley Hall and the Clark School of Religious Psychology" in *American Psychologist*(1992).

Kim, Chae Young. "William James and Bernard Lonergan on Religious Conversion" in *The Heythrop Journal*, Vol. 51/6(2010).

Kim, Chae Young. "William James, Nishida Kitaro, Religion" in *Education and the Kyoto School of Philosophy: Pedagogy of Transformation* Edited by Paul Standish, Naoko Saito(London: Springer, 2012).

Kim, Chae Young. "Carl Gustav Jung and Granville Stanley Hall on Religious Experience" in *Journal of Religion and Health*, Vol. 55/4(2016).

Kuklick, Bruce. *Churchmen and Philosophers: From Jonathan Edwards to John Dewey*(New Haven: Yale University Press, 1985).

Lamberth, David C. *William James and the Metaphysics of Experience*(Cambridge: Cambridge University Press, 1999).

Leas, Robert David. *Anton Theophilus Boisen: His Life, Work, Impact, and Theological Legacy*(Journal of Pastoral Care Publications, Inc., 2009).

Leuba, James. Henry. *A Psychological Study of Religion: its Origin, Function, and Future*(New York: Macmillan, 1912).

Leuba, James Henry. *The Psychological Origin and the Nature of Religion*(London: Constable and Company Ltd., 1915).

Leuba, James Henry. *The Belief in God and Immortality: A Psychological, Anthropological and Statistical Study*(Chicago: The Open Court Publishing Company, 1921).

Leuba, James H. *The Psychology of Religious Mysticism*(Loutledge and Kegan Paul, 1925).

Leuba, James Henry. *God or Man?: A Study of the Value of God to Man*(New York: Henry and Holt Company, 1933).

Leuba, James Henry. "Making of a Psychologist of Religion" in *Religion in Transition* Edited by V. Ferm(New York: Macmillan, 1937).

Leuba, James Henry. *The Reformation of the Churches*(Boston: Beacon Press, 1950).

Leeuw, G. Van Der. *Religion in Essence and Manifestation* Translated by J. E. Turner(New Jersey, Princeton University Press, 1986).

Lipsedge, Maurice. "Religion and Madness in History" in *Psychiatry and Religion: Context, Consensus and Controversies* Edited by Dinesh Bhugra(London: Routledge, 1996).

Lonergan, Bernard. *A Second Collection* edited by William Ryan and Bernard Tyrrell(London: Darton, Longman & Todd, 1974).

Lonergan, Bernard. *Insight: A Study of Human Understanding*(1957) edited by Frederick E. Crowe and Robert M. Doran(Toronto: University of Toronto Press, 1992).

Lonergan, Bernard. *Method in Theology*(1972) edited by Robert M. Doran and John D. Dadosky(Toronto: University of Toronto Press, 2017).

Lopez, Roger G. "William James and the Religious Character of the Sick

Soul" in *Human Studies*, Vol. 37(2014).

Macbride, Katherine E. "James Henry Leuba: 1867-1946" in *The American Journal of Psychology*, Vol. 60/4(1947).

Martinelli, Riccardo. "Introduction" in *William James, Carl Stumpf Correspondence(1882-1910)*, edited by Riccardo Martinelli(Boston/Berlin: Walter de Gruyter GmbH, 2020).

Melo, W. & Resende, P.H.C. "*The Impact of James's Varieties of Religious Experience* on Jung's Work" in *History of Psychology*, Vol. 23/1(2020).

Mendelowitz, Ed, Kim, Chae Young. "William James and the Spirit of Complexity: A Pluralistic Reverie" in *Journal of Humanistic Psychology*, Vol. 50/4(2010).

Miller, Perry. "Jonathan Edwards on the Sense of the Heart" in *Harvard Theological Review*, Vol. 41/2(April 1948).

Moore, Allen J. "One Hundred Years of the Religious Education Association" in *Religious Education*, Vol. 98/4(2003).

Müller, Max. "Preface" in *Theosophy or Psychological Religion*(1893) (Forgotten Books, 1917).

Myers, Frederic W. H. *Human Personality and Its Survival of Bodily Death*, Vol. I(London: Longmans, 1903).

Myers, W. H. *Human Personality and Its Survival of Bodily Death*, Vol. II(London: Longmans, 1904).

Myers, Gerald E. "James Bissett Pratt: A Biographical Sketch" in *Self, Religion, and Metaphysics: Essays in Memory of James Bissett Pratt*(New York: Macmillan, 1961).

Myers, Gerald E. *William James: His Life and Thought*(New Haven: Yale University Press, 1986).

Nicholson, Lan. "Academic Professionalization and Protestant Recon-struction, 1890-1902: Geroge Albert Coe's Psychology of Religion" in *Journal of the History of Behavioral Sciences*, Vol. 30/4(October, 1994).

Noble, John H. "Psychology on the "New Thought" Movement" in *The Monist*, Vol. 14/3(April, 1904).

Noll, Noll, *Jung Cult*(New York: Free Press, 1994).

Otto, Rudolf. *The Idea of the Holy: An Inquiry into the Non-Rational Factor in the Idea of the Divine and its Relations to the Rational*(New York: Oxford University Press, 1958); 길희성 옮김, 『성스러움의 의미』(왜관: 분도출판사, 1987).

Orsi, Robert A. *The Madonna of 115th Street: Faith And Community In Italian Harlem, 1880-1950*(New Haven: Yale University Press, 1985).

Orsi, Robert A. (ed.), *The Cambridge to Companion to Religious Studies*(Cambridge: Cambridge University Press, 2011).

Palouzian, Raymond F. *Invitation to the Psychology of Religion*(New York: The Guilford Press, 2017).

Patridge, Christopher. "Introduction" in *New Religions, A Guide: Religious Movements, Sects and Alternative Spiritualities* Edited by Christopher Partridge(Oxford University Press, 2004).

Pawelski, James O. "William James, Positive Psychology, and Healthy-Mindedness" in *The Journal of Speculative Philosophy*, Vol. 17/1(January, 2003).

Pawelski, James O. "Is Healthy-Mindedness Healthy?" in *Cross Currents*, Vol. 53/3(Fall, 2003).

Plate, Brent S. *A History of Religion in 5½ Objects: Bringing the Spiritual* to its Senses(Boston: Beacon Press, 2014).

Pratt, James Bissett. "The Psychology of Religion" in *Harvard Theological Review*, Vol.1/4(October 1908).

Pratt, James Bissett. *What is Pragmatism?*(New York: The Macmillan Company, 1909).

Pratt, James Bissett. *India and its Faiths: a Traveler's Record*(New York: Houghton Mifflin Company, 1915).

Pratt, James Bissett. "Review of *The Psychology of Religion*" in *The Journal of Philosophy, Psychology and Scientific Methods*, Vol. 14/16(1917).

Pratt, James Bissett. *The Religious Consciousness: A Psychological Study*(New York: The Macmillan Company, 1920)

Pratt, James Bissett. *Matter and Spirit: A Study of Mind and Body in their Relation to their Spiritual Life*(New York: The Macmillan Company, 1922).

Pratt, James Bissett. *The Pilgrimage of Buddhism and a Buddhist Pilgrimage*(New York: Macmillan, 1928).

Pratt, James Bissett. *Adventures in Philosophy and Religion*(New York: The Macmillan Company, 1931).

Pratt, James Bissett. *Naturalism*(Westport: Greenwood Press, 1939).

Pratt, James Bissett. *Can We Keep the Faith?*(New Haven: Yale University Press, 1941).

Pratt, James Bissett. *Reason in the Art of Living*(New York: The Macmillan Company, 1949).

Pratt, James Bissett. *Eternal Values in Religion*(New York: The Macmillan Company, 1950).

Proudfoot, Wayne. "From Theology to a Science of Religions: Jonathan

Edwards and William James on Religious Affections" in *Harvard Theological Review*, Vol. 82/2(April, 1989).

Pruyser, Paul W. *A Dynamic Psychology of Religion*(New York: Harper and Row, 1968).

Roscoe, Paul. 'The Comparative Method' in *The Blackwell Companion to the Study of Religion* Edited by Robert A. Segal(Oxford: Black Publishing, 2006).

Ross, D. G. *G. Stanley Hall: The Psychologist as Prophet*(Chicago: The University Press, 1972).

Schleiermacher, Friedrich, Schleiermacher, *On Religion: Speeches to its Cultured Despisers*(1799) Translated by Richard Crouter(Cambridge: Cambridge University Press, 1996); 최신한 옮김, 『종교론』(서울: 대한기독교서회, 2002).

Schmidt, Stephen A. *A History of Religious Education Association* (Birmingham: Religious Education Press, 1982).

Scott, David. "William James and Buddhism: American Pragmatism and the Orient" in *Religion*, Vol. 30/4(October, 2000).

Sharpe, Eric J. *Comparative Religion: A History*(New York: Charles Scribner's Sons, 1975); 유요한, 윤원철 옮김, 『종교학의 전개』(서울: 시그마프레스, 2017).

Shiraev, Eric. *A History of Psychology: A Global Perspective*(Los Angeles: SAGE, 2015).

Smith, Jonathan Z. *Map is not Territory: Studies in the History of Religions*(Chicago: University of Chicago Press, 1993).

Smith, Jonathan Z. "Religion, Religions, Religious" in *Critical Terms for Religious Studies* edited by Mark C. Taylor(Chicago: University of Chicago Press, 1998).

Smith, Jonathan Z. *Relating Religion: Essays in the Study of Religion*(Chicago: University of Chicago Press, 2004).

Smith, Wilfred Cantwell. "Comparative Religions: Whither—and Why" in *The History of Religions: Essays in Methodology* Edited by Mircea Eliade and Joseph M. Kitagawa(Chicago: University of Chicago Press, 1959).

Smith, Wilfred Cantwell. *The Meaning and End of Religion: A New Approach to the Religious Traditions of Mankind*(New York: Macmillan Publishing Company, 1963); 길희성 옮김, 『종교의 의미와 목적』(왜관: 분도출판사, 1991).

Smith, Wilfred Cantwell. 'What is Humane Knowledge?(1981)' in *Wilfred Cantwell Smith: A Reader* Edited by Kenneth Cracknell(Oxford: One World, 2001).

Starbuck, Edwin Diller. "Some Aspects of Religious Growth" in *American Journal of Psychology*, IX/1(Ocotber 1897).

Starbuck, Edwin Diller. *The Psychology of Religion: An Empirical Study of the Growth of Religious Consciousness*(New York: The Walter Scott Publishing Company, 1898).

Starbuck, Edwin Diller. "The Nature of Child Consciousness" in *Biblical World*, XXX, No 2(August 1907).

Starbuck, Edwin Diller. "Stages in Religious Growth" in *Biblical World*, XXXI, No. 2(February, 1908).

Starbuck, Edwin Diller. "Backsliding" in *Encyclopedia of Religion and Ethics*, Vol. II(1910).

Starbuck, Edwin Diller. "Doubt" in *Encyclopedia of Religion and Ethics*, Vol. IV(1912).

Starbuck, Edwin Diller. "G. Stanley Hall as a Psychologist" in

Psychological Review, Vol. 32(1925).

Starbuck, Edwin Diller. "Religion's Use of Me" in *Religion in Transition* Edited by Vergilius Ferm(London: George Allen & Unwin LTD., 1937).

Starbuck, Edwin Diller. "Psychology of Religion" in *Encyclopedia of Educational Research* Edited by Walter S. Monroe(New York: Macmillan Co., 1941).

Stoltz, Karl R. *The Psychology of Religious Living*(Nashville: Abingdon Press, 1937).

Storms, Sam. Signs *of the Spirit: An Interpretation of Jonathan Edward's Religious Affections*(Wheaton: Crossway, 2007).

Strenski, Ivan. *Understanding Theories of Religion*(Wiley Blackwell, 2015).

Sutcliffe, Steven J. and Gilhus, Ingvild Saelid. 'Introduction: "All Mixed Up"—Thinking about Religion in Relation to New Age Spiritualities' in *New Age Spirituality: Rethinking Religion* Edited by Steven J. Sutcliffe and Ingvild Saelid Gilhus(Durham: Acumen Publishing Limited, 2013).

Taves, Ann. *Fits, Trances, and Visions*(New Jersey: Princeton University Press, 1999).

Taves, Ann. "The Fragmentation of Consciousness and *The Varieties of Religious Experience:* William James's Contribution to a Theory of Religion" in *William James and a Science of Religions: Reexperiencing The Varieties of Religious Experience*(New York: Columbia University Press, 2004).

Taylor, Charles. *Varieties of Religion Today: William James Revisited*(Cambridge: Harvard University Press, 2003); 송재룡 옮김. 『현대

종교의 다양성—윌리엄 제임스 『종교적 경험의 다양성』 재고찰』(서울: 문예출판사, 2015).

Taylor, Eugene. *William James on Consciousness beyond the Margin*(Princeton: Princeton University Press, 1996).

Taylor, Eugene. "The Spiritual Roots of James's *Varieties of Religious Experience*" in *The Varieties of Religious Experience: A Study in Human Nature*(New York: Routledge, 2002).

Taylor, Eugene. "William James on a Phenomenological Psychology of Immediate Experience: The True Foundation for a Science of Consciousness?" in *The History of the Human Sciences*, Vol. 23/3(2010).

Thouless, Robert H. *An Intorduction to the Psychology of Religion*(Cambridge: Cambridge University Press, 1971).

Tiele, Cornelius Petrus. *Elements in the Science of Religion: Part I, Ontological*(Charles Scribner's Sons, 1897).

Tiele, Cornelius Petrus. *Elements in the Science of Religion: Part II, Morphological*(Charles Scribner's Sons, 1897).

Trollinger, Rebekah. ""A New Religious Ideal": George Albert Coe, W. E. B. Du Bois, and Religious Emotion" in *The Arizona Quarterly*, Vol. 72/2(2016).

Uren, A. Rudolf. *Recent Religious Psychology*(New York: Charles Scribner's Sons, 1928).

Watson, Robert L. "G. Stanley Hall" in *International Encyclopedia of the Social Sciences*, Vol. VI(1968).

White, Christopher. "A Measured Faith: Edwin Starbuck, William James and the Scientific Reform of Religious Experience" in *The Harvard Theological Review*(October, 2008).

Winnicott, Donald. *Playing and Reality*(London: Routledge, 1971).

Wiseman, Henry Nelson. "Religion is Dead! Long Live Religion!" in *The Journal of Religion*, Vol. 14/4(1934).

Wulff, David M. *Psychology of Religion: Classic and Contemporary Views*(New York: John Wiley, 1991).

Wulff, David M. "Coe, George Albert" in *American National Biography*(New York: Oxford University Press, 1999).

Wulff, David M. "James Henry Leuba: A Reassessment of a Swiss-American Pioneer" in *Aspects in Contexts: Studies in the History of Religion* Edited by Jacob Belzen(GA: Amsterdam-Atlanta, 2000).

김재영. 「윌리엄 제임스와 『종교적 경험의 다양성: 인간 본성의 연구』」, 《철학과 현실》(철학문화연구소, 2006).

김재영. 『종교심리학의 이해: 죽음 인식의 논의를 중심으로』(파주: 집문당, 2017).

■ 찾아보기

김재영

캐나다 오타와 대학교 인문대학 종교학과에서 카를 구스타프 융과 윌프레드 캔트웰 스미스의 인간이해에 대한 비교연구로 박사학위(1992)를 받았다. 강남대학교 신학대학 종교철학과 교수를 역임한 이후 2003년부터 지금까지 서강대학교 국제인문학부 종교학과 교수로 재직하고 있다. 한국 종교학회장을 역임하였다. 현재 국제 종교학 학술지인 *Religion* 과 영국 종교교육학 학술지인 *British Journal of Religious Education*의 편집위원으로 활동하고 있다. 논문으로는 「'심리적' 종교심리학의 회심이론」, 「신종교인식과 정신건강 담론」, "William James and Bernard Lonergan on Religious Conversion", "Carl Gustav Jung and Granville Stanley Hall on Religious Experience" 등이 있고, 저서로는 『종교심리학의 이해: 죽음인식의 논의를 중심으로』(2017), *Religious Education in Asia: Spiritual Diversity in Globalized Times*(공저, Routledge, 2020) 등이 있으며, 역서로는 『종교적 경험의 다양성: 인간 본성의 연구』(2000), 『죽음의 부정: 프로이트의 인간 이해를 넘어서』(2008) 등이 있다.

고전 종교심리학 운동 연구
— 종교적 경험을 중심으로

대우학술총서 630

1판 1쇄 펴냄 | 2021년 4월 9일
1판 2쇄 펴냄 | 2022년 9월 12일

지은이 | 김재영
펴낸이 | 김정호

책임편집 | 이하심
디자인 | 이대웅

펴낸곳 | 아카넷
출판등록 | 2000년 1월 24일(제406-2000-000012호)
주소 | 10881 경기도 파주시 회동길 445-3
전화 | 031-955-9511 (편집)·031-955-9514 (주문)
팩시밀리 | 031-955-9519
ww.acanet.co.kr

© 김재영, 2021

Printed in Paju, Korea.

ISBN 978-89-5733-723-3 94200
ISBN 978-89-89103-00-4 (세트)